KB088590

병자호란, 홍타이지의 전쟁

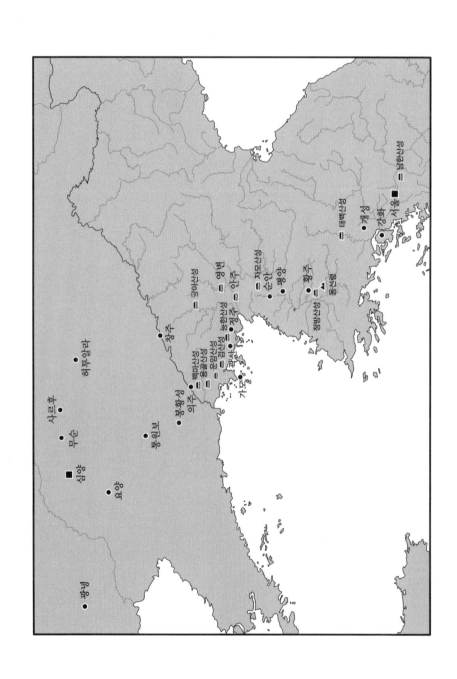

광녕

심양
요양

서흥후
무순

통원보
해룡일라

봉황성
의주
백마산성
용골산성
운암산성
구성
귀성
정주
능한산성

청주

성아산성
영변
안주
자모산성
순안
평양
황주
정방산성

입석동

태백산성
정봉산성
개성
강화
서울
남한산성

가도

병자호란,
홍타이지의 전쟁

구범진

까치

저자 구범진(丘凡眞)

서울대학교 동양사학과에서 학사, 석사, 박사 학위를 취득했다. 성균관대학교 동아시아학술원, 서울시립대학교 국사학과를 거쳐 현재 서울대학교 동양사학과에 재직 중이다. 주요 저서로는 『청나라, 키메라의 제국』, 『조선시대 외교문서』 등이 있고, 역서로는 『최후의 황제들(The Last Emperors)』, 『중국의 감춰진 농업혁명(中國的隱性農業革命)』 등이 있다.

* 이 연구는 아모레퍼시픽 재단의 학술연구비 지원을 받아 수행되었음.

병자호란, 홍타이지의 전쟁

저자 / 구범진
발행처 / 까치글방
발행인 / 박후영
주소 / 서울시 용산구 서빙고로 67, 파크타워 103동 1003호
전화 / 02 · 735 · 8998, 736 · 7768
팩시밀리 / 02 · 723 · 4591
홈페이지 / www.kachibooks.co.kr
전자우편 / kachibooks@gmail.com
등록번호 / 1-528
등록일 / 1977. 8. 5
초판 1쇄 발행일 / 2019. 2. 24
    6쇄 발행일 / 2022. 11. 15

값 / 뒤표지에 쓰여 있음
ISBN 978-89-7291-682-6 93910

이 도서의 국립중앙도서관 출판예정도서목록(CIP)은 서지정보유통지원시스템 홈페이지(http://seoji.nl.go.kr)와 국가자료종합목록시스템(http://www.nl.go.kr/kolisnet)에서 이용하실 수 있습니다. (CIP제어번호 : CIP2019003420)

차례

일러두기

* 옛날 달력의 달은 숫자 대신 한글로 표기하여, 오늘날 사용하는 그레고리력의 달과 구별했다. 예) '정월', '삼월', '유월', '시월' 등.
* 만주어의 로마자 표기는 묄렌도르프 방식을 따랐으며, 특별한 이유가 없는 한 만주어에 대한 한자 병기는 생략했다.
* 저자의 부가 설명, 번역 이전의 원문·원어 등은 [ ]로, 기타 한자나 로마자의 병기, 번역 문장의 의미 보충을 위한 어구 삽입 등은 ( )로 처리했다
* 자료로부터 직접 인용한 문장이나 어구에는 " "를, 기타의 인용이나 강조 등에는 ' '를 사용했다.

서언

　조선의 인조(仁祖) 14년이자 청의 숭덕(崇德) 원년이었던 병자년(丙子年) 십이월 8일(1637년 1월 3일), 청군의 선봉대가 압록강을 건너면서 병자호란(丙子胡亂)이 시작되었다. 이듬해인 정축년(丁丑年) 정월 30일(1637년 2월 24일), 남한산성을 나선 인조는 삼전도(三田渡)에서 청의 태종(太宗)에게 세 번 무릎 꿇고 아홉 번 머리를 조아린다는 '삼궤구고두(三跪九叩頭)'의 예를 올렸다. 전쟁이 터진 지 채 두 달도 되지 않아 인조는 '삼전도의 치욕'을 겪었던 것이다.

　한국 역사상 최대의 치욕 중 하나로 기억되는 참패였기에 이런 의문이 저절로 머릿속에 떠오른다. 전쟁 준비를 조금이라도 했다면 어찌 이렇게 참담한 결과가 나올 수 있었겠는가? 왜란(倭亂)의 참화를 겪은 지 50년도 지나지 않았건만, 심지어 약 10년 전에는 똑같은 적으로부터 침략을 당하는 정묘호란(丁卯胡亂)을 겪었건만, 그 사이 아무런 대비도 하지 않았다는 말인가? 왜란이나 정묘호란은 사전에 적의 침공을 예상하지 못했다고 치자. 그러나 병자호란의 경우는 겨울의 전쟁이 터지기 한참 전인 병자년 봄 척화론(斥和論)이 들끓는 가운데 전쟁 불사의 의지를 천명하지 않았던가? 조선의 위정자들은 계절이 두 번 바뀌는 동안 도대체 무엇을 하고 있었다는 말인가?

이런 의문들에 대한 해답으로 오늘날의 우리가 가지고 있는 설명 방식은, 조금 거칠기는 하지만, 다음과 같이 요약할 수 있다. 병자년 봄, 조선의 위정자들은 대명의리(對明義理)에 얽매여 척화론을 소리 높여 외쳤다. 전쟁을 무릅쓰면서까지 대명의리를 지키고자 했다면, 불을 보듯이 뻔했던 청의 침공에 대비하여 방어 대책이라도 제대로 세웠어야 마땅하다. 그러나 그들은 안일하고 무책임하게도 정작 전쟁에 대해서는 아무런 준비도 하지 않았다. 마침내 전쟁이 터지자, 조선군의 지휘관들은 제대로 싸우지도 못하고 적의 말발굽에 짓밟히면서 그 무능력을 철저히 드러내든가, 아니면 적의 기세에 지레 겁을 먹고 뒤로 물러나 꿈쩍도 하지 않는 비겁한 작태를 보였다. 남한산성으로 도망친 왕과 신하들은 적의 포위망에 갇혀 고립무원의 처지에 몰려 있었음에도 여전히 대의명분을 따지며 다툼을 그치지 않았다. 그러니 병자호란 패전의 참극은 무책임과 무능력의 극을 달린 위정자들이 초래한 사상 최악의 '인재(人災)'였다고 규정하지 않을 수 없다.

흥행에는 크게 성공하지 못했지만 미디어의 집중 조명을 받으면서 큰 반향을 얻은 바 있는 영화 「남한산성」(2017년)의 전쟁 서사(敍事)는, 위의 설명 틀이 오늘날 한국 사회에서 널리 공유되고 있는 통설적 이해 방식이라는 사실을 반영하는 것 같다. 영화가 묘사한 대다수 위정자들의 한심하기 짝이 없는 작태에 관객들은 저절로 비분강개의 감정에 휩싸이게 된다. 언뜻 영화 「남한산성」의 서사보다 참담한 패전의 원인을 더 명쾌하게 설명할 수 있는 방도는 없어 보인다. 설명을 하는 입장에서도, 설명을 듣는 입장에서도 이보다 더 쉬운 것은 없다. 복잡하지 않고 단순하기 때문일 것이다.

그러나 역사를 공부하는 입장에서 말하자면, 사실 영화 「남한산성」의 병자호란 서사는 실제 사실과는 영 거리가 먼 이야기들로 가득 차 있다. 영화는 비록 우리의 비분강개를 자극하기에는 충분했을지언정, 제작사가 표방한 '명품 사극'의 자격을 갖추기에는 사실 관계의 고증이 너무 부실했다. 고증의 부실은 일일이 열거할 수 없을 정도로 많지만, 그 가운데 얼른 머릿속에 떠오르는 것 몇 가지만 들어보겠다.

청군은 정월 15일을 항복 시한으로 설정한 적도 없었고, 따라서 그날 청군 진영에 간 인조의 국서도 없었다. 또한 최명길(崔鳴吉)이 급히 달려가 전달한 단 한 통의 국서로 전쟁이 끝난 것도 아니었다. 정축년 정월 인조가 청 태종에게 보낸 국서는 전후 일곱 통이나 되었다. 또한 정월 15일이 항복 시한이었다고 하면서, 영화는 그로부터 인조가 삼전도로 나간 정월 30일까지의 보름 동안을 공백으로 처리하고 있다. 게다가 인조가 출성(出城) 항복을 결정한 것은 강화도가 함락되었다는 소식을 접했기 때문이었건만, 영화에서 강화도 이야기는 일언반구도 나오지 않는다. 그밖에 사선(死線)을 뚫고 남한산성을 구원하라는 왕명(王命)을 전한 사람을 죽여 없애려고 드는 조선군 장수들에 대한 묘사나, 당시로서는 보기 드물게 여든세 살의 천수를 누리고 1652년에야 세상을 떠난 김상헌(金尙憲)이 새로운 세상을 꿈꾸는 듯이 자살을 선택하는 마지막 장면 등은 완전한 허구이다. 최명길의 절친한 친구 이시백(李時白)을 무과(武科) 출신으로 묘사한 것이나, 우리에게 '용골대(龍骨大)'라는 이름으로 기억되고 있는 잉굴다이(Ingguldai)를 청군의 최고 지휘관으로 그린 것도 사소하지만 놓칠 수 없는 오류이다. 이시백은 최명길과 마찬가지로 엄연한 문과(文科) 급제자였으며, 잉굴다이는 당시 '마부대(馬夫大)', 즉 마푸타(Mafuta)와 더불어 조선과의 교섭 사무를 맡은 실무자에 불과했다.

이처럼 부실한 사실 고증은 어쩌면 영화의 메시지를 단순명료하게 전달하기 위하여 역사적 사실들을 일부러 '희생'시킨 탓일지도 모른다. 즉, '어차피 병자호란은 당시 위정자들의 무책임, 무능력, 부도덕이 초래한 인재(人災)이니, 그 참담한 패배의 책임자들을 속 시원(?)하게 단죄할 수 있는 서사라면 자잘한 사실 관계야 아무려면 어떤가?'라는 식의 인식이 빚어낸 부실일지 모른다.

남의 나라도 아닌, 바로 우리나라가 겪은 가슴 아픈 비극이었던 까닭에, 패전을 초래한 위정자들에 대한 평가나 단죄로 흐르는 것은 어쩔 수 없는 노릇일 것이다. 하지만 당시의 위정자들은 과연 우리가 사실 관계야 아무래도 상관이 없다고 치부해도 무방할 정도로 그렇게 무책임하고 무능력하며 부도덕했을까? 어려서부터 '수신(修身), 제가(齊家), 치국(治國), 평천하(平天下)'의 도(道)를 닦았고 입만 열면 '위민(爲民)'과 '민본(民本)'을 외치던 그들이 어찌 그럴 수 있었다는 말인가? 성리학자였던 그들이 늘상 입에 올리던 거창한 도덕적 이상은 그저 허울뿐이었다고 치자. 그들도 우리와 같은 사람일진대, 외적으로부터 자신들의 생명과 재산만은 지키려고 하지 않았을까? 그들의 무책임한 작태는 혹 만주인(滿洲人)들이 무식하고 잔인한 오랑캐일지언정 그래도 왕과 위정자들의 생명과 재산만은 보장해주리라는 기대에서 나온 것일까?

그렇지는 않을 것이다. 결과적으로 조선 왕조의 종묘사직, 그리고 양반 사대부의 통치 질서가 병자호란 이후로도 300년 가까이나 유지된 것은 사실이다. 하지만 그것은 조선의 왕과 위정자들이 사전에 예상할 수 없는 일이었다. 오히려 그들은 외세의 침략으로 멸망한 나라의 군주와 신하들이 비참한 최후를 맞아야 했던 역사 속의 수많은 사례들을 잘 알고 있었다. 더군다나 오랑캐의 침략이 목전에 다가왔을 때 그들은 1127년 중원에서 벌어졌던 '정강(靖康)의 변(變)'이라는 비극을 상기하지 않을 수 없었을 것이다. 송나라의 휘종(徽宗)·흠종(欽宗) 부자와 황족 및 신하들 수천 명을 포로로 끌고 가 머나먼 이역 땅에서 비참하게 죽도록 만든 장본인이 바로 만주인들의 조상이 세운 금(金)나라였기 때문이다. 실제로 병자호란 당시 남한산성에서 청 측의 국왕 출성 요구를 두고 갑론을박이 벌어졌을 때 출성 반대론의 가장 강력한 경험적 근거는 '정강의 변'이었다. 그렇다면 병자호란 전야의 조선 조정이 자신들의 생명과 재산을 지키기 위해서라도 어떤 식으로든 전쟁에 대비했으리라는 생각도 한 번쯤은 해볼 필요가 있지 않을까?

설사 당시의 조선이 나름대로 전쟁을 준비했다고 하더라도, 영화 「남한산성」처럼 참담한 패전의 원인을 오직 조선 위정자들의 잘못에서 찾는 전쟁 서사에는 그런 준비에 대한 이야기가 비집고 들어올 틈이 존재하기 어렵다. 결국 무용지물이 된 전쟁 준비에 대한 이야기는 참담한 결과와 도무지 어울리지 않기 때문이다. 그러나 인생사가 다 그렇듯이, 오직 최악의 전쟁 준비만이 최악의 전쟁 실패를 낳는다는 보장은 없다. 최악의 준비가 최악의 결과를 낳는 것은 물론이겠지만, 최선의 준비에도 불구하고 최악의 결과에 봉착할 수 있다. 전쟁은 혼자가 아니라 상대와 싸우는 것이기 때문이다. 아군이 아무리 최선을 다했다고 한들 적군이 아군보다 훨씬 더 강하다면 승리할 수 없는 법이다.

물론 설령 준비가 아예 없지는 않았을지라도 전쟁에 그토록 처참하게 실패했다면 결국 준비가 부족했던 것이 아니냐고 반문할 수 있다. 이러한 반문 역시 결과론적인 시각에서나 나올 수 있는 것이지만, 이 경우에도 '도대체 무엇이 부족했던 것일까?'라는 질문을 함께 던져야 한다. 이런 질문을 던지는 것과 아예 던지지 않는 것은 큰 차이가 있지만, 우리는 오랫동안 그럴 필요 자체를 느끼지 않았던 것 같다. 단순하고도 이해하기 쉬운 설명이 확고하게 자리를 잡고 있기 때문일 것이다. 그래서 우리는 종종 병자호란 당시의 위정자들이 무책임하고 무능력하며 부도덕했다고 분개하며 그들에게 맹렬한 비난을 퍼붓는다.

적지 않은 사람들이 그들의 사례를 반면교사로 삼아야 한다는 생각에서 비난을 정당화한다. 병자호란과 같은 비극이 되풀이되지 않도록 해야 한다는 것이다. 하지만 만약 병자호란이라는 역사의 비극으로부터 반면교사의 교훈을 얻고자 한다면, 당시의 위정자들이 나름의 노력에도 불구하고 최악의 결과에 봉착했던 것은 아닌지 한 번쯤은 되돌아볼 필요가 있다. 우리가 만약 그들과는 질적으로 다른 인간이라서 불의의 사태에 최선의 준비로 대비하고 있다면, 역사 속 최악의 준비 사례는 오히려 되돌아볼 가치가 전혀 없게 된다. 왜냐하면 우리는 그들처럼 무책임하지도 무능력하지도 부도덕하지도 않으며, 따라서 그들처럼 참담한 인재를 초래할 염려도 없기 때문이다. 최선의 준비가 최악의 결과로 이어진 사례가 오히려 반면교사로서의 가치가 더 크다. 혹시 병자호란이 나름의 준비에도 불구하고 패전을 피하지 못한 사례에 해당한다면, 우리는 조선의 전쟁 준비가 최악의 참담한 패전을 막지 못한 경위를 파고들어야 한다. 그 경위를 파악해야만 비로소 비슷한 종류의 비극이 반복되는 것을 막을 수 있기 때문이다.

그러나 나는 병자호란과 같은 비극의 반복을 막을 수 있도록 역사에서 교훈을 찾기 위하여 이 책을 쓴 것이 아니다. 당시 조선 위정자들의 전쟁 준비가 나름의 최선을 다한 것이었다는 이야기로 그들에게 면죄부를 안기려는 것도 결코 아니다. 그들이 저지른 또 다른 잘못을 지적하여 종래와는 다른 방식으로 평가하고 단죄하려는 마음 또한 없다. 그저 전쟁의 실상을 자세히 규명하고 싶을 따름이다. 나의 관심사는 말하자면 전쟁의 진상 규명이다.

위에서 장황하게 늘어놓은 이야기도 사실은 병자호란이라는 전쟁의 구체적인 실상에 대한 관심을 환기하기 위한 것이었다. 우리는 역사의 교훈을 찾기에 바쁜 나머지, 혹은 평가와 단죄에 주력한 나머지, 정작 전쟁 자체의 실상에 대한 관심은 오히려 뒷전으로 밀어둔 것이 아닐까? 하물며 사소한 범죄 사건일지라도 우리는 사법적 단죄에 앞서 그 실체적 진실을 규명하려고 들지 않는가? 아니, 실체적 진실을 규명해야만 비로소 단죄가 가능하다고 생각하지 않는가?

물론 지금까지 병자호란의 진상 규명이 전혀 이루어지지 않았다는 말은 아니다. 특히 21세기에 들어서는 병자호란에 대한 관심이 높아지는 가운데 훌륭한 책과 논문이 여럿 나왔다. 그러나 지금까지의 연구는 대개 한반도를 둘러싼 지정학적 맥락 속에서, 또는 비교적 긴 시간의 역사적 맥락 속에서 전쟁의 의의를 밝히고 그 현재적 의미를 반추하는 것이었다. 말하자면 크고 강한 메시지를 담은 거시 서사 만들기에 주력했다고 말할 수 있다. 그러다 보니 전쟁 자체의 실상을 구체적으로, 그것도 탄탄한 사료적 근거 위에서 규명하려는, 말하자면 미시 서사를 구성하려는 노력은 상대적으로 미약했던 것 같다. 앞에서 예시한 영화 「남한산성」의 부실한 사실 고증도, 연구 결과의 사회적 확산 내지 공유가 부진했던 탓도 있겠지만, 따지고 보면 전쟁 자체의 구체적 실상에 대한 관심 저조와 연구 부족에서 기인한 측면이 더 클 것이다.

요컨대 이 책은 병자호란이라는 전쟁 자체의 실상에 좀더 가까이 다가서기 위한 기획의 소산이다. 그러나 명·청의 역사를 연구하고 교육하는 것이 나의 직업임을 아는 독자라면, 혹 한국사 연구자도 아니면서 병자호란에 대한 책을 쓰겠다고 달려든 것 자체를 의아하게 생각할지도 모르겠다. 이 책의 집필 경위도 밝힐 겸해서 해명을 조금 하자면 이렇다.

　나는 청나라 역사를 공부하고 가르치는 과정에서 병자호란이 조선뿐만 아니라 청나라 초기의 역사에서 매우 중대한 사건이었음을 깨달았다. 동시에 내가 알고 있던 병자호란에 대한 지식 가운데 적지 않은 부분이 사실과 거리가 멀다는 것도 발견하게 되었다. 예컨대 병자호란 당시 조선에 들어온 청군이 10만 명을 훨씬 넘었다고 알고 있었지만, 사실 그 무렵의 청나라 인구로는 그렇게 많은 병력을 동원하기란 불가능했다. 그래서 2015년 나와 문제의식을 공유하고 있던 한국사 연구자와 함께 청 측의 한문 및 만문(滿文) 사료를 분석하여 청군의 구성과 규모를 밝힌 논문을 쓰게 되었다. 또한 그 논문을 준비하는 과정에서 관련 사료를 꼼꼼히 읽고 분석하다 보니, 선행 연구들이 아예 관심을 두지 않았거나 사실 관계를 잘못 파악하고 있는 문제가 여럿 눈에 띄었고, 결국 이런 문제들을 파고드는 논문들을 준비하게 되었다.

　이렇게 해서 병자호란 관련 논문을 몇 편 쓰게 되었지만, 그렇다고 해서 애초부터 그 논문들을 묶어 책까지 내겠다는 생각을 품었던 것은 아니다. 이 책을 쓰게 된 직접적인 계기는 청나라의 역사를 다룬 저서를 집필해보는 것이 어떻겠냐는 까치글방 박종만 사장의 권유였다. 만주인들이 대(大)제국을 건설하는 과정을 그리는, 말하자면 거시적 역사 서사를 담은 책, 그것도 일반 독자들이 쉽게 접근할 수 있는 책을 출판하자는 제안이었다. 나는 아직 공부가 일천한지라 박종만 사장이 원하는 종류의 책을 쓸 자신이 영 없었다. 그래서 그 대신에 청 제국의 건설자였던 청 태종 홍타이지가 병자호란을 어떻게 치렀는지 밝히는 학술서라면 그간에 쓴 논문들도 있고 하니 한번 도전해보겠다고 했다. 다행스럽게도 박종만 사장은 내가 제안한 대안을 받아들였다.

집필에 이르게 된 경위가 위와 같았던 까닭에, 이 책 제1장의 일부, 제4장, 제5장, 제6장 등에는 2015년부터 2017년까지 내가 단독 혹은 공저로 내놓은 아래 논문들의 내용이 대거 반영되었다.

구범진·이재경, 「병자호란 당시 청군의 구성과 규모」(서울:『한국문화』 72, 2015)

구범진, 「병자호란과 천연두」(서울:『민족문화연구』 72, 2016)

丘凡眞·李在璟, 「崇德元年(一六三六)の外藩蒙古會盟と丙子胡亂」(日本 京都:『史林』 100-6, 2017)

구범진, 「병자호란 시기 강화도 함락 당시 조선군의 배치 상황과 청군의 전력」(서울:『동양사학연구』 141, 2017)

변도성·김효원·구범진, 「병자호란 시기 강화도 함락 당일 염하수로의 조석과 조류 추산」(서울:『한국과학사학회지』 39-3, 2017)

구범진, 「병자호란 시기 청군의 강화도 작전:목격담과 조석·조류 추산 결과를 중심으로 한 전황의 재구성」(서울:『한국문화』 80, 2017)

그러나 애초에 박종만 사장이 원한 것은 일반 독자들도 쉽게 접근할 수 있는 책이었던 만큼, 위의 논문들을 그대로 전재(轉載)할 수는 없는 노릇이었다. 조금이라도 더 읽기 편한 글이 되도록 다시 쓰기를 했다. 전문 연구자만이 관심을 가지고 소화할 수 있는 복잡한 논증은 생략했다. 필요한 경우 내용을 수정하거나 추가한 것은 물론이다. 장·절의 제목도 딱딱하지 않게 만들려고 고심했다. 하지만 근본적으로 학술서라는 성격을 포기하지 않은 이상, 결과적으로 가독성이 얼마나 좋아졌는지에 대해서는 영 자신이 없다. 한편, 이 책을 준비하면서 위의 논문들에서는 다루지 않았으나 병자호란의 전개 과정을 구성하는 중요한 문제들이 여럿 눈에 들어왔기 때문에 별도의 추가 연구가 불가피했다. 제1장의 일부, 제2장, 제3장, 제7장, 그리고 부록 등은 그러한 추가 연구의 결과이다.

요령부득으로 이야기가 길어진 것 같다. 그래도 마땅히 감사의 말씀을 올려야 할 분들에 대한 예의는 생략할 수 없다. 까치글방의 박종만 사장에게 다시 한번 감사한다. 편집을 맡은 까치글방의 여러분에게도 고마운 마음이다. 정확한 지도 밑그림을 만들어준 서울대학교 국사학과 정요근 교수와 한국학중앙연구원 박사과정 김현종 선생에게도 감사한다. 그리고 아모레퍼시픽의 서경배 회장과 아모레퍼시픽 재단의 물심양면에 걸친 아낌없는 지원에 특별한 감사의 뜻을 전하고 싶다. 소중한 시간을 쪼개어 이 책의 난삽한 초고를 읽어준 여러 지인들의 비판과 격려에도 감사한다.

끝으로, 이 책을 쓰면서 내 나름대로 문제를 최대한 깊이 파고들겠다고 달려든 나머지 독자가 읽기 힘든 이야기를 미주알고주알 늘어놓고 있는 것은 아닌가 하는 걱정이 수없이 엄습했고, 그때마다 '악마는 디테일에 있다(The Devil is in the details)'는 말을 되뇌었음을 고백한다. 마침 얼마 전에 열린 남북 정상회담과 관련하여 이 말이 우리 사회에 회자되기도 했으니, '디테일'의 중요성을 새삼 강조할 필요는 없을 것 같다. 이제 '디테일' 속에 있는 '악마'를 찾아가는 지적 탐구의 여행을 독자 여러분과 함께 떠나고자 한다. 이번 여행은 병자호란의 참담한 결과에는 아무런 영향도 끼치지 못할 것이다. 이미 수백 년 전에 벌어진 일의 결과를 뒤집을 수는 없기 때문이다. 다만 이번 여행을 통해 어딘가 새롭고 믿음도 가는 병자호란 서사를 만나기를 희망할 따름이다. 여행의 끝자락에 이르러 비록 길고 고된 여정이었지만 그래도 그럭저럭 재미도 느낄 수 있었다고 여겨주신다면 더 이상 바랄 것이

없다. 아울러 여러 사람의 지적에도 불구하고 오로지 나의 잘못으로 곳곳에
남아 있을 오류와 오해에 대한 질정을 삼가 부탁드린다.

2018년 10월 초

가을 햇빛이 찬란한 관악에서

구범진

서론

　조선의 제16대 국왕 인조(仁祖)[1595~1649년, 재위 1623~1649년]가 쿠데타를 일으켜 광해군(光海君)을 몰아내고 보위(寶位)에 오른 지 햇수로 14년째였던 병자년(丙子年)의 십이월, 청(淸) 태종(太宗) 홍타이지(Hongtaiji, 皇太極)[1592~1643년, 재위 1626~1643년]가 청의 대군(大軍)을 직접 이끌고 조선에 쳐들어왔다. 우리가 '병자호란(丙子胡亂)'이라고 부르는 전쟁이 터진 것이다.[1]

　병자호란이 터지기 10년 전에도 전쟁이 있었다. 바로 '정묘호란(丁卯胡亂)'이다. 1627년의 정묘호란은 두 나라가 이른바 '형제 맹약'이라고 불리는 화의(和議)를 체결함으로써 끝이 났다. 정묘호란 때의 홍타이지는 후금(後金), 좀 더 정확히 말하자면 금국(金國)[만주어로는 '아이신 구룬(Aisin Gurun)']의 한(汗)이었으며, 형제 맹약 이후의 10년 동안 후금의 한 홍타이지와 조선의 왕 인조는 상호 대등한 외교 관계를 유지했다.

　그러나 병자년(1636) 이월에 이르러 양국 관계에 매우 심각한 위기가 조성되기 시작했다. 후금이 사신을 파견하여 이제 명(明)과의 관계를 단절하고 홍타이지의 '칭제(稱帝)' 과정에 동참하라는 요구를 들이밀었기 때문이다. 이로 인해 조선 조정에서는 척화론(斥和論)이 들끓었다. 후금의 요구를 단호하게 물리친 것은 물론이다. 삼월 1일에는 인조가 정묘년 이래의

홍타이지

원래는 '홍 타이지(Hong Taiji)'라고 표기해야 하나, 이 책에
서는 학계의 일반적인 관행을 좇아 '홍타이지'로 표기한다.
누르하치가 죽은 1626년, 형제들의 합의에 따라 '아이신 구
룬'의 한(汗)으로 즉위하여 '천총(天聰)'이라는 연호를 썼다.
1636년 '관온인성황제(寬溫仁聖皇帝)'[만주어로는 'Gosin Onco
Hūwaliyasun Enduringge Han']라는 존호(尊號)를 받으면서,
국호는 '다이칭 구룬'으로, 연호는 '숭덕(崇德)'으로 바꾸었다.
사후의 시호는 '문(文)황제', 묘호는 '태종(太宗)'이다.

팔기의 깃발

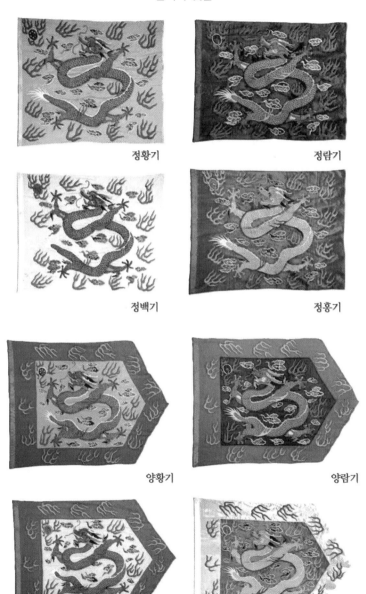

정황기

정람기

정백기

정홍기

양황기

양람기

양백기

양홍기

양국 관계가 이제 파국에 이르렀으니 조만간 닥쳐올 적의 침공에 대비하라는 취지의, 이른바 '절화교서(絶和敎書)'를 팔도에 하달했다. 그러나 후금과의 관계를 당장 끊어버리지는 않았다. 나덕헌(羅德憲)과 이확(李廓)을 사신으로 파견했던 것이다.

한편, 홍타이지는 조선의 인정 여부와 상관없이 자신의 '칭제' 절차를 착착 진행했다. 그는 병자년 사월 11일 마침내 '황제 즉위식'을 거행했고, 국호를 대청국(大淸國)[만주어로는 '다이칭 구룬(Daicing Gurun)']으로, 연호를 천총(天聰)에서 숭덕(崇德)으로 바꾸었다. 이때 마침 조선의 사신 나덕헌과 이확이 심양(瀋陽)에 머무르고 있었다. 홍타이지는 나덕헌과 이확을 '황제 즉위식'에 데려가 그의 신하들과 함께 새로 황제의 자리에 오른 자신에게 삼궤구고두(三跪九叩頭)의 의례를 올릴 것을 강요했다. 그러나 두 사람은 목숨을 걸고 완강히 저항함으로써 장대한 '황제 즉위식'에 그만 흙탕물을 끼얹고 말았다.

그로부터 몇 달의 시간이 흐른 십이월, 마침내 홍타이지는 조선이 정묘년의 형제 맹약을 깼기 때문에 어쩔 수 없이 문죄(問罪)의 군사를 일으켰노라고 주장하면서 병자호란을 일으켰다. 직접 대군을 이끌고 친정(親征)에 나선 홍타이지가 압록강을 건너 의주(義州) 땅에 발을 디딘 것은 병자년 십이월 10일이었다. 그러나 이보다 이틀 전 청군의 선봉대 300명이 조선 땅에 침투하여 서울을 향해 치닫기 시작했으므로, 전쟁은 십이월 8일에 시작되었다고 말하는 것이 더 정확하다. 청군 선봉대는 실로 놀라운 속력으로 조선 땅 깊숙이까지 침투, 겨우 엿새가 지난 십이월 14일 서울에 도착했다. 이날 인조는 강화도로 파천(播遷)할 요량으로 서둘러 궁궐을 나섰지만, 질풍처럼 들이닥친 청군에 의해 길이 끊긴 것 같다는 보고에 말머리를 돌려 허둥지둥 남한산성으로 들어갔다. 십이월 16일 청군의 증원 부대들이 속속 도착하여 남한산성에 대한 포위망을 구축하기 시작했다.

전쟁이 터진 십이월 8일은 옛날 달력으로야 여전히 병자년이었지만, 오늘날 우리가 쓰는 달력인 그레고리력으로는 해가 막 바뀐 1637년 1월 3일이었다. 동장군이 맹위를 떨치는 겨울의 한복판이었다. 남한산성으로 들어간 십이월 14일, 마침 강 한가운데까지 얼음이 언 덕분에 인조는 말을 타고 한강을 건널 수 있었다. 그러나 배가 없어도 강을 건널 수 있기로는 청군역시 마찬가지였다. 한강이 얼었으니, 압록강은 물론이요 청천강, 대동강, 임진강 등도 모두 얼어 있었다. 한반도의 얼어붙은 땅과 물 위를 달려 청군의 여러 부대가 속속 남하했다. 옛날 달력으로도 해가 바뀐 정축년 정월 10일, 청군의 모든 부대가 남한산성으로의 집결을 완료했다.

남한산성에 갇힌 인조는 구원병이 와서 청군의 포위를 풀어주기를 기다릴 수밖에 없었다. 농성(籠城) 초기의 며칠 동안 인조는 연일 사람들을 내보내 근왕령(勤王令)을 전달하게 했다. 물론 예외가 없지는 않았지만, 각도 군사들은 신속히 근왕에 나섰다. 그러나 청군은 병자년 십이월 하순부터 정축년 정월 상순에 걸쳐 충청도, 강원도, 경상도, 전라도 등에서 올라온 조선의 근왕병을 하나씩 하나씩 물리쳤다. 평안도 영변(寧邊)을 지키던 부원수 신경원(申景瑗)은 근왕을 위해 철옹산성(鐵甕山城)을 나섰다가 청군에게 기습을 당하여 포로가 되었다. 황해도 정방산성(正方山城)에 있던 도원수 김자점(金自點)의 근왕병도 정축년 정월 초 황해도 토산(兎山)에서 청군의 기습을 받아 무너졌다. 전라도 군사의 광교산(光教山) 전투를 마지막으로 각 도 군사의 근왕 활동은 사실상 막을 내렸다. 양근(楊根)의 미원(迷原)[오늘날의 경기도 양평 지역]에 약 2만 명의 조선군이 진을 치고 있었지만, 잇따른 패전에 더 이상 싸울 엄두가 나지 않았던지 전쟁이 끝날 때까지 꿈쩍도 하지 않았다. 평안감사 홍명구(洪命耉)와 평안병사 유림(柳琳)도 근왕에 나섰지만, 때가 너무 늦었던 탓에 남한산성의 인조에게는 아무런 도움도 되지 못했다.

농성 개시 후 한 달이 지날 무렵 남한산성의 조선 조정은 글자 그대로 고립무원에 빠져 있었다. 조정은 '항전론'과 '항복론'으로 분열되었다. 전쟁 발발 전의 '척화론'을 이은 '항전론'은 끝까지 저항하다가 장렬한 최후를 맞이하자는 주장이었다. '주화론(主和論)'에 맞닿아 있었던 '항복론'은 옛날 중국의 춘추(春秋) 시대의 월왕(越王) 구천(句踐)처럼 어떻게든 이번 위기를 넘겨야만 훗날의 와신상담도 도모할 수 있다는 것이었다. 오늘날의 시각에서는 언뜻 '항복론'이 훨씬 더 현실적으로 보인다. 하지만 당시 상황에서는 딱히 그런 것도 아니었다. 항복을 한들 과연 청군이 국가의 지속과 군신(君臣)의 안전을 보장해줄 것인가? 반면에 적지 않은 근왕병이 아직 미원에 남아 있지 않은가? 설사 그들의 근왕이 끝내 실패한다고 할지라도, 나라와 운명을 함께하여 장렬한 최후를 맞는다면 천하 후세의 역사에 떳떳하기라도 할 수 있지 않을까? 게다가 강화도로 들어간 원손(元孫)과 두 대군(大君)이 이 나라의 종묘사직을 이어갈 희망도 있었다.

그러나 남한산성의 조선 조정은 결국 항복을 선택했다. 단, 그 항복은 청 측에서 '평화적' 철군의 조건을 내걸면서 전개된 종전(終戰) 협상의 결과였다. 정축년 정월 20일, 홍타이지는 인조가 출성(出城)하면 바로 전쟁을 끝내고 철군하겠다는 뜻을 밝혔다. 하지만 조선으로서는 출성 시 국왕의 안전 보장을 확신할 수 없었다. 오랑캐의 말을 어떻게 믿을 수 있겠는가? 이 때문에 협상은 교착상태에 빠졌다. 그러나 정월 26일, 청군이 청천벽력과도 같은 소식을 남한산성에 알렸다. 나흘 전인 정월 22일에 강화도를 점령했다는 사실을, 확실한 증인과 증거까지 제시하며 통고한 것이다. 충격에 휩싸인 인조는 그날 저녁 출성 요구를 수용하기로 결단을 내리고, 이튿날

이를 청군에 알렸다. 정월 28일, 홍타이지는 국왕의 안전 보장을 재확인하면서 종전 이후 조선이 이행해야 할 의무사항을 전달했다. 정축년 정월 30일, 날수로 47일 만에 남한산성을 나온 인조는 한강 남안의 삼전도(三田渡)에서 홍타이지에게 삼궤구고두의 예를 올렸다. 오늘날의 달력으로 1637년 2월 24일의 일이었다.

1637년 초의 한겨울에 발발한 병자호란은 이렇게 끝이 났다. 두 달도 채 걸리지 않은 단기전이었다. 그럼에도 병자호란은 조선의 정치, 경제, 사회, 문화, 사상 등 거의 모든 분야에 깊은 상처를 남겼다. 17세기 중엽 이후 조선의 역사가 곧 병자호란의 트라우마를 치유하고 극복하는 과정이었다고 해도 과언이 아닐 정도였다. 그러니 오늘날 우리가 병자호란을 임진왜란과 더불어 '양란(兩亂)'이라고 병칭하는 것도 무리는 아니다.

지금도 우리는 병자호란을 한국 역사상 최악의 치욕으로 기억한다. 그도 그럴 것이, 이 땅을 침략한 외국의 군주에게 우리 임금이, 그것도 우리 땅에서 직접 머리를 조아려야 했던 일이 또 있었던가? 결국에 가서는 쿠빌라이에게 무릎을 꿇기는 했지만, 13세기의 고려는 그래도 약 30년이나 버티면서 대몽(對蒙) 항쟁을 이어갔다. 16세기 말의 조선은 햇수로 7년 동안이나 일본의 침략에 거국적으로 맞서 싸웠고 마침내 그들을 사실상 빈손으로 귀국하게 만들었다. 1627년의 정묘호란만 보더라도, 비록 군사적 열세 속에 치른 전쟁이기는 마찬가지였지만, 병자호란처럼 치욕스럽지는 않았다. 조선 조정은 저들에게는 난공불락이었던 강화도로 파천했고, 후금군은 결국 형제 맹약을 체결하고 철수했기 때문이다.

적어도 고려 시대 이후 역사 속의 어떤 전쟁을 보더라도 병자호란만큼 참담한 실패는 발견할 수 없다. 이토록 참담한 패전에 대해서는 그 책임

소재를 가리는 것이 급선무가 되기 마련이다. 조선 조정 역시 전쟁이 끝나자마자 '전쟁 실패'의 책임자들을 색출하여 비난하고 처벌한 것은 물론이다. 그 이후로도 관찬(官撰) 또는 사찬(私撰)의 각종 사서(史書)들이 병자호란 당시 조정의 주요 인사들과 군사 지휘관들을 대상으로 잘잘못을 따지는 포폄(褒貶)을 이어갔다.

참담한 실패의 책임자들에 대한 역사적 평가와 단죄는 400년 가까운 세월이 흐른 지금도 현재 진행형이다. 평가와 단죄의 대열에는 전문적인 역사 연구자뿐만 아니라 일반인들도 적잖이 참여하고 있다. 김훈 작가의 소설 『남한산성』이 무려 100쇄를 돌파하고, 2017년 동명의 영화로 제작된 것은 오늘날 우리의 병자호란에 대한 지대한 관심을 반영한다.

특히 21세기에 들어선 이후 전문 연구자들이 병자호란을 다룬 훌륭한 책과 논문을 여러 편 내놓았다.[2] 지금까지의 연구는 대개 17세기 전반에 일어난 명과 청의 교체라는, 조선을 둘러싼 국제질서의 일대 격변의 맥락에서 병자호란이라는 전쟁의 역사적 의의를 밝히는 데에 주력했다. 16세기 말의 임진왜란과 정유재란을 거치면서 명과 조선의 국운이 기울어가는 시대를 배경으로, 후금-청이 동아시아의 신흥 강자로 급부상하여, 마침내 명을 정복하기에 이르는 수십 년의 역사 과정 속에서 병자호란의 위상을 조명했던 것이다. 오늘날 중국의 굴기(崛起)로 한반도 주변 국제질서가 크게 요동치는 가운데, '고래 싸움에 새우 등 터지는' 사태를 예방하는 데 필요한 교훈이나 지혜를 역사 속 격변기의 유사 사례로부터 찾고자 하는 바람과 무관하지 않은 것 같다.

당시 국제질서의 대(大)변동을 시야에 넣은 거시적인 역사 서사(敍事)에 대한 관심이 단지 평가와 단죄에 몰두하는 것보다 훨씬 더 바람직함은 물론이다. 그러나 부작용도 만만치 않아 보인다. 수십 년에 이르는 국제질서의 격변 과정 속에서 병자호란이 어떤 위상을 차지하는지에 집중하다 보니, 정작 병자호란이라는 전쟁 자체의 실상을 세밀하게 규명하는 작업은 여전히 뒷전으로 밀려나 있는 형국이다.3) 특히 병자호란의 발발 배경 내지 원인 문제에 대해서는 학계 안팎을 막론하고 관심이 뜨거우며, 근년에는 전쟁의 발발을 막지 못한 '외교 실패'의 책임 소재를 둘러싼 논쟁도 벌어졌다.4) 그에 비하자면 전쟁 자체의 진행 과정에 대한 관심은 저조를 벗어나지 못하고 있다. 전쟁 자체의 실상에 관심을 둔 몇 안 되는 연구들도 논문으로 치면 대개 한두 편의 분량을 할애하는 수준에 그치고 있다.5) 기껏해야 두 달 만에 끝난 전쟁이라는 인식 탓인지 모르겠다.

단지 분량이 적은 것이 문제라는 말은 아니다. 겨우 논문 한두 편의 분량에 그치다 보니 내용이 소략할 수밖에 없었고, 또 그러다 보니 전쟁에 대한 이해에 있어서 매우 중요함에도 불구하고 오랫동안 방치 상태로 버려진 문제들이 여럿 생겼다. 단적인 예를 한 가지만 들어보자면, 병자호란 당시 청군이 조선 수군이 지키던 바다를 건너 강화도를 점령하는 사태가 도대체 어떻게 해서 가능했느냐 하는 질문이 본격적으로 제기된 것은 불과 몇 년 전의 일이다.6)

문제는 연구의 소략과 중요한 질문의 방치에 그치지 않는다. 역사적 실제와 부합하지 않는 '허위사실'이 널리 유통되고 있다는 점이 더 심각하다. 예컨대, 현재의 통설에 따르자면 병자호란 당시 청군의 병력은 무려 '12만 8,000명'에 달했다. 그러나 이 숫자는 조선 측 문헌의 기록을 무비판적으로 채택한 결과이다. 당시의 청나라는 이렇게 많은 병력을 동원할 수 있을 만큼 큰 나라가 아니었으니, '12만8,000명'은 '허위사실'에 지나지 않는다. 청군의 병력이라면 조선의 기록이 아니라 청 측의 기록을 근거로 규명해야 마땅하다.

현재 병자호란에 대한 통설의 서사에서는 이처럼 역사적 실제와는 거리가 먼 '허위사실'이 적잖이 눈에 띈다. 이 책의 각 장에서도 기회가 날 때마다 거듭 강조하겠지만, 통설의 서사에는 간혹 근거가 될 만한 사료를 전혀 제시하지 않은 막연한 주장들이 발견된다. 설사 근거 사료를 제시했더라도 그 사료를 신뢰할 수 없는 경우가 있다. 과거의 기록이라고 해서 모두 믿어서는 안 된다. 앞뒤의 상황과 부합하지 않거나 상식을 벗어나는 돌출적인 '증언'에 대해서는 그 신빙성을 면밀히 따지는 검증 작업이 필요하다. 특히 어떤 기록의 '증언'이 다른 기록의 '증언'과 모순될 때에는 어느 쪽이 사실을 전하고 있는지 엄밀히 따져야 한다. 조선의 기록뿐만 아니라 청의 기록에 대해서도 마찬가지이다. 어느 쪽 기록이든 간에 와전, 오류, 왜곡 등으로부터 완전히 자유로울 수는 없기 마련이므로, 주요 문헌 기록을 면밀히 대조하고 검토하여 허구나 왜곡 및 과장을 최대한 걷어내야 한다. 이러한 사료 비판을 거쳐 사실(史實)을 확정한 뒤에는 합리적인 추론으로 사실과 사실의 관계를 정합적으로 구성해야 한다.

근래 비교적 높은 수준의 연구가 나왔음에도 불구하고 이 책을 세상에 내놓게 된 것은 바로 이상과 같은 문제의식 때문이다. 이 책은 신뢰할 수 있는 사료와 합리적 추론이 허락하는 범위 안에서 병자호란이라는 전쟁 자체의 '디테일'을 최대한 규명하는 것을 목표로 한다.

사료 비판과 합리적 추론은 역사학의 기본 방법이므로, 혹 이 책의 특성이라고는 '디테일'에만 파고들어 전쟁의 전개 과정을 종래보다 훨씬 더 많은 지면에 담아낸 것뿐이지 않느냐는 생각을 할 수 있을 것 같다. 그러나 '디테일'의 중요성은 아무리 강조해도 지나치지 않거니와, 이용 사료나 연구 시각의 측면에서도 종래의 연구와 나름의 차별성을 확보하고자 노력했다는 점을 강조해두고 싶다.

먼저 이용 사료의 측면이다. 이 책은 종래의 연구에 비해 청 측 사료의 활용도를 높이고자 했다. 지금까지 한국사 영역에서 이루어진 병자호란 연구는 주로 조선의 기록에 근거해 사실을 구성하는 경향이 강했다. 그러나 모든 전쟁에는 상대방이 있다. 병자호란은 청과 조선 간의 전쟁이었다. 전쟁의 실상을 온전히 규명하기 위해서는 청 측의 기록도 충분히 참조해야 한다.[7] 그중에서도 특히 만주어로 쓴 기록에 주목하여, 그것들을 정확하게 해석하고 분석하는 것이 필수적이다. 물론 당시 청과 조선이 주고받은 문서들은 애초부터 만문(滿文)이 아닌 한문으로 작성되었다는 사실,[8] 현존 만문 사료에는 기록이 사라지고 없는, 즉 기록의 누락 기간이 존재한다는 사실 등에도 주의해야 한다. 하지만 『청태종실록(淸太宗實錄)』 같은 청 측의 한문 기록은 기본적으로 만문 기록을 한역(漢譯)하고 편집한 결과물이기 때문에 번역 및 편집 등의 과정에서 발생한 오류나 왜곡이 존재하기 마련이다. 성립 시기가 선행하는 만문 기록 쪽이 사료로서의 가치가 더 높다고 보아야 하며, 따라서 이 책에서도 사실의 전거를 밝힐 때에는 가급적 만문 기록을 우선 제시할 것이다. 단, 만문 기록이라고 해서 사실 왜곡의 가능성이 전혀 없는 것은 아니므로, 사료 비판의 대상에서 열외시키는 것은 금물이다. 그 또한 필경은 사후(事後)에 작성된 기록이기 때문이다.

다음으로 연구 시각의 측면이다. 청의 역사를 공부하는 입장에서 보자면, 종래의 병자호란 서사가 조선의 '전쟁 실패'를 설명하는 데 주력한 것도 문제로 비친다. '전쟁 실패'의 해명이 기본적인 관심사였기 때문에 조선의 시각에서 연구 질문을 던지고 그 해답을 찾았다는 말이다. 그러나 다시 강조하거니와, 병자호란은 분명 조선과 청나라가 서로 싸운 전쟁이었으므로 '조선의 전쟁'인 동시에 '청의 전쟁'이기도 했다. 따라서 병자호란이라는 전쟁의 실상을 온전하게 규명하려면 '청의 전쟁'이라는 시각에서의 접근도 당연히 필요하다. 이러한 인식에서 이 책은 '조선의 전쟁'이라는 측면뿐 아니라

'청의 전쟁'이라는 측면까지 조명하고자 한다.[9] 책의 제목에 '홍타이지의 전쟁'이라는 말을 쓴 까닭도 바로 여기에 있다. 반대 측면의 조명, 즉 시각의 전환은 개인적으로 그간 청의 역사를 공부하여 얻은 밑천을 활용할 수 있기 때문이기도 하다. 하지만 시각의 전환이 주는 최대의 장점은, 종래 중시되지 않았거나, 아니면 아예 제기되지 않았던 종류의 질문을 던지는 데 유리하다는 것이다. 예컨대, '홍타이지는 어떤 전략 구상으로 전쟁에 임했을까?'라든가, '홍타이지는 전쟁을 끝내고 귀국하는 데 얼마나 많은 시간이 필요하리라고 예상했을까?'와 같은 것이 그런 종류의 질문이다. 이런 질문에 대한 해답을 찾아가다 보면, 궁극적으로 종래의 서사가 한쪽 측면에 치중함으로써 초래된 일면성의 한계를 어느 정도 극복한, 좀더 입체적인 서사의 구성이 가능해지리라고 기대한다.

끝으로, 이 책에서는 연구를 통해 파악한 결론적 사실들을 마치 중고등학교 역사 교과서 쓰듯이 일방적으로 나열하며 전달하지는 않을 것이라는 점도 미리 밝혀두고자 한다. 결론적 사실이라면 어쩌면 앞에서 정리·제시한 것만으로 이미 충분하다고 볼 수 있을 것이다. 그러나 이 책에서는 전쟁의 실상 규명에 필요한 질문들을 계속 던지고 조선과 청의 여러 기록에 대한 분석과 추론을 통해 그 해답을 찾아가는 과정까지 자세히 서술할 것이다. 결론적 사실보다는 그것을 도출하는 역사학적 사고의 과정이 더 중요하고, 따라서 그 과정 자체를 독자와 공유하는 것이야말로 결론적 사실의 전달 혹은 그 어떤 근사한 메시지의 제시보다 훨씬 더 중요하다고 믿기 때문이다.

제1장

친정

총력을 쏟아 조선 정복에 직접 나서다

병자호란의 발발 원인은 무엇인가?

서론에서 밝혔듯이, 이 책의 목표는 병자호란이라는 전쟁 자체의 전개 과정을 규명하는 것이다. 이에 따라 고찰의 대상 시기도 기본적으로 전쟁이 진행된 병자년 십이월부터 정축년 정월까지의 두 달에 한정될 것이다. 하지만 전쟁이 발발한 병자년 십이월 이전에 어떤 일이 벌어졌는지부터 살펴보지 않을 수 없다. 당연한 말이지만, 청군이 어느 날 갑자기 아무런 이유도 없이 다짜고짜 조선을 침략한 것은 아닐 터이기 때문이다.

그렇다면, 병자호란의 발발 원인은 무엇인가? 이 질문에 대한 종래의 설명은, 우선 정묘호란이 화의(和議)로 끝난 이후 후금과 조선 간에 여러 가지 외교적 마찰과 갈등이 누적된 결과 양국 관계는 이미 파탄이 난 상황이었다고 지적한다. 이러한 상황에서 병자년 봄에 후금이 이제 명과의 관계를 끊고 홍타이지의 '칭제' 과정에 동참하라고 요구하자 조선이 그 요구를 일언지하에 거부했기 때문에 결국 전쟁이 일어났다고 한다.[1]

언뜻 별 문제 없어 보인다. 그러나 정묘호란 이후의 외교적 마찰과 갈등은 전쟁 발발의 원인이라기보다는 전쟁의 역사적 배경에 속한다. 상식적으로 외교적 마찰과 갈등이 반드시 전쟁으로 이어지는 것은 아니기 때문이다. 더군다나 병자호란 발발 전 몇 년 동안의 양국 관계를 정밀하게 분석한 최근의 연구에 따르면, 정묘호란 이후 후금과 조선의 관계를 불편하게 만들었던 외교적 갈등 요인들은 늦어도 1635년에 이르러서는 대부분 해소되는 국면으로 접어들고 있었다.2) 따라서 병자호란의 발발 원인, 적어도 직접적인 원인이 조성된 시기는 역시 홍타이지의 '칭제' 과정에 동참하라는 후금의 요구를 조선이 거부한 병자년 봄이었다고 보아야 할 것이다.

그러나 병자호란의 발발 원인에 대한 논란은 여전히 미해결 상태이다. 이 문제와 관련하여 종래의 병자호란 서사에서는 당시 조선의 위정자들에게 애초에 이기지도 못할 전쟁의 발발을 사전에 막지 못한 책임을 묻는 경향이 있었다. 조선의 '전쟁 실패'를 설명하는 데 주력하다 보니 그에 앞서 전쟁 자체의 발발을 막지 못한 '외교 실패'가 부각되었고, 그에 따라 조선의 위정자들이 전쟁을 자초한 것이 아니냐는 인식이 자리를 잡았다. 이러한 인식에 대하여 근년 들어 당시 조선의 위정자들이 전쟁을 자초했다는 인식의 부당함을 지적하는 목소리가 점점 커지면서 이 문제를 둘러싼 학술적 논쟁이 진행되고 있다.3)

여기에서 이 논쟁의 쟁점들을 본격적으로 다룰 필요를 느끼지는 않는다. 그 대신, '전쟁 실패' 서사가 안고 있는 일면성의 한계에서 벗어나 '홍타이지의 전쟁'이라는 시각에서 병자호란을 조명하고자 하는 이 책의 취지에 맞추어, '조선은 왜 병자호란의 발발을 막지 못했는가?'가 아니라 '홍타이지는 왜 병자호란을 일으켰는가?'라는 질문을 던지고자 한다. 또한 그 경우 홍타이지가 과연 언제, 그리고 무엇 때문에 조선 침략을 결심했다고 보아야 할지 이야기하고자 한다.

홍타이지는 왜 병자호란을 일으켰던 것일까? 사실 이 질문에 대해서는 홍타이지 본인이 밝힌 답이 존재한다. 그는 병자년 십일월 25일 동지(冬至) 제천(祭天) 의식을 거행하면서 조선을 침공하는 이유를 하늘에 고했다. 이날의 고천(告天) 제문에서 홍타이지는, 기미년(1619) 명과 연합해 자신들을 공격[강홍립(姜弘立)의 원정을 지칭]한 이래 조선이 자신들에게 많은 잘못을 저질렀다고 주장했다. 특히 제문의 말미에 이르러서는 정묘호란 이후의 형제 관계에도 불구하고 재차 전쟁을 일으키게 된 까닭을 다음과 같이 밝혔다.

> 이제 조선은 10년의 우호 관계를 깨고, 그 평안도 관찰사 홍(洪)[홍명구를 지칭]에게 보낸 문서, (즉) "앞서 정묘년에 우리[청을 지칭]를 향해 고의로 시간을 끌고자 화호(和好)를 맺었었다. 이제 확실히 (관계를) 끊어 (사이가) 나쁘게 되었다. 변경의 관문을 굳건히 하라. 지모가 있는 사람들을 모아라. 용맹하고 강건한 사람들을 일으켜라"라고 보낸 문서를 제[홍타이지 본인을 지칭]의 사신으로 갔던 사람이 가로채서 획득하여 가지고 온 뒤에야, 저는 조선국이 변심했음을 확실히 알아 ……4)

"평안도 관찰사 홍(洪)에게 보낸 문서"란 병자년 삼월 1일 인조가 팔도에 하달한 소위 '절화교서'를 가리킨다. 홍타이지는 이 '절화교서'를 조선이 먼저 맹약을 파기하여 전쟁의 원인을 제공했다는 증거로 활용한 것이다.

홍타이지는 서울의 조선 조정이 평안도 관찰사에게 보낸 문서의 내용을 어떻게 알게 된 것일까? 인조의 '절화교서'는 명과의 관계를 끊고 홍타이지의 '칭제' 과정에 동참하라는 후금 사신의 요구를 두고 조정에 척화론이 들끓는 와중에 나왔다. 그 요지는 후금과의 관계가 파국에 이르러 조만간 전쟁이 일어날 듯하니 그에 대비하라는 것이었다.[5] 운수 사납게도 이 문서는 평안감사 홍명구에게 전달되는 과정에서 그만 본국으로 돌아가던 후금의 사신 일행에게 탈취되어, 삼월 20일 홍타이지의 수중에 들어가고 말았다.[6]

전쟁 발동 전야가 되자, 홍타이지는 '절화교서'를 침략을 정당화하는 데에 활용하기 시작했다. 십일월 25일의 고천 제문뿐만 아니라 전쟁 발발 이후 조선 측에 보낸 국서에서도 '절화교서'를 증거로 내세우며 조선이 먼저 정묘년의 맹약을 파기했다는 비난을 퍼부었다.[7] 홍타이지의 비난에 영향을 받은 것일까? 최근의 논의에서도 '절화교서'의 의미가 쟁점으로 떠올랐다.[8] '절화교서'의 본뜻이 과연 전쟁을 벌이자는 데에 있었느냐를 두고 의견이 갈리고 있지만, 문면상 적어도 전쟁을 감수할지언정 홍타이지의 '칭제'는 결코 인정할 수 없다는 의지가 '절화교서'에 표명되어 있다는 점만은 부정하기 어려울 것 같다.

그렇다고 해서 홍타이지의 주장을 그대로 좇아 '절화교서'를 근거로 조선이 전쟁을 자초했다는 결론을 내리는 것은 너무 성급하다. 우선 '절화교서'의 성격을 상기할 필요가 있다. 그것은 말하자면 일종의 비상 경계령으로, 적의 손에 넘어가리라고는 상상조차 하지 않았던 내부 기밀문서였다. 유사시에 대비하자는 내부 기밀문서를 대외 선전포고와 동일시하는 것은 상식에 반한다.

게다가 청은 병자년 삼월 '절화교서'를 손에 넣은 뒤로 한참 동안 조선에 대하여 그 존재를 언급조차 하지 않았다.[9] 청의 외교 실무자들이 처음으로 '절화교서'를 들어 조선의 맹약 파기를 비난한 시점은 조선의 역관 일행이 심양을 방문한 시월 말이었다.[10] 최소 일곱 달 이상 전혀 문제 삼지 않다가 전쟁이 임박한 시점에 이르러서야 비로소 시비를 걸기 시작한 것이었다면,

'절화교서'는 홍타이지로 하여금 전쟁을 발동하게 만든 원인이 아니라 그가 전쟁 발발의 책임을 조선에 돌리기 위하여 활용한 빌미였다고 보아야 하지 않을까?

결정적으로, '절화교서' 때문에 양국 관계가 곧장 파국에 이른 것도 결코 아니었다. 인조는 '절화교서'를 하달한 뒤였음에도 춘신사(春信使) 나덕헌과 회답사(回答使) 이확을 심양으로 보냈다. 춘신사란 말 그대로 매년 봄마다 파견하던 정기 사절이었다. 회답사는 홍타이지가 전년도에 사망한 인열왕후(仁烈王后)의 국상에 조문 사절을 파견한 것에 감사한다는 뜻을 전하기 위한 것이었다. 그리고 홍타이지 역시 '절화교서'를 입수한 뒤였음에도 나덕헌과 이확의 심양 방문을 받아들였다.[11] '절화교서' 이후 양국의 외교 관계가 이와 같았다면, 조선이 '절화교서'로 인해 전쟁을 자초했다고 보기 어렵다. 이제는 '절화교서'로부터 눈을 뗄 필요가 있다. '절화교서'에만 매달리다 보면, 자칫 부지불식간에 홍타이지가 내세운 침략 정당화 논리의 늪 속으로 빨려 들어갈 우려가 있다.

병자년 삼월의 '절화교서'가 아니었다면, 홍타이지는 도대체 언제, 그리고 무엇 때문에 병자호란을 일으키기로 결심했다는 말인가? 지금까지 거론한 사실들만으로는 그가 병자호란을 일으킨 까닭을 충분히 해명할 수 없다. 그가 병자호란에 어떤 의미를 부여하고 있었는지도 고려할 필요가 있다. 누르하치(Nurhaci)[1559~1626년, 재위 1616~1626년] 이래 만주인들은 주변의 적대 세력을 상대로 수없이 많은 전쟁을 일으켰지만, 홍타이지가 병자년의 조선 침공에 부여한 의미는 종래의 수많은 전쟁과 비교할 수 없을 정도로 컸다. 다른 무엇보다도, 그는 병자호란을 남의 손에 맡기지 않았다. 자신이 직접 나서 지휘하는 친정(親征)으로 전쟁에 임했던 것이다.

병자호란이 홍타이지의 친정이었다는 사실은 당연한 것으로 여기며 넘길

성질이 아니다. 친정은 아무리 강조해도 지나치지 않은 병자호란의 중대 특징이다.[12] 병자년의 시점에서 보자면, 홍타이지의 조선 친정은 당연한 것이 아니라 오히려 의외의 선택이었다. 그는 얼마든지 다른 왕공이나 장수를 대리인으로 내세워 병자호란을 치를 수도 있었다. 많은 사례가 있지만, 자신의 형제와 조카들에게 맡겼던 정묘호란을 단적인 예로 들 수 있다.[13] 심지어 인조가 남한산성에서 나와 삼전도로 나가기 전날 밤까지도 조선 조정이 홍타이지의 친정을 반신반의한 것[14] 역시 당시 시점에서 친정의 의외성을 방증한다.

여기서 홍타이지의 누차에 걸친 친정 경력을 근거로 반론이 제기될 수 있다. 사실 홍타이지는 1626년 후금의 한(汗)으로 즉위한 이래 마치 다반사처럼 친정에 나섰다. 그러나 전쟁의 시기와 장소가 중요하다. 시기 조건은 병자년의 '칭제' 이후로, 장소 조건은 적국(敵國) 땅 깊숙이로 좁혀야 한다. 홍타이지가 1629년 명의 내지에 침공하는 작전을 직접 지휘했다는 것은 잘 알려져 있는 사실이지만, 그것은 '칭제' 이전이었다. 그 뒤로 홍타이지가 명의 내지에 발을 디딘 적은 한 번도 없었다. 병자년의 '칭제' 이후 그가 친정에 나선 것은 명의 변경에서 벌어진 싸움에 국한되었다. '칭제' 이후의 홍타이지가 적국 땅 깊숙이까지 침투하는 작전을 친정으로 치른 것은 병자호란이 유일무이했던 것이다. 더군다나 명이나 조선 땅 깊숙이에서 벌어지는 전쟁에 홍타이지가 직접 참전하는 행위는 병자호란 무렵의 만주인들에게 일종의 금기 사항—이런 금기가 만들어진 이유와 그 금기에도 불구하고 홍타이지가 친정을 선택한 의미에 대해서는 이 책의 말미에 가서 다시 논하기로 하고, 여기에서는 금기의 존재만을 언급해둔다—이었다.

의외의 선택이었던 친정까지 고려할 경우 홍타이지가 병자호란을 일으킨 까닭은 어떻게 해석될 수 있을까? 이 질문에 대한 해답의 제시를 위해서는 준비가 더 필요하다. 의외의 선택이 단지 친정에 그치지 않았기 때문이다. 홍타이지는 병자년의 전쟁을 일종의 '총력전'—물론 '총력전'이라는 말은 모든 국민을 동원하여 국가의 모든 역량을 전쟁에 쏟아부은 제1차 세계대전 이래의 현대전을 가리키지만, 여기에서는 국가가 보유한 군사력의 거의 전부를 투입한다는 정도의 의미로 이 말을 쓴다—으로 준비했는데, 이 또한 조선의 군사적 실력에 대한 낮은 평가와 조응하지 않는 의외의 선택이었다. 1633년 명나라, 조선, 차하르의 세 나라 가운데 어느 나라를 먼저 치는 것이 좋겠느냐는 문제를 두고 벌어진 후금 내부의 논의를 보면, 조선은 군사적으로 약체이니 언제든지 쳐서 취할 수 있다는 것이 당시 거의 모든 사람들의 공통된 생각이었다.[15]

여기서 도대체 무엇을 근거로 홍타이지가 총력전을 준비했다고 주장하느냐는 의문이 제기될 수밖에 없다. 정당한 의문 제기이므로, 홍타이지가 병자호란을 일으킨 까닭을 따지는 작업은 여기서 일단 멈추고, 병자호란을 홍타이지의 총력전이라고 보는 이유를 먼저 해명하기로 하겠다. 그 자체로 간단한 문제가 아니기 때문에 적지 않은 지면이 필요할 것 같다. 아울러, 논의가 다소 산만해질 우려가 있음에도 불구하고 이 문제를 고찰하는 김에 병자호란 무렵 청나라의 실상을 이해하는 데 필요한 몇 가지 사실들도 함께 이야기하고자 한다.

병자년의 홍타이지, 조선 침공을 명과의 싸움보다 중시하다

서론에서도 언급했듯이, 병자호란이라는 전쟁의 실상을 정밀하게 분석하여 재구성한 연구는 의외로 많지 않다. 한국사 연구에서만 그런 것이 아니다. 중국사 분야도 상황이 크게 다르지 않아서, 병자호란을 주요 연구 주제

로 다룬 사람은 많지 않다. 단기간에, 그것도 청나라의 일방적인 승전으로 싱겁게(?) 끝난 전쟁이어서 큰 흥미를 느끼지 못한 측면도 있을 것이다. 그러나 근본적인 차원에서 말하자면, 1644년 이전, 즉 중원 정복 이전의 청나라 역사 연구에서 조선과의 관계 자체가 기껏해야 주변적인 문제로 취급된 탓이 큰 것 같다. 명나라와의 관계가 '주(主)', 몽고와의16) 관계가 '부(副)'였다면, 조선과의 관계는 간혹 등장하는 '에피소드' 정도로 취급되었다는 말이다. 이러한 인식에서라면, 병자호란은 청나라가 명나라와의 전쟁에 전념하기 위해 배후의 위협을 먼저 제거한 전쟁 정도로 치부되기 십상이다. 그러나 병자년에 한정해보자면, 정작 홍타이지는 조선과의 전쟁을 명과의 전쟁보다 더 중요하게 생각했다. 위에서 강조했듯이, 병자호란을 친정으로 치렀다. 배후에 명나라가 버티고 있는 상황에서 본국을 비우고 조선에 출정한 셈이니, 종래의 인식으로는 이해 불가이다. 게다가 병자년의 홍타이지가 조선을 침공하기에 앞서 명나라를 먼저 쳤다는 사실도 간과해서는 안 된다.

병자년 오월 30일, 홍타이지는 아지거(Ajige)[홍타이지의 이복동생]와 아바타이(Abatai)[홍타이지의 이복형] 등이 이끄는 원정군을 명나라로 출정시켰다. 아지거와 아바타이의 원정군은 내몽고 초원을 거쳐 유월 27일 만리장성 남쪽의 명나라 땅으로 진입했다. 청군은 열두 군데의 성을 함락시키는 등 총 56차의 전투에서 승리를 거두며 대대적인 약탈전을 전개한 뒤 구월 28일 심양으로 개선했다.17) 1636년 아지거와 아바타이의 약탈전[이하 '아지거의 약탈전']은 1644년 이전 시기 청나라가 명나라 땅에서 벌인 세 차례의 대규모 약탈전 중에서 첫 번째로 꼽힌다.

그런데 영어권의 대표적인 중국사 저술인 『캠브리지 중국사(Cambridge History of China)』는 이들 약탈전과 병자호란의 관계를 다음과 같이 설명한 바 있다.

> 1636년에 홍타이지는 조선에 대한 군사 원정을 직접 이끌어 조선의 왕으로 하
> 여금 명조에 대한 충성을 단념하도록 강제했다. ……조선과 내몽고가 만주인들
> 의 통제하에 들어오자, 홍타이지는 1636년에 명나라로 주의를 돌렸다. 수많은
> 소규모 습격 외에, 만주인들은 1636년과 1643년 사이에 세 차례의 대규모 중국
> 침공에 착수했다.[18]

위의 설명에 따르자면, 홍타이지는 먼저 병자호란을 일으켜 조선과 명나
라의 관계를 단절시킨 다음에 아지거의 약탈전을 필두로 한 "세 차례의 대
규모 중국 침공"에 착수한 셈이 된다. "대규모 중국 침공"에 앞서 배후에
위치한 조선의 군사적 위협을 먼저 제거하고자 병자호란을 일으켰다는 이
야기이다.

그러나 이런 이야기는 그저 막연한 지정학적 추정의 산물일 따름이다.
당시 조선은 객관적으로 청나라의 배후를 선제 타격할 군사적 능력이 없었
다. 설사 능력이 있었다고 하더라도, 선제공격에 나설 의사가 전혀 없었다.
조선에서는 적의 침략에 대비하기 위한 논의가 있었을 뿐, 선제 타격이 검
토된 적이 없었다는 말이다. 물론 만주인들의 경우 지정학적 사고에 근거하
여 조선의 잠재적 위협을 민감하게 의식했을 가능성을 배제할 수 없다. 과
거의 연구에서도 당연히 그랬으리라고 여겼다. 그러나 최근의 연구에 의해,
적어도 정묘호란을 겪은 뒤로는 만주인들이 조선을 군사적 위협으로 여기
지 않았음이 드러났다. 위에서도 언급한 1633년의 군사 전략 회의에서 명,
조선, 그리고 몽고의 차하르 가운데 군사적 약체로 평가되고 있던 조선에
대한 공격의 필요성을 제기한 사람은 아무도 없었다. 절대 다수가 명에 대

한 공격과 약탈을 당시의 최우선 군사 과제라고 생각했다.[19]

『캠브리지 중국사』의 설명에는 훨씬 더 심각한 문제가 있다. 사건의 선후를 뒤바꾼 것이다. 전쟁의 시간 순서는 아지거의 약탈전이 먼저, 병자호란이 나중이었다. 이러한 사건 선후 관계의 도착(倒錯)은, 아마 사료에서 두 사건의 날짜를 직접 확인하지 않은 채 역(曆) 환산을 제대로 하지 않은 선행 연구만 보고 병자호란과 아지거의 약탈전이 모두 "1636년"의 사건이었다고 오해하고는, 단지 지정학적 사고에만 의지하여 병자호란이 아지거의 약탈전에 선행했으리라고 추정해버린 결과일 것이다. 다시 강조하거니와 병자호란은 "1636년"이 아니라 1637년 1월에 발발한 전쟁이었다.

만약 아지거의 약탈전과 병자호란이 서로 긴밀한 관계였다고 한다면, 두 전쟁의 관계는 사건의 실제 시간 순서에 따라 『캠브리지 중국사』의 설명과 정반대로 해석해야 한다. 홍타이지는 병자호란에 앞서 배후의 위협을 잠재우기 위해 명나라를 먼저 침공했다는 말이다. 대략 병자년 가을의 칠월과 팔월 두 달 동안 청군은 명나라의 수도권 일대를 거의 쑥대밭으로 만들다시피 하며 약탈했다. 이는 몇 달 뒤 홍타이지가 본국을 떠나 조선 땅에서 전쟁을 벌이는 사이에 명나라가 배후를 칠 엄두조차 내지 못하게 만들기 위한 사전 정지 작업이었다고 보아야 할 것이다.

병자호란 무렵의 청나라는 얼마나 큰 나라였는가?

병자년의 홍타이지가 조선과의 전쟁을 그토록 중시했다면, 그가 병자호란에 투입한 병력 또한 당연히 많았을 것이다. 위에서 홍타이지가 병자호란을 총력전으로 준비했다고 말한 것도 총력전이라고 불러도 무방할 정도의 대군(大軍)을 동원했기 때문이다. 그렇다면 그는 도대체 얼마나 많은 병력을 조선 침략에 투입했다는 말인가?

병자호란 당시 청군의 규모 및 구성은 전쟁의 실상을 이해하는 데 필수적인 기본 사실이지만, 이 문제에 대한 탐구는 오랫동안 방치되어왔다. 대개 조선이나 명나라의 기록들에 등장하는 "십 수만",[20] "12만",[21] "14만",[22] "15만",[23] "30만"[24] 등의 숫자만으로 당시의 청군이 엄청난 대군이었다고 이야기하고 말았기 때문이다. 그러나 이 숫자들은 편차가 너무 큰 것도 문제이지만, 대부분 그대로 신뢰하기 곤란하다는 것이 가장 큰 문제이다. 청군의 포로가 되었던 사람의 진술 혹은 전문(傳聞)에 의존하거나, 전쟁이 끝난 뒤 조선이 입은 전쟁의 피해를 명나라에 강조하기 위한 외교적 동기라든가 조선 국내에서 청나라의 군세(軍勢)를 과장해야 하는 정치적 필요성 등이 개입된 기록들이기 때문이다.

청군의 병력에 관한 문제라면 조선이나 명의 기록이 아니라 청의 기록에 근거해야 마땅하다. 하지만 청의 기록에서도 신뢰할 만한 병력 총수를 찾을 수 없다는 것이 문제이다. 우선 병자호란 당시의 기록들은 만주어로 쓴 만문이든 중국어로 쓴 한문이든 간에 청군의 총수를 제시하지 않고 있다. 나중에 편찬된 관찬이나 사찬의 사서들에 "10만(十萬)"이라는 숫자가 등장할 뿐이다.[25] 하지만 그 기원을 따져보면, 저 유명한 삼전도 비문(碑文), 즉 '대청황제공덕비(大淸皇帝功德碑)' 비문의 "황제께서 동쪽 나라를 원정하시니 10만이었네, 그 군사![皇帝東征, 十萬其師]"라는 구절에서 유래한 것이다.[26] 삼전도 비문의 성격상 "10만"은 수사적 과장법이 개입된 것이므로, 이 숫자 역시 그대로 믿어서는 곤란하다. 실제 병력은 분명 이보다 훨씬 더 적었을 것이다.

실제를 적잖이 과장했을 터인 삼전도 비문의 병력 총수가 "10만"에 그치고 있음에도 불구하고, 현재 가장 널리 통용되고 있는 숫자는 "12만8,000

명"이다. 종합적인 군사(軍史)로 1980년대 중엽에 출간된『병자호란사(丙子胡亂史)』는, 조선 측 기록의 "12만8,000명"이라는 특정 숫자에 기초하여 당시 청군의 부대 편성과 각 부대의 지휘관 및 병력 숫자까지 일목요연하게 제시한 바 있다.『병자호란사』가 제시한 청군의 편제는 적지 않은 연구자들이 그대로 인용해왔다. 그러나『병자호란사』의 저자가 스스로 밝혔지만, 놀랍게도 그것은 아무런 사료적 근거도 없이 저자가 임의로 작성한 것이었다.27)

한편 십수 년 전 대만(臺灣)의 한 연구자가 실증적 증거에 근거하여 청군의 병력 총수를 계산한 적이 있다. 그는 병자호란 때의 청군과 관련하여 종래 인용되어온 병력 총수의 비현실성을 비판하고, 사료상의 증거에 기초하여 갑옷을 제대로 갖춘 정규군을 기준으로 약 2만 명 수준에 그쳤다는 견해를 피력했다.28) 이 숫자는 청의 당시 기록에 근거하여 산출된 값이라는 점에서 의미가 크지만, 몇몇 요소를 누락시키거나 과소평가한 결과라는 문제가 있다.

그렇다면, 병자호란 당시 홍타이지는 도대체 얼마나 많은 병력을 동원했다는 말인가? 결론을 미리 밝히자면, 갑병(甲兵), 즉 갑옷을 제대로 갖춘 정규군을 기준으로 당시 청군의 병력 총수는 대략 3만4,000명으로 추산된다. 대만의 연구자가 추정한 약 2만 명의 1.7배에 해당하지만, 현재 널리 통용되고 있는 "12만8,000명"의 약 27퍼센트에 불과하다. 많다면 많고, 적다면 적다. 무엇을 기준으로 하느냐에 따라 많고 적음의 판단이 갈리기 때문이다. 많고 적음에 대한 판단을 내리려면, 즉 홍타이지의 총력전 선택 여부를 판단하려면, 병자호란 무렵 그가 동원할 수 있었던 병력의 총수를 먼저 파악할 필요가 있다. 그러므로 어떤 근거로 3만4,000명이라는 숫자가 산출되었는지 밝히기에 앞서 조선 침공 직전 청나라의 세력 규모를 먼저 들여다보기로 하겠다. 이는 먼 훗날, 가령 18세기 청나라의 거대 제국 이미지에 압도된 나머지 병자호란 무렵의 청나라마저 대국으로 상상하는 시대착오를 털어내는 기회도 될 것이다.

청나라는 1644년 만리장성 동쪽 끝에 위치한 산해관(山海關)을 통과하여 명나라의 수도 북경을 점령했다. 이 사건은 보통 '청의 입관(入關)'이라고 불린다. '산해관에 들어가다'라는 뜻이다. 1644년의 입관으로 명나라 정복의 대업을 본격화한 청나라는 18세기 후반이 되면 전에 없던 거대 제국으로 성장했다. 18세기 말 청나라의 영토는 약 1,315만 제곱킬로미터에 달했다. 15세기 전반 약 650만 제곱킬로미터였던 명나라의 두 배가 넘는다. 1800년경 청 제국의 인구는 약 3억 명으로, 그 무렵 세계 인구의 3분의 1에 해당했다.

그러나 1644년 입관 이전의 청나라는 그렇게 큰 나라가 아니었다. 홍타이지의 부친 누르하치가 처음 군사를 일으켜 세력을 키우기 시작한 1583년, 누르하치 수중의 갑옷은 겨우 13벌이었다고 한다.[29] 갑옷을 제대로 갖춘 갑병이 13명뿐이었다는 의미이다. 이렇게 작은 집단의 우두머리로 출발한 누르하치는 천재적인 군사적 재능을 발휘하며 세력을 급속도로 키웠다. 만주 땅 여기저기에 흩어져 살던 여진인(女眞人)들은 군사적 정복 또는 자발적 복속 등의 과정을 거쳐 누르하치의 속민(屬民)이 되었다. 그의 속민 중에는 여진인 외에 몽고인이나 한인(漢人), 심지어 조선인도 있었다. 누르하치는 점점 늘어나는 속민들을 '니루(niru)'와 '구사(gūsa)'로 조직했다. 니루는 본래 여진인들이 사냥을 할 때 만드는 임시조직이었으나, 누르하치에 의해 민정(民政)과 군정(軍政)이 일체화된 사회 기층의 상시조직으로 탈바꿈되었다.[30] 구사는 본래 전시(戰時)의 군단(軍團)을 뜻하는 말이었지만,[31] 누르하치의 구사는 다수의 니루를 묶어 관리하는 상시조직이었다.

1615년경 누르하치 치하의 구사는 모두 여덟 개에 이르러, 만주어로 '여덟 구사'라는 뜻인 '자쿤 구사(jakūn gūsa)'로 불렸다. 각 구사는 각기 다른 군기(軍旗)를 썼다. 훗날 '자쿤 구사'의 한어 번역으로 '팔기(八旗)'라는 말이 채택된 것도 이 때문이다. 팔기의 깃발에는 황(黃), 백(白), 홍(紅), 남(藍)의 네 가지 색깔이 사용되었다. 각 색깔의 깃발은 다시 가장자리에 테두리가 없는 사각형 모양의 '정(正)'과 테두리를 두른 오각형 모양의 '양(鑲)'으로 나뉘었다. 이렇게 해서, 팔기의 각 구사는 깃발의 모양과 색깔에 따라 정황기(正黃旗), 양황기(鑲黃旗), 정백기(正白旗), 양백기(鑲白旗), 정홍기(正紅旗), 양홍기(鑲紅旗), 정람기(正藍旗), 양람기(鑲藍旗) 등으로 불리게 되었다.[32]

홍타이지의 치세에 이르러 팔기는 양적·질적 팽창을 경험했다. 1635년 홍타이지는 그 무렵 대거 늘어난 몽고 유목민 출신의 속민들만으로 여덟 개의 구사를 따로 조직했는데, 이를 '팔기몽고(八旗蒙古)'라고 부른다. 누르하치 때부터 있었던 팔기는 이제 '팔기만주(八旗滿洲)'로 불리게 되었다. 한인들만의 니루–구사 편성은 비교적 늦은 시기에, 단계적으로 이루어졌다. 훗날 '팔기한군(八旗漢軍)'으로 불리게 되는 한인들만의 구사는[33] 1637년에야 처음으로 두 개가 만들어졌다. 그후 1639년 네 개 구사의 단계를 거쳐, 1642년 마침내 여덟 개 구사의 편성이 완료되었다.

그렇다면, 1636년경 청나라 팔기의 인구 총수는 얼마나 되었을까? 유감스럽게도 입관 전 팔기의 인구 규모를 구체적인 수치로 전하는 기록은 현재 남아 있지 않다. 현존하는 팔기의 인구 조사 결과로 시기가 가장 앞선 것은 입관으로부터 4년이 지난 1648년의 통계이다. 1648년의 인구 조사에서 팔기의 성인 남자 총수는 34만6,931명으로 집계되었다.[34] 이 숫자를 토대로 표준인구이론(Standard Population Theory)을 써서 전체 인구를 추산한 연구에 따르면, 1648년 팔기의 인구는 적게 잡아 130만 명, 많게 잡아 240만 명으로 추정된다.35) 명나라 말기 약 1.5억 명에 도달했을 것으로 추정되는 중국 인구의 1퍼센트 안팎에 불과하다.

게다가 1648년의 성인 남자 34만6,931명 가운데 전체의 약 63퍼센트에 달하는 21만6,967명은 자유민이 아닌 노복(奴僕)이었다.36) 만주어로 '아하(aha)'라 불리던 노복들은 대부분 한인 출신이었으며, 그들은 일반적으로 국가에 대한 군역 의무를 지지 않았다. 따라서 1648년 팔기에서 갑병으로 차출할 수 있는 성인 남성의 최대치는 12만9,964명에 그쳤다고 보아야 한다. 성인 남자가 약 13만 명 있었다고 해서 이 모두를 실제 갑병으로 출정시키는 것 또한 불가능한 일이었다.

1648년의 통계만으로는 병자호란 당시 홍타이지의 동원 가능 병력 총수를 계산할 수 없다. 병자호란 무렵 팔기의 인구는 아마 입관으로부터 4년이 지난 1648년의 인구보다 적었을 것이기 때문이다. 하지만 이 통계는 유념해 둘 가치가 충분하다. 입관 전의 청이 결코 대국이 아니었다는 사실을 숫자로 웅변해주기 때문이다. 농업 위주의 경제에서는 인구가 곧 경제 규모의 대리지표가 된다. 입관 전의 청은 인구로 보나 경제 규모로 보나 명나라의 약 100분의 1에 불과한 소국이었다.

그러면, 병자호란 전야 팔기의 동원 가능한 갑병 총수는 어떻게 추정할 수 있을까? 팔기보다는 팔기의 각 구사를 구성하는 기층 조직인 니루에 주목하는 것이 유효한 방법이다. 청의 사서에서는 누르하치가 팔기를 조직할 때 각 니루는 300명의 장정(壯丁)으로, 각 구사는 25개의 니루로 편성했다고 말한다.37) 이로부터 팔기의 니루 총수는 200개, 장정 총수는 6만 명이었다는 계산이 나올 수 있다. 그러나 이는 어디까지나 1615년경 니루─구사의 '표준 모델'일 뿐이다. 실제 각 구사의 니루 수, 각 니루의 장정 수는 해당 구사나 니루의 상황에 따라, 그리고 시기에 따라 상당한 편차를 보였다.[38] 게다가 무장과 출정에 따르는 각종 부담을 갑병 본인이 지는 당시의 현실에서 니루 소속 장정 전원에게 갑병으로서의 군역을 부과하는 것은 당연히 불가능했다.

따라서 병자호란 전야 팔기의 갑병 총수는 홍타이지 시기 각 니루의 장정 수와 갑병 수를 근거로 계산해야 한다. 홍타이지 시기 각 니루의 표준 장정 수는 200명으로 축소되었고,[39] 늦어도 1631년 이후에는 니루마다 전체 장정의 대략 3분의 1에 해당하는 60명씩을 갑병으로 차출하는 방식이 정착되었다.[40] 이에 따라 니루당 60명에 니루의 총수를 곱하면 1636년경의 갑병 총수를 산출할 수 있다.

그렇다면 1636년경 팔기의 니루 총수는 얼마나 되었을까? 위에서 밝혔듯이, 팔기한군은 병자호란 이후인 1637년에 처음 두 개 구사가 편성되었고, 1642년에 이르러서야 비로소 여덟 개 구사의 편성이 완료되었다. 따라서 1636년경에는 누르하치 이래의 팔기만주와 1635년에 조직된 팔기몽고만이 존재하고 있었다. 또한 팔기몽고는 구사의 총수는 여덟 개였지만, 각 구사의 니루 수는 종래의 팔기만주보다 훨씬 더 적었다. 1635년 창설 당시 팔기몽고의 니루 수는 80개를 약간 상회하는 수준이었던 것으로 추정되고 있다. 한편, 입관 직전 팔기만주의 니루 총수는 약 250개였다. 여기서 1636~1644 년간의 증가분을 빼면 병자호란 무렵 팔기만주의 니루 수로 약 240개라는 수치를 얻을 수 있다. 따라서 병자호란 전야 팔기만주·팔기몽고의 니루 총수는 320~330개 정도로 추산할 수 있고, 여기에 니루당 60명을 곱하면 약 2만 명 수준의 갑병 총수가 산출된다.[41]

한편, 병자호란 당시 홍타이지가 전장(戰場)에 동원할 수 있는 국내의 군사로는 팔기만주·팔기몽고 소속의 갑병만 있었던 것이 아니다. 병자호란 전야는 팔기한군의 니루-구사가 정식으로 편성되기 전이었다. 하지만 팔기한군의 만주어 명칭인 '우전 초하(ujen cooha)'는 병자호란 전에 이미 전시조직의 형태로 존재하고 있었다.[42] 우전 초하의 '우전(ujen)'은 '무겁다', '초하(cooha)'는 '군사'라는 뜻이다. 따라서 우전 초하는 '중군(重軍)' 정도로 한역할 수 있는데, 이는 우전 초하가 대포와 같은 화약무기를 다루는 병종으로 출발한 사실을 반영한다. 정식 니루-구사의 편성 이전 우전 초하는 평시에 팔기만주 각 구사의 니루에 분속(分屬)되어 있다가 전시에만 별개의 '군단', 즉 '구사'로 조직되어 출전했다.[43]

그렇다면 병자호란 무렵 우전 초하의 병력 총수는 몇 명이었을까? 정축년(1637) 칠월 우전 초하의 총수가 약 1만 명이었다는 기록이 존재한다.[44] 병자호란은 정축년 정월 말에 끝났고, 그 이후로 칠월까지 우전 초하의 병력에 큰 변동이 있었음을 전하는 사료 기록은 보이지 않는다. 따라서 병자호란 전야 우전 초하의 병력 총수는 약 1만 명으로 추정해도 별 문제가 없을 것 같다.

팔기만주 · 팔기몽고와 우전 초하 외에 또 천우병(天佑兵)과 천조병(天助兵)이 있었다. 평시에는 팔기 조직에 편입되어 있던 우전 초하와 달리, 천우병과 천조병은 평시와 전시 모두 팔기 조직 밖에 있었다. 그들은 명나라를 등지고 홍타이지에게 귀순한 공유덕(孔有德) · 경중명(耿仲明)과 상가희(尚可喜)의 군사였다. 공유덕 · 경중명은 1633년에, 상가희는 1634년에 각각 홍타이지에게 귀순했다.[45] 홍타이지는 이들을 우대하여 속민을 그대로 보유하게 했고, 공유덕 · 경중명의 부대에 '천우병'[만주어로는 'abkai aisilaha cooha'], 상가희의 부대에 천조병[만주어로는 'abkai nonggiha cooha']이라는 이름을 주었다.[46]

그러면 천우병과 천조병의 규모는 어느 정도였을까? 1638년의 기록에 따르면, 천우병은 공유덕 휘하에 약 3,000명, 경중명 휘하에 약 2,300명, 합계 5,300명이 있었다.[47] 병자호란 전야에도 이와 큰 차이가 없었을 것으로 보인다. 천조병의 경우는 1634년의 귀순 당시 상가희가 거느린 남정(男丁), 즉 성인 남성의 수가 1,405명이었다는 기록이 있다.[48] 따라서 병자호란 전야 천우병과 천조병의 병력 총수는 대략 6,700명 정도, 아무리 많아야 7,000명 수준이었다고 추정해도 별 문제 없을 것이다.

하지만 천우병과 천조병의 병력 총수를 곧 홍타이지가 동원할 수 있었던 병력 총수로 등치시켜서는 안 된다. 팔기 소속 각 니루의 장정들과 마찬가지로 전원의 전시 동원은 불가능한 일이었다. 그들 역시 생산 활동에 종사하고 가족을 돌보아야 했기 때문이다. 병자호란 이전의 기록에서는 천우병과 천조병의 전시 동원 비율이 보이지 않는다. 만약 팔기 소속 각 니루처럼 대략 3분의 1을 동원했다면 실질적인 동원 가능 병력은 2,200~2,300명으로 계산된다. 그런데 1638년의 기록에서 천우병은 10명마다 기병 1명과 보병 1명, 합계 2명씩을 동원하는 것이 과거의 상례(常例)였다는 사실이 확인된다.[49] 아마도 홍타이지는 귀순 초기 그들의 군역 부담을 경감해주는 우대 조치로 팔기의 각 니루보다 낮은 5분의 1의 부담률을 적용한 것으로 보인다. 이에 따르자면, 일반적인 경우 홍타이지가 전시에 동원할 수 있었던 천우병과 천조병은 합계 1,300~1,400명 수준에 그치게 된다.

지금까지 병자호란 전야 청나라 국내의 병력 구성과 그 규모를 살펴보았다. 청나라는 팔기만주·팔기몽고를 통틀어 320~330개 니루, 니루당 60명의 갑병을 보유하고 있었다. 이로부터 팔기 조직에서 동원 가능한 정규 병력은 약 2만 명 수준으로 계산된다. 여기에 더하여 전시조직으로서의 우전 초하에 약 1만 명의 병력이 있었으므로, 팔기만주·팔기몽고와 우전 초하를 합한 동원 가능 병력 총수는 약 3만 명이 된다. 또한 전시에 동원 가능한 천우병과 천조병이 1,300~1,400명이었다. 따라서 청나라 국내의 동원 가능 갑병 총수는 3만1,000~3만2,000명 수준이었다고 할 수 있다. 이러한 사실 하나만 보더라도 종래 언급되었던 10만 명 이상의 숫자들이 얼마나 비현실적인지는 충분히 알 수 있다.

홍타이지는 얼마나 많은 병력을 병자호란에 동원했는가?

이제 남은 과제는 홍타이지가 3만1,000~3만2,000명 가운데 얼마나 많은 병력을 조선 침공에 투입했느냐가 되겠는데, 앞에서 언급했듯이 청의 당시 기록에는 원정군의 병력 총수가 등장하지 않는다. 그러나 지금까지의 고찰 내용과 병자호란 관련 사료의 기록을 결합하면 그리 어렵지 않게 병력의 규모를 추산할 수 있다.

가장 중요한 사료는 병자년 십일월 19일 병부(兵部)의 업무를 맡고 있던 요토(Yoto)[홍타이지의 조카]가 팔기와 우전 초하에 하달한 동원령이다. 이 동원령은 니루마다 기병(騎兵 : 'aliha cooha') 15명, 보병(步兵 : 'beki cooha') 10명, 호군(護軍 : 'bayara') 7명을 합한 32명의 갑병, 그리고 우전 초하 전 병력에 출정을 명하고 있다.[50]

니루 단위의 출정 병력 할당은 당연히 니루가 존재하는 팔기만주 · 팔기몽고에 국한된다. 따라서 기병, 보병, 호군을 합한 32명은[51] 팔기만주 · 팔기몽고의 320~330개 니루를 대상으로 한 것이 된다. 이로부터 팔기만주 · 팔기몽고의 참전 병력은 대략 1만 명 남짓이었다는 사실을 파악할 수 있다.[52] 한편 우전 초하에 대해서는 전 병력에 출정 명령을 내렸는데, 위에서 보았듯이 이 무렵 우전 초하의 병력 총수는 약 1만 명이었다. 그러므로 십일월 19일의 동원령은 팔기만주 · 팔기몽고와 우전 초하 가운데 약 2만 명에게 출정을 명한 셈이 된다.

십일월 19일의 동원령에는 천우병과 천조병이 언급되어 있지 않다는 문제가 있다. 천우병과 천조병의 참전 병력은 다른 경로로 추적해야 한다. 다행스럽게도 1638년의 기록에서 일단 천우병의 참전 병력을 확인할 수 있다. 홍타이지가 "동정(東征)" 즉 병자호란 때에는 특별히 상례(常例)보다 더 많은 병력을 파견하라는 특명을 내렸기 때문에 공유덕은 800명, 경중명은 650명을 출전시켰다는 것이다.[53] 위에서 천우병과 천조병은 보통 10명당 2명을 동원하는 것이 상례였다고 언급한 바 있다. 만약 상례를 따랐다면 공유덕·경중명은 5,300명의 20퍼센트인 1,060명의 병력을 부담하면 그만이었지만, 병자호란 때만은 그보다 390명이 많은 1,450명(약 27퍼센트)을 출전시켰던 것이다. 아마도 상가희의 천조병 역시 천우병과 비슷한 부담을 져서, 대략 1,400명의 약 30퍼센트를 차출했을 것이다. 그러므로 천우병과 천조병의 참전 병력 총수는 대략 1,900명 수준으로 잡을 수 있다.[54]

병자호란을 위한 홍타이지의 병력 동원은 청나라 국내에 국한되지 않았다. 그는 외번몽고의 군사들도 동원했다. 병자호란에 참전한 외번몽고의 병력 수를 알아보기에 앞서 외번몽고란 무엇인지에 대하여 잠깐 설명할 필요가 있을 것 같다.

16세기 말 누르하치 세력이 흥기할 무렵의 만주 땅은 단지 여진인들만의 세계가 아니었다. 만주의 남부와 동부는 여진인들의 영역이었지만, 서남부의 요동 지역은 명나라의 영토였다. 만주 서북부와 북부에는 흥안령(興安嶺) 산맥의 동남 사면을 따라 드넓은 초원이 펼쳐져 있었다. 이 초원은 흥안령 산맥의 서북 사면과 고비(Gobi) 사막의 남북 지역과 더불어 유목민들의 터전이었다. 당시 초원의 유목민들은 정치적으로 분열된 상태에 있었지만, 옛날 몽고 제국의 정통을 계승한 대칸이 여전히 존재하여 '차하르'라고 불리던 유목민 집단의 수장이 그 지위를 이어가고 있었다. 차하르는 16세기 중엽 세력이 약화되어 흥안령 산맥 동쪽 요하 상류의 초원 지역으로 밀려났다. 그러나 1620년대에 이르러 대칸 릭단(Ligdan)[1588~1634년, 재위 1604~1634년]이 초원의 재통일을 꿈꾸며 세력을 급속히 키웠고, 마침내 내몽고 초원의 중심지였던 후호호트[呼和浩特]까지 점령했다.55)

지리적 근접성만 놓고 보더라도 누르하치가 일찍부터 여러 유목민 집단들과 적대적 또는 우호적 관계를 맺은 것은 당연한 노릇이었다. 누르하치는 일부 유목민 집단과 군사적으로 충돌하는 가운데, 혼인 등의 수단을 써서 유목민 수장들과 우호 관계를 맺고자 노력했다. 1620년대 후반 차하르의 대칸 릭단이 패권 추구를 본격화하자, 홍타이지는 릭단과 적대 관계에 있던 유목민 수장들과의 연대를 강화했다. 홍타이지는 자기편으로 넘어온 유목민 수장들과 맹약을 체결하고 겹겹의 혼인 관계를 맺으면서 그들을 군사 동맹의 파트너로 삼았다. 홍타이지의 동맹 집단들은 때로는 차하르, 때로는 명나라에 대한 전쟁에 동참했다. 마침내 1634년 릭단이 천연두로 사망하면서 차하르가 급격히 붕괴되기 시작했고, 1635년에는 릭단의 처자(妻子)들이 투항함으로써 홍타이지가 내몽고 초원의 패자(霸者)가 되었다.56)

사실 병자년 홍타이지의 '칭제'도 전년에 완수한 차하르 정복과 밀접한 관계가 있었다. 차하르 정복의 완수로 홍타이지는 내몽고 초원 유목민 수장들의 종주(宗主)가 되었다. 게다가 릭단 칸의 처자가 옛날 원 제국의 '전국옥새(傳國玉璽)'라고 하는 '제고지보(制誥之寶)'를 홍타이지에게 바쳤다.57) 이를 근거로 홍타이지는 몽고 제국 대칸들의 정통을 잇는 계승자의 자격을 하늘로부터 인정받았다고 주장할 수 있게 되었다. 이에 "(내몽고 초원의) 각 국이 귀순했고 아울러 옥새를 획득했다[各國歸順, 兼獲玉璽]"는 사실을 내세우며 홍타이지의 '칭제'가 추진되었다.58) 여기서 말하는 "(내몽고

홍타이지의 국서와 '제고지보'

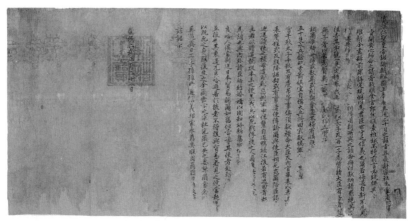

▲ 홍타이지의 국서
◀ 제고지보

위의 '홍타이지의 국서'는 숭덕 2년 정축년 정월 28일 홍타이지가 인조에게 보낸 국서로, 인조의 신변 안전 보장을 약속하면서 종전 이후 조선이 이행해야 할 의무사항을 통보하는 내용이다. 문서 말미의 날짜 위에 '제고지보(制誥之寶)'라고 새긴 옥새가 찍혀 있는 것을 볼 수 있다.
출처 : 국립중앙도서관 소장 『淸太宗詔諭』(한貴古朝51-다23)의 세 번째 문서

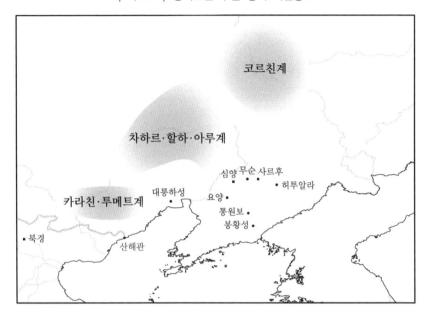

초원의) 각 국"이 바로 병자호란 무렵 청의 외번몽고를 구성하는 존재였다.

따라서 외번몽고란 홍타이지에게 복속한 몽고 유목민 집단이었다고 할 수 있다. 단, 홍타이지에게 복속한 모든 유목민이 전부 외번몽고가 된 것은 아니었다는 점에 주의해야 한다. 누르하치 시기에 일찌감치 복속하여 최종 적으로 팔기만주에 편입된 유목민들도 있었다. 또한 1635년 홍타이지에 의 해 팔기몽고로 조직된 사람들도 있었다.[59] 외번몽고는 이들과 달리 홍타이 지에게 복속한 이후로도 팔기에 편입되지 않은 상태에서 과거와 마찬가지 로 초원에서의 독자적인 생활을 이어간 유목민 집단이었다.

병자년 당시 홍타이지의 '칭제' 과정에 참여한 외번몽고는 사료에서 "16 국"으로 표현되고 있다.[60] 이들은 대개가 위에서 말한 군사 동맹의 파트너 들이었다. "16국"의 생경한 명칭을 모두 열거하는 것은 너무 번거로우므로,

여기에서는 다만 외번몽고의 각 유목 집단을 다음의 몇 가지 계열로 분류할 수 있다는 점만 소개해도 충분할 것 같다. 먼저 코르친계 집단들이 있었다. 이들은 심양을 기준으로 동북방의 초원에서 유목하고 있었다. 다음으로 차하르·할하·아루계 집단들이 있었는데, 그들의 유목지는 심양 서북방의 초원이었다. 세 번째는 카라친·투메트계 집단들인데, 이들의 유목지는 만리장성 동부의 북변을 따라 펼쳐져 있었다.[61]

그렇다면, 청나라의 동맹군으로 병자호란에 참전한 외번몽고 병력의 총수는 도대체 얼마였을까?[62] 이 질문에 답하기 위해서는, 병자년 시월에 열린 외번몽고의 회맹(會盟)에 주목할 필요가 있다. 병자년 시월 16일, 홍타이지는 대신들을 파견하여 두 군데에서 외번몽고 회맹을 개최하고 그들에게 "얼음이 얼면 곧 출병"할 예정임을 알리도록 했다.[63] 얼음이 어는 겨울의 출병이란 곧 병자호란을 가리킨다. 회맹을 마친 대신들은 십일월 6일 심양으로 돌아와서 결과를 보고했다. 그들의 보고 내용을 보면, 두 회맹에 참가한 외번몽고 각 집단의 호수는 합계 4만1,961가, 갑병의 합계는 1만 2,095명이었다.[64] 합계 4만1,961가에 달하는 호수는 회맹 참가 외번몽고의 인구를 반영하며, 1만2,095명은 홍타이지가 겨울의 조선 침공을 위해 외번몽고 각 집단에 할당한 갑병의 합계였다.[65] 회맹에 다녀온 대신들의 결과보고가 있은 지 닷새 뒤인 십일월 11일, 홍타이지는 외번몽고의 수장들에게 20일분의 식량을 준비하여 십일월 30일까지 심양으로 집결하라는 출병 명령을 내렸다.[66]

홍타이지가 병자호란에 얼마나 많은 병력을 투입했느냐는 질문에 대한 지금까지의 고찰 결과를 정리하자면 다음과 같다. 홍타이지는 팔기만주·팔기몽고에서 약 1만 명을, 우전 초하에서 전 병력인 약 1만 명을 조선 침공에 투입했고, 천우병과 천조병에 대해서는 상례보다 많은 약 1,900명의 동원을

| 표 1 | 병자호란 당시 청군의 동원 가능 병력과 병자호란 참전 병력

구분	동원 가능 병력	병자호란 참전 병력
팔기만주 · 팔기몽고	1만9,200~1만9,800명	1만240~1만560명
우전 초하	약 1만 명	약 1만 명
천우병 · 천조병	1,300~1,400명	약 1,900명
외번몽고	–	1만2,095명
합계		약 3만4,000명

요구했다. 따라서 병자호란에 참전한 청나라 국내의 정규 병력은 약 2만 2,000명으로 계산된다.[67] 여기에 더하여, 홍타이지는 외번몽고 각 집단에 합계 1만2,000명 남짓의 갑병을 출전시키도록 했다. 결론적으로, 동맹군으로 참전한 외번몽고 병력까지 합해서 병자호란 당시 청군의 병력 총수는 약 3만4,000명 정도였던 셈이다.

단, 약 3만4,000명이라는 숫자는 갑병, 즉 정규 군사만을 계산한 결과이므로, 병자호란 당시 청군 진영에 있던 모든 인원의 합계와는 다를 수 있다. 청군 진영에는 정규 군사가 아닌 자들도 있었기 때문이다. 예컨대 갑병이 갑옷도 갖추지 못한 한량들을 불법적으로 대동한 사례가 확인된다.[68] 물론 이런 사례는 전체 인원 추산에 유의미한 영향을 끼칠 정도로 많지 않았을 것이다. 하지만 청군에는 갑병들을 수종하여 전쟁터에서의 허드렛일을 맡았던, 만주어로 '쿠툴러(kutule)'라고 부르는 하인들이 꽤나 많았다. 팔기의 갑병들은 출정 시 자신의 노복을 쿠툴러로 데려가는 것이 일반적이었다. 병자호란 무렵 쿠툴러 관련 사료를 검토해보면, 쿠툴러의 수는 대략 갑병 2인당 1명 정도로 규제되고 있었던 것 같다. 한인이었던 우전 초하와 천우병 · 천조병은 고위 인사가 아닌 한 노복이 없었다고 본다면, 병자호란 당시 청군 진영의 쿠툴러 총수는 팔기만주·팔기몽고와 외번몽고에 한하여 약 1만1,000명 수준으로 추산할 수 있다.[69] 따라서 조선에 출정한 청군의 총인원은 정규 병력 약 3만4,000명과 쿠툴러 약 1만1,000명을 합한 약 4만5,000명 정도로 잡을 수 있다. 다른 누락이나 오차를 추가로 반영하더라도 청군 진영의 인원 총수는 5만 명 수준을 넘지 못했을 것이다.

홍타이지, 최대의 병력을 투입하는 총력전을 준비하다

홍타이지가 병자년의 조선 침공을 위해 동원한 병력은 갑병을 기준으로 약 3만4,000명이었다. 이 숫자는 물론 10만 명을 넘어서는 통설의 수치에 비해 현격하게 적다. 『삼국지연의(三國志演義)』와 같은 소설에 종종 등장하는 수십만 내지 백만의 대군에 너무 익숙한 탓인지 몰라도, 병자호란 때의 청군이 생각보다 훨씬 더 적었다는 느낌이 든다.

그러나 청군 병력의 많고 적음에 대한 판단은 당시 홍타이지의 동원 가능 병력을 기준으로 내려야 한다. 앞에서도 언급했듯이, 병자호란 무렵 팔기만주·팔기몽고, 우전 초하, 천우병·천조병의 동원 가능 병력 총수는 3만1,000~3만2,000명 수준이었다. 병자호란에 참전한 팔기만주·팔기몽고, 우전 초하, 천우병·천조병의 총수는 약 2만2,000명이므로, 홍타이지는 동원 가능 병력 총수의 약 70퍼센트를 조선 침공에 투입한 셈이 된다. 게다가 홍타이지는 조선 침공을 위한 사전 준비로 아지거의 약탈전을 벌인 바 있다. 홍타이지가 이 약탈전에 투입한 병력의 총수는 알 수 없다. 하지만 전쟁의 규모로 보아 결코 적지 않은 병력을 투입했을 터인데, 장거리 원정에서 귀환한 지 얼마 안 된 일반 갑병들을 재차 조선 원정에 출정시키기란 아무래도 무리였을 것이다. 또한 명나라와의 국경 및 수도 심양을 위시한 여러 요충지에 적지 않은 수의 수비 병력을 유지해야 했다. 이러한 요인들을 감안하면, 홍타이지가 국내의 가용 군사 역량을 거의 전부 조선 침공에 투입하는 총력전을 준비했다고 해도 전혀 지나치지 않다.

홍타이지가 조선 침공을 앞두고 외번몽고 회맹을 개최하여 합계 약 1만 2,000명의 갑병을 할당한 조치 또한 과거 만주와 몽고 간 군사 동맹의 실태와 비교하면 매우 의미심장하다. 홍타이지는 1629년 유목민 집단의 수장들과 체결한 맹약에서 명을 상대로 한 출병에는 각 집단이 100명씩의 병력을 보내고, 차하르에 출병할 때에는 각 집단의 수장급 인사 전원이 참전하라고 규정했다. 후자의 경우 파병 규모는 수장들의 성의(誠意) 여하에 맡겨져 있었다. 병자호란의 경우에는 사전에 각 집단의 파병 규모가 구체적으로 정해졌다. 예컨대, 호수가 2,900가였던 한 집단은 936명의 갑병을 부담했는데, 이는 1629년의 맹약에서 규정한 부담의 아홉 배가 넘는 것이었다. 각 집단의 부담 수준은 집단마다 편차가 작지 않았지만, 전체 평균은 3.4~3.5가에 1명꼴이었다.[70]

병자호란이 홍타이지의 총력전이었다는 것은 과거의 주요 군사작전에 동원한 병력 규모와 비교해보아도 분명하게 드러난다. 홍타이지의 군사 원정 가운데 사료상 가장 많은 병력을 동원했다고 일컬어지는 것은 1632년의 차하르 원정이었다.[71] 이 원정에는 외번몽고의 수장들도 대거 참전했다. 만주어 기록에서 나라 안팎의 병력을 합쳐 "10만 명"이나 집결했다고 하면서 "후세의 사람들이 혹시라도 거짓말이라고 말하지" 않을까 하는 우려를 표명할 정도였다.[72] 그러나 당시의 상황을 자세히 들여다보면 이 숫자를 그대로 믿기란 어렵다. 실제로 확인되는 작전 병력 총수는 3만여 명 정도에 그쳤다.[73] 이는 병자호란 당시의 정규 병력 총수 3만 4,000명보다 많지 않다.

따라서 병자년의 시점에서 홍타이지는 역사상 최대의 병력을 동원하는 총력전으로 조선과의 전쟁에 임했다고 할 수 있다. 정규 병력 약 3만4,000명은 현재 널리 알려져 있는 '12만8,000명'의 대략 4분의 1에 불과하기 때문에, 오늘날의 사람들은 '생각보다 훨씬 적다'고 여기기 십상이다. 그러나 위에서 보았듯이, 당시의 만주인들은 "10만 명"을 믿기 어려울 만큼 큰 숫자로 여겼다. 또한 인조가 삼전도로 나오기 전날인 정축년 정월 29일, 이번 전쟁이 홍타이지의 친정이라는 청 측의 주장을 여전히 반신반의하는 가운데 이루어진 어전 대화에서 당대의 대표적인 무신 구굉(具宏)은 이렇게 말한 바 있다. "만약 한(汗)이 직접 (조선에) 왔다면 그 병력은 필시 4~5만 명 아래는 아닐 것입니다. 제도(諸道)의 원병(援兵)이 하나도 올 수 없었던 데에는 어찌 그렇게 된 까닭이 없었겠습니까?"[74] 각 도의 근왕 시도가 모두 실패한 것은 청군의 병력이 그만큼 많았기 때문이라고 추정하면서 구굉이 상정한 대군의 기준선은 "4~5만 명"이었던 것이다. 물론 위에서의 고찰 결과에 견주자면, 구굉의 "4~5만 명" 또한 청의 정규 군사력을 과대평가한 것이라고 할 수 있다. 하지만 쿠툴러까지 합할 경우의 청군 총 인원과는 거의 일치한다. 구굉이 쿠툴러까지 고려하여 "4~5만 명"이라는 숫자를 말한 것인지는 알 수 없지만, 적어도 이 장의 첫머리에 소개한 바 있는 여러 기록의 비현실적인 숫자들에 비하면 군사를 잘 아는 무신 구굉의 현실 감각이 돋보인다는 말은 충분히 할 수 있을 것 같다.

여기서 여담 삼아, 사료 기록의 비현실적인 숫자를 그대로 믿어서는 안 된다는 점을 다시금 강조한다는 취지에서 병자호란 당시 포로가 되어 끌려간 사람들, 즉 피로인(被擄人)에 관한 사료상의 숫자를 어떻게 취급해야 좋을지 잠깐 이야기하고 넘어가고자 한다. 병자호란의 전개 과정을 들여다보기도 전에 피로인 이야기를 꺼내는 것은 성급한 일이지만, 피로인의 규모 문제는 비현실적인 숫자들이 널리 퍼져 있다는 점에서 청군의 규모 문제와 공통점이 있으므로 이 대목이 오히려 더 적절한 지면이 될 수 있다는 생각이다.

병자호란 때의 피로인 숫자는 무려 50만 명 또는 60만 명에 달했다는 것이 오늘날의 통설이다.[75] 50만 명이라는 숫자의 사료상 근거는, "포로로 잡힌 인구가 무려 50여만 명"에 달했다는 최명길의 발언이다.[76] 60만 명이라는 숫자는 "훗날 심양의 (조선 피로인 출신 노예를 거래하는) 인간 시장의 인구가 60만 명이었는데, 몽고인들에게 사로잡힌 사람은 이 수에 들지 않는다"라고 쓴 나만갑의 기록에 근거한 것이다.[77] 이밖에 피로인의 총수를 언급한 것은 아니지만, 평안도와 황해도 지역에서 청군에 포로로 잡혔다가 도망쳐 돌아오는 사람이 "날마다 천(千)으로 수를 헤아린다"는 정축년 삼월의 『승정원일기(承政院日記)』 기사나,[78] 심양에서 도망치는 피로인이 "날마다 천(千)으로 수를 헤아린다"는 『심양장계(瀋陽狀啓)』의 정축년 팔월 19일 기록[79] 등은 최명길의 "50여만 명"이나 나만갑의 "60만 명"이 사실일 것이라는 인상을 준다.

그러나 나만갑의 기록을 사실로 받아들인다면, 조선 출신 노예만 해도 "60만 명"에 달했던 심양을 당시 세계에서 가장 인구가 많은 도시 중 하나로 꼽아야 마땅하지 않을까? 1590년대 햇수로 7년이나 지속되었던 왜란 기간에 발생한 피로인의 숫자가 5만 명에서 20만 명으로 추정되고 있는 마당에,[80] 겨우 두 달의 전쟁에서 50만 명 또는 60만 명의 피로인이 발생했다는 기록을 곧이곧대로 믿어야 할까? 최명길의 "50여만 명"은 조선이 병자호란으로 입은 피해를 명에 알리는 문서에 등장하는 숫자이다. 명나라에 조선의 전쟁 피해를 강조하기 위한 외교적 동기에 추동된 과장일 가능성을 염두에 두어야 한다. 또한 "날마다 천(千)으로 수를 헤아린다"는 말은 '수가 많다'는 것을 강조할 때 쓰는 수사적 관용구이다. 액면 그대로 읽어서는 안 되는 표현인 것이다.

신뢰할 만한 사료 기록이 부족하기 때문에 여기서 당장 피로인의 규모를 추산하는 작업을 벌일 수는 없다. 하지만 다음의 몇 가지 사항을 고려할 때, 적어도 "50여만 명"이나 "60만 명"이 터무니없는 숫자라는 것만은 어렵지 않게 알 수 있다.

첫째, 병자호란 무렵 청나라의 인구이다. 앞에서 지적했듯이, 1648년 팔기 전체의 인구는 130만 명에서 240만 명 범위에 있었다. 시기가 약 10년 앞서는 병자호란 무렵 청나라의 인구는 이보다 많지 않았을 터인데, 정말로 "50여만 명"이나 "60만 명"의 조선인이 심양으로 잡혀갔다면 상당수가 도망치거나 몸값을 내고 돌아왔다 하더라도 청나라의 최대 인구 집단은 조선인이 되었어야 할 것이다. 그러나 조선인은 청 대의 팔기만주·팔기몽고·팔기한군, 그중에서도 팔기만주 안에 국한된 소수집단에 불과했다.[81]

둘째, 피로인은 물건이 아니라 사람이다. 피로인을 심양까지 데려가려면 일단 먹여 살려야 한다. 전쟁이 끝난 뒤 포로들을 데리고 귀국길에 오른 청군이 심양으로 귀환한 것은 정축년 사월 중순이었다.[82] 심양에 도착하기까지의 70~80일 동안 50만 명이 넘은 포로들을 어떻게 먹여 살릴 수 있었겠는가?

셋째, 병자호란 전후 청나라의 식량 사정이다. 조선에서 철수하는 도중에야 어떻게 해서든 포로들을 먹여 살렸다 치자. 하지만 포로들을 먹여 살리는 문제는 심양 도착 이후에도 변함이 없다. 그런데 청나라에서 병자년(1636)은 심각한 흉년이었다. 홍타이지가 부자들에게 남는 곡식을 시장에 내다 팔든가 굶주리는 사람들에게 무상으로 베풀든가 하라고 재촉하고 있는 형편이었다.[83] 병자년의 흉작으로 인한 식량 부족은 정축년(1637)의 가을걷이 이후가 되어야만 비로소 해소될 가망이 있었고, 그나마 정축년의 농사가 풍년이 되리라는 보장도 없었다. 따라서 병자호란 당시 조선에 출정한 청군 가운데 오직 집안에 식량을 넉넉히 비축한 자들만이 심양까지 포로를 데려갈 엄두를 낼 수 있었으리라고 보아야 한다.

넷째, 병자호란 당시의 청군은 적어도 서울에 도착하기까지는 '포로 사냥'에 열중할 겨를이 없었다. 다음의 제2장에서 자세히 살펴보겠지만 개전 초기 청군의 전략은 가능한 한 빨리 서울에 도착하는 것이었다. 진군 도중의 '포로 사냥'은 진군 속도를 늦추기 마련이다. 『심양장계』가 "청나라 군사가 서울로 쳐들어갈 적에는 그 행진이 매우 빨라서 황해도와 평안도에서 약탈당한 것이 그리 대단치 않았다"고 지적한 그대로이다.[84]

이상의 네 가지 사항만 고려하더라도 피로인이 50만 명 이상이나 되었다는 이야기는 어불성설이라고 하지 않을 수 없다. 물론 포로의 부양은 아랑곳하지 않고 오직 몸값만 노리고 '포로 사냥'에 열중한 자들도 있었을 것이다. 또한 전쟁이 끝난 뒤 본국으로 돌아가는 도중 무고한 양민을 상대로 '포로 사냥'을 벌인 경우도 있었다. 그러나 적어도 소현세자(昭顯世子)와 함께 심양으로 간 청군 부대는 귀국 도중의 '포로 사냥'을 금지했고 혹 금령을 어기고 잡은 포로가 발견되면 즉각 석방 조치했다.[85] 다른 경로로 귀국한 청군 부대들도[86] 이와 같았으리라고 보장할 수는 없지만, 청은 전쟁이 끝난 뒤의 '포로 사냥'으로 피로인이 된 사람들에 대해서는 나중에라도 사실이 드러나면 즉시 석방하는 조치를 취했다.[87]

그렇다면, 병자호란 때의 피로인은 도대체 얼마나 되었다는 말인가? 위에서 언급했듯이 사료가 충분하지 않은 탓에 여기서 당장 이 질문에 대한 해답을 내놓을 수는 없다. 다만 수십만 명이 절대 불가능한 숫자라는 것만은 자신 있게 말할 수 있다. 아마도 수만 명 수준이 그 상한선이었을 것이다. 자릿수를 하나 줄였다고 해서 혹 병자호란의 비극을 축소하려는 것이냐고 반문할지도 모르겠다. 그러나 수십만 명이 되어야 비로소 비극이 되는 것은 아니다. 수만 명이라고 해서 비극의 정도가 줄어드는 것도 아니다. 앞으로 지금까지처럼 사료상의 비합리적인 숫자에만 의지할 것이 아니라 신뢰할 만한 관련 사료를 많이 발굴하여 합리적 추산을 시도하는 연구가 나오기를 기대할 따름이다.

홍타이지는 언제, 무엇 때문에 조선 침공을 결심했는가?

너무 먼 길을 돌아온 감이 있지만, 이제는 홍타이지가 병자호란을 일으킨 까닭을 따지는 작업으로 되돌아가도 될 것 같다. 홍타이지는 병자호란을 주변의 적대 세력들과 벌인 그간의 수많은 전쟁 중 하나로 보지 않았다. 친정과 총력전으로 이 전쟁에 임했다는 사실은 그가 병자호란에 얼마나 큰 의미를 부여했는지를 말해준다. 홍타이지가 언제, 그리고 무엇 때문에 병자호란을 일으켰느냐는 질문에 대한 해답은, 그가 굳이 친정과 총력전을 선택한 동기까지 설명할 수 있어야 한다.

이 문제에 대한 해답을 찾기 위해서는 병자년 삼월 1일의 '절화교서'에서 눈을 돌려 사월 11일에 거행된 홍타이지의 '칭제' 의식에 주목할 필요가 있다.[88] 지금까지는 편의상 '칭제'라는 말을 썼지만, 당시 홍타이지의 '칭제' 란 정확하게 말하자면, 그가 '존호(尊號)', 즉 만주어로 '큰 이름(amba gebu)' 이라고 부르는 새로운 칭호를 받은 일을 가리킨다. 13세기 초 테무친이 초원의 유목민들로부터 '칭기즈 칸'이라는 칭호를 받은 것과 다를 바 없었다. 병자년 이월 조선에 내밀었던 요구도 사실은 홍타이지에게 존호를 올리는 일에 동참하라는 것이었다.

병자년 사월 11일, 홍타이지는 모든 사람들을 이끌고 심양의 남문 밖에 쌓은 제단으로 나아가 먼저 하늘에 세 번 무릎 꿇고 아홉 번 머리를 조아리는 삼궤구고두의 예를 올렸다. 이때 읽은 축문에서 홍타이지는 자신이 "조선을 정복하고 몽고를 통일했으며 옥새를 획득"했기에 "존호"를 받는다고 밝혔다. 아울러 명나라가 여전히 적국으로 남아 있는 상황에서 감히 "존호"를 칭할 수 없어 거듭 고사했지만 결국에는 사람들의 간청을 물리치지 못하여 어쩔 수 없이 "천자의 자리"에 오른다는 말도 잊지 않았다. 고천의 의식을 마친 홍타이지는 이어서 "수존호례(受尊號禮)", 즉 존호를 받는 의식을 거행했다. 홍타이지는 이 의식을 위해 따로 쌓은 단에 올라 자리를 잡았고, 좌우로 서열에 맞추어 늘어선 사람들이 모두 그를 향해 삼궤구고두의 예를 올렸다. 이어서 조선 정복, 몽고 통일, 옥새 획득 등 세 가지 위업을 다시 강조하면서 "관온인성황제(寬溫仁聖皇帝)"라는 존호를 선포했다.[89]

이처럼 병자년 사월 11일 홍타이지가 존호를 받으면서 내건 명분은 '조선 정복', 몽고 통일, 옥새 획득이었다. 몽고 통일과 옥새 획득은 차하르 정복의 업적을 가리키며, 이는 부정할 수 없는 사실이었다. 그러나 '조선 정복'은 그렇지 않다. '조선 정복'이란 정묘호란을 가리킬 수밖에 없다. 그러나 정묘호란은 비록 조선이 수세에 처한 상황이었을지라도 쌍방의 맹약으로 화의가 성립함으로써 끝난 전쟁이었다. 그럼에도 불구하고 홍타이지는 자신이 이미 조선을 정복했노라고 주장한 것이다.

그런데 그날 홍타이지가 "관온인성황제"라는 존호를 받은 의식, 편의상 앞으로 '황제 즉위식'이라고 부르고자 하는 장엄한 의례를 거행하던 현장에는 조선의 사신 나덕헌과 이확이 있었다. 홍타이지는 마침 심양에 와 있던 나덕헌과 이확을 '황제 즉위식'에 데려와서는 다른 사람들과 함께 새로 황제의 자리에 오른 자신에게 삼궤구고두의 예를 올릴 것을 강요했다. 그러나 두 사람은 홍타이지에 대한 배례(拜禮)를 목숨을 걸고 거부함으로써 한바

탕의 '소동'을 야기했다. 두 사람의 저항은 한마디로 장엄한 '황제 즉위식'에 흙탕물을 끼얹은 것이었다.

그럼에도 불구하고 홍타이지는 나덕헌과 이확을 죽이지 않고 돌려보냈다. 단지 조선의 사신을 죽인다면 맹약을 먼저 깬 잘못이 자신에게 돌아오리라고 우려했기 때문이다.[90] 그러나 홍타이지의 입장에서 조선 사신의 '무례'는 도저히 용서할 수 없는 일이었다. '칭제', 즉 자신의 존호를 정당화하면서 첫 번째 근거로 내세운 '조선 정복'이 '허구'라는 사실을 폭로한 것이었기 때문이다. 병자년 칠월 28일 인조는 나덕헌과 이확의 배례 거부 때문에 "화친하는 일이 이미 끊어져"버렸다고 말한 바 있는데,[91] 이는 사월 11일의 시점에 양국 관계가 '돌아올 수 없는 다리'를 건너버렸음을 정확히 짚은 것이었다고 할 수 있다.

여기서 '절화교서'는 아니었다고 치더라도 나덕헌과 이확의 의례 참여 거부가 전쟁의 원인을 제공했다면 역시 조선이 전쟁을 자초했다고 말할 수 있지 않느냐는 의문이 제기될 수 있다. 그러나 이러한 의문은 당시의 조선에 다른 선택의 여지가 있었다는 전제하에서만 가능하다. 조선 조정은 명나라의 국력 쇠퇴 사실을 잘 알고 있었지만,[92] 병자년의 시점에서 명과의 관계를 끊고 홍타이지의 신하가 되라는 요구는 절대 수용 불가였다. 단지 대명의리 때문만은 아니었다. 국력이 예전만 하지 못했을지라도, 병자년의 명나라가 여전히 대국으로 건재하고 있었다는 것은 분명한 사실이다. 오늘날 적지 않은 사람들이 그 무렵의 명나라는 멸망을 코앞에 둔 처지였으니 명과의 관계를 끊는 것이 무슨 대수이냐고 쉽게 말한다. 그러나 청의 입관이 실제로 일어나기 전까지는 세상 어느 누구도, 심지어 홍타이지조차도 명이 곧 멸망하리라고는 상상조차 하지 못했다.[93] 1644년 청에게 입관의 기회를 제공한 이자성(李自成)의 북경 점령은 문자 그대로 돌발 사태였다. 여기에 당시 조선 땅 철산(鐵山) 연해의 가도(椵島)에 명군이 주둔하고 있었다는 사실도 잊지 말아야 한다. 이 무렵 가도의 명군은 비록 군사적으로 무의미한 존재였지만, 그들의 주둔 사실 자체는 결코 무시할 수 없는 변수였다. 따라서 단지 훗날에 태어난 덕분에 옛사람들의 미래를 알게 되었을 따름인 우리가 그들이 시대의 변화에 어두웠던 나머지 전쟁을 자초했다고 비난하는 것은 부당하다.[94]

어느 쪽이 문제였는지 사실을 엄밀히 따지자면, 홍타이지야말로 애초에 정묘년 이래의 양국 관계를 파탄으로 몰고 간 원인을 제공한 장본인이었다. 홍타이지의 존호는 논의 당초 조선과는 아무 관계도 없는 문제였다. 병자년의 전년인 을해년 십이월 말 홍타이지가 이제 존호를 칭해야 한다고 주장하며 그의 신하들이 내세웠던 명분은 차하르 정복과 옥새 획득이었다.[95] 그런데 존호를 칭하라는 요청을 수락하는 자리에서 홍타이지가 돌연 "조선국의 왕은 (나의) 형제가 되어 있다. 그에게 상담해야 한다"고 하면서 "이제 사신을 보내어 이 이야기를 조선 왕에게 들려주고 싶다"고 했다.[96] 존호 문제가 홍타이지에 의해 조선과의 외교 문제로 비화되는 순간이었다. 자신에게 존호를 바치는 대열에 조선의 왕을 동참시키자는 발상을 내놓은 장본인은 바로 홍타이지였던 것이다.

정묘년의 맹약은 어디까지나 형제처럼 잘 지내자는 것이었다. 인조에게 명과의 관계를 끊고 홍타이지의 신하가 되라고 요구한 것이 오히려 그 자체로 맹약 파기 행위였다. 인조가 그런 요구를 받아들일 이유는 어디에도 없었다. 병자년 십일월 25일 홍타이지는 '절화교서'를 내세우며 조선이 맹약을 파기했기 때문에 전쟁을 일으킨다고 하늘에 고했지만, 정작 '절화교서'가 나온 경위에 대해서는 아무런 말도 하지 않았다. 자신의 '칭제' 과정에 동참하라고 요구한 일은 물론이거니와 조선이 자신의 '칭제'를 인정하지 않은 일도 전혀 언급하지 않았다.[97] 이는 그 역시 자신의 요구가 하늘에 대고 이야기할 수 없을 정도로 부당하다는 것을 잘 알고 있었음을 드러낸다.

사월 11일의 '황제 즉위식'에서 정묘호란을 '조선 정복'으로 '과대포장'하여 '칭제'의 첫 번째 명분으로 내세운 것 또한 홍타이지였다. 거듭 강조하건대, 정묘호란의 결과는 양국의 '형제 관계'였다. '정복'이라는 말이 함의하는 '군신 관계'와는 차원이 다른 관계였다. 게다가 조선과 명의 기존 관계를 인정하는 것을 전제로 하는 국교 수립이었다. 따라서 정묘호란을 '조선 정복'이라고 포장한 것은 분명 홍타이지의 '무리수'였다고 하지 않을 수 없다.

더군다나 1627년의 출병은 원래 '조선 정복'을 겨냥한 것도 아니었다. 애초에는 평안도 서해안 일대에 주둔하고 있던 모문룡(毛文龍)의 명군을 치기 위한 출병이었다. 단지 조선 현지의 상황을 봐서 조선 땅 깊숙이까지 쳐들어갈 수도 있다는 복안이 있었을 따름이다. 모문룡의 명군이 해도(海島)로 달아나자, 내친 김에 조선을 치러 가자는 결정을 내렸던 것은 홍타이지가 아니라 원정군의 지휘부였다.[98] 따라서 정묘호란은 기껏해야 1627년 출병의 '플랜 B'에 불과했다고 할 수 있다. '조선 정복'을 작정한 출병이 아니었으니, 후금군이 '정복'을 목표로 한 전쟁이라면 자제해야 마땅할 약탈에 몰두한 것도 자연스럽다.[99] 을해년 십이월 말 홍타이지의 존호 문제가 제기되었을 때 존호의 명분으로 차하르 정복과 옥새 획득이 꼽혔을 뿐 조선에 대한 언급이 전혀 없었던 것도[100] 그들이 1627년 전쟁의 성격을 잘 알고 있었기 때문일 것이다.

사실이 그러함에도 불구하고 홍타이지는 왜 무리수를 둔 것일까? 명나라가 아직 건재한 상황에서의 '칭제'가 과대망상적 행위라는 것을 스스로도 잘 알고 있던 터라,[101] 홍타이지는 최소한 명의 최대 조공국인 조선의 인정이라도 받아야 그나마 '칭제'의 명분이 설 수 있다고 생각한 것으로 보인다.

병자년 이월 홍익한은 "오랑캐의 칭제(稱帝)는 오랑캐 스스로 황제가 되는 것이 아닙니다. (조선의) 묘당(廟堂)이 그로 하여금 황제가 되게 하여 오랑캐가 어쩔 수 없이 황제가 되게 하는 것입니다. 만약 천자를 칭하며 대위(大位)에 오르고 싶다면, 다만 (저) 스스로 그 나라를 황제(의 나라)로 하고 그 풍속을 호령(號令)해야 마땅할 뿐입니다. (그런다면) 누가 또 그것을 금하기에, 반드시 우리에게 물어본 뒤에야 황제(가 되는) 일을 행하려고 하겠습니까?"라고 말한 바 있는데,[102] 이는 홍타이지의 심산을 정확히 꿰뚫어본 것이라고 할 수 있다. 홍익한의 말마따나 홍타이지가 국내에서 '황제놀음'을 벌이는 것은 조선이 상관할 바가 아니었다. 그러나 홍타이지는 자신의 '칭제'에 조선의 인정이 필수적이라고 생각했고, 그래서 이 일에 조선을 끌어들였다. 하지만 조선의 '칭제' 인정은 단지 홍타이지의 '희망사항'이었을 뿐이다.

여기서 홍타이지가 자신의 '희망사항' 때문에 굳이 조선을 끌어들여 문제를 복잡하게 만든 까닭은 더 이상 따질 필요가 없다. 조선이 홍타이지의 '칭제'를 인정하지 않는다는 사실을, 병자년 사월 11일의 '황제 즉위식' 현장에 있던 모든 사람들이 직접 목도했다는 것 자체가 중요하다. 홍타이지가 내세운 명분과 정면으로 충돌하는 사태가 벌어졌으니, 사월 11일의 장엄한 의식은 기껏해야 '미완의 황제 즉위식'에 그치고 만 셈이다. 이왕 이런 사태가 벌어진 이상 그가 자신의 '칭제'를 정당화할 수 있는 방법은, 정묘년의 '조선 정복'은 사실이었으나 뜻하지 않게 조선이 '배신'했을 따름이라고 주장하는 것밖에 없었다. 마침 그는 '배신'의 증거로 이용하기에 안성맞춤인 '절화교서'를 손에 쥐고 있었다.

그리고 조선의 '배신'을 주장한 이상, 홍타이지로서는 '조선 정복'을 위한 전쟁 발동이 당위이자 필연이었다. 이제 일으킬 전쟁은 1627년의 전쟁과는 차원이 다른 전쟁이 되어야만 했다. 두말할 나위 없이 전쟁의 목표는 처음부터 '조선 정복'이었다. 또한 반드시 승리를 거두어 명실상부한 '조선 정복'을 실현하는 것이 중요했다. 만에 하나 이번에 조선을 확실히 정복하지 못한다면 자신의 '칭제'는 변명의 여지도 없이 정당성을 상실하고 말 터였다. 전쟁의 필승을 위해서는 당연히 최선을 다하는 총력전이 필수적이었다.

또한 정묘호란 때처럼 남에게 전쟁을 맡겨서도 안 되었다. 원정 동안 혹 예상치 못한 우발 사태가 터질 경우, 예컨대 정묘호란 때처럼 원정군의 지휘부가 내부 이견으로 서로 다투는 상황이 재연된다면[103] 결과적으로 소기의 성과를 거두는 데 실패할 가능성이 있었기 때문이다. 설사 남에게 전쟁을 맡겨 결과적으로 소기의 성과를 거둔다 하더라도, 그 공적을 온전히 자신의 몫으로 주장하지 못하게 된다는 문제가 있었다. 홍타이지의 입장에서 이번의 '조선 정복'은 본인의 정치적 권위가 걸려 있는 사안이었으며, 따라서 다른 누구도 아닌 자기만의 업적이 되어야만 했다. 홍타이지가 친정을 결단한 것은 바로 이 때문이었을 것이다.

지금까지의 고찰을 통해서 '홍타이지는 왜 병자호란을 일으켰는가?'라는 질문에 대한 해답과 더불어 그가 굳이 친정과 총력전을 선택한 까닭이 드러났다. 애초에 자신의 정치적 야심이자 어젠다(agenda)였을 따름인 '칭제' 문제를 조선과의 외교 문제로 비화시킨 것은 다른 누구도 아닌 홍타이지였다. 병자년 이월 조선 조정이 직면해야 했던 홍타이지의 '칭제' 문제는 그의 일방적인 '희망사항'으로부터 파생된 것이었으므로, '칭제' 승인 거부와 삼월 1일의 '절화교서'는 당시의 조선으로서는 당연하고도 불가피한 대응이었다. 하지만 양국 관계는 곧바로 단교와 전쟁으로 치닫지 않았다. 조선은 사신을 파견했고, 홍타이지 또한 조선의 사신을 거부하지 않았다. 양국 관계가 '돌아올 수 없는 다리'를 건넌 시점은 병자년 사월이었다. 홍타이지로 하여금 조선을 상대로 한 전쟁, 그것도 친정과 총력전 발동을 결심하게 만든 직접적인 계기는 사월 11일의 '황제 즉위식'에서 조성되었다. 조선 사신들이 일으킨, 말하자면 '신성모독'적인 '소동'으로 인해 그날의 '황제 즉위식'이 사실상 '미완'으로 끝났기 때문이다. 이제 홍타이지는 형제 맹약의 화의 체결로 끝난 정묘호란과 차원을 달리하는, 글자 그대로의 '조선 정복'을 명실상부하게 실현해야만 비로소 자신의 '칭제'를 정당화할 수 있는 상황에 처하게 되었다. 그리고 그 과업은 다른 사람의 손을 빌려서가 아니라 자기 자신의 손으로 직접 달성해야 했다. 반드시 성공을 거두어야 했음은 물론이다.

이처럼 애초에 궁극적으로 전쟁이 아니면 해소할 수 없는 갈등의 씨앗을 뿌린 장본인은 홍타이지였다. 엄청난 공을 들여 준비했을 '황제 즉위식'이 '미완'에 그침으로써 발생한 '칭제'의 정당화라는 정치적 과제도 홍타이지 본인의 몫이었다. 병자호란은 '잉태' 당초부터 다른 누구도 아닌 홍타이지 본인의 정치적 야망과 어젠다를 군사적 수단으로 달성하는 '홍타이지의 전쟁'이었다.

끝으로, 이제야 속내를 다 밝히건대, 이 책에서 '홍타이지의 전쟁'이라는 말을 제목에까지 넣은 이유도 실은 단지 시각의 다양화를 통해 좀더 입체적인 전쟁 서사를 구성하자는 것이 다가 아니다. '홍타이지의 전쟁'이야말로 병자호란의 성격을 가장 적확하게 표현한 말이라는 판단이 섰기 때문이다. 애초에 전쟁의 발발 원인부터 홍타이지의 정치적 야심 및 어젠다와 불가분의 관계가 있었다는 점은 위에서 밝힌 대로이며, 전쟁 발발 이후 종전까지의 전개 과정 또한 '홍타이지의 전쟁'이라고 부를 만하다는 것은 앞으로 차차 드러날 것이다.

제2장

기습

서울을 급습하여 인조의 강화도 파천을 저지하다

조선이 강화도와 산성을 거점으로 하는 지구전을 준비하다

홍타이지는 총력전으로, 그것도 자신이 직접 참전하여 지휘하는 친정으로 병자호란에 임했다. 그러나 총력을 기울인 친정이라고 해서 반드시 승리를 거둔다는 보장은 없다. 예컨대 1812년 나폴레옹의 러시아 원정을 상기해보자. 나폴레옹은 무려 50만 명의 대군을 직접 이끌고 러시아 원정에 나섰지만 처참한 실패를 맛보았고, 이 원정의 실패로 인해 결국 날개 없는 추락을 경험해야 했다. 따라서 홍타이지의 전쟁 성공을 단지 친정·총력전만으로 설명해서는 안 될 것이다. 병자년 십이월 초에 일으킨 전쟁에서 그가 어떤 공격전략을 구사했으며, 또 그 공격전략이 실제로 어떻게 먹혀들었는지도 살펴보아야 한다.

그러나 홍타이지의 공격전략을 들여다보기에 앞서, 병자호란 전야의 조선 조정이 어떠한 방어전략으로 전쟁에 대비하고 있었는지를 먼저 살펴볼 필요가 있다. 조선의 방어전략이 홍타이지가 구사한 공격전략의 전제가 되었다고 할 수 있기 때문이다.

혹 병자호란 전야의 조선 조정에 무슨 방어전략이라고 부를 만한 것이 있었겠느냐는 의문이 들지도 모르겠다. 즉, 전쟁 준비를 조금이라도 했다면 어찌 그런 참담한 결과가 나올 수 있었겠는가? 병자호란은 병자년 십이월 8일(1637년 1월 3일)에 시작하여 정축년 정월 30일(1637년 2월 24일)에 막을 내렸으니, 날수로 겨우 53일에 끝난 전쟁이었다.[1] 아니, 인조가 항복하겠다는 의사를 청군에 전한 날짜가 정월 27일이었으니 더 정확하게는 50일 만에 끝났다고도 할 수 있다. 너무나 참담한 결과였기 때문인지 오늘날 우리는 병자호란 패전의 참극을 무책임과 무능력의 극을 달린 조선의 위정자들이 초래한 사상 최악의 '인재(人災)'로 규정하는 경향이 있다. 마치 참담한 시험 성적표를 들고 온 아이에게 "공부를 안 했으니 성적이 이렇지!"라고 나무라듯이 말이다. 하지만 전쟁에는 교전 상대가 있다. 아군이 아무리 최선을 다했다고 한들 적군이 아군보다 훨씬 더 강했다거나 훨씬 더 잘 싸웠다면 승리할 수 없는 법이다. 세계 역사상 단적인 사례로, 제2차 세계대전 초기 1940년 6월에 있었던 프랑스의 패전을 상기해보자.

프랑스는 제1차 세계대전의 비극을 되풀이하지 않기 위해서 일찌감치 독일과의 국경을 따라 그 유명한 '마지노선(Maginot Line)'을 구축했고, 1939년 9월 독일이 폴란드를 침공하자 영국과 함께 독일에 선전포고를 해둔 상태였다. 프랑스는 독일이 마지노선을 피해 제1차 세계대전 때처럼 네덜란드 · 벨기에 · 룩셈부르크를 거쳐 침공해오리라고 예상했고, 그에 대비하여 벨기에와의 국경 쪽에 대규모 정예 병력을 배치했다. 실제로 1940년 5월 10일 독일군이 베네룩스 3국을 침공했다. 그러나 독일은 연합군이 전혀 생각지도 못한 작전을 구사했다. 다들 벨기에 아르덴느 지역의 울창한 삼림이 독일군 기갑부대가 통과할 수 없는 자연적 장애라고 여기고 방심했지만, 독일군은 바로 그 아르덴느 삼림지대를 돌파하여 연합군의 배후를 기습했다. 예상치 못한 작전에 허를 찔려 남북으로 포위된 연합군은 영화 「덩케르크」 (2017년)에서 묘사한 '덩케르크의 철수'로 내몰렸다. 프랑스는 6월 14일 수도 파리를 적에 내주어야 했고, 마침내 6월 22일 치욕적인 휴전 협정에 서명하며 항복하고 말았다.

1940년 5~6월 프랑스가 겪어야 했던 참담한 패전은 1637년 1~2월 조선이 겪은 비극과 비슷하다. 조선이 정묘호란을 경험했듯이, 프랑스도 제1차 세계대전 때 독일과 싸운 전적이 있었다. 또한 전쟁 발발에 대비하자는 비상 경계령이었던 '절화교서'를 양력으로 1636년 4월 초에 내렸으니, 조선 조정은 이미 약 아홉 달 전부터 적의 침공을 예상하고 있었던 셈이지만 개전 50일 만에 항복을 결정했다. 프랑스 역시 전년 9월, 즉 여덟 달 전부터 독일의 침공을 예상하고 있었음에도 막상 전쟁이 터지자 개전 44일 만에 항복했다. 전쟁을 예상하고 준비한 기간이 조선의 경우보다 한 달 정도 짧았거니와, 개전부터 항복까지 걸린 시간 또한 일주일 정도 짧았다. 그러나 프랑스의 치욕스러운 패전을 그들이 전쟁에 아예 대비하지 않은 탓으로 돌릴 수는 없다. 제1차 세계대전의 경험을 바탕으로 오래 전부터 마지노선을 구축했고 전쟁 직전 베네룩스 3국을 통한 침공에도 대비했기 때문이다. 심지어 당시 프랑스 육군은 독일보다 훨씬 더 강력한 전력을 구축해놓았던 것으로 평가된다.

그렇다면 1637년의 조선도 혹시 1940년의 프랑스처럼 나름의 전쟁 준비에도 불구하고 참담한 패배를 맛보았던 것은 아닐까? 과거에는 병자호란과 관련하여 이런 질문을 던지고 그 해답을 본격적으로 탐구한 연구가 거의 없다시피 했다. 그러나 최근 들어 병자년의 조선 조정이 나름의 합리적인 방어전략을 짜고 전쟁 준비에 임했음을 지적하는 연구들이 나오고 있다.[2]

앞으로 좀더 많은 사실을 발굴하고, 사실과 사실 간의 관계를 좀더 치밀하고 정확하게 규명하는 작업이 필요해보이지만, 현재의 연구 성과만으로도 당시의 조선 조정이 나름대로 전쟁을 준비하고 있었다는 사실만은 확연히 드러났다고 판단된다. 이에 이들 연구의 성과를 뼈대로 삼아 조선의 전쟁 준비와 방어전략을 개략적으로 서술하자면 다음과 같다.3)

조선 조정은 청나라와의 국경, 즉 압록강을 따라 주력 방어선을 구축하지는 않았다. 수백 리나 되는 압록강 연안의 국경 지대를 철저히 감시하여 적의 도강(渡江)을 막는다는 것은 사실 불가능했기 때문이다. 그러나 그렇다고 해서 국경 지역의 수비를 완전히 포기하지는 않았다. 청군의 침공 루트로 예상되는 의주와 창성(昌城) 지역에 적지 않은 병력을 배치했다. 전쟁이 터질 경우 의주의 군사와 백성들은 백마산성(白馬山城)으로 들어가기로 했다. 평지에 입지한 성곽은 지키기 어려웠기 때문에, 유사시 적의 공격으로부터 군민(軍民)의 안전을 지키고 지역 방어의 거점으로 삼을 수 있는 입보처(入保處)로 백마산성을 지정한 것이다. 마찬가지로 창성 지역에서는 당아산성(當峨山城)이 입보처로 정해졌다.

유사시 평지의 성곽을 버리고 산성으로 입보한다는 구상은 압록강과 청천강 사이의 여러 지역에도 적용되었다. 각 지역의 입보처로는 용천(龍川)의 용골산성(龍骨山城), 철산(鐵山)의 운암산성(雲巖山城), 선천(宣川)의 검산성(劍山城), 곽산(郭山)의 능한산성(綾漢山城) 등이 준비되었다.

조선의 주력 방어선은 대략 청천강 선에 구축되었다. 방어의 핵심 거점은 안주(安州)와 영변(寧邊)이었다. 전자는 적이 의주 쪽으로 침공할 경우, 후자는 창성 쪽으로 침공할 경우 거쳐야 할 길목이었다. 안주성(安州城)에는 평안병사 유림(柳琳)이, 영변의 철옹산성(鐵甕山城)에는 부원수 신경원(申景瑗)이 수천 명의 정예 병력을 이끌고 주둔했다. 안주와 영변의 두

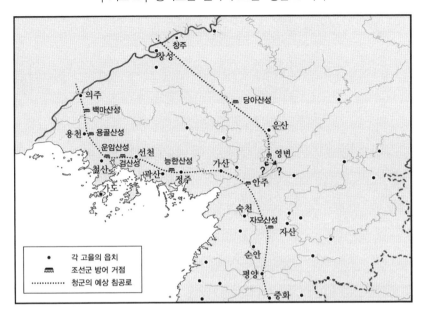

군진은 이른바 '기각지세(掎角之勢)'를 형성했다. 적이 안주 쪽으로 쳐들어오면 영변이 안주를, 거꾸로 영변 쪽으로 쳐들어오면 안주가 영변을 구원할 수 있는 형세였던 것이다.

조선은 안주-영변의 주력 방어선이 무너질 경우에도 대비했다. 황해도 황주(黃州)와 평산(平山) 일대에 이차 방어선을 구축했다. 이차 방어선에서도 안주 이북과 마찬가지로 방어 거점은 산성이었다. 황주 지역의 경우는 황주와 봉산(鳳山)의 경계에 위치한 정방산성이, 평산 지역의 경우는 태백산성(太白山城)이 군민의 입보처이자 지역의 방어 거점으로 계획되었다. 특히 정방산성에는 도원수 김자점이 주둔했다. 일차 방어선과 이차 방어선 사이에 위치한 평양 지역은 평양 북쪽 자산군(慈山郡)에 위치한 자모산성(慈母山城)이 유사시 입보처였고, 그 수비는 평안감사 홍명구(洪命耉)가

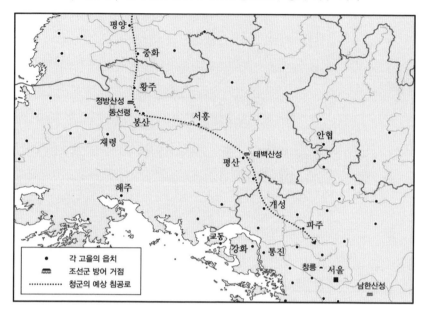

맡았다.

이처럼 평안도와 황해도에서 각 지역의 방어 거점은 대개 산성이었다. 병자호란 전야 조선의 산성 거점 방어전략은 과거의 전쟁 경험에서 얻은 교훈을 충실히 반영한 결과였다. 조선은 일찍이 1619년 심하(深河) 전투의 경험을 통해 사방이 훤히 트인 평지에서 적의 강력한 기병과 정면 승부를 벌여서는 승산이 거의 없다는 사실을 알고 있었다. 평지의 성곽 또한 청군의 공격을 막기 어렵기는 마찬가지였다. 그들은 공성 작전 능력을 갖추고 있었을 뿐만 아니라 실제로 공성 작전 경험이 풍부했다. 조선은 정묘호란 때 그 사실을 직접 체험했다. 동시에 조선은 산성이나 험준한 산악 지형의 전술상 이점을 십분 활용한다면 그들과 충분히 싸울 만하다는 사실 또한 알게 되었다. 정봉수(鄭鳳壽)의 용천 용골산성 전투, 김여기(金勵器)의 철산 운암산 전투, 지득남(智得男)의 선천 검산 전투 등이 그 증거였다. 이에 따라 정묘호란 이후 조선은 각 지역에 산성을 신축·보수하여 적의 침공에 대비했다. 게다가 산성 거점 방어전략은 단지 전술상의 이점만 고려한 것이 아니라 일반 백성의 안전까지 시야에 넣은 것이었다. 이 또한 정묘호란 때 적의 살육과 약탈로 일반 백성이 엄청난 피해를 입은 사실로부터 얻은 교훈이었다.

여기서 주의할 점은, 조선 조정이 오로지 산성 거점 방어전략에만 매달리지 않았다는 사실이다. 특히 일차 방어선이자 주력 방어선이었던 안주와 영변에는 유사시 성곽을 버리고 산성으로 들어간다는 입보 전략이 적용되지 않았다. 두 곳은 반드시 지켜야 할 요충지였기 때문이다. 영변의 철옹산성은 그 자체가 천혜의 요새였지만, 안주성은 평지에 입지한 성곽이라 방어가 어려웠음에도 의주에서 서울로 이어지는 대로에 위치한 까닭에 반드시 지켜야 한다고 인식했다. 당시 가장 유능한 무장이었던 유림을 평안병사로 임명하여 안주성 방어의 책임을 맡겼던 것도 안주의 중요성 때문이었다.

그러나 병자호란 전야 조선이 세운 유사시 방어전략의 근간은 뭐니 뭐니 해도 역시 조정의 강화도 파천이었다. 평안도와 황해도의 각 지역 군민이 산성으로 입보하는 것과 마찬가지로, 서울의 조선 조정 또한 강화도로 입보한다는 구상이었다는 말이다. 강화도 파천의 목적은 물론 전쟁의 장기화였다. 즉, 조선의 방어전략은 한마디로 말하자면 지구전 전략이었던 것이다.[4]

일반적으로 전쟁은 시간을 끌면 끌수록 원정군에게 점점 더 불리해지기 마련이다. 특히나 조선이 구상한 강화도 거점 지구전 전략은 청의 원정군을 상대로 하는 전쟁에 안성맞춤이었다. 기병 위주의 북방 민족에게 해상에 입지한 강화도는 공격 자체가 사실상 불가능한 천혜의 요새였기 때문이다.

강화도를 거점으로 한 지구전의 효과는 멀게는 고려 시대의 대몽 항쟁, 가깝게는 정묘호란에서도 검증되었다. 게다가 임진왜란의 사례에서 잘 드러나듯이 조선의 수군 전력은 청나라와 비교 자체가 무의미할 정도로 압도적이었다. 조선 조정이 병자년 십일월 21일에 화약 4,000근을 강화도로 들여보낸 사실이 확인되는데,5) 이 또한 두말할 나위 없이 강화도 파천 이후의 지구전에 대비한 조치였을 것이다.

안주-영변의 일차 방어선과 황주-평산의 이차 방어선으로 '종심 깊은 역삼각형의 방어지대'를 구축한다는 방어전략도 사실은 강화도 거점 지구전 전략과 불가분의 관계가 있었다. 각 거점의 조선군은 공격이 아니라 방어가 임무였다. 청군의 침공 시 성을 나가 야전(野戰)을 벌일 경우 승산이 희박했기 때문이다. 가능한 한 오래 버티는 것이 상책이었다. 끝내 적의 공격을 격퇴하지는 못할지라도, 최소한 서울의 조선 조정이 강화도로 파천하는 데 필요한 시간은 벌어줄 수 있으리라는 기대가 있었다.

따라서 조선이 구상한 지구전 전략의 성패는 전방의 일차 · 이차 방어선에서 얼마나 많은 시간을 벌어주느냐에 달려 있었다고 할 수 있다. 얼마나 많은 시간이 필요했을까? 정묘호란의 사례를 참고할 수 있다. 당시 후금군은 정묘년 정월 13일에 압록강을 건너 남안의 명군 초소를 점령했고, 이어서 의주를 공격해 다음 날인 정월 14일 새벽에 성을 점령했다.6) 후금군의 침공 사실을 처음 알린 파발마가 서울에 도착한 날짜는 그로부터 사흘이 지난 정월 17일이었다.7) 그러나 조정은 일단 전황을 관망했다. 후금군은 정월 21일 이른 아침에 안주를 점령했고, 그 뒤로 나흘을 더 안주에 머물렀다.8) 그런데 정월 25일에 황주의 방어가 무너졌다는 장계가 서울에 도착했다.9) 후금군의 본진이 안주를 떠난 것은 정월 25일이었으므로,10) 황주에 이른 후금군은 아마도 본진이 아니라 전도(前途)의 상황을 정찰하기 위해 먼저 내려온 선봉대였던 것으로 추정된다. 그야 어쨌든, 인조는 정월 25일에 파천을 결정했고,[11] 정월 26일 서울을 떠나 한강을 건넜다.[12] 인조가 강화도에 도착한 것은 사흘 뒤인 정월 29일이었다.[13]

이처럼 정묘호란의 경우 인조는 적군이 황주까지 왔다는 소식에 파천을 결정했고, 그로부터 나흘 뒤 강화도에 도착했다. 만약 병자호란 때에도 똑같이 움직일 요량이었다면, 일차·이차 방어선이 모두 무너지는 최악의 상황이 벌어진 뒤에야 비로소 파천을 결정했을 것이라는 이야기가 된다. 그러나 병자년의 경우에는 아예 전쟁 발발을 기다릴 것 없이 일찌감치 강화도로 파천해야 한다는 주장도 제기되고 있었으므로,[14] 황주마저 무너질 때까지 기다리지는 않았을 가능성이 높다. 어쨌든, 정묘호란의 사례를 참고하건대 단 사나흘의 말미만 확보하더라도 강화도로의 파천이 가능했다고 할 수 있다.

한편, 조선 조정은 남부 4도, 즉 강원, 충청, 전라, 경상의 병력을 신속히 동원하여 전장에 투입할 준비도 하고 있었다. 유사시 남부 4도의 속오군(束伍軍) 병력이 집결하여 적의 한강 이남 진출을 막는다는 구상이었다. 남부 4도 군사의 방어 거점은 바로 남한산성이었다. 조선 조정은 몇 년에 걸쳐 남한산성을 수축했고 성 안팎에 군량을 비축했다. 전체 방어전략에서 보자면, 남한산성에는 강화도를 "성원(聲援)"하는 역할이 부여되었다고 할 수 있다.[15]

속오군의 전시 동원과 관련해, 조선 조정은 정묘호란이 끝난 직후 각 도에 전임(專任) 영장(營將)을 두어 평상시 군사를 훈련하고 유사시 신속하게 출동할 수 있는 준비 태세를 갖추도록 했다. 병자호란 전야 전국 각 진영의 병력 총수는 평안도를 제외하더라도 약 10만 명 수준에 달했을 것으로 추정된다. 특히 병자호란 전야에는 경상도의 좌병사와 우병사, 충청병사, 전라병사 및 강원도의 영장에게 총 1만8,300명 남짓한 정예 병력을 미리 뽑아 언제라도 출동이 가능하도록 준비시킨 사실이 확인된다.[16] 또한 평안도의 경우에는 병자년 여름에서 가을에 걸쳐 특별 무과를 실시하여 1만234명의 합격자를 뽑았다고 한다.[17]

지금까지 서술한 대로 병자년 당시의 조선 조정은 정묘호란 등 과거의 실전 경험을 교훈으로 삼아, 나름의 합리적인 방어전략을 수립하고 그에 상응하는 전쟁 준비를 실천에 옮기고 있었다. 그러나 그럼에도 불구하고 병자호란의 결과는 조선의 참패였다. 장수들이 무능하거나 비겁했기 때문일까? 아니면, 병력의 대다수를 차지한 속오군이 농민을 동원하여 편성한 오합지졸이었기 때문일까? 개별 전투에서는 두 가지 요인이 모두 작용했을 수 있다. 작전 수행 능력의 측면에서 조선의 장수와 군사들은 마치 일상생활처럼 전쟁을 치러온 청나라의 장수와 군사들의 적수가 될 수 없었다.

그러나 이것만으로는 전체 전쟁의 실패를 설명할 수 없다. 조선군의 전술상 약점은 정묘호란 때와 다를 바 없었다. 또한 조선이 산성 거점 방어전략을 짠 것도 바로 그러한 약점을 잘 알고 있었기 때문이다. 다른 무엇보다도, 조선의 방어전략은 강화도 파천을 핵심으로 하는 지구전 전략이었다. 이 역시 아군의 전술상 약점을 잘 알고 짠 전략이었다. 결과적으로 조선 조정은 강화도 파천에 실패했지만, 이는 조선군의 전술상 약점과 직접 관련이 없는 사태였다.

그렇다면, 조선 조정이 청군의 침공을 예상하고 나름의 합리적인 방어전략을 수립해 실천에 옮겼음에도 불구하고 그토록 처참한 실패를 맛보아야 했던 이유는 무엇일까? 이 질문에 답하기 위해서는 역시 청군의 원정을 직접 지휘했던 홍타이지가 어떤 공격전략을 구사했는지에 주목해야 한다. 실제 전쟁에서 결과적으로 조선의 방어전략이 실패했다는 것은 곧 홍타이지의 공격전략이 성공했다는 의미이기 때문이다.

홍타이지의 공격전략을 청사진처럼 정리해서 보여주는 사료는 존재하지 않는다. 그의 공격전략은 병자호란의 전황을 분석하여 재구성할 수밖에 없다. 이 작업은 결코 간단하지 않다. 조선이나 청이나 모두 병자호란 당시의 전황에 관한 기록을 남기기는 했지만, 사건의 날짜를 정확하게 밝히지 않는 등 불완전하거나 부정확한 기록이 적지 않다는 문제가 있다. 또한 당연한 말이겠지만, 청의 기록은 조선군에 대한 기술에서 정확도가 많이 떨어진다. 조선의 기록은 조선군 관련 정보가 훨씬 더 구체적이기는 하나, 전후 논공과 논죄가 진행된 까닭에 대개 공로는 과장하고 과오는 은폐하는 경향이 있어 역시 전적으로 신뢰해서는 안 된다.[18) 조선 측의 일부 문헌에서는 심지어 터무니없는 낭설도 적잖이 발견된다. 지금까지 나온 연구 중에도 사료의 오류와 오해를 그대로 답습한 경우가 보인다. 양국의 사료를 비판적으로 대조하고 검토하면서 기록의 사실 여부를 따지는 기초 작업을 소홀히 했기 때문이다. 이하의 서술은 한편으로 선행 연구의 신뢰할 만한 성과를 활용하고, 다른 한편으로 선행 연구의 오류나 오해를 답습하지 않고자 사료의 기록들을 비판적으로 검토하고 분석한 결과이다.

청군의 초고속 진군 때문에 인조가 강화도로 가지 못하다

병자호란 전야 조선 조정이 구상한 지구전 전략의 성패는 강화도 파천에 달려 있었다. 그러나 개전 초기 인조는 강화도로 들어가지 못했다. 정묘년의 사례에 비추자면 사나흘의 시간만 있었더라도 강화도 파천이 가능했지만, 병자호란 때의 조선 조정에게는 그 사나흘의 말미조차 주어지지 않았던 것이다. 이는 홍타이지의 공격전략에 허를 찔린 결과였지만, 그의 공격전략을 본격적으로 살피기에 앞서 인조가 강화도로 가지 못하고 그 대신 남한산성으로 들어가게 되는 과정을 먼저 들여다보자.

정묘호란 때 인조는 적이 황주에 이르렀다는 장계를 받고서 파천을 결정했다. 전방으로부터 서울에 도착하는 장계의 내용이 파천의 결정 시기를 좌우했던 것이다. 그렇다면 병자호란의 경우, 개전 초기 평안도와 황해도의 각 군진에서는 언제, 그리고 무슨 내용의 장계를 서울로 보내고 있었을까?

이 문제와 관련하여 조선의 대표적 사찬 문헌인 『연려실기술(燃藜室記述)』을 보면, 병자년 십이월 6일 이후 전방에서 청군의 침공을 알리는 봉화가 두 차례나 올랐음에도 불구하고 도원수 김자점이 심양으로 떠난 사신 박로(朴篿) 일행을 마중 나온 청군을 보고 잘못 올린 봉화라고 하면서 서울에 적의 침공 사실을 보고하지 않았다는 이야기가 실려 있다. 또한 김자점은 십이월 9일에 이르러서야 전방의 상황을 살피고자 의주로 군관을 파견했는데, 그 군관이 순안(順安)에서 청군을 목격하고는 발길을 돌려 평양의 평안감사 홍명구에게 알린 데 이어 황주로 돌아와 김자점에게도 보고했다고 한다. 그러나 홍명구는 깜짝 놀라 자모산성으로 달아났을 뿐이고 김자점은 군관의 보고를 한동안 무시하다가 뒤늦게야 서울로 장계를 보냈다고 한다. 이러한 까닭에 서울의 조선 조정은 개전 초기 적의 침공 사실을 전혀 알지 못했다는 것이다.[19]

오늘날 널리 퍼져 있는 병자호란 서사에서 조선 조정이 강화도 파천에 필요한 말미를 확보하지 못한 이유는 김자점과 홍명구의 이처럼 한심하고 무책임한 행태 때문으로 설명된다. 그러나 이런 이야기는 신뢰 불가의 낭설에 불과하다. 예컨대, 십이월 6일에 적의 침공을 알리는 봉화가 있었지만 김자점이 박로 일행을 맞이하러 나온 청군을 보고 잘못 올린 것이라면서 이를 무시했다는 대목을 보자. 십이월 6일은 박로 일행이 전방은커녕 서울에서도 그리 멀지 않은 곳을 지나고 있을 시점이다. 왜냐하면 박로가 서울을 떠난 것은 겨우 이틀 전인 십이월 4일이었기 때문이다.[20] 게다가 청군의 최선봉 부대가 압록강을 건넌 것은 십이월 8일이었다.[21] 따라서 십이월 6일의 시점에서 조선군은 청군의 어떤 부대도 목격할 수 없었다. 또한 김자점이나 홍명구가 그토록 무책임하게 행동했다면 병자호란이 끝난 뒤 엄중한 논죄의 대상이 되었을 터이지만, 그런 일은 전혀 없었다. 훗날 역모로 처단된 김자점은 차치하더라도, 청군과 싸우다가 장렬하게 전사한 홍명구가[22] 이런 낭설을 들었다면 무덤에서 벌떡 일어났을 것 같다.

사실은 어느 쪽이었느냐 하면, 평안도와 황해도의 각 방어 거점을 맡았던 조선군의 지휘관들은 임무에 충실했다. 그들은 적이 침공 사실을 인지하자마자 서울로 장계를 띄웠다. 병자호란 개전 초기 전방으로부터 서울에 도착한 장계에 관한 주요 기록은 여러 사료에 흩어져 있다. 그 가운데 신뢰할 만한 사료들을 종합하여 상황을 정리하자면 다음과 같다.

『승정원일기』에 따르면, 청군의 침공을 알리는 최초의 장계가 서울에 도착한 것은 십이월 12일이었다. 이 장계는 십이월 9일 인시(寅時), 즉 해가 뜨기 훨씬 전인 깜깜한 새벽에 의주부윤 임경업(林慶業)이 발송한 것으로,[23] 압록강 건너 구련성(九連城) 일대에서 청군을 목격했다는 내용이었다.[24] 『승정원일기』는 장계의 도착 시각까지 밝히지 않았지만, 이 장계를 가져온 사람에 대한 포상이 논의된 것을 보건대[25] 장계는 규정된 시간 안에 도착한 것이 분명하다. 서울에서 의주까지는 1,186리, 즉 대략 1,200리 길이었고,[26] 당시 파발마는 이 거리를 여섯 주야(晝夜), 즉 사흘에 주파하도록 규정되어 있었다.[27] 이에 따라 의주 장계의 서울 도착 시각은 십이월 12일 새벽으로 확정할 수 있다.

의주의 장계를 접한 비변사(備邊司)는 청군의 침공 상황에 대한 장계가 속속 이어지리라고 예상하면서 의주와 서울을 잇는 각 역참에 마필을 추가로 대기시키라는 명령을 띄웠다.28) 이튿날인 십이월 13일, 비변사는 청군이 9일에 압록강을 건넜다면 지금쯤이면 용천과 철산의 상황을 보고하는 후속 장계가 들어왔어야 하는데 아무런 소식도 없음을 개탄하면서 도원수, 부원수, 평안감사, 평안병사, 의주부윤 등에게 보고를 재촉하기로 했다.29)

그런데 같은 날인 십이월 13일, 청군이 야간에 안주를 통과했다는 내용을 담은 평안병사 유림의 장계가 도착했다.30) 이 소식을 접한 인조는 중신 회의를 긴급 소집하여 대책을 논의했다. 이 자리에서 김류가 경기도의 군사들을 소집하여 강화도로 들어갈 것을 주청했다. 인조는 "적병이 반드시 깊이 들어오지 않을 수도 있으니 잠시 정확한 보고를 기다리자"는 입장이었지만, 김류가 강화도로 파천할 것을 강력히 주장하자 마침내 허락했다. 이에 따라 우선 다음 날인 14일에 종묘사직의 신주를 강화도로 옮기고 조정의 신료 중 노인과 환자를 먼저 출발시키기로 했다.31)

적이 황주에 이르렀다는 소식에 파천을 결정했던 정묘호란 때와 비교하자면 훨씬 더 이른 단계에 파천을 결정한 셈이다. 전쟁 발발 전부터 조기 파천론이 제기되기도 했지만, 청군이 벌써 안주를 지났다는 소식이 조선 조정에 엄청난 충격을 안긴 측면도 있었을 것이다. 안주의 장계는 십이월 11일에 작성된 것이었다.32) 이 장계가 서울에 도착한 것은 십이월 13일 낮 시간이었고, 안주는 서울로부터 약 750리 거리였으므로 안주의 파발이 서울까지 오는 데 걸리는 시간은 보통 만 이틀이었다. 또한 안주의 장계에는 대로를 타고 남하한 청군을 피해 "샛길[間路]"로 파발을 보낸다는 내용이 있었다.33) 파발마가 대로가 아닌 샛길을 달렸다면 여느 때보다 더 많은 시간이 걸렸을 것이다. 따라서 장계에서 말한 야간이란 11일 오후의 야간이 아니라 11일 오전의 야간이었다고 보아야 한다. 그렇다면 십이월 9일 새벽 압록강 북쪽 20리 거리의 구련성에서34) 목격되었다는 청군이 겨우 이틀이

지난 11일 새벽에 벌써 안주를 지났다는 이야기가 된다. 어떻게 약 460리의 거리를 단 이틀 만에 주파할 수 있다는 말인가? 경악을 금치 못할, 상상을 초월하는 진군 속도였다.

안주의 장계 이후 속속 들어온 장계들이 전한 청군의 진군 속도 역시 이에 못지않게 놀라웠다. 십이월 13일 저녁, 청군이 순안까지 남하했다는 평안감사의 장계가 들어왔다. 이튿날인 14일 아침에는 적병이 봉산을 지났다는 도원수 김자점의 장계가 도착했다.[35] 곧이어 서울의 조선 조정은 청군이 개성을 지났다는 개성유수(開城留守)의 장계를 받았다. 이에 종묘사직의 신주, 빈궁과 원손, 그리고 두 대군 등을 서둘러 강화도로 떠나보냈다.[36] 개성은 서울로부터 166리 거리이므로, 장계가 도착하는 데 대략 10시간이 걸렸을 것이다. 그렇다면 청군의 개성 통과 시점은 13일 심야로 추정할 수 있다. 청군이 안주에서 개성까지의 약 600리를 진군하는 데 걸린 시간은 아무리 길게 잡아도 만 사흘을 넘지 않았던 셈이다. 평균적으로 파발마 속도의 절반을 상회하는 엄청나게 빠른 진군 속도였다.

청군의 가공할 침공 속도를 잇따라 전한 12~14일 사흘간의 장계에 문자 그대로 패닉에 빠졌을 조선 조정의 모습은 충분히 상상이 가고도 남는다. 십이월 14일 오전 조선 조정은 겨우 빈궁을 비롯한 왕실 가족 등을 먼저 강화도로 떠나보냈을 따름이다. 가장 중요한 인물인 인조와 소현세자는 숭례문까지 왔다가 적군이 이미 연서역(延曙驛)[오늘날의 은평구 역촌동]을 지나 홍제원(弘濟院)에 이르고 있다는 보고를 접하고는 강화도로 가기는 글렀다고 판단하여 남한산성으로 발길을 돌려야 했다. 인조는 이제야 막 얼음이 얼어 아직은 안전을 담보할 수 없었던 한강의 얼음길을 허둥지둥 말을 타고 건넜다. 남한산성에 들어간 것은 어둠이 깔린 초경(初更) 무렵이었다. 그나마 남한산성으로 갈 수 있었던 것도 최명길과 이경직(李景稷)

이 단 한 명의 비장(裨將)과 함께 홍제원으로 나아가 청군 측의 마푸타(Mafuta)[조선 기록의 '마부대(馬夫大)']와 협상을 벌이며 시간을 벌어준 덕분이었다.[37)]

청군의 초고속 진군은 어떻게 가능했는가?

지금까지 살펴본 바와 같이, 유사시 강화도로 파천하여 전쟁을 장기화한다는 조선 조정의 지구전 구상은 병자호란 개전 초기에 일찌감치 틀어져버렸다. 인조가 강화도 파천에 실패했기 때문이다. 강화도 파천 실패는 다시 파천에 필요한 사나흘의 시간조차 확보하지 못한 탓이었다. 그리고 이는 기본적으로 청군의 가공할 만한 진군 속도에 기인한 것이었다.

당시 서울의 조선 조정이 접수한 장계의 내용에만 근거한다면, 청군의 침공 상황은 이렇게 정리할 수 있다. 십이월 9일의 야심한 오전 시간에 청군은 압록강 북방 20리 거리에 주둔하고 있었다. 그로부터 채 이틀도 지나지 않은 십이월 11일 새벽 청군은 약 460리를 남하하여 안주를 통과했다. 십이월 13일 심야에는 안주로부터 584리 거리인 개성을 지났다. 안주 통과 이후의 진군 속도는 매일 평균 200리 남짓이었고, 안주 이북에서의 진군 속도는 그보다 더 빨라서 매일 평균 230리를 웃돌았다. 단, 의주의 장계에 등장한 청군과 안주 이후의 장계에 등장한 청군은 사실 서로 다른 부대였는데, 이에 대해서는 후술하기로 한다.

그야 어쨌든 간에, 개전 초기 청군은 어떻게 해서 그처럼 빠르게 남하할 수 있었던 것일까? 개전 초기의 전황을 자세히 들여다본 결과를 먼저 말하자면, 그것은 일차적으로 홍타이지가 세운 공격전략의 산물이었고, 이차적으로 조선이 세운 방어전략의 부작용이었다. 이러한 결론에 도달한 이유에 대해서는 나중에 천천히 설명하기로 하고, 두 가지 요인을 간단히 소개하자면 다음과 같다.

먼저 일차적 요인이다. 홍타이지가 세운 공격전략에서 개전 초기의 작전 목표는 조선의 심장부인 서울을 곧바로 기습하여 인조를 서울 도성에 가두는 것이었다. 전광석화와 같은 기습작전이었으므로 '전격 작전'이라고 부를 만하다. 이러한 전격 작전의 성패는 청군이 얼마나 빨리 서울에 도착하느냐에 달려 있었다. 즉, 진군 속도가 생명이었다. 진군 속도를 극대화하기 위해서는 우선 강물이라는 자연 장애를 극복해야 했다. 홍타이지가 엄동설한의 한겨울이 오기를 기다린 것도 바로 이 때문이었다. 그다음으로, 의주-서울의 대로를 따라 자리를 잡고 있던 조선군과 싸움을 벌여서는 안 되었다. 정묘호란 때처럼 중도에서 전투를 벌이게 되면 서울 도착 시간이 늦어질 수밖에 없기 때문이다. 이 점을 고려했기 때문일까? 홍타이지는 '통과 작전' 내지 '패싱 작전'이라고 부를 수 있는 작전을 구사했다. 압록강을 건넌 이후 서울에 이르기까지 각 지역의 방어 거점을 공격하지 않고 그대로 지나치는 작전이었다.

다음으로 이차적 요인이다. 전격 작전을 세운 홍타이지는 작전 목표의 실현을 위해 고속 진군과 통과 작전을 구사했다. 하지만 청군이 고속 진군과 통과 작전을 구사한다고 해서 그들의 작전 목표가 자동적으로 달성된다는 보장은 없었다. 압록강으로부터 서울까지는 약 1,200리나 되는 거리였다. 만약 중간에 조선군이 청군의 진로를 가로막기라도 했다면, 서울의 조선 조정은 강화도로 파천하는 데 필요한 며칠의 말미를 확보할 수 있었을 것이다. 그러나 청군은 인조의 강화도 파천을 저지하기에 충분할 만큼 빠르게 진군했는데, 그것은 조선군이 산성으로 입보한 탓에 대로를 질주하는 청군을 저지하지 못했기 때문이다. 사전에 세운 방어전략을 충실히 이행한 것이 아이러니하게도 독이 되고 말았던 것이다.

홍타이지, 엄동설한의 한겨울을 기다려 전쟁을 일으키다

그러면, 홍타이지가 개전 초기 자신의 공격전략, 즉 전격 작전을 어떤 식으로 전개했는지 자세히 살펴보기로 하자.

가장 먼저 주목해야 할 것은 홍타이지가 전쟁을 일으킨 계절이다. 홍타이지는 병자년 사월 11일의 '황제 즉위식'을 계기로 조선 침공을 결심했지만, 곧바로 전쟁을 일으키지 않고 거의 여덟 달을 더 기다렸다. 조선 측에 외교적 해결의 시간을 주고자 기다렸던 것일까? 명의상 이경석(李景奭)의 찬술(撰述)이지만 사실은 청의 요구와 압력으로 작성되었던 삼전도의 비문은,[38] 조선이 먼저 맹약을 깨는 잘못을 저질렀음에도 불구하고 "황제(皇帝)께서는 오히려 너그러이 용서하시어 곧바로 군대를 보내지 않으시었다. 이에 먼저 밝은 유지(諭旨)를 내리시어 군사(를 일으킬) 시기를 (약정하시며) 간곡하게 반복하며 깨우치시기를 마치 귀를 잡고 (말하고) 면대하여 명하듯이 하시었을 뿐만 아니다. 그러나 끝내 (화를) 면치 못했으니 소방(小邦) 군신(群臣)의 죄는 더욱 피할 길이 없었다"라고 하여,[39] 마치 홍타이지가 조선에 '반성'의 시간을 허여하는 관대함을 베푼 것처럼 기록하고 있다.

실제로 병자년 사월 이후 전쟁 발발 직전까지 조선과 청나라 간에 외교적 접촉이 아예 없지는 않았다. 병자년 사월 나덕헌과 이확을 사실상 추방할 때, 홍타이지는 나덕헌과 이확의 무례 등을 거론하면서 조선 측이 형제 맹약을 파기하려고 한다며 강력히 비난하는 국서를 건넸다.[40] 그러나 나덕헌 일행은 황제를 칭한 홍타이지의 국서를 차마 조선 조정에 전달할 수 없었다.

그들은 압록강을 건너기 직전 숙박했던 통원보(通遠堡)에 국서를 버려두고 귀국했고, 단지 국서의 내용을 베낀 장계를 서울로 보냈을 뿐이다.41) 엄밀하게 말해서 조선은 홍타이지가 보낸 국서의 접수를 일단 거부한 셈이었지만, 그렇다고 해서 청나라와의 접촉을 완전히 끊어버리지는 않았다. 전혀 이로울 것이 없는 전쟁을 가능한 한 회피하고자 했기 때문이다. 병자년 유월, 조선 조정은 정묘년 이래의 맹약을 깬 적이 없다는 취지의 문서를 의주로 보내어 청나라에 전달하기로 했다. 이는 나덕헌 일행이 장계로 보고한 홍타이지의 국서 내용에 대한 반박이었지만, 청나라 측의 접수 거부로 인해 문서의 전달은 이루어지지 않았다.42) 이어서 인조는 '척화파'의 격렬한 반대를 뚫고 심양에 역관(譯官)을 파견했다. 조선의 역관 일행은 병자년 시월 말 심양에 도착했지만, 청나라에서 접수를 거부한 탓에 가져간 문서도 전달하지 못하는 등 별 뚜렷한 성과를 거두지 못했다.43) 이에 조선 조정은 정식 사신의 파견을 검토하기 시작했다. 격론을 벌인 끝에 십이월 4일 추신사(秋信使) 박로가 서울을 출발했다.44) 그러나 박로가 서울을 떠난 십이월 4일은 홍타이지가 이미 대군을 이끌고 심양을 출발한 뒤였다.45)

병자호란 전야의 외교적 접촉은 언뜻 삼전도 비문의 사후 서사가 사실을 그대로 반영한 것이 아닐까 하는 인상을 풍긴다. 그러나 병자년 사월 이후에 있었던 외교 접촉은 조선 측의 접촉 시도를 청나라 측이 거듭해서 거부하는 양상으로 전개되었다. 이 기간에 홍타이지가 한 일은 오히려 조선 침공에서의 필승을 위한 준비였다. 제1장에서 소개했듯이, 그는 조선 침공을 위한 사전 정지 작업으로 명나라 내지에서 대규모 약탈전을 벌였다. 또한 외번몽고 회맹을 개최하여 병자호란 참전 병력을 할당했다. 따라서 병자년 사월 중순 나덕헌과 이확의 추방으로부터 십이월 초 전쟁의 발발까지 거의 여덟 달에 달했던 홍타이지의 '기다림'은, 삼전도 비문의 '찬사'처럼 그의 관대함 때문이었다기보다는, 오히려 군사적인 고려의 결과였다고 이해하는 것이 더 타당하다.

그렇다면 그는 왜 한겨울이 오기까지 기다렸을까? 그것은 한겨울이야말로 홍타이지가 조선을 상대로 한 전쟁에서 승리하기 위한 최적의 자연 조건이 형성되는 계절이었기 때문이다. 한겨울이 최적의 계절이 될 수 있었던 이유로는 몇 가지를 꼽을 수 있지만,[46] 오직 엄동설한의 한겨울에만 전광석화와 같은 전격 작전이 가능했다는 점이 가장 중요하다.

아래에서 자세히 서술하듯이 홍타이지가 수립한 공격전략의 핵심은 서울을 직격하는 기습 작전이었고, 이 작전의 성패는 신속한 진군에 달려 있었다. 병자년 십일월 19일 동원령을 내리면서 병사들에게 겨우 15일분의 식량만 지참하게 한 것도[47] 진군 속도를 극대화하기 위한 조치였을 것이다. 그러나 몸이 가벼운 것만으로는 서울을 직격하는 기습 작전이 소기의 목적을 달성할 수 없었다. 심양에서 서울까지 오는 동안 청군은 동서로 흐르는 여러 줄기의 강을 건너야 했다. 깊은 강물은 진군을 가로막는 자연 장애물이다. 갈수기라면 얕은 여울을 찾아 군마가 건널 수 있겠지만, 그렇게 하더라도 얕은 곳을 찾아 멀리 돌아가느라 적지 않은 시간을 허비할 수밖에 없다. 하지만 추위로 강물이 꽁꽁 어는 결빙기라면 강물은 더 이상 군마의 장애가 되지 못한다. 실제로 홍타이지는 전쟁 발발 두 달 전부터 강에 얼음길이 열리면 출병하리라고 국내에 공언하고 있었다. 병자년 시월 5일 군신(群臣)을 소집하여 강에 얼음이 얼면 대거 출병할 예정이니 말을 살찌우고 갑주(甲胄)와 병기를 잘 손질하라고 지시했다.[48] 시월 16일에는 강물이 얼면 출병할 예정임을 외번몽고에 알리게 했다.[49]

조선에서도 만약 홍타이지가 전쟁을 일으킨다면 그 시기는 강물이 어는 결빙기일 것이라는 점을 잘 알고 있었다. 얼어붙은 압록강과 두만강을 건너

와서 약탈을 하고 달아나는 여진인들의 행태는 이미 오래 전부터 익히 경험한 바였다. 『인조실록(仁祖實錄)』의 병자년 십일월 기사만 보더라도 "얼음이 언 뒤"라면 언제 적의 침공이 있을지 모른다고 우려하는 조선 조정의 모습을 확인할 수 있다.[50] 이 때문에 결빙기에 전쟁을 벌이기로 한 홍타이지의 결정에 특별한 의미를 부여하기 어렵다고 말할 수도 있다. 그러나 결빙기 중에서도 언제였느냐가 문제이다. 압록강과 두만강의 결빙기였느냐, 아니면 한강의 결빙기였느냐가 중요하다는 말이다.

조선 전기 여진인들의 침공을 경계해야 했던 계절은 압록강과 두만강의 결빙기였다. 정묘호란의 경우도 마찬가지였다. 후금군이 압록강을 건넌 날짜는 정묘년 정월 13일이었다.[51] 이 날짜를 보고 그냥 요즘 달력의 '1월 13일'을 떠올린다면, 정묘년의 후금군 역시 한겨울에 쳐들어왔다고 착각하게 된다. 그러나 음력을 양력으로 환산해보면, 정묘년 정월 13일은 1627년 2월 28일이었다. 정묘호란은 기본적으로 양력 3월에 진행된 '봄의 전쟁'이었던 것이다. 단 압록강은 여전히 결빙기였기 때문에 후금군은 얼음길로 강을 건넜다. 하지만 적어도 대동강 이남의 강들은 이미 얼음이 녹은 뒤였다.

병자호란 때의 청군 선봉대가 압록강을 건넌 것은 정묘호란 때보다 거의 두 달이 앞서는 1637년 1월 3일(병자년 십이월 8일)이었다. 한반도의 1월은 겨울의 한복판이다. 압록강은 물론이고 청천강, 대동강, 임진강도 모두 얼어 있었다. 청군 선봉대가 서울에 도착한 병자년 십이월 14일에는 한강에도 얼음길이 열렸다.[52] 그들이 겨우 엿새 만에, 그리고 이틀 뒤인 십이월 16일 청군의 증원 병력 두 부대가 서울에 도착할 수 있었던 것은 모든 강이 얼어 있었던 덕분이다. 홍타이지는 서울을 최단 시간에 직격하는 데 필요한 자연 조건이 형성되는 시기를 골라 전쟁을 일으켰던 것이다.

물론 1월이라고 해서 한반도 중부의 강들이 반드시 꽁꽁 언다는 보장은 없었다. 날씨는 예측 불가이기 때문이다. 그러나 소빙기(Little Ice Age)라고 불리는 17세기는 전 세계적으로 기후가 한랭한 시기였다.[53] 홍타이지의 청군에게는 날씨 운도 따랐다. 예컨대 홍타이지가 직접 이끌었던 청군의 본진은 십이월 20일 중화(中和)를 거쳐 황해도 중부 내륙 지방을 남하하고 있었다. 이 무렵 날씨가 맑고 따뜻하여 임진강의 얼음이 풀리고 말았다. 물이 깊어서 군마가 도보로 건널 수도 없었다. 그러나 24일에 비가 내리더니 날씨가 급격히 추워졌다. 그 덕분에 홍타이지는 27일에 임진강을 편안히 건넜다.[54] 또한 대포와 중장비를 운송하느라 가장 느리게 남하한 청군의 치중(輜重) 부대는 정축년 정월 6일 임진강의 얼음이 풀려 있는 것을 보고는 크게 당황했다. 그러나 맑았던 날씨가 밤중에 급변하여 갑자기 비와 눈이 쏟아지면서 추위가 몰려와 강물이 다시 얼어붙었다. 그 덕분에 청군의 치중 부대는 정월 7일에 무사히 임진강을 건널 수 있었다.[55] 겨울철에 나타나는 삼한사온(三寒四溫)이라는 자연 현상에 불과한 것이겠지만, 청의 사서는 이런 일을 "하늘의 뜻"으로 대서특필했다.[56] 정말 "하늘의 뜻"이었는지는 알 수 없지만, 홍타이지가 자신의 공격전략을 펼칠 수 있는 최적의 계절을 기다려 전쟁을 일으킨 것만은 분명하다고 하겠다.

홍타이지, '통과 작전'으로 서울을 급습하게 하다

엄동설한의 한겨울이 오기를 기다린 홍타이지는 마침내 병자년 십이월 조선을 침공했다. 홍타이지는 정친왕(鄭親王) 지르갈랑(Jirgalang)[홍타이지의 사촌동생, '친왕'은 당시 청 황족의 최고 봉작(封爵)], 무영군왕(武英郡王) 아지거(Ajige)[홍타이지의 이복동생, '군왕'은 황족의 두 번째 봉작], 요여(饒餘) 버일러 아바타이(Abatai)[홍타이지의 이복형, '버일러'는 황족의 세 번째 봉작] 등에게 본국을 지키는 유수(留守) 임무를 맡기고는, 십이월 2일 예친왕(禮親王) 다이샨(Daišan)[홍타이지의 이복형], 예친왕(睿親王) 도르곤(Dorgon)[홍타이지의 이복동생], 예친왕(豫親王) 도도(Dodo)[홍타이지의 이복동생], 버일러 요토(Yoto)[홍타이지의 이복형 다이샨의 아들], 버일러 호오거(Hooge)[홍타이지의 장남], 안평(安平) 버일러 두두(Dudu)[홍타이지의 조카] 및 여러 버이서[황족의 네 번째 봉작]들과 함께 심양을 떠나 조선으로 향했다.57) 그는 십이월 9일 압록강 북쪽 30리 지점에 숙영했고, 그다음 날인 십이월 10일에 압록강을 건넜다.58)

홍타이지가 전쟁의 초기 판세에 가장 큰 영향을 끼친 승부수를 던진 것은 심양을 떠난 다음 날인 십이월 3일의 일이었다. 이날 홍타이지는 마푸타와 로오사(Loosa)에게 300명의 병력을 맡기면서, "상인을 가장하여 밤낮 없이 달려가 조선의 왕이 사는 왕경(王京) 성을 포위하라"고 명령했다.59) 이 300명은 '전봉(前鋒 : gabsihiyan cooha)'이라고 불리던 부대로, 청군 중에서도 기동력이 가장 뛰어난 경무장의 최정예 기병이었다. 로오사는 당시 전봉대신(前鋒大臣 : gabsihiyan coohai amban), 즉 전봉 부대의 사령관으로, 일찍이 '숑코로 바투르(Šongkoro Baturu)'라는 일종의 전쟁 영웅 칭호를 받은 용맹한 장수였다. 조선의 기록에 '마부대'라는 이름으로 종종 등장하는 마푸타는 '용골대(龍骨大)', 즉 잉굴다이(Inggūldai)와 더불어 홍타이지의 사신으로 조선을 여러 차례 방문한 경험이 있었기 때문에60) 길잡이 역할을 겸해서 청군의 최선봉에 섰을 것으로 보인다.

십이월 3일 홍타이지가 로오사와 마푸타에게 내린 명령은 조선 조정이 아예 서울을 벗어나지 못하도록 발을 묶어두겠다는 심산에서 나온 것임이 분명하다. 로오사의 전봉 부대는 전속력으로 말을 달려 홍타이지보다 이틀 앞선 십이월 8일에 압록강을 건넜는데,61) 이하의 서술에서는 이들 300명을

'로오사 선봉대'라고 부르기로 한다.

로오사 선봉대를 파견한 데 이어, 홍타이지는 역시 십이월 3일에 예친왕 (豫親王) 도도, 버이서 쇼토(Šoto)[다이샨의 아들], 버이서 니칸(Nikan)[홍타이지의 조카]에게 호군(護軍 : bayarai cooha) 병력 1,000명을 맡기면서 로오사 선봉대의 뒤를 따라가 그들을 도우라고 명령했다.[62] '호군'이란 홍타이지 및 왕·버일러들의 호위를 맡는 정예 기병이었다. 또한 십이월 9일에는 버일러 요토와 양구리(Yangguri)[누르하치의 사위]에게 다시 3,000명의 병력을 맡겨 도도 부대의 뒤를 따르게 했다.[63] 도도 부대와 요토 부대가 맡은 임무는 먼저 출발한 로오사 선봉대에 대한 증원 병력이 되어 서울 도성을 포위하는 것이었다. 로오사 선봉대가 임무를 달성하여 일단 인조의 발을 묶더라도 겨우 300명의 병력만으로는 포위망의 유지는커녕 구축 자체가 난망했기 때문일 것이다. 도도 부대는 십이월 9일 새벽에 압록강을 건넜고, 요토 부대 또한 같은 날 압록강을 건너 서울을 향해 내달렸다.[64]

그렇다면, 본진에 앞서 로오사, 도도, 요토 등이 이끄는 세 부대를 먼저 서울로 발진시킨 홍타이지의 작전은 어떤 효과를 보았을까? 여기서 개전 초기 서울에 도착한 장계들을 다시 상기해보자. 십이월 9일 인시에 작성한 장계에서 의주부윤 임경업은 압록강 북쪽 구련성 일대에서 청군을 목격했다고 보고했다. 구련성은 의주로부터 20리 거리였으므로, 청군을 처음 목격한 것은 강 건너로 파견된 정찰병이었을 것이다. 조선의 정찰병이 목격한 청군은 어떤 부대였을까?

최명길의 기록에 따르면, 의주의 장계에는 적의 기병 약 "3만여 명"이 압록강 북방의 세 곳에 주둔하고 있다는 내용이 있었다.[65] 병력 숫자만 보면 언뜻 홍타이지의 본진을 가리키는 것처럼 보인다. 그러나 위에서 밝혔듯이, 홍타이지는 압록강 북쪽 30리 지점에서 십이월 9일 밤을 보냈다. 십이월 8일 밤부터 9일 새벽까지는 압록강 북쪽 110리[66] 거리의 봉황성(鳳凰城)에 숙영 중이었다.[67] 따라서 의주의 정찰병이 구련성 부근에서 발견했다는 청군은 홍타이지의 본진이 될 수 없다. 정찰병이 목격한 청군은 십이월 8일 밤부터 9일 새벽까지 구련성 일대에서 숙영하고 있던 부대였다.

홍타이지의 본진이 아니었다면, 그에 앞서 압록강을 건넌 도도 부대 또는 요토 부대를 후보로 상정할 수밖에 없다. 이 가운데 요토는 심양을 떠난 이후 줄곧 홍타이지와 함께 남하하다가 십이월 9일에야 먼저 강을 건너라는 명령을 받았으므로 십이월 9일 새벽에는 봉황성 일대에 있었을 것이다. 그러므로 임경업이 십이월 9일 인시에 발송한 장계에 등장하는 청군은 그날 새벽 압록강을 건넌 도도 부대로 특정할 수 있다. 단, 의주의 정찰병이 목격한 청군의 숙영지는 세 곳이었으므로, 도도 부대 외에 홍타이지의 본진이나 요토 부대의 병력 중 일부가 선발대로 파견되어 하루 일찍 구련성 일대에 도착해 있었을 가능성도 인정해야 할 것이다. 아울러 "3만여 명"의 적 기병을 목격했다는 정찰병의 보고가 그들의 실제 병력 수를 엄청나게 과대평가했다는 점도 유념해둘 필요가 있다.

그런데, 위에서 밝혔듯이 로오사 선봉대는 임경업이 장계를 띄우기 하루 전인 십이월 8일에 이미 압록강을 건너 남하하고 있었다. 그러나 의주의 장계에는 이 부대에 대한 언급이 전혀 없었다. 의주의 조선군은 그들의 도강 사실을 전혀 인지하지 못한 것이 분명하다. 그렇다면, 조선군이 로오사 선봉대의 움직임을 포착한 것은 언제, 어디에서였을까?

의주의 장계 바로 다음에 서울에 도착한 것은 십이월 11일 안주를 떠난 장계였다. 이 장계에 등장하는 청군은 확실히 로오사 선봉대였다고 판단할 수 있다. 이 판단의 근거로는, 우선 압록강으로부터 안주까지의 거리를 들 수 있다. 압록강에서 안주까지는 약 450리 거리이다. 십이월 11일 오전의 야심한 시간에 안주를 지난 청군이 만약 도도 부대였다면, 그들은 십이월 9일 새벽 압록강을 건넌 지 만 이틀도 지나지 않아 약 450리를 주파한 셈이 된다. 그런데 이들이 서울에 도착한 것은 십이월 16일이었다. 만 7일 남짓한 시간에 1,200리 길을 주파했으니, 매일 평균 약 170리를 하회하는 진군 속도였다. 이 진군 속도를 보건대 도도의 부대가 만 이틀도 지나지 않아 약 450리를 주파했을 가능성은 거의 없었다고 보아도 무방하다.

다음으로, 십이월 13일 서울에 도착한 평안병사의 장계에 "마부대가 400명쯤 될 만한 군사를 거느리고 밤중에 성(城) 아래를 지나갔다"는 내용이 있었다는 조익(趙翼)의 기록이 있다.[68] 단, 조익의 기록은 병자호란이 끝난 뒤에 쓴 것이라는 사실에 주의해야 한다. 즉, 나중에 청군의 최선봉 부대가 마푸타 등이 이끈 수백 명이었음을 알고 난 뒤에 쓴 것이다. 십이월 11일 안주의 조선군이 새벽 야음을 틈타 쏜살같이 지나간 청군의 지휘관이 누구였는지까지 파악할 방도는 없었을 것이다. 적의 병력 규모 또한 제대로 파악하기 어려웠을 것이다. 실제로 안주 장계의 일부를 직접 인용한 최명길의 기록을 보면, "오랑캐 군사가 그 숫자는 알 수 없지만"이라는 구절이 있다.[69] 안주의 조선군은 청군의 병력 숫자를 파악하지 못했던 것이다.

결국 조선군의 경보망이 로오사 선봉대를 포착한 시점은 그들이 안주를 통과할 무렵이었다는 이야기가 된다. 안주의 조선군은 청군의 지휘관이 누구였는지와 병력이 얼마였는지는 미처 파악하지 못했다. 이 점에 관한 한 안주의 장계 이후 서울에 도착한 장계들도 다를 바 없었다.[70]

십이월 12~14일의 사흘 동안 조선 조정이 전방의 상황을 파악할 수 있는 수단은 서울에 속속 도착한 장계들뿐이었다. 그렇다면, 서울에서는 십이월 9일 새벽 도강을 준비하고 있던 약 "3만여 명"의 청군이 불과 이틀 뒤인 십이월 11일 새벽 안주를 통과했다고 착각하지 않을 수 없었을 것이다. 이 때문에 십이월 14일 당장 들이닥친 적의 기병이 수백 명 수준이라는 것은 알았지만,[71] 대규모 병력이 남하하다가 그 가운데 수백 명이 먼저 도착한 것이라고 여겼을 가능성이 농후하다. 이러한 착각은 당시 조선 조정이 느꼈을 당혹감을 배가시켰을 것이다.

그들의 진군 속도야 어쨌든 간에, 만약 십이월 14일의 조선 조정이 그날 서울에 들이닥치고 있던 청군이 겨우 수백 명이었다는 사실을 미리 알았더라면, 패닉 상태에서 남한산성으로 도망친 것과는 다른 선택을 했을 가능성도 있다. 그렇지만 역사에서 이런 종류의 '만약'을 가정하는 것은 무의미하다. 여기서 중요한 것은, 청군의 작전이 조선 조정의 착각을 유도했다는 사실이다. 즉, 기동력이 가장 뛰어난 소수 정예의 전봉 병력을 상인으로 가장하여 은밀하게 침투시킨 홍타이지의 작전이 제대로 먹혀들었다는 말이다. 요즘의 전쟁에 빗대자면, 홍타이지는 공수 부대를 안주에 낙하시킨 것과 다름이 없는 효과를 거둔 셈이다.

십이월 8일 로오사 선봉대는 아마 조선군의 감시망을 벗어난 지점에서 어둠을 틈타 압록강을 건넜을 것이다. 도강 이후 그들은 신속성보다는 은밀성에 무게를 두며 이동한 것 같다. 그들은 안주에서 서울까지의 750리 길에만 사흘이 조금 넘는 시간을 쓴 반면, 압록강에서 안주까지의 약 450리 길에는 대략 사흘 가까운 시간을 썼을 것으로 계산된다. 안주까지의 진군 속도가 상대적으로 느렸던 셈인데, 아마도 대로를 벗어난 샛길을 이용하거나 야음을 틈타 이동한 탓이었을 것이다. 위에서도 언급했지만 로오사의 선봉대에 있던 마푸타는 여러 차례의 사행 경험으로 서울까지의 길을 잘 알고 있었다.

또한 그들은 숫자가 300명에 불과했을 뿐만 아니라 행색마저 상인으로 가장했다. 이 무렵의 후금 사신 일행은 단순한 외교사절단이 아니라 무역을 겸하여 수행하는 무역사절단이기도 했기 때문에 그 인원이 100명을 넘더라도 전혀 이상한 일이 아니었다.[72] 병자년 십일월에도 전쟁 회피의 희망을 버리지 않고 있던 최명길이 청에서 "수백 명" 수준의 사람들을 보내는 경우 그것은 외교사절일 터이므로 그들을 향해 무기를 겨누어서는 안 된다고 말한 것도 그 때문이었다.[73] 설령 조선의 민간인들이 그들을 포착했더라도 이미 여러 차례 본 적이 있는 사신 일행이라고 무심코 넘겼을 가능성이 농후하다.

평안도와 황해도의 조선군은 왜 청군을 저지하지 못했는가?

하지만 여기서 이런 의문이 제기될 수 있다. 안주 이북에서는 은밀하게 침투하는 로오사 선봉대를 미처 포착하지 못했다고 치더라도, 안주의 조선군은 왜 그들의 존재를 인지하고도 그냥 통과시킨 것일까? 왜 곧바로 그들의 뒤를 쫓지 않았던 것일까?

이 의문에 대한 해답은, 안주 장계의 일부 내용을 직접 인용한 최명길의 기록에서 찾을 수 있다. 장계의 핵심 내용은 다음과 같았다.

> 오랑캐 군사가, 그 숫자는 알 수 없지만, 야음을 틈타 얼어붙은 강물을 건너, 여러 성을 치지 않고 지나쳐 곧장 대로로 향했는데, 그 기세가 매우 사납고 빠릅니다. 안주성 안의 수병(守兵)은 모두 보졸(步卒)이라 성을 나가 추격할 수 없습니다. (이에) 어쩔 수 없이 샛길로 말을 달려 보고합니다.[74]

여기서 주목할 부분은 안주의 조선군이 "모두 보졸"이었기 때문에 청군의 빠른 기병을 추격할 방도가 없었다는 대목이다. 홍타이지는 청군 중에서도 기동력이 가장 뛰어난 전봉 부대를 침투시킨 효과를 톡톡히 누리고 있었음을 알 수 있다. 또한 도도 부대와 요토 부대가 로오사 선봉대의 뒤를 이어 안주를 무사통과한 점 역시 안주에 기병이 부재했다는 것으로 설명이 가능하다.

또 다른 의문이 꼬리를 문다. 안주의 조선군은 그렇다 치고, 안주 남쪽 평양이나 황주의 군진에서는 어째서 그들을 가로막지 못한 것일까? 이 문제는 개전 초기의 전황과 관련하여 결정적인 중요성을 지닌다. 조선 조정은 십이월 13일 청군의 안주 통과 소식을 접하고 강화도 파천을 결정했다. 정묘호란 때와 비교하자면 조기에 파천 결정을 내렸다고 할 수 있다. 그럼에도 조선 조정은 강화도로 가는 데 필요한 말미를 확보하지 못했다. 로오사 선봉대의 진군 속도가 너무나 빨랐기 때문이다. 만약 평양이나 황주의 조선군이 끝내 격퇴는 못했을지언정 그들의 진군 속도를 다만 하루 이틀이라도 늦출 수 있었다면 상황은 달라졌을지도 모른다.

일단 안주의 조선군과 마찬가지로 보병뿐이어서 청군의 전봉 기병들을 따라잡을 엄두조차 내지 못했을 가능성을 상정해볼 수 있다. 그러나 황주는 몰라도 평양 지역의 방어를 책임졌던 평안감사 홍명구 휘하에는 최소 800 명의 기병이 있었다는 사실이 확인된다. 『인조실록』에는 자모산성으로 들어가 있던 홍명구가 적의 기병이 서울로 직행했다는 소식을 듣자 휘하의 별장(別將) 등에게 "2,000명 남짓한 기병"을 주어 남한산성으로 파견했다는 기록이 있다.[75] 이 기록은 로오사 선봉대가 자모산성을 그냥 지나쳐 서울로 직행하자 홍명구가 곧바로 그들을 추격하기 위해 휘하의 "2,000명 남짓한 기병"을 출동시킨 것처럼 읽힌다. 하지만 정축년 정월 11일 심기원(沈器遠)이 남한산성으로 발송한 장계에 따르면, 정월 9일 평안도 별장이 "800명 남짓한 기병"을 거느리고 강원도 안협(安峽)에 도착했다고 한다.[76]

"800명 남짓한 기병"이 "2,000명 남짓한 기병"보다는 훨씬 더 현실적인 숫자이거니와, 이들이 정월 9일에야 안협에 도착했다면 그들의 자모산성 출발 날짜는 아무리 일러야 병자년 십이월 말, 즉 로오사 선봉대가 자모산성을 지나친 지 보름 이상이 지난 뒤였다고 보아야 한다. 따라서 홍명구가 "2,000명 남짓한 기병"을 남한산성으로 파견했다는 『인조실록』의 기록에 대해서는 홍명구 휘하에 기병이 있었다는 사실을 확인해준다는 것 이상의 의미를 부여해서는 안 될 것이다.

안주 이남의 조선 군진에 기병이 없지 않았다면, 또 다른 가능성을 검토할 수밖에 없다. 위에서 언급한 『인조실록』 기록은 자모산성에 있던 홍명구가 청군의 서울 직행 사실을 뒤늦게야 깨달았다는 인상도 풍기고 있다. 이 대목에서 십이월 13일 저녁 서울에 도착한 홍명구의 장계가 적군의 평양 통과가 아니라 순안 통과를 알리는 내용이었다는 사실을 상기할 필요가 있다. 즉 홍명구는 이미 평양을 떠나 있었던 것이다. 순안은 평양으로부터 약 60리 북쪽이며, 자모산성은 순안의 동쪽에 있었다. 그렇다면, 홍명구는 혹시 이미 자모산성으로 입보한 뒤였기 때문에 서쪽의 대로를 달려 순안 땅을 지나간 청군을 그만 놓쳐버린 것이 아닐까? 이러한 의구심은 조선의 산성 거점 방어전략이 아이러니하게도 독으로 작용했을 가능성을 상정하게 한다. 여기서 산성 거점 방어전략이 청군의 통과 작전과 맞물렸을 때 어떤 효과가 파생되었을지 한번 생각해보자.

조선의 방어전략에 따르면, 유사시 조선의 군민이 본래 주둔하던 성곽에 그대로 머물기로 했던 곳은 안주와 영변뿐이었고, 나머지 지역에서는 군민 모두 산성으로 입보하여 지역을 지키도록 되어 있었다. 이러한 산성 거점 방어전략은 기본적으로 정묘호란 때의 비극을 되풀이하지 않기 위한 것이었다. 정묘년의 후금군은 의주에서 황해도 평산에 이르는 주요 성곽을 별 어려움 없이 차례로 점령하면서 남하했다. 그 과정에서 후금군의 살육과 약탈로 조선의 군민이 입은 피해는 막심했다.[77] 이에 병자년의 조선 조정은 유사시 산성 입보를 통해서 군민의 안전을 확보한다는 전략을 짰던 것이다.

군민의 안전 확보와 지역 거점의 수비라는 측면만 보자면 산성 거점 방어 전략은 성공적이었다고 말할 수 있다. 평안도와 황해도의 여러 산성뿐만 아니라 평지에 입지한 안주성에서도 조선군은 지역의 방어 거점을 지켰다. 평안도와 황해도의 방어 거점 가운데 청군에게 공격을 받아 함락된 곳은 거의 없었다. 예외는 곽산의 능한산성과 창성의 당아산성뿐이었다. 그나마 곽산의 능한산성은 함락 여부를 두고 청 측과 조선 측 기록이 서로 엇갈리고 있는 형편이다.[78] 정묘호란 때 주요 성곽들이 맥없이 무너졌던 것과 비교하자면 실로 천양지차가 난다.

그러나 청군이 각지의 산성을 공격하지 않고 그냥 지나치는 통과 작전을 구사했다는 사실을 결코 간과해서는 안 된다. 적어도 의주−서울의 대로에 관한 한, 각 방어 거점의 조선군은 적의 공격에 맞서 싸워 적을 격퇴했다기보다는, 오히려 적이 아예 싸움을 걸어오지 않은 덕분에 결과적으로 각 거점을 지킬 수 있었다는 말이다.

사실 홍타이지가 로오사, 도도, 요토 등에게 지시한 통과 작전은 조선의 방어전략을 뿌리째 뒤흔드는 결과를 낳았다. 안주의 장계에서 말하고 있듯이, 로오사 선봉대는 "여러 성을 치지 않고 지나쳐 곧장 대로로 향했다."[79] 이들의 행태는 애초에 홍타이지로부터 받은, 서울을 곧장 기습하라는 임무를 충실히 이행한 것이었다. 그 점에서는 도도 부대와 요토 부대도 마찬가지였다. 로오사 선봉대는 압록강을 건넌 지 엿새 만인 십이월 14일에, 도도 부대와 요토 부대는 이레 만인 십이월 16일에 서울에 도착했다. 이는 의주−서울 간의 조선군 방어 거점들을 그냥 통과하여 전속력으로 남하했기에 가능했던 일이다.

인체에 무해한, 또는 심지어 유익한 물질이라도 다른 물질과 만나면 화학 반응을 일으켜 치명적인 독성물질로 바뀌는 경우가 있다. 마찬가지로 유사시 산성으로 입보한다는 조선의 방어전략은 청군의 통과 작전을 만나자 치명적인 독성물질로 전환되고 말았다. 예컨대 개전 초기 평양 지역에서 벌어졌을 상황을 한번 그려보자.

평안감사 홍명구는 서울의 조정과 마찬가지로 십이월 9일 의주를 떠나 대로를 남하한 파발을 통해 청군 침공의 급보를 처음 접했을 것이다. 평양은 서울로부터 582리 거리였으므로, 의주의 장계는 평양을 십이월 10일 오후에 지났을 것으로 계산된다. 청군 침공 소식을 접한 홍명구는 사전에 수립한 산성 입보 계획에 따라 즉각 평양 북쪽 자산군에 위치한 자모산성으로 들어갔을 것이다. 앞서 보았듯이 로오사 선봉대는 십이월 11일 새벽의 야음을 틈타 평양으로부터 168리 북쪽에 있는 안주를 통과했다. 그들이 평양을 지난 것은 홍명구가 이미 평양을 비운 뒤였다는 이야기가 된다. 그렇다면 홍명구는 다름 아니라 이미 자모산성으로 입보한 상태였기 때문에 청군의 통과를 저지하지 못한 것이 된다. 그는 단지 청군이 자모산성 서쪽의 대로를 달려 순안 땅을 지나고 있다는 사실을 담은 장계를 띄웠을 뿐이다.

도원수 김자점도 상황은 크게 다를 바 없었다. 십이월 14일 서울에 도착한 김자점의 장계는 청군의 황주 통과가 아닌 봉산 통과 소식을 전하는 것이었다. 김자점의 방어 거점이었던 정방산성은 황주와 봉산의 경계 지역에 있었다. 당시 김자점은 이미 정방산성에 들어가 있었다. 홍명구와 마찬가지로, 그는 청군이 정방산성 동쪽의 대로를 따라 봉산 땅으로 접어들었다는 사실을 장계로 보고하는 데 그쳤던 것으로 추정된다. 14일에는 김자점의 장계에 이어 개성유수의 장계가 서울에 들어왔는데, 병자호란 당시의 개성은 주요 방어 거점이 아니었으므로 안주에서처럼 기병의 부재나 부족, 혹은 아예 병력 자체의 부족으로 인해 로오사 선봉대를 저지하지도 추격하지도 못했을 것으로 추정된다.

이처럼 로오사 선봉대는 안주를 지날 때에야 비로소 조선군의 경보망에 포착되었고, 그 이후에는 각 군진의 조선군이 이미 대로에서 떨어진 산성으로 들어간 덕분에 아무런 방해도 받지 않으면서 무인지경의 대로를 치달렸다. 청 측의 기록에 따르면, 로오사 선봉대는 십이월 14일 서울 도착 직전에 조선의 정예 병력 "60여 명"을 격파했다고 한다.[80] 그들이 압록강을 건넌 이후 의주–서울 간 대로에서 조선군과 벌인 최초의 교전이었다. 조선의 기록에 의하면, 이날 아침 청군을 저지하러 나간 군사는 훈련도감의 장령 이흥업(李興業)이 인솔한 기병 "80여 명"이었고, 이들이 패전한 장소는 창릉(昌陵), 즉 오늘날의 고양시에 위치한 서오릉(西五陵) 부근이었다.[81]

훗날의 조선 기록에서 비판한 대로, 조선군이 입보한 산성들은 "가까운 곳은 대로까지의 거리가 삼사십 리가 되고 먼 곳은 하루 이틀이 걸리는 거리"였기 때문에 막상 전쟁이 터지자 평안도와 황해도의 큰 군진들은 모두 무인지경으로 변하고 말았다.[82] 평안도와 황해도의 조선군이 산성 거점 방어전략을 충실히 실행한 결과, 은밀히 압록강을 건너 안주에 이르러서야 비로소 모습을 드러낸 로오사 선봉대의 앞길에 무인지경의 대로가 훤히 열리는 아이러니한 상황이 펼쳐졌던 것이다. 모세가 이끄는 이스라엘 사람들이 홍해에 다다르자 바닷길이 활짝 열렸다는 이야기를 연상시킨다.

로오사 선봉대만이 조선군의 산성 입보로 활짝 열린 무인지경의 대로를 내달린 것은 아니었다. 그들의 뒤를 이어 십이월 9일 차례로 압록강을 건넌 도도 부대와 요토 부대 역시 조선의 방어 거점을 그냥 지나치면서 전속력으로 남하, 십이월 16일 남한산성에 도착하여 포위망을 구축하기 시작했다.

이로써 인조는 재상급[宰臣] 고위 관료 70여 명, 당상관(堂上官) 50여 명, 당하관(堂下官) 270여 명, 그리고 군병 약 1만3,800명과 함께 꼼짝없이 남한산성에 갇혀버린 신세가 되고 말았다.[83]

홍타이지, 조선의 방어전략을 사전에 간파하다

지금까지 보았듯이, 조선이 준비한 '방패'는 개전 초기 홍타이지가 휘두른 '창'에 맥없이 깨져버렸다. 조선의 방어전략은 홍타이지의 공격전략에 의해 허무하게 무력화되었던 것이다. 그러나 홍타이지의 입장에서 보자면, 개전 초기 로오사 선봉대가 거둔 성과는 엄밀히 말해서 '절반의 성공'에 불과했다. 인조를 서울 도성에 묶어둔다는 당초의 작전 목표를 100퍼센트 실현한 것은 아니었기 때문이다. 로오사 선봉대가 일단 인조의 발을 묶어두면, 도도 부대와 요토 부대가 도착하여 포위망을 구축한다는 것이 홍타이지의 원래 계획이었다. 서울 도성은 성벽의 대부분이 평지에 입지했으므로, 도도 부대와 요토 부대가 일단 포위망을 구축한 뒤에 전 병력을 서울에 집결시켜 공격에 나선다면 그리 어렵지 않게 함락시킬 수 있다는 심산이었을 것이다.

반면에 남한산성은 험준한 산악 지형에 입지한 천혜의 요새였다. 성벽 가까이 공성 장비를 가져다 대기조차 쉽지 않았다. 설사 전 병력이 집결한다고 해도 당장 공격해서 함락시키리라고 보장할 수 없었다. 남한산성에 대한 공성전은 자칫 아무런 소득도 없이 인명 손실만 늘릴 가능성이 있었다. 사실 남한산성처럼 공성 자체가 어려운 산악 요새에 대해서는 포위망을 단단히 구축하고 수비 측의 식량이 떨어질 때까지 기다리는 것이 상책이었다. 서울 도성에 비해 훨씬 더 많은 시간이 필요한 것은 당연한 노릇이었다.

게다가 남한산성에 대한 포위망 구축과 유지에는 서울 도성보다 훨씬 더 많은 병력이 요구되었다. 이 점을 고려하면, 홍타이지가 전쟁이 끝난 뒤 로오사에게 인조의 남한산성 입성을 저지하지 못한 군사적 책임을 물은 것도 충분히 이해가 간다.[84]

이처럼 개전 초기 로오사 선봉대가 거둔 성과는 홍타이지의 입장에서 '절반의 성공'에 불과할 수도 있었다. 하지만 인조의 강화도 파천을 저지한 것은 '절반의 성공'을 크게 뛰어넘는 전략적 가치가 있었다. 만약 로오사 선봉대가 인조의 강화도 파천까지 허용했다면, 전쟁은 인조를 남한산성으로 몰아넣은 경우와 비교할 수조차 없는 부지하세월(不知何歲月)의 지구전이 되어버렸을 것이기 때문이다. 개전 초기 홍타이지가 승부수로 던진 전격 작전은 인조의 강화도 파천을 저지함으로써 전쟁의 필승을 기약할 수 있는 포석을 깔았다고 보아야 할 것이다.

그런데, 다음 장에서도 강조하겠지만, 병자호란 당시 조선군의 전투 능력은 청군에 비해 열세가 분명했다. 따라서 조선은 전략에서라도 열세를 만회해야 했다. 병자호란 전야의 조선 조정 역시 이를 너무나도 잘 알고 있었기에, 유사시 강화도로 파천해 전쟁을 지구전으로 이끌고, 산성으로 입보하여 군민의 안전을 지킨다는 방어전략을 구상했다. 정묘호란 등의 역사적 경험으로부터 얻은 교훈에 입각하여 조선의 강점은 살리고 약점은 보완한, 나름의 합리성을 충분히 갖춘 방어전략이었다고 일단 평가할 수 있다.

그러나 막상 전쟁이 터지자 조선의 방어전략은 무용지물이 되고 말았다. 왜 그렇게 된 것일까? 간단히 말해서, 조선은 청군이 정묘호란 때처럼 움직이리라고 전제하고 방어전략을 짰지만, 병자호란 때의 청군은 정묘호란 때와는 전혀 다른 움직임을 보였기 때문이다. 정묘호란 때보다 계절적으로 약 두 달 일찍, 즉 한강마저 얼어붙는 엄동설한에 전쟁을 일으킨 홍타이지는 서울을 곧바로 기습 타격하는 전격 작전을 구사했다. 청군은 홍타이지의 작전에 따라 평안도와 황해도의 조선군 방어 거점을 그대로 통과했다. 조선의 산성 거점 방어전략은 오히려 통과 작전을 구사하는 청군에게 무인지경의 대로를 열어주는 역효과를 낳고 말았다.[85]

전체적으로 말해서, 조선의 방어전략은 조선의 허를 찌른 홍타이지의 공격전략에 개전 초기부터 철저히 무력화되었던 셈이다. 따라서 병자호란 때의 조선은 객관적인 전력도 열세였던 데다가 전략에서도 실패했다고 말할 수 있다. 제1차 세계대전의 경험을 토대로 짠 프랑스의 방어전략이 1940년 독일의 '전격전(Blitzkrieg)' 전략에 의해 일거에 무너졌던 것과 유사하다. 1940년의 프랑스군은 객관적인 전력에서 독일보다 우세였음에도 불구하고 전략의 실패로 비참한 상황으로 내몰렸으니, 전쟁에서 전략의 중요성은 아무리 강조해도 지나치지 않다고 하겠다.

그렇다면, 홍타이지가 조선의 방어전략을 완전한 실패작으로 만들 수 있었던 것은 도대체 어떻게 가능했을까? 달리 말하자면 홍타이지는 어떻게 해서 조선의 방어전략을 무력화시키는 작전을 짤 수 있었던 것일까? 일견 홍타이지가 『삼국지연의』의 제갈량처럼 신(神)의 경지에 다가갔던 전략가였고, 따라서 당시의 조선 조정은 아무런 잘못도 저지르지 않았음에도 홍타이지의 신기에 가까운 직관력과 통찰력 탓에 불가항력으로 당하고 말았던 것이 아닐까 하는 생각이 든다.

그러나 『삼국지연의』의 제갈량 같은 전략가는 소설에서나 존재할 수 있다. 홍타이지는 물론 뛰어난 군사 전략가였다고 부를 만하지만, 그 역시 필경은 인간이었을 따름이다. 현실의 여느 군사 전략가와 마찬가지로 사전에 입수한 정보에 근거하여 조선군의 대응 방식을 합리적으로 예상한 다음 작전을 짰을 가능성을 검토해야 한다. 1940년의 독일군이 프랑스의 전략을 사전에 간파했던 것처럼, 홍타이지 역시 사전에 입수한 정보를 근거로 조선의 방어전략을 미리 파악하고서 공격전략을 짰던 것이 아닐까라는 질문을 던져야 한다는 말이다.

유사시 강화도로 파천하여 전쟁을 지구전으로 유도한다는 조선의 심산을 홍타이지가 미리 읽고 있었을 가능성은 충분하다. 정묘호란을 경험하기로는 청군도 다를 바 없었기 때문이다. 그들이라고 해서 조선처럼 정묘호란의 경험으로부터 역사적 교훈을 얻지 말라는 법은 없는 것이다. 정묘호란 때 인조의 강화도 파천 이후 전쟁이 지구전 국면으로 접어들기 시작하자, 후금군 진영에서는 몽고나 명나라가 배후에서 본국을 공격하는 사태를 우려하지 않을 수 없었다.[86] 병자호란의 공격전략을 짜면서 홍타이지가 전쟁의 지구전화 가능성을 간과했을 리는 없다.

사실 홍타이지가 조선의 강화도 파천 구상을 익히 알고 있었음은 사료로도 확인된다. 단적인 사례를 하나 들어보겠다. 병자년 사월 15일 나덕헌 일행에게 건넨 국서에서 홍타이지는 인조가 "해도의 험함"만 믿고 맹약을 깼다고 비난하면서 다음과 같이 말했다.

너희 나라가 믿는 것은 배와 섬에 지나지 않을 뿐이다. 그러나 배는 스스로 배가 될 수 없다. 사람의 힘으로 만들 따름이다. 배가 물 위를 다니는 것은 스스로 다닐 수 있는 것이 아니다. 사람의 힘으로 다닐 따름이다. 이로써 따져보건대, 섬 가운데 또한 (사람이) 반드시 도달할 수 없는 땅이 아니다. 섬 가운데로 설사 도피할 수 있을지라도 좁디좁은 해도의 논밭으로 팔도의 인민이 그 안에 모여들어 어찌 사람마다 족히 경작할 수 있겠는가?[87]

홍타이지는 자신들도 강화도로 건너갈 수 있노라고 큰 소리를 치고 있지만, 사실상 "배", 즉 수군에 관한 한 조선이 자신들보다 우위라는 점만은 부정하지 못했다. 제1장에서 언급한 바 있는 병자년 십일월 19일의 동원령에는 선박이 전혀 등장하지 않는다. 다음 장에서 서술하겠지만, 명나라에서 귀순한 공유덕 등도 안평 버일러 두두가 이끄는 후군(後軍)과 함께 육로로 남하했다. 병자호란 당시 청군은 조선 침공을 위해 전선(戰船)을 준비하지 않았던 것이다. 배가 없었던 이상 청군에는 수군이 없었다고 보아야 한다. 만약 조선 조정이 강화도로 파천한다면 청군은 정묘호란 때의 상황이 재현되는 것을 막을 길이 없었다. 이 때문에 홍타이지는 단지 강화도의 좁은 땅으로 어찌 온 나라를 먹여 살리려고 하느냐는 힐난에 그치고 있다.[88] 이러한 힐난은, 한편으로 홍타이지가 유사시 인조의 강화도 파천을 예상했음을 보여주지만, 다른 한편으로 그가 고려의 강화도 천도 이후에 벌어진 것과 같은 지구전 상황을 우려했음도 동시에 드러낸다.

홍타이지는 또한 조선의 산성 거점 방어전략도 숙지하고 있었다. 정묘년 이후 후금의 사신들은 서울과 심양 사이를 수십 차례나 왕래했다. 사신들이 평안도와 황해도 지역의 군사시설과 방어 태세를 낱낱이 관찰하여 홍타이지에게 보고했음은 당연하다. 예컨대 홍타이지는 사신의 보고를 통해 조선이 평안도의 일곱 군데, 황해도의 다섯 군데, 경기도의 한 군데에 산성을 견고하게 수축했다는 사실을 파악했다. 1634년 봄의 일이다. 청 측의 기록에 열거된 총 열세 군데의 산성에는 앞서 조선의 방어전략을 소개하면서 언급한 바 있는 산성들이 모두 포함되어 있다. 심지어 후금의 사신이 거쳐 간 적이 없는 남한산성마저 목록에 올라와 있었다.[89]

여기서 "적을 알고 나를 알면 백전백승"이라는, 진부하지만 너무나도 중요한 병가(兵家)의 상식을 떠올리지 않을 수 없다. 조선의 방어전략이 홍타이지의 공격전략에 철저히 무력화된 것은 결코 우연의 산물이 아니었다.

홍타이지가 신기를 발휘한 것도 물론 아니었다. 조선의 방어전략을 일찌감치 숙지하고 있었다면, 홍타이지가 조선의 전략을 깰 방도를 연구하는 것은 필연적인 수순이다. 조선 측 방어전략의 허점을 제대로 찌른 그의 공격전략은 바로 그러한 연구의 산물이었다.

조선 조정은 방어전략을 수립하면서 어떤 과오를 저질렀는가?

홍타이지가 '지피지기(知彼知己)'에 충실한 덕분에 개전 초기 전쟁을 유리한 국면으로 이끄는 데 성공했다고 한다면, 거꾸로 조선은 '지피지기'에 실패했다고 할 수 있다. 조금 거칠게 말하자면, 조선 조정은 정묘호란의 경험과 그로부터 얻은 교훈에 '매몰'되어 있었던 것 같다. 전쟁 전에 수립한 방어전략 자체도 정묘호란의 역사적 교훈에 근거한 것이었지만, 조선 조정은 병자호란 발발 이후에도 정묘호란 '학습효과'의 자장(磁場)에서 완전히 벗어나지 못하는 모습이었다. 예컨대 남한산성의 조선 조정에서는 홍타이지가 직접 출정했다는 이야기를 믿지 않는 사람이 적지 않았다. 심지어 삼전도로 나가기 전날까지도 "한(汗)이 왔다는 이야기는 거짓말인 것 같다"는 말이 나올 정도였다.[90] 제1장에서는 이 일화를 들어 홍타이지가 선택한 친정의 의외성을 방증한다고 말한 바 있는데, 다른 한편으로 이 일화는 홍타이지가 참전하지 않았던 정묘호란의 기억이 조선 조정의 상상력을 제약하고 있었음도 드러낸다.

홍타이지의 친정 여부와 관련된 정묘호란 '학습효과'는 그래도 전쟁의 성패 자체와는 직접 관련이 없었다고 치부할 수 있다. 하지만 조선 조정이 청군의 서울 기습 가능성을 방어전략에 충분히 반영하지 못한 것은 전쟁의 운명을 가른 치명적인 과오였다. 왜 과오라고 말하는가?

삼전도 비문을 보면, 병자호란 당시 청군의 서울 기습을 가리켜 "직도(直擣)"라는 표현을 쓰고 있다.[91] 청군이 서울을 "곧바로 찔렀다"는 뜻이다. 그런데 병자호란 당시 청군의 서울 "직도"와 같은 작전은 역사적으로 유례를 찾을 수 없는 일이 아니었으며, 조선 사람들도 그런 사례들을 잘 알고 있었다. 예컨대 광해군 13년(1621) 누르하치의 침공에 대비하기 위한 논의 과정에서 비변사는 12세기 초의 금군이 송나라의 주요 방어 거점을 그냥 '통과'하여 송의 수도 개봉(開封)을 곧바로 포위한 사례나 13세기 후반 원나라 군대가 마찬가지 방식으로 남송의 수도 임안(臨安)을 포위한 사례 등을 거론한 바 있다.[92]

몇백 년 전, 그것도 머나먼 중국 땅에서 일어난 사례들만 의식하고 있었던 것도 아니다. 『광해군일기(光海君日記)』를 "직도"라는 말로 검색해보면, 일찍이 광해군 4년(1612)에 우의정 이항복(李恒福)이 누르하치가 조선의 허를 찔러 서울을 "직도"한다면 "온 나라가 반드시 그 화를 입을 것입니다. 정말 걱정이 됩니다"라고 말하는 장면이 나온다.[93] "직도" 공격에 대한 우려는 그 뒤로도 여러 차례 제기되었다. 광해군 11년(1619)에도 후금군이 강물이 어는 겨울을 틈타 "장구직도(長驅直擣)", 즉 멀리 말을 달려 서울을 직접 타격할 경우 어떻게 그들을 막을 수 있을지 논의하라는 왕명이 있었다.[94]

광해군 13년(1621) 유월에도 적이 "만약 의주 등의 수성처(守城處)를 버려두고서 경성(京城)을 직도(直擣)한다면, 어떤 사람으로, 어떤 군사로 지키고 막을 것인가? 그것을 생각하면, 기가 막히고 간담이 서늘해진다"는 왕의 우려가 있었다. 이에 대하여 비변사는 황주와 서흥(瑞興) 등지에 중병(重兵)을 배치하여 적의 진군을 중도에 차단한다는 대책을 제안하고 있다.[95] 그럼에도 불구하고 적의 "장구직도(長驅直擣)"에 대한 우려는 여전히 가시지 않았다. 광해군 13년 구월에는 적의 "장구직도"에 대비하여 정주, 안주, 평양 등지의 방어 태세 강화가 논의되었다.[96] 후금군의 "장구직도"에 대한 광해군 대 조선 조정의 우려는 그 뒤로도 잦아들지 않았다.[97]

심지어 인조 역시 적어도 즉위 초에는 서울 "직도"의 치명적 위험성을 의식하고 있었다. 인조 1년(1623) 칠월, 전유형(全有亨)이 "오늘날 오랑캐의 형세(를 보건대 그들과) 야전(野戰)을 벌여서는 안 됩니다. 반드시 요해처(要害處)를 골라 지켜야 합니다"라고 말하자, 인조는 "적(賊)이 만약 여러 곳의 성을 지키는 (군사들을) 버리고서 (서울을) 직도(直擣)한다면, 어떻게 해야 하는가?"라고 물은 바 있다. 이에 대해 전유형이 보급로도 확보하지 않은 채 적국 땅 깊숙이까지 군사를 보내는 행위는 "병가의 금기"라는 취지로 답변하자, 인조는 "적(敵)을 막으려면 반드시 먼저 적(이 어떻게 움직일지) 헤아려야 하는데, 이 적(賊)이 (깊숙이까지) 올지 안 올지 어떻게 알겠는가?"라고 반문했다.[98]

『인조실록』을 보면 그 뒤로도 "직도"라는 단어가 여러 차례 등장하기는 한다. 그러나 "직도"의 주체와 대상을 따져보아야 한다. 위에서 거론한 사례들은 모두 "직도"의 주체는 후금군, 대상은 서울 도성이었다. 일일이 사례를 적시하지는 않겠지만, 두 조건을 모두 만족하는 "직도"에 대한 언급은 1623년 인조와 전유형의 대화가 마지막이었다. 서울에 대한 "직도"의 주체는 거의가 이괄(李适)의 난 때의 반란군이었다. "직도"의 주체가 후금군인 경우, 그 대상은 서울이 아니었다.

이처럼 광해군 대는 물론 인조 초까지만 해도 조선 조정은 적의 서울 "직도" 가능성을 심각히 우려했다. 인조는 이괄의 난 때 반란군의 서울 "직도"로 큰 낭패를 본 경험까지 있었다. 그럼에도 불구하고 적어도 병자호란 전야에 관한 한 조선 조정이 적의 서울 "직도" 가능성을 심각하게 고민한 흔적은 발견되지 않는다. 그러니 조선 조정이 청군의 서울 "직도" 가능성을 방어 전략에 충분히 반영하지 못한 것은 치명적인 과오였다고 말하지 않을 수 없다.

물론 적의 서울 "직도" 우려에 대한 광해군 대의 대책이란 안주, 평양, 황주 등지의 방어를 강화하자는 것이었다. 병자호란 전야의 조선 조정은 나름대로 안주 등지의 방어 태세를 갖추었다. 따라서 서울 "직도"의 위험을 어느 정도 불식시켰다고 생각했을 수 있다. 하지만 광해군 대에는 그런 대책의 수립에도 불구하고 서울 "직도" 가능성에 대한 우려가 거듭해서 제기되었다. 이 차이를 감안한다면, 조선 조정이 병자호란 전야에 이르러서는 적의 서울 "직도"에 대한 우려의 기억을 아예 망각했을 가능성을 검토해보지 않을 수 없다.

앞에서 보았듯이 병자호란 전야 조선의 방어전략은 정묘호란의 역사적 교훈에 규정된 성격이 짙었다. 그렇다면, 서울 "직도"에 대한 우려를 망각하는 데에도 정묘호란의 경험이 영향을 끼치지 않았을까? 즉위 초까지만 해도 인조는 적의 서울 "직도"를 우려했고, 이괄의 난 때 반란군의 서울 "직도"로 큰 낭패를 보았다. 그럼에도 인조 대의 조선 조정이 적의 서울 "직도"를 심각하게 우려하는 모습이 사라져버린 시기는 공교롭게도 정묘호란 이후이다.

그렇다면 조심스럽지만, 이렇게 추정해볼 수 있지 않을까? 정묘호란 발발 전의 조선 조정은 광해군 대이든 인조 대이든 간에 아직 후금군의 침공을 경험하지 않은 덕분에 서울 "직도"까지 포함한 모든 가능성을 열어두고 대책을 논의했다. 그러나 정묘호란 이후에는 후금군의 침공을 실제로 경험한 탓에 오히려 상상력이 제약되고 말았다. 즉, 조선 조정은 정묘호란의 역사적 교훈에 '매몰'된 나머지, 적의 서울 "직도" 가능성을 아예 무시하거나, 혹은 최소한 그 위험을 과소평가하여 안주 등지의 방어 태세만으로 마음을 놓게 되었을 것이라는 말이다.

물론 이러한 추정의 타당성을 100퍼센트 확신할 수는 없다. 그러나 전반적으로 병자호란 전야의 조선 조정이 정묘호란의 역사적 교훈에 '매몰'되어 있었다는 이야기 정도는 충분히 가능할 것 같다. 병자호란 전야의 조선 조정은 역사의 교훈에 얽매여 결국 엄청난 재앙에 직면했다고 볼 수 있다. 그들은 역사란 언뜻 반복되는 것처럼 보이지만 똑같이 반복된다는 보장이 없음을 알지 못했던 것이 아닐까?

안타까운 마음에 부질없는 생각까지 하게 된다. 청군이 정묘호란 때와는 전혀 딴판으로 움직였던 것처럼, 조선 역시 정묘호란 때와 달리 일찌감치 강화도로 파천했더라면 전쟁을 지구전으로 몰고 갈 수 있지 않았을까? 병자년 이월 말의 조기 파천 주장은 차치하더라도, 유월 중순 미리 강화도로 가야 한다는 최명길의 주장이라도 실행했더라면99) 그래도 삼전도의 치욕만은 피할 수 있지 않았을까?

그러나 수백 년 전 사람들이 만약 자신들을 가리켜 이런 소리를 하고 있는 것을 저승에서라도 알게 된다면, 아마도 이렇게 대꾸할 것 같다. '너희는 단지 훗날에 태어난 덕분에 우리의 미래를 알 뿐이다. 너희는 너희 자신의 미래를 아는가? 너희라고 우리가 저지른 것과 같은 과오에서 자유로울 자신이 있는가?'

제3장

포위

조선의 근왕병을 격퇴하고 포위망을 완성하다

홍타이지, 남한산성 포위 작전으로 전략을 수정하다

앞 장에서 보았듯이, 병자호란 개전 초기 청군의 로오사 선봉대는 압록강을 건넌 지 겨우 엿새 만에, 도도 부대와 요토 부대는 이레 만에 서울에 도착했다. 그들의 초고속 진군은 서울을 "직도"하라는 홍타이지의 명령을 충실히 이행한 것이었으며, 적어도 인조의 강화도 파천을 저지했다는 측면에서는 전격 작전의 핵심 목표를 달성하는 데 성공한 셈이었다. 압록강을 건넌 이후 그들은 평안도와 황해도의 조선군 방어 거점을 그대로 지나치는 통과 작전을 구사했다. 중도에 조선군과 싸움을 벌이게 되면 자칫 조선 조정에게 강화도로 갈 시간을 내줄 수 있기 때문이다. 또한 청군의 통과 작전은 이들 세 부대에만 국한된 것이 아니었다. 홍타이지가 직접 인솔하고 있던 청군의 본진 역시 통과 작전을 구사하기로는 별반 다를 바 없었다.

십이월 10일 압록강을 건넌 홍타이지는 백마산성으로 입보한 의주의 조선군을 쫓아가지 않고 남진을 계속했다. 청 측의 기록에 따르면 홍타이지는 십이월 12일 곽산의 능한산성을 점령했다고 한다.[1] 언뜻 홍타이지의 본진만은 앞서간 세 부대와 달리 통과 작전을 쓰지 않았다는 인상을 준다. 그러나 제2장에서 잠깐 언급했듯이 청군의 능한산성 점령 여부를 두고 양쪽 사료의 기술이 엇갈리고 있거니와, 설사 청 측의 기록을 따르더라도 능한산성 점령은 청군이 공성전을 벌인 결과가 아니었다는 점에 주의해야 한다. 곽산을 구원하러오던 정주목사 안영남(安潁男)이 청의 군세에 압도된 나머지 자살해버리자 곽산군수 정빈(鄭償)이 그만 겁에 질려 성을 버리고 도망을 쳤기 때문이라는 것이다. 역시 청 측의 기록에 등장하는 십이월 13일의 정주(定州) 점령 또한 지휘관을 잃은 정주의 군민이 자발적으로 투항한 결과였다고 한다.[2]

홍타이지는 십이월 15일 안주에 도달했다. 여기에서도 그는 안주성을 공격하지 않은 채 사흘의 시간을 보내다가 십이월 18일 안주를 떠나 남하해버렸다.[3] 당시 평안병사 유림이 지키고 있던 안주의 수비가 견고했던 것도 사실이지만, 홍타이지는 애초부터 안주성을 칠 생각이 없었던 것으로 보인다. 그가 안주에서 사흘을 머문 것은 안주성 공략의 가능성을 타진하기 위해서라기보다는, 군량의 현지 조달을 위해 약탈을 내보낸 병력이 다시 집결하기를 기다리기 위해서였다.[4] 한편, 십이월 15일에는 안주성 동쪽 길에 매복을 나갔던 청군이 영변으로부터 정찰 나온 조선군 기병 50명과 조우하여 20여 명을 살상하는 전투가 벌어지기도 했다.[5]

이후로도 홍타이지는 조선군이 입보한 산성들을 그대로 지나치면서 계속 남하했고, 마침내 십이월 29일 서울에 도착했다.[6] 단, 그 사이 조선군의 매복 공격을 받아 한 차례 전투를 치렀던 것으로 보인다. 조선 측 기록에 따르면, 정방산성의 도원수 김자점과 황해감사 이배원(李培元)이 군사를 파견, 동선령(洞仙嶺)을 지나는 청군을 요격하여 승리를 거두었다고 한다.[7]

동선령은 황주에서 봉산 땅으로 넘어가는 길목이었다. 정축년 정월 7일 남한산성에 들어온 김자점의 장계에 따르면, 동선령 전투는 병자년 십이월 20일에 있었다고 한다.[8] 그러나 청 측 기록에 의하면, 홍타이지는 십이월 20일 밤 중화를 20리 지난 곳에서 숙영했고, 21일에는 봉산을 10리 지난 곳에서 밤을 보냈다.[9] 홍타이지가 동선령을 지난 것은 십이월 21일이었다는 말인데, 이날의 기록에는 조선군과의 교전에 대한 언급이 전혀 없다. 여기서 조선 측 기록에 모종의 문제가 있는 것이 아니냐는 의심이 들 수 있다. 가령 김자점이 자신의 전공을 주장하기 위한 가짜 보고를 보냈을 가능성을 배제할 수 없다.

하지만 홍타이지가 십이월 26일 맨 뒤에 처져 남하하고 있던 안평 버일러 두두 등에게 내린 명령을 보면, "황주의 고개" 양쪽에 조선군이 숨어 있으니 나중에 황주 지역을 지날 때에는 200명의 병력을 내어 조선군의 기습 공격을 예방하라는 지시사항이 등장한다.[10] 홍타이지의 본진이 "황주의 고개", 즉 동선령에서 조선군의 기습을 당하지 않았다면 나올 수 없는 지시였다. 따라서 동선령에서 전투가 있었던 것은 분명한 사실로 판단된다.

청 측의 기록에서 교전 사실을 아예 언급하지 않은 것은 그들이 조선군에게 아무런 타격도 입히지 못했기 때문일 것이다. 따라서 동선령에서의 전투는 병자호란 기간 조선군이 처음으로 승리한 싸움이었다고 말할 수 있을 것이다. 단, 전투의 날짜가 십이월 20일이었느냐, 아니면 21일이었느냐가 문제인데, 정황상 전자가 맞지 않을까 한다. 동선령에서의 전투는 홍타이지의 진군에 별 영향을 끼치지 못했고, 홍타이지는 매복 조선군에 대한 대비책으로 겨우 200명의 병력을 내라고 지시했다. 이를 보면 동선령 전투의 조선군은 결코 대(大)부대가 아니었을 것이다. 수백 명 정도의 소(小)부대가 기습적으로 치고 빠지는 작전을 구사한 것 같다. 그렇다면 동선령에서 조선군의 기습을 받은 청군 또한 홍타이지의 본진과 같은 대부대가 아니라 본진에 하루 앞선 십이월 20일 전방의 동선령 일대를 정찰하러 내려온 소규모 병력이었을 가능성이 크다.

한편, 십이월 14일 이후 서울 도성은 유도대장(留都大將) 심기원이 지키고 있었다.[11] 홍타이지가 도착하기 전까지 서울 일대 청군의 최고 지휘관은 예친왕(豫親王) 도도였는데, 도도의 청군은 서울 도성을 치지 않고 그대로 내버려두고 있었다.[12] 남한산성에 대한 포위망 구축에 집중하고 있었기 때문이다. 십이월 29일 서울에 도착한 홍타이지는 자신이 이끌고 온 팔기 및 외번몽고 부대에 서울 도성 점령을 지시했다.[13] 청군은 그다음 날인 십이월 30일 이른 아침 서울 도성을 간단히 점령했다. 도성의 조선군은 싸우지도 않고 모두 달아났다.[14] 하지만 홍타이지 자신은 서울 도성마저 그대로 지나쳐 한강 남쪽 청군 진영에 도착했다.[15]

이처럼 홍타이지는 본인 역시 통과 작전으로 일관하면서 압록강을 건넌지 만 19일 만에 남한산성에 도착했다. 앞서 침투한 세 부대의 전광석화와 같은 진군 속도와 비교하자면 매우 느긋한 진군이었다. 그러나 홍타이지가 19일의 시간을 오직 의주-서울의 대로를 따라 부대를 이동시키는 데에만 썼던 것은 결코 아니다. 그는 남한산성 일대에 포진한 도도 등의 군영과 뒤에 처져 남하 중이던 두두 등의 부대와 연락을 주고받으면서 원정군 전체의 작전을 지휘하고 있었다.

십이월 13일, 홍타이지는 가장 늦게 압록강을 건너기로 되어 있던 두두의 부대에 사람을 보내어, 가도 주둔 명군에 협력하고 있던 철산 연해의 조선인들을 처치하고 홍이포 등을 운반하는 데 필요한 소를 약탈하라고 지시했다. 명군과 무관한 조선인에 대한 약탈은 엄금한다는 말도 덧붙였다.[16] 이 명령의 저변에는 아마도 가도의 명군이 배후를 치러 나올 엄두를 내지 못하게 하겠다는 의도가 깔려 있었을 것이다.

이 명령의 수행 결과를 알린 두두의 보고는 십이월 29일 홍타이지의 군영에 도착했다. 이 보고에 따르면, 철산 연해의 조선인 마을은 이미 버려진 지 오래였기에 빈집들을 모두 불사르는 데 그쳤다고 한다. 다음으로 홍타이지가 약탈을 허락했던 소의 경우는, 의주에서 정주에 이르기까지 단 한 마리도 얻지 못했다고 한다. 이 때문에 대포 및 중장비를 운송하던 두두의 부대는 우마의 피로 때문에 휴식을 취하느라 진군이 더욱 느려지고 있었다.[17] 여기서 잠깐 '당시의 청군에 왜 소가 부족했을까?', '어째서 의주에서 정주까지의 조선 땅에서도 소를 구할 수 없었을까?'라는 의문이 들 수 있는데, 이는 병자호란 무렵 만주에서 한반도에 걸쳐 치명적인 우역(牛疫)이 급속히 퍼져 엄청나게 많은 소들이 폐사하고 있었기 때문이다.[18]

십이월 19일, 홍타이지의 군영에 예친왕 도도가 보낸 전황 보고가 도착했다. 십이월 14일 조선의 왕이 남한산성으로 달아났고, 16일에 도착한 자신과 요토는 산성 주위에 포위망을 구축하고 있다는 내용이었다.[19] 이 보고를 통해 홍타이지는 포위 대상이 애초에 구상한 서울 도성이 아니라 남한산성으로 바뀌게 되었음을 처음으로 알게 되었다. 이날 밤 홍타이지는 잉굴다이를 남한산성으로 급파하여 자세한 사정을 파악하게 했다.[20]

십이월 21일 황해도 봉산을 지난 홍타이지에게 도도와 요토로부터 남한산성의 상황을 전하는 두 번째 보고가 들어왔다. 조선의 왕을 산성에 가둔 상태임을 알리는 전언이었다.[21] 이어서 홍타이지는 십이월 25일 남한산성에 다녀온 잉굴다이를 통해 도도의 세 번째 전황 보고를 받았다. 특히 세 번째 보고에는 조선 왕의 가족이 강화도로 들어갔다는 소식 외에 인조가 남한산성으로 도망친 경위 및 산성 내부의 사정까지 실려 있었다. 또한 남한산성을 구원하기 위한 조선의 근왕병이 조직 중이라는 정보를 입수했기

에 병력을 차출하여 급파했다는 이야기도 있었다.[22]

십이월 25일의 보고 내용 중 남한산성 구원을 위한 조선 근왕병의 출현 소식은 신속한 대응 조치를 요구하는 것이었다. 당시 도도 등의 당면 과제는 인조가 남한산성에서 빠져나오지 못하게 만드는 것이었다. 이 과제를 달성하기 위해서는 일차적으로 남한산성 주위에 물 샐 틈 없는 포위망을 구축, 성 안의 사람들을 가두어두어야 했다. 이것도 그 자체로 많은 병력과 노력을 요하는 일이었지만, 그보다 더 중요한 일이 있었다. 외부의 구원병에 의해 포위망이 뚫리는 사태가 초래되어서는 안 되었던 것이다. 이는 포위 작전의 기본이다. 특히나 외부 구원병은 자칫 포위군의 안위마저 위협할 소지가 있었다. 만약 성 안의 병력과 외부의 구원병이 포위군을 안팎으로 협공하게 되면 어찌할 것인가? 이런 사태를 미연에 막기 위해서는 구원병의 남한산성 접근 자체를 저지해야 한다. 즉 병력을 차출하여 외부 구원병을 요격해야 하는 것이다. 이 경우 병력 감소로 포위망이 느슨해지는 것도 문제였다.

이런 문제들을 간과하지 않은 듯, 홍타이지는 즉각적인 대응 조치에 착수했다. 먼저 자신의 휘하에서 군사를 차출하여 남한산성으로 급파했다.[23] 남한산성 주위의 병력을 늘리기 위한 조치였다. 이튿날인 십이월 26일 임진강에 도착한 홍타이지는 후군에 새로운 명령을 하달했다. 병자호란 당시 청군의 후군은 안평 버일러 두두 휘하의 팔기 병력과 우전 초하 및 천우병ㆍ천조병으로 구성되어 있었으며, 대포와 중장비 등의 운송 임무를 맡고 있었기 때문에 맨 뒤에 처져 남하 중이었다.[24] 십이월 26일의 명령에서 홍타이지는 후군을 다시 둘로 나누었다. 먼저 우전 초하와 천우병ㆍ천조병 가운데 기병들은 말이나 노새에 실을 수 있는 작은 화기(火器)를 들고 서둘러 남하하게 했다. 두두의 팔기 병력 및 우전 초하와 천우병ㆍ천조병 가운데 수레를 쓸 수밖에 없는 무거운 대포 및 중장비의 운송을 맡은 자들은 원래 속도대로 남하하라고 명했다.25) 행군이 느릴 수밖에 없는 치중 부대는 어쩔 수 없지만, 후군 가운데 기병의 경우는 좀더 빠른 속도로 진군할 수 있다는 점에 주목한 조치였다. 이 조치의 취지가 남한산성 포위 작전에 가능한 한 많은 병력을, 가능한 한 빨리 투입하는 데 있었음은 새삼 강조할 필요가 없을 것이다.

이처럼 병자년 십이월 하순의 홍타이지는 의주-서울의 대로를 따라 남하하면서 전쟁 현장의 상황 변화에 맞추어 기민한 대응 조치를 취함으로써 전쟁의 국면을 남한산성 포위 작전으로 전환시키고 있었다. 그는 십이월 27일 임진강을 건넜고, 28일 서울로부터 30리 북방에 숙영한 뒤, 29일 서울에 도착했다.26) 그 사이 28일에 도도로부터 네 번째 전황 보고를 받았고, 29일 저녁에는 도도로부터 그간의 주요 전과를 직접 들었다.27)

평안도와 황해도의 조선군이 재빨리 근왕에 나서지 못한 까닭은 무엇인가?

십이월 29일 홍타이지의 서울 도착으로 남한산성에 대한 청군의 포위망은 한층 더 강화되었다. 물론 포위 작전 태세를 완벽히 갖추기까지는 좀더 시간이 필요했다. 아직은 산성 안팎의 연락을 완전히 두절시키지 못했고, 청군 중 많은 병력이 아직 서울에 도달하지 못한 상태였기 때문이다.

한편, 남한산성의 조선 조정은 농성 초기인 십이월 18일부터 29일에 걸쳐 대략 일곱 차례 청군과 교전했다.28) 대개 포위망 돌파 가능성을 타진하기 위한 출격이었지만, 이렇다 할 성과를 내지는 못했다. 설상가상으로 십이월 29일 홍타이지의 본진까지 도착했으니, 이제 남한산성 내의 조선군이 자력으로 포위망을 돌파할 가능성은 사라져버렸다고 해도 과언이 아니었다. 인조에게 남은 유일한 희망은 외부 근왕병의 구원뿐이었다.

인조가 십이월 말이 되어서야 비로소 근왕병의 구원을 기다리기 시작했다는 것은 물론 아니다. 십이월 14일 저녁 남한산성에 들어간 조선 조정은 그날 밤 산성에 계속 머물면 고립되기 십상이라는 우려에서 강화도로 갈 것을 결정했다.[29] 이튿날 새벽 산성을 나선 인조 일행은 눈보라가 몰아치는 날씨와 얼어붙은 산길 때문에 강화도행을 포기하고 말머리를 돌려야 했다.[30] 강화도행이 불가능한 상황이었으니, 남한산성에 머물며 전쟁을 치르는 것 외에 다른 선택지는 없었다. 십이월 16일부터 20일에 걸쳐 인조는 어서 빨리 남한산성을 구원하러오라는 명령을 각 도 및 강화도에 전하도록 했다.[31]

남한산성에서 결사 항전하여 승리를 거두겠다는 의지를 천명한 십이월 18일의 교서(教書)에서 인조는, "마음과 힘을 합하고 몸을 떨치고 일어나 적(敵)을 상대한다면, 저 오랑캐는 고군(孤軍)이 (우리 땅에) 깊이 들어왔으니 그 강함은 쉽사리 약해질 것이지만, (우리는) 사방의 원병이 잇따라 이를 것이고 만약 하늘이 도와 (일이) 순조롭게 풀린다면 완전한 승리를 거둘 수 있다"고 말했다.[32] 십이월 18일의 시점에서는 완전히 허황된 말이었다고 치부할 수 없다. 조선군의 근왕병이 홍타이지의 본진보다 먼저 남한산성으로 달려와준다면, 수적 우위와 내외 협공의 형세에 힘입어 포위를 벗어나는 것도 전혀 불가능하지만은 않았기 때문이다.

각 도의 군사들도 오늘날의 통념과 달리 매우 신속하게 남한산성 구원을 위하여 출격했다. 나중에 언급하겠지만, 각 도의 군사는 남한산성으로부터의 근왕령이 도착하기 전부터 움직이기 시작했다. 그러나 선행 연구에서도 그 경위를 비교적 자세히 밝혔듯이,[33] 불행하게도 남한산성에 접근한 각

도의 근왕병은 죄다 청군에 요격되는 운명을 피하지 못했다.

그러나 지금까지의 연구에서 해명하지 않은 중요한 문제가 있다. 그것은 바로 평안도와 황해도에 있던 조선군의 동태 문제이다. 개전 초기의 며칠 동안 평안도와 황해도의 조선군은 서울을 향해 질주하는 로오사, 도도, 요토 등의 부대를 저지하지 못했다. 앞 장에서 밝힌 대로, 그것은 청군의 통과 작전과 조선군의 산성 입보가 낳은 복합 효과였다고 할 수 있다. 그러나 개전 초기의 며칠은 어쩔 수 없었다고 치더라도, 도도 부대와 요토 부대까지 지나간 뒤라면, 그들의 뒤를 쫓아 내려올 수 있지 않았을까? 예컨대, 당시 조선군의 최정예 병력을 거느리고 있던 의주의 임경업이나 안주의 유림은 왜 서둘러 남하하지 않았는가? 만약 그들이 서둘러 남하했다면, 인조가 십이월 18일의 교서에서 말한 것처럼, 병력이 5,000명도 되지 않았던 적의 "고군"을 앞뒤에서 협격할 수 있지 않았을까?

개전 초기 서울을 급습한 청군의 세 부대가 지나간 뒤 조선군은 왜 즉각 그들의 뒤를 쫓아 남하하지 않았는지에 관한 문제를 다루고자 할 때 가장 먼저 고려해야 할 사항은, 각 지역의 거점 방어가 평안도·황해도 지역 조선군이 사전에 부여받은 임무였다는 사실이다. 군사를 움직이라는 상부의 이동 명령 없이 자의적인 상황 판단에 따라 방어 지역을 이탈하는 것은 군율 위반이었다는 말이다.

예컨대 정축년 정월 평안병사 유림이 남한산성을 구원하러 출격하겠다는 평안감사 홍명구를 만류하면서 내세웠던 이유는 조정의 명령이 없었다는 것이었다.[34] 의주의 임경업은 전쟁이 끝날 때까지 줄곧 백마산성에 머무르며 꿈쩍도 하지 않았지만, 전쟁이 끝난 뒤 근왕에 나서지 않았다는 이유로 문책을 당하지 않았다. 어떤 기록에도 인조가 임경업에게 출격을 명한 사실은 보이지 않으므로, 이는 역시 그가 사전에 부여받은 임무를 충실히 수행한 결과로 이해해야 할 것이다.

섣불리 성을 나섰다가 청군과 조우하기라도 하면 더 큰 낭패를 볼 수 있었다는 점도 고려할 필요가 있다. 복병에게 기습을 당할 수도 있지만, 정면 승부의 경우에도 청군과 야전에서 단독 작전을 벌여 승리할 가능성은 희박했다. 아무리 정예 병력이라고 할지라도 조선군은 전투 능력의 측면에서 청군 기병의 상대가 되기 어려웠기 때문이다. "여진 군사가 만약 1만 명을 채운다면 (아무도) 대적할 수 없다"는 말이 있다.[35] 이는 군사력이 약했다고 알려진 송나라도 아니고, 10세기 초 요나라를 세워 동아시아를 호령한 바 있는 유목민 거란인들이 한 말이라고 한다. 여진인은 각개전투력이 뛰어나기 때문에 일정 규모 이상의 조직력까지 갖추게 되면 천하무적이라는 의미이다. 실제로 12세기 초 자신들의 나라를 세울 만큼 조직화된 여진인들은 단기간에 요나라와 송나라를 차례로 무너뜨렸다.

사실 여진인 기병의 전투력은 매우 뛰어났다. 예컨대 1126년 송의 수도 개봉을 포위한 금군과 송나라 간에 화의가 성립한 직후 금군 기병 17명이 이 사실을 본국에 알리기 위해 길을 떠난 일이 있었다. 이들 금군 기병은 도중에 송나라 장수 이간(李侃)의 군사 2,000명과 조우했다. 금군은 이미 화의가 성립했으므로 싸울 필요가 없다고 했지만, 이간은 그들의 말을 믿지 않았다. 결국 전투가 벌어지자, 금군 기병 17명은 송의 군사 2,000명을 간단히 격파해버렸다.[36]

흥미롭게도, 1627년 정묘호란 때의 조선 땅에서도 매우 비슷한 일이 있었다. 강화도에서의 맹약이 성립한 직후, 쿠르찬(Kūrcan)이라는 자가 전쟁의 종결을 알리고자 20명의 기병을 이끌고 심양을 향해 길을 떠났다. 그들은 평안도 땅에서 전쟁이 끝난 사실을 미처 알지 못한 약 1,000명의 조선군에게 가로막혔다. 쿠르찬 등이 포위를 뚫고 말을 달리자, 조선군의 기병 300

명이 추격에 나섰다. 쿠르찬은 10명을 먼저 떠나보내고 겨우 10명의 기병을 데리고 지형이 험준한 곳에 매복해 있다가 추격해온 조선군을 기습했다. 이 싸움에서 쿠르찬은 조선의 관원 4명과 병사 50명을 죽이고 100필의 말을 빼앗았다.[37)]

두 전투의 이야기는 서로 다른 때, 서로 다른 곳에서 벌어졌음에도 전후 사정이 꼭 닮아 있다. 물론 송군과 조선군의 숫자에는 상당한 과장이 섞여 있을 터이지만, 여진 기병의 가공할 전투력은 의심의 여지가 없다고 할 것이다. 병자호란 기간의 여러 전투들도 사정은 크게 다를 바 없었다. 애초에 조선이 유사시 산성으로 입보한다는 전략을 짠 것도 전술 능력의 열세 때문이었는데, 실제로 영변의 철옹산성을 잘 지킨 부원수 신경원은 조정의 근왕령에 따라 남한산성을 구원하러 성을 나섰다가 그만 청군의 기습을 받아 포로가 되고 말았다(후술).

따라서 평안도와 황해도의 조선군으로서는 상부의 출격 명령이 없는 한 원래의 방어 지역을 그대로 지키는 것이 '정답'이었다고 말할 수 있다. 그러나 이 '정답'에는 '상부의 출격 명령이 없는 한'이라는 단서가 달려 있다. 평안도 영변에 있던 부원수 신경원과 황해도 황주에 있던 도원수 김자점에게는 이 '정답'을 적용할 수 없다. 두 사람에 대해서는 십이월 17일 인조가 속히 출격하여 남한산성을 구원하라는 명령을 내린 바 있기 때문이다.[38)] 혹 명령이 전달되지 않을까 우려했던지, 인조는 사흘 뒤인 20일에도 두 사람에게 재차 근왕령을 보냈다.[39)]

그러나 두 사람은 근왕에 나선 출격 시기에 문제가 있었다. 예컨대 김자점이 근왕을 위해 출격했다가 황해도 동남부의 토산에서 청군과 전투를 벌인 날짜는 병자년 십이월이 아닌 정축년 정월 초였다(후술). 토산 전투에서 패하지 않았다고 할지라도, 출격이 이렇게 늦었다면 인조에게는 별 도움이 되지 않을 터였다. 십이월 29일 홍타이지의 서울 도착 이후 남한산성 일대의 청군은 더 이상 "고군"이 아니었기 때문이다.

그렇다면, 김자점은 왜 이리 늦게 움직였던 것일까? 겁쟁이라서 출격을 주저한 것일까? 그렇지는 않았던 것 같다. 위에서 언급한 바 있는 동선령 전투의 승리는 김자점 휘하 부대가 거둔 전과였다. 또한 토산 전투 직전 김자점은 휘하의 병력이 1만 명을 넘어선 것에 기뻐하면서 "이로써 족히 적(賊)을 깰 수 있다"고 하면서 자신감을 피력한 바 있다.[40] 그가 남한산성에 보낸 군관이 김자점을 가리켜 "적을 가볍게 본다[輕賊]"고 말했다는 기록도 보인다.[41] 어쩌면 동선령 전투에서 거둔 작은 성과가 자신감의 밑바탕이 되었을지도 모른다. 더군다나 겁쟁이라서 출격을 주저했다는 식의 이야기만으로는 김자점이 결국 근왕에 나선 사실을 전혀 설명할 수 없다. 겁쟁이가 갑자기 용감해진 이유까지 대야 하는 것이다.

출격 시기의 문제는 평안감사 홍명구와 평안병사 유림의 근왕 시도에 대해서도 제기할 수 있다. 홍명구와 유림은 김자점보다 훨씬 더 늦은 시기에 이르러서야 근왕에 나섰기 때문이다. 이들의 부대 역시 남하 도중 강원도 김화(金化) 땅에서 청군과 조우하여 전투를 벌이게 되었는데, 그 날짜는 전쟁이 사실상 끝난 뒤인 정축년 정월 28일이었다.[42] 두 사람의 움직임은 왜 이리 굼떴던 것일까?

이처럼 조정의 출격 명령 부재만으로는 평안도와 황해도 조선군 전체의 동태를 온전히 설명할 수 없다. 이제부터는 이 문제를 풀기 위해 청군의 남한산성 집결이 완료되는 정월 10일까지 평안도와 황해도에서 벌어진 상황을 면밀히 재구성해보고자 하는데, 간단하게나마 결론을 미리 제시하자면 이렇다. 병자호란 당시 청군은 동서 두 갈래로 나뉘어 서울을 향해 진군했으며, 그 가운데 의주-서울의 대로를 따라 남하한 서로(西路)의 청군은 서울 도착 날짜를 기준으로 총 여섯 부대로 나뉘어 서로 시차를 두고 움직였다. 청군의 동서 '양로(兩路) 병진'과 서로에서의 '시차 진군'은, 애초부터 의도한 효과였다고 단정할 수는 없지만, 평안도와 황해도 지역 조선군의 기동을 강력히 제약하는 효과를 발휘했다. 특히 동로(東路)의 청군은 인조로부터 근왕령을 받고 출격한 신경원과 김자점의 군사를 기습하여 격파하는 전과를 거두었다.

지금부터는 왜 이러한 결론에 이르게 되었는지를 구체적으로 밝히면서, 청군이 조선군의 근왕 시도를 죄다 좌절시키고 남한산성에 대한 포위 작전 태세를 완성해가는 양상을 서술하기로 하겠다.

청군이 '시차 진군 작전'과 '양로 병진 작전'을 구사하다

병자호란 당시 청군이 채택한 진군 방식은 정묘호란 때와는 판이하게 달랐다. 비교의 전제로 정묘호란 때의 상황을 먼저 보자.

정묘호란 당시 후금군은 황해도 평산까지 남하했다. 압록강에서 평산까지 남하하는 과정에서 그들이 이용한 진군로는 의주와 서울을 잇는 대로였다. 그들은 의주, 곽산, 정주, 안주, 평양, 황주, 평산 등 대로에 위치한 성곽들을 차례로 점령했다. 어떤 곳은 조선군이 이미 성을 비우고 달아난 뒤였지만, 어떤 곳은 공성전을 벌여 함락시켰다. 그 과정에서 후금군은 기본적으로 전 병력이 한꺼번에 진군하는 양상을 보였다. 본진보다 앞서 남하한 선봉대의 활동이 확인되지만,[43] 선봉대의 파견은 어떤 특별한 작전의 구사라기보다는 본진의 진군에 앞서 전도의 상황을 정찰하기 위한, 당연하고도 상식적인 조치였다고 보아야 한다. 정묘호란 때의 후금군 선봉대는 본진에 예속되어 있었다는 말이다.

| 표 2 | 병자호란 당시 청군의 부대 편성과 각 부대의 서울 도착 날짜

구분		지휘관	병력 구성 · 규모[#]	서울 도착 날짜
서로군	전군	로오사, 마푸타 도도, 쇼토, 니칸 요토, 양구리	전봉 300명 호군 1,000명 팔기 3,000명[*]	십이월 14일 십이월 16일
	중군	홍타이지	팔기 중 5기 약 3,100명[**] 외번몽고 우익 약 5,500명[***]	십이월 29일
	후군	두두 석정주, 마광원 공유덕 · 경중명, 상가희	팔기 1,000명[*] 우전 초하 약 1만 명 천우병 · 천조병 약 1,900명	정월 4일(기병) 정월 10일(치중)
동로군	–	도르곤, 호오거	팔기 중 3기 약 1,900명[**] 외번몽고 좌익 약 6,600명[***]	정월 10일

[#] '병력의 구성 · 규모'에서 앞 장 및 이 장에서 이미 언급한 것은 별도의 주기(註記)를 붙이지 않는다.

[*] 요토와 양구리 휘하의 팔기 병력 3,000명은 청 측의 기록에서 직접 밝힌 숫자이다(『滿文老檔』 VII, 1482-1483쪽). 두두 휘하의 팔기 병력 1,000명은 니루마다 3명씩의 갑병을 차출했다는 기록에 근거하여 계산한 것이다(『滿文老檔』 VII, 1483쪽). 단, 요토 부대에는 정규 갑병 외에 쿠툴러가 다수 포함되었을 것으로 보이지만, 계산의 단순화를 위해 3,000명 전원을 갑병으로 간주했다.

[**] 제1장에서 서술한 대로 병자호란에 참전한 팔기만주 · 팔기몽고의 갑병은 1만 명 남짓이었다. 여기서 전군의 4,300명과 후군의 1,000명을 빼고 남은 약 5,000명을 서로군의 중군과 동로군의 팔기 병력으로 간주했다. 각 기의 니루 수를 정확히 알 수 없기 때문에 대략적인 계산 방법을 취하여, 5,000명의 8분의 5인 약 3,100명이 중군, 8분의 3인 약 1,900명이 동로군에 속했다고 보았다.

[***] 제1장에서 서술한 대로 병자호란에 참전한 외번몽고의 병력 총수는 약 1만2,000명이었다. 서로군 중군의 외번몽고 우익과 동로군의 외번몽고 좌익의 구체적인 구성은 알 수 없기에, 유목지의 방위만을 고려하여 코르친계를 좌익, 차하르 · 할하 · 아루계를 우익으로 간주했다. 전자의 갑병은 6,639명이었고, 후자는 5,456명이었다(구범진 · 이재경 2015, 454-455쪽).

이상과 같은 정묘호란의 경우와 비교할 때, 병자호란 당시 청군의 진군 방식에서 가장 두드러진 특징은 '양로 병진'과 '시차 진군'으로 요약할 수 있다.

먼저, '양로 병진'이란 청군의 진군로가 두 갈래였다는 의미이다. 청 측의 기록에 따르면, 홍타이지는 처음 심양을 떠날 때부터 전군(全軍)을 우익과 좌익의 두 갈래로 나누었다. 여기서 좌우는 남면(南面)하는 군주를 기준으로 하는 방위 개념이다. 동서남북의 방위로 말하자면, 좌익의 진군로는 동로, 우익의 진군로는 서로가 된다. 지금까지 언급된 청군의 여러 부대는 모두 의주에서 서울에 이르는 서쪽 진군로를 따라 남하했으므로 서로군이라고 부를 수 있다. 좌익의 부대는 동쪽의 무순(撫順) 방면으로 난 길로 심양을 떠나 압록강 북쪽의 관전(寬奠)을 거쳐 조선의 창성 땅으로 진입했으므로 동로군이라고 부를 수 있다. 홍타이지는 팔기만주·팔기몽고 가운데 정백기, 양백기, 정람기의 병력과 외번몽고 좌익의 병력으로 동로군을 구성하여, 도르곤과 호오거에게 그 지휘를 맡겼다. 동로군에 속하지 않은 정황기, 양황기, 정홍기, 양홍기, 양람기와 외번몽고 우익은 당연히 서로군으로 편성되었다.[44]

다음으로 '시차 진군'이란 서로군을 구성한 청군의 각 부대가 서로 시차를 두고 진군했다는 의미이다. <표 2>에 정리했듯이, 서로군은 다시 크게 세 그룹으로 나눌 수 있다. 이들 각 그룹에 각각 전군(前軍), 중군(中軍), 후군(後軍)이라는 이름을 붙이고 각각의 진군 상황을 정리하자면 다음과 같다.

가장 빠른 속도로 진군하여 가장 먼저 서울에 도착한 것은 전군이었다. 전군의 세 부대는 십이월 14일과 16일 서울에 도착했다. 그다음으로 서울에 도착한 것은 홍타이지가 직접 인솔한 중군이었다. 전군과 중군이 서울에 도착하기까지의 진군 상황은 이미 자세히 밝혔으므로 생략하기로 한다.

서로군의 후군은 대포와 중장비 등을 수송하는 임무까지 맡았기 때문에 진군 속도가 가장 느릴 수밖에 없었다. 홍타이지의 중군이 안주를 떠난 십이월 18일, 후군은 겨우 의주와 안주의 중간쯤에 있는 선천에 도착했다. 그들은 나흘 뒤인 십이월 22일에야 선천을 떠났는데, 치중을 끄는 우마의

피로도가 높아 휴식을 취해야 했기 때문이다.[45]

    <표 2>에서 후군의 서울 도착 시점은 둘로 나뉘어 있다. 이는 앞서 언급한 십이월 26일 홍타이지의 명령에 기인한 것이었다. 중도의 자세한 진군 일정은 확인되지 않지만, 후군 가운데 기병들은 정축년 정월 4일 서울에 먼저 도착했다.[46] 두두가 인솔한 치중 부대의 진군 일정은 사료상 정축년 정월 6일 임진강 도착, 정월 10일 서울 도착만이 확인된다.[47]

    결과적으로 서로를 따라 남하한 청군은 전후 여섯 부대가 각각 시차를 두면서 남하한 셈이었다. 전군은 세 부대로 나뉘어 있었다. 도도 부대와 요토 부대는 비록 같은 날 서울에 도착했지만, 분명 진군을 함께하지는 않았으므로 도착 시각은 달랐을 것이다. 후군의 부대들은 처음에 중군과 마찬가지로 단일 대오로 이동했지만, 홍타이지가 십이월 26일에 하달한 명령에 따라 두 부대로 나뉘었다.

    청군의 양로 병진과 시차 진군은 평안도와 황해도 지역 조선군의 기동에 큰 영향을 끼쳤다. 서술의 편의상 양로 병진에 앞서 시차 진군의 효과를 먼저 자세히 추적해보기로 하겠다.

청군의 '시차 진군'으로 조선군의 발이 묶이다

    서로군의 '시차 진군 작전'은 평안도와 황해도의 각 지역을 지키던 조선군의 발을 묶어두는 효과를 거두었을 것으로 추정된다. 안주의 조선군을 사례로 삼아 당시의 상황을 한번 그려보자.

    제2장에서 보았듯이, 병자년 십이월 11일 새벽의 야음을 틈타 로오사 선봉대가 안주 땅을 통과했다. 당시 안주의 조선군은 모두 보병이었기 때문에 그들을 추격할 엄두조차 내지 못했다. 아마도 십이월 12일 도도 부대와 요

| 지도 4 | 병자년 십이월 22일 청군 각 부대의 진군 상황

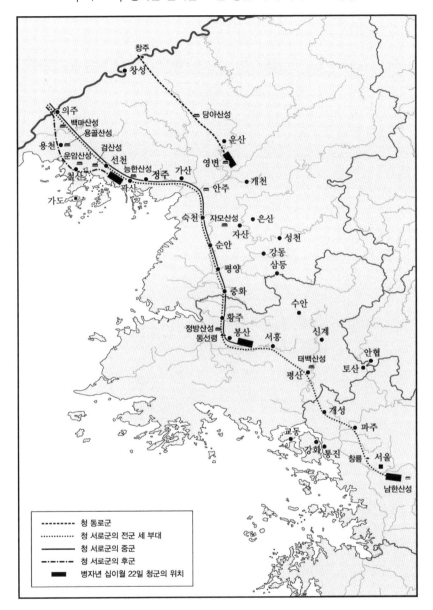

창주
창성
당아산성
의주
백마산성
용골산성
운산
용천
검산성
영변
운암산성
선천
능한산성
철산
정주 가산
개천
곽산
안주
가도
숙천
자모산성
은산
자산
성천
순안
강동
삼등
평양
중화
수안
황주
정방산성
봉산
신계
동선령
서흥
안협
태백산성
토산
평산
개성
파주
교동
강화 통진
장릉
서울
남한산성

---------- 청 동로군
·········· 청 서로군의 전군 세 부대
———— 청 서로군의 중군
—·—·—· 청 서로군의 후군
▬ 병자년 십이월 22일 청군의 위치

토 부대가 잇따라 안주를 지났을 터이지만, 역시 마찬가지 이유로 그냥 통과시킬 수밖에 없었을 것이다.

한편, 전쟁이 터진 이상 유림은 당연히 전방에 대한 정찰 활동을 강화했을 것이다. 또한 기각지세를 이룰 계획이었던 영변의 신경원과도 연락을 주고받았을 것이다. 십이월 15일 안주성 동쪽으로 매복을 나간 청군이 안주성이 공격을 받고 있는지 확인하고자 영변에서 파견한 조선군 기병 50명과 조우했다는 사실은,[48] 안주와 영변 간의 상호 연락 사실을 짐작하게 한다.

그렇다면 유림이 요토 부대가 지나간 뒤로 홍타이지의 중군이 안주로 접근해오고 있다는 사실을 탐지하고 있었음은 당연하다. 혹시 홍타이지의 중군이 가할지도 모르는 공성전에 대비하고 있어야 했다. 십이월 15일 홍타이지의 중군이 안주에 도착하여 성 남쪽 언덕에 진을 쳤다. 십이월 18일 홍타이지의 중군이 안주를 떠났지만, 유림은 여전히 안주 수비에 매달려 있어야 했다. 십이월 17일 두두 등의 후군이 그리 멀지 않은 선천에 도착하여 진을 치고 있는 상태였기 때문이다.[49] 게다가 <표 2>에서 보듯이 후군은 병력이 약 1만3,000명이나 되는 대군이었다. 지금까지 지나간 어떤 부대보다도 숫자가 많았다.

조정으로부터 근왕령을 받지도 않았거니와, 유림으로서는 청군의 시차 진군 작전 때문에 후군이 모두 통과할 때까지 안주성을 지키는 데 전념하지 않을 수 없었다. 설령 조정으로부터 출격 명령을 받았다 한들 안주를 떠날 수 없는 상황이었다는 말이다.

이러한 상황의 전개는 안주에 국한된 것이 아니었다. 자모산성의 홍명구 역시 다를 바 없었다. 두두의 후군은 십이월 22일 선천을 떠났다. 그중에서 치중 부대는 정축년 정월 6일 임진강 북안에 도달했다.[50] 선천은 서울로부터 963리, 임진강 북안의 장단(長湍)은 47리 거리이므로, 후군의 치중 부대는 임진강 북안에 이르기까지 매일 평균 약 65~66리의 속도로 남하한 셈이 된다. 이로부터 그들이 서울로부터 750리 거리인 안주를 지난 날짜는 십이월 25일경으로 추산할 수 있다. 이 무렵 홍명구는 이들의 남하에 대비하고 있어야 했다. 그들이 자모산성 서쪽의 대로를 통과한 것은 아마도 십이월 27일경이었겠지만, 홍명구는 그 뒤로도 최소한 하루 이틀은 병력을 움직일 수 없는 형편이었을 것이다.

한편, 정방산성의 도원수 김자점은 인조의 십이월 17일 자 근왕령의 대상이었으므로, 유림이나 홍명구와는 사정이 분명 달랐다. 십이월 17일이라면 청군의 전군 세 부대가 이미 서울에 도착한 뒤였고, 홍타이지가 황주 지역을 통과한 것은 나흘 뒤인 십이월 21일이었다. 인조의 근왕령이 정방산성에 도달하기까지 충분한 시간적 여유가 있었다고 할 수 있다. 그럼에도 김자점의 출격 소식을 전한 군관이 청군의 포위를 뚫고 남한산성에 들어온 것은 정축년 정월 3일이었다.[51] 김자점의 군관이 남한산성에 잠입하기까지 소요되었을 시간을 감안하면, 김자점의 출격은 십이월 말에나 이루어졌으리라는 추정이 가능하다. 아마도 십이월 20일이나 그 이전에 근왕령을 접수했을 것으로 추정되는 만큼 그의 근왕 출격 지체는 추가적인 설명이 필요해 보인다.

이 문제에 대한 답을 찾기 위해서는, 역시 청군의 시차 진군 상황을 우선 고려할 필요가 있다. 근왕령을 접수했을 것으로 추정되는 시점 직후, 즉 십이월 21일에 홍타이지의 중군이 황주 지역을 지났기 때문이다. 김자점은 당장 정방산성을 비우고 남하할 형편이 아니었다는 말이다. 정축년 정월 3일 김자점이 보낸 군관을 만난 홍서봉은, 그간 김자점이 재빨리 출격하지 못한 것을 두고 청군이 "그곳을 왕래한 까닭"으로 이해한 바 있는데,[52] 이는 사실과도 부합하는 것으로 보인다. 앞서 보았듯이, 김자점은 단지 동선령에서 홍타이지의 중군 중 일부를 기습하여 일정한 성과를 거두는 데 그쳤다.

십이월 21일 홍타이지의 중군이 황주 지역을 지나간 이후로도, 김자점이 남하 중이던 청의 후군을 의식하여 한동안 출격을 주저하고 있었을 가능성을 완전히 배제할 수 없다. 황주는 서울로부터 488리 거리이다. 따라서 두두의 치중 부대가 황주를 지난 것은 십이월 30일경으로 계산된다. 김자점이 서로군의 마지막 부대까지 지나간 뒤에야 비로소 근왕에 나섰으리라는 추정도 불가능하지만은 않다.

하지만 홍타이지의 중군이 황주를 지난 무렵 청의 후군은 아직 청천강을 건너기 전이었다. 그 뒤로 후군이 황주에 접근하기까지는 시간적 여유가 있었다는 말이다. 더구나 김자점은 근왕령을 받은 상태였다. 설사 청 후군의 남하 사실을 알고 있었다고 해도 서둘러 출격을 결정하지 않을 수 없는 처지였다. 따라서 김자점은 근왕령을 받은 즉시 출격을 결정했으나, 다만 근방을 지나는 홍타이지의 중군 때문에 며칠 발이 묶였을 따름이라고 추정하는 것이 타당할 듯하다.

만약 김자점의 근왕이 지체되었다고 한다면, 그것은 출격 결정 자체가 늦었다기보다는 출격 준비와 병력 이동에 적지 않은 시일이 소요되었기 때문으로 보인다. 김자점의 근왕병은 정방산성의 병력만으로 구성된 것이 아니었다. "해서(海西)", 즉 황해도 군사가 대거 합류했고, 그 덕분에 1만 명이 넘는 병력을 확보할 수 있었다.[53] 그가 이처럼 많은 병력을 모으기까지는 당연히 며칠의 시간이 걸렸을 것이다.

여기에 더하여, 김자점의 근왕병이 서울-의주의 대로에 비해 시간이 더많이 걸리는 우회로를 따라 이동했다는 사실도 간과해서는 안 된다. 근왕에나선 김자점이 정축년 정월 초 청군과 조우한 토산 땅은 황해도 동남부 내륙에 위치해 있다. 이는 그가 의주-서울의 대로 대신에 청군의 매복 공격으로부터 안전하리라고 판단한 "샛길[間路]"을 따라[54] 멀리 동쪽으로 우회했음을 의미한다. 왜 시간이 더 많이 걸리는 우회로를 선택했느냐는 의문이 들 수 있지만, 당시 상황에서 이 선택은 충분히 합리적이었다. 그는 의주-서울의 대로를 따라 남하할 수 없었다. 앞서 남하한 청군의 매복 공격이나 나중에 남하할 청군의 배후 공격을 우려하지 않을 수 없었기 때문이다.

요컨대, 김자점의 근왕 지체에는 충분히 이해할 만한 사정이 있었다고 할 수 있다. 그러나 그야 어쨌든 간에, 김자점의 근왕 시도는 실패로 끝났다. 결과적으로 그가 선택한 동쪽 우회로 역시 청군의 공격으로부터 안전하지 않았기 때문이다. 김자점은 전혀 예상하지 못한 방향으로부터 청군의 기습 공격을 받았다. 정축년 정월 초 김자점이 토산에서 조우한 청군은 그가 줄곧 염두에 두고 있었을 서로군이 아니었다. 앞에서 도원수 김자점과 부원수 신경원의 근왕 시도를 좌절시킨 장본인이 청의 동로군이었다고 말한 바 있는데, 김자점은 창성에서 영변을 거쳐 서울을 향해 남하하던 동로군에게 일격을 당한 것이다. 이로부터 청군의 '양로 병진 작전'이 전황의 전개에 끼친 영향을 자세히 들여다볼 필요성이 제기된다.

청군의 '양로 병진'으로 조선군이 낭패를 보다

정묘호란 때 후금군의 남진 경로는 서로, 즉 의주와 서울을 잇는 대로였다. 이와 달리 병자호란 때의 홍타이지는 심양을 떠날 때부터 전군을 좌익과 우익으로 나누어 서로와 동로를 병진하는 작전을 구사했다. 그가 애초부터 예상했는지는 알 수 없지만, 청군의 '양로 병진 작전' 또한 결과적으로 평안도와 황해도 지역 조선군의 기동을 제약하는 효과를 톡톡히 거두었다.

제2장에서도 언급했듯이, 창성은 조선에서도 청군의 침공 루트로 예상하

던 지역이다. 적이 창성 쪽으로 국경을 넘어올 경우 창성의 군민은 당아산성으로 입보하기로 했다. 창성으로부터 남하 시 반드시 거쳐야 하는 길목인 영변에는 부원수 신경원이 주둔했다. 아울러 동로의 영변과 서로의 안주는 서로 기각지세를 형성할 것으로 기대되었다. 만약 청군이 정묘호란 때처럼 오직 서로를 따라 남하했다면 영변의 조선군은 안주 쪽으로 출격하여 서로의 조선군을 도울 수 있었을 것이다. 하지만 병자호란 때의 청군은 처음부터 의주-안주와 창성-영변의 두 갈래 길을 모두 이용했다.

개전 초기 창성 땅으로 조선에 진입한[55] 도르곤과 호오거의 동로군은, <표 2>에서 보았듯이 정축년 정월 10일 서울에 도착했다. 이날 도르곤은 홍타이지를 만나 그간 동로군이 거둔 전과를 보고했다. 그에 따르면, 동로군은 압록강을 건넌 직후 창주(昌洲) 성을 쉽사리 점령했다. 조선의 군민이 성을 버리고 산으로 달아났기 때문이었다고 한다.[56] 당아산성으로의 입보를 가리키는 것임이 분명하다.

그런데 동로군은 서로군과 달리 통과 작전을 쓰지 않았다는 사실이 눈길을 끈다. 서로의 청군이 의주의 백마산성을 그냥 통과한 것과 대조적으로, 동로군은 당아산성을 공격했던 것이다. 날짜까지 알 수는 없지만 도르곤 등은 당아산성 역시 그리 어렵지 않게 함락시키고는 영변을 향해 진군했다.[57] 그러나 조선 측 기록에 따르면, 그들은 길을 잘못 들어 압록강에서 영변까지 8~9일이나 되는 시간을 썼다고 한다.[58]

우여곡절 끝에 영변에 도착한 동로군은 철옹산성의 조선군과 전투를 벌였다. 도르곤의 보고에 따르면, 동로군은 "안주의 총병과 황주의 원수가 500명의 군사를 이끌고 영변 성으로부터 나온" 것을 격파했고, 이어서 "안주의 200명 군사"를 만나 역시 격파했다고 한다.[59] 이 보고에 등장하는 "안주"나 "황주"는 모두 청군 측의 착오가 빚어낸 오류가 분명하다. 청 측 기록의 조선군 출신지나 지휘관 성명에는 이런 오류가 적지 않다. 하지만 동로 군이 영변에서 출격한 조선군과 두 차례 교전했다는 것 자체는 사실로 보인 다. 조선 측 기록에서도, 비록 전투의 결과에 대해서는 약간의 차이가 있을 지라도 영변의 부원수 신경원이 두 차례에 걸쳐 정예 병력을 이끌고 성 밖 으로 출격하여 청군과 싸운 사실이 확인되기 때문이다.[60]

이 두 차례의 교전은 아마도 동로군의 영변 도착 직후에 벌어졌을 것으로 보인다. 그 이후 도르곤의 청군은 며칠 동안 영변에 머물렀다.[61] 여기에서 도 통과 작전을 쓰지 않았던 것이다. 조선 측의 또 다른 기록에 따르면, 철옹산성의 조선군은 7일 동안 이어진 적의 포위전을 잘 견뎌냈다고 한다.[62] 아마도 험준한 지세에 방어 준비까지 잘 갖추고 있었기 때문일 것이다.

그야 어쨌든 간에, 이처럼 서로군과 달리 통과 작전을 쓰지 않은 동로군 의 행태는 조선 측이 사전에 구상한 안주와 영변의 기각지세를 무력화시키 는 효과를 낳았다. 도르곤의 전황 보고에는 날짜 정보가 없지만, 동로군은 서로군의 중군과 마찬가지로 십이월 10일경에 압록강을 건넜다고 보아도 무방할 것 같다. 여기에 압록강을 건넌 이후 영변에 도착하기까지 8~9일, 철옹산성 포위에 7일을 썼다고 보면, 동로군은 대략 십이월 18~19일 영변 에 도착해서 25~26일 영변을 떠났으리라고 추정할 수 있다.

앞서 언급했듯이, 십이월 15일 안주에 진을 친 홍타이지의 중군이 영변에 서 정찰 나온 조선군과 교전한 사건이 있었다. 신경원은 안주로부터 급보를 받고서 정찰병을 보냈을 터이고, 십이월 15일의 교전에서 살아남은 정찰병 으로부터 홍타이지의 중군이 안주에 진을 쳤다는 사실을 보고받았을 것이 다. 그러나 그는 안주의 조선군을 구원하러 갈 수 없었다. 응당 청의 동로군 이 창성 방면에서 접근 중이라는 사실도 보고받았을 터이기 때문이다. 더군 다나 청의 동로군은 통과 작전을 쓰지 않았다. 그들은 당아산성을 쳐서 점령했고, 영변의 철옹산성에 대해서도 7일 동안 포위 공격을 가했다. 만약 동로군이 서로군처럼 영변을 그냥 지나쳤다면, 영변의 조선군은 적어도 십이월 18~19일 이후에는 서로의 조선군을 도우러 출격할 수 있었을 것이다. 따라서 청의 동로군은 결과적으로 영변 주둔 조선군의 발을 묶어 안주와 영변의 기각지세를 무력화시켰다고 볼 수 있다. 또한 동로군이 영변을 떠난 십이월 25~26일은 서로에서 청의 후군이 안주를 지났을 십이월 25일경과 별 차이가 없다. 공교롭게도 동로군은 더 이상 영변 주둔 조선군의 발을 묶어둘 필요가 사라진 시점이 되자 영변을 떠난 셈이다.

거꾸로 안주의 조선군 역시 영변 방면의 아군을 도울 수 없는 처지였다. 조선의 기록에 따르면, 유림은 십이월 23일 남한산성으로 장계를 보낸 바 있다. 이 장계에서 유림은 평안도의 "접전(接戰)" 상황을 알리면서 기회를 보아 "전진(前進)"할 것이라고 말했다고 한다.[63] 당시 서로에서는 "접전"이 없었으므로, 평안도의 "접전" 상황이란 영변 쪽의 교전을 가리킬 수밖에 없다. 유림은 남한산성을 구원하기 위한 출격을 명령받은 적이 없으므로, 장계의 "전진"이란 영변 쪽으로의 출격을 가리킬 것이다. 그러나 유림은 "전진"할 기회를 얻지 못했다. 앞서 서술했듯이 청군의 후군이 십이월 22일 선천을 떠나 안주로 다가오고 있었기 때문이다. 후군이 안주를 통과한 십이월 25일경 이후라면 영변으로 출격할 수 있었겠지만, 교묘하게도 청의 동로군은 바로 그 무렵인 25~26일경 영변을 떠나버렸다.

한편, 앞서 언급했듯이 남한산성의 조선 조정은 십이월 17일 도원수 김자점과 부원수 신경원에게 근왕령을 내렸다. 청 동로군이 십이월 18~19일 영변에 도착했으리라고 추정되므로, 신경원은 청군의 포위로 인해 근왕령을 뒤늦게 접수했을 가능성이 있다. 하지만 청군이 포위를 풀고 떠나자마자 근왕 출격을 단행한 것을 보건대,[64] 그가 근왕령에 즉각 반응한 것은 분명하다.

그야 어쨌든, 서둘러 근왕에 나선 신경원은 곧바로 비참한 처지에 빠졌다. 조선의 기록에 따르면, 신경원은 철옹산성에서 동남쪽으로 40리 떨어진 곳에서 적의 기습을 받아 그만 사로잡히고 말았다.[65] 도르곤의 보고에 따르면, 청군은 영변에서 나온 기병 700명, 보병 300명, 합계 1,000명의 조선군을 겨우 50명의 병력으로 기습하여 그 지휘관 "이원수(李元帥)"—여기서 "이원수"란 물론 신경원을 잘못 적은 것이다—를 생포했다고 한다.[66] 결과적으로 신경원은 적의 유인술에 일격을 당한 꼴이 되었다. 정찰병이 적의 복병을 발견하고는 보고도 하지 않은 채 달아난 탓도 있었다고 하지만,[67] 다른 각도에서 보자면 신경원은 인조의 근왕령 수행을 서두른 나머지 그만 낭패를 본 셈이다.

신경원의 근왕 시도를 좌절시킨 청의 동로군은 얼마 후 도원수 김자점의 근왕마저 좌절시켰다. 앞에서 김자점의 근왕이 지체된 까닭을 따져본 바 있지만, 그야 어쨌든 간에 당시 김자점은 황해감사 이배원에게 정방산성 수비를 맡기고 자신은 황해병사 이석달(李碩達) 등과 함께 산성을 떠났다고 한다.[68] 또한 앞서 밝혔듯이 김자점은 대로를 버리고 "샛길[間路]"을 타고 동쪽으로 이동했다. 이는 적의 공격을 피하기 위해서였다. 이 점에서는 김자점이 신경원보다는 훨씬 더 신중했다. 그러나 결정적으로 그는 청의 동로군이 부원수 신경원을 사로잡고서 남하하고 있었다는 사실을 미처 알지 못하고 있었다.[69]

도르곤의 보고를 보면, "선둔촌(宣屯村)"이라는 곳에 도착한 동로군은 사흘 전 "1만 5,000명"의 조선군이 이곳에서 숙영하고 남한산성을 향해 떠났다는 정보를 입수했다고 한다. 이에 도르곤은 병력을 뽑아 추격 부대를 조직했다. 밤중에 떠난 추격 부대는 밤낮 없이 말을 달렸다. 다다음 날, 그러니까 "사흘째" 아침에 조선군을 따라잡은 추격부대는 김자점의 근왕병을

습격하여 대승을 거두었다.[70]

한편, 영변을 떠난 이후 동로군의 진군로는 지금까지 제대로 밝혀지지 않은 상태인데,[71] 그들이 김자점의 근왕병을 포착하게 되는 경위로부터 진군로 추정의 결정적인 실마리를 얻을 수 있다. 도르곤의 보고에서 영변을 떠나 토산에서 조선군을 격파하기까지 동로군이 경유한 장소의 지명은 "선둔촌"이 유일하다.[72] "선둔촌"이 어느 지역의 지명인지는 알 수 없다. 그러나 "선둔촌"이 정방산성에서 황해도 동남부 내륙의 토산으로 간 김자점의 진군로와 영변에서 토산을 거쳐 서울로 향한 청 동로군의 남진로가 교차하는 지점에 위치한 것만은 분명하다. 여기에 조선의 기록으로부터 영변을 떠난 청의 동로군이 성천(成川)을 경유했다는 사실이 확인되므로,[73] 영변을 떠난 이후 개천(价川), 은산(殷山)을 거쳐 성천에 이른 동로군의 진군로를 그릴 수 있다. 이제 "선둔촌"의 위치는 성천-토산의 길과 김자점의 진군로가 만나는 지점으로 좁혀진다.

그런데 "선둔촌"은 "Šoowan i gašan"이라는 만주어를 한역한 것이다.[74] 만주어 "gašan"은 '향촌'이라는 의미이다. 청의 한문 기록에 등장하는 "선둔촌"은 만주어 기록의 "쇼오완(Šoowan)"을 이와 비교적 발음이 가까운 한어의 "쉬안[宣]"으로 음역하고, "gašan"을 "둔촌(屯村)"으로 의역한 것이다. 그러나 "Šoowan i gašan"은 "쇼오완(Šoowan)의 향촌"으로 옮길 수도 있다. 만주어 기록에는 조선의 지명을 조선의 발음을 좇아 표기한 경우가 있다. 가산(嘉山)을 한어 발음 "자산(Jiashan)"의 만문 표기인 "Giašan" 또는 "Jiašan"이 아니라 조선의 발음을 따라 "가산(Gasan)"으로 표기한 것이 단적인 사례이다.[75] 한어로 "쑤촨(Suchuan)"인 숙천(肅川)을 "슉찬(Šukcan)"으로, 한어로 "루이싱(Ruixing)"인 서흥(瑞興)을 "셔헌(Šehen)"으로 적은 것도 마찬가지이다.[76] 따라서 "쇼오완(Šoowan)" 역시 수안(遂安)의 조선어

| 지도 5 | 김자점 부대와 청 동로군의 진군 경로

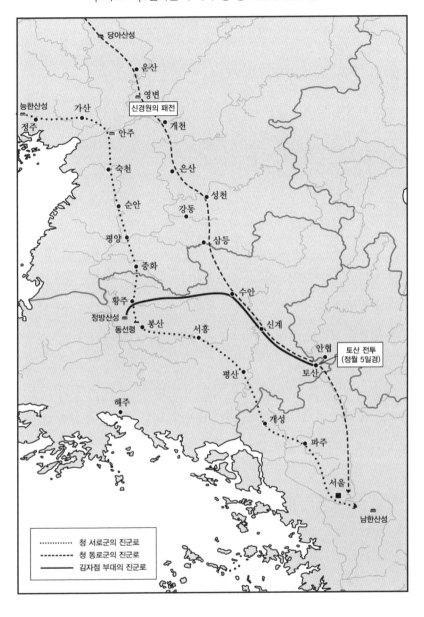

발음을 흉내낸 표기였을 가능성도 충분히 상정할 수 있다. 발음이 딱 일치하지 않는다는 문제가 있지만, 이런 문제는 "쇼오완"을 "쉬안"으로 음역한 것에서도 별반 다르지 않게 나타난다.

결정적으로, 수안 땅이야말로 김자점의 진군로와 성천-토산의 길이 교차하는 지역이다. 정방산성에서 남쪽의 봉산으로 이어지는 대로를 피해 토산으로 가려면, 황주 동쪽 서흥 땅의 북부 지역을 거쳐 수안 땅으로 들어간 다음, 거기서 남쪽으로 방향을 틀어 신계(新溪) 땅을 거쳐야 한다. 그리고 동로군의 경유가 확인되는 성천에서 남쪽으로 삼등(三登)을 지나면 곧 수안 땅에 들어서게 된다. 따라서 만주어 기록의 "Šoowan i gašan"은 "수안의 향촌"을 의미한다고 보는 것이 더 타당하다. 이로부터 동로군의 진군로는 영변-개천-은산-성천-삼등-수안-신계-토산으로 추정할 수 있다.

토산 전투가 일어난 날짜도 다시 추정할 필요가 있다. 선행 연구에서는 토산 전투의 날짜를 정월 7일경으로 추정했지만,[77] 그 근거가 불확실하다는 문제가 있다.

위에서 보았듯이 청의 동로군은 사흘 전 김자점의 군사가 "선둔촌"을 지난 사실을 발견하고는 곧바로 추격에 나섰다. 밤중에 떠난 추격 부대는 밤낮 없이 달려 다다음 날 아침 토산에서 김자점을 기습했다. "선둔촌"은 수안 땅에 위치한 것으로 추정되므로, 김자점 부대는 수안 땅에서 신계 지역을 거쳐 토산까지 오는 데 대략 만 5일, 청의 추격 부대는 대략 만 1.5일이 걸린 셈이 된다. 관아가 위치한 읍치(邑治)를 기준으로 하기 때문에 정확하지는 않지만 수안에서 토산까지가 약 190리였다는 사실로부터,[78] 김자점 부대는 대략 매일 평균 40리 전후의 느린 속도로 이동한 반면, 청군 추격 부대는 그보다 세 배 이상의 속도로 달렸음을 알 수 있다. 그런데 정월 7일 남한산성에 도착한 김자점의 장계에는,[79] 정월 2일 현재 그의 본진이 신계 땅에 있고 선발대 500명이 광릉(光陵)까지 왔다는 내용이 있었다.[80] 신계와 토산의 읍치 간 거리는 약 120리였다.[81] 그렇다면 김자점은 정월 5일경 토산에 도착했을 것으로 추정할 수 있다.

청 동로군의 추격 부대가 정월 3일 밤에 "선둔촌"을 떠나 정월 5일 아침 토산에서 김자점 부대를 기습했다는 추정은, 토산 전투 전후(前後) 청 동로군의 이동 상황과도 모순되지 않는다. 앞에서 청의 동로군이 영변을 떠난 날짜를 병자년 십이월 25~26일경으로 추정했다. 영변은 서울로부터 832리, 수안은 420리 거리이므로, 영변에서 수안까지는 약 410리가 된다. 청의 동로군이 영변을 떠나 수안에 이르기까지 걸린 시간은 7~8일이었다. 그런데 그들은 도중에 신경원과의 전투에 하루의 시간은 썼을 것으로 보인다. 또한 청의 동로군이 앞서 두 갈래로 나뉘어 남진하다가 성천에서 회합했다는 조선의 기록이 있으므로,[82] 성천에서 다시 하루 정도의 시간을 썼으리라고 추정할 수 있다. 그러므로 동로군이 영변에서 수안까지의 약 410리를 이동하는 데 실제로 쓴 시간은 5~6일, 진군 속도는 매일 대략 70~80리 정도로 잡을 수 있다. 서로에서 안주와 개성 간의 584리를 이동하는 데 7일을 써서[83] 매일 평균 80여 리의 속도였던 홍타이지의 중군과 별 차이가 없다. 한편, 동로군이 서울에 도착한 것은 정월 10일이었다. 언뜻 정월 5일의 토산 전투 이후 토산에서 서울까지의 약 230리를 오는 데 무려 닷새나 걸렸겠느냐는 의문이 들 수 있다. 하지만 정월 5일경 토산에 도착한 것은 동로군의 본진이 아니라 밤을 새워 달린 추격 부대였다는 사실을 감안해야 한다. 동로군의 본진은 아마도 정월 6일 토산에 도착해서 전투 현장을 정리한 뒤 정월 7일에 서울을 향해 떠났을 것이다. 토산에서 서울까지의 약 230리는 동로군의 진군 속도로 사흘이 걸리는 거리이다.

지금까지 살펴보았듯이 도르곤의 동로군은 결과적으로 부원수 신경원과 도원수 김자점의 근왕병을 잇따라 격파하는 성과를 거둔 셈이 되었다. 신경원과 김자점에게 낭패를 안긴 것은 청의 동로군이었으므로, 이는 결국 홍타이지가 애초부터 진군로를 두 갈래로 나눈 양로 병진 작전의 또 다른 효과였다고 말할 수 있다. 단, 청군의 양로 병진 작전으로 안주와 영변의 기각지세가 무력화된 것은 어쩌면 홍타이지가 처음부터 의도한 효과였을지 모르지만, 동로군이 신경원과 김자점의 근왕 시도까지 좌절시킨 것은 십중팔구 망외(望外)의 소득이었을 것이다.

평안도의 조선군이 때 늦은 근왕에 나서다

지금까지 평안도와 황해도 조선군의 동태를 청군이 구사한 시차 진군 작전과 양로 병진 작전의 전개 양상과 결합하여 구체적으로 재구성해보았다. 이제 평안감사 홍명구와 평안병사 유림의 근왕 시도에 대한 이야기만 남았다.

앞서 언급했듯이, 근왕에 나선 홍명구와 유림이 김화에서 청군과 교전한 것은 정축년 정월 28일이었다. 정월 5일경에 벌어졌을 것으로 추정되는 김자점의 토산 전투보다도 20일 이상 늦다. 서로에서 가장 늦게 남하한 두두의 치중 부대가 안주와 평양을 지난 날짜는 각각 십이월 25일경, 십이월 28일경으로 추정된다. 그렇다면 홍명구와 유림은 청군의 모든 부대가 평안도를 벗어난 지 몇 주나 지난 뒤에야 출격했다는 말이 된다. 두 사람은 왜 이리 굼뜨게 움직인 것일까?

그러나 이 질문은 이렇게 바꾸어야 한다. 홍명구와 유림은 왜 뒤늦게야 남한산성을 향해 출격했는가? 앞서 언급했듯이 그들은 남한산성을 구원하라는 근왕령을 받은 적이 없기 때문이다. 두 사람이 사전에 받은 임무는 안주성과 자모산성을 지키는 것이었다. 그렇다면 두 사람은 왜 근왕령이 없었음에도 불구하고 출격한 것일까?

또한 각각 자모산성과 안주를 떠난 두 사람이 합류한 장소는 강동(江東)이었다.[84] 합류 지점인 강동은 평양의 남쪽이 아니라 동쪽이다. 이는 그들이 처음부터 의주-서울의 대로를 버리고 동쪽으로 진군하기로 결정했음을 의미한다. 게다가 그들이 청군과 조우한 곳은 강원도 김화 땅이었다. 이는 두 사람이 동쪽으로, 아주 멀리 떨어진 길로 우회했음을 뜻한다. 왜 이렇게 멀리 돌아가는 길을 선택한 것일까?

홍명구와 유림의 뒤늦은 근왕 출격과 그들이 선택한 진군로에 관한 의문은, 위에서 살핀 청 동로군의 존재와 활동을 고려하면 그리 어렵지 않게 풀 수 있다.

본인의 근왕 출격에 앞서, 홍명구는 자신의 별장에게 약 800명의 기병을 맡겨 남한산성으로 파견했고, 그들이 강원도 안협에 도착한 날짜는 정축년 정월 9일이었다.[85] 홍명구가 휘하의 기병에게 근왕 임무를 맡긴 것은 일단 조정의 명령과 무관하게 본인의 상황 판단에 근거하여 취한 임기응변적인 조치였다고 보아야 할 것이다. 제2장에서 언급했듯이, 홍명구의 별장이 약 800명의 기병을 이끌고 안협에 도착한 날짜는 정월 9일이었고 청 서로군의 마지막 부대가 평양 지역을 지난 날짜는 십이월 28일경이었다. 따라서 홍명구 휘하의 기병 부대가 자모산성을 떠난 것은 아무리 일러야 병자년 십이월 말이었다고 볼 수 있다. 그렇다면 이 무렵에 홍명구가 이러한 비상조치를 취한 까닭은 무엇일까?

위에서 청의 동로군이 영변을 떠난 날짜를 병자년 십이월 25~26일로 추정한 바 있다. 그 직후 신경원은 청군의 포로가 되었다. 신경원의 패전 장소는 영변에서 멀지 않았으므로, 이 소식은 아마 영변을 거쳐 유림과 홍명구에게도 전해졌을 것이다. 그렇다면, 홍명구가 휘하의 기병을 파견하기로 결정한 것은, 서로의 청군이 모두 평양 지역을 통과한 뒤이기 때문에 일부 병력을 빼도 무방한 상황이 되었을 뿐만 아니라, 신경원의 근왕 실패 소식을 들은 이상 얼마간의 병력이라도 보내어 근왕에 힘을 보태야 한다고 판단했기 때문일 것이다.

홍명구가 파견한 기병 부대가 취한 진군로도 이러한 추정을 뒷받침한다. 그들은 정월 9일 강원도 안협에 도착했다. 앞에서 추정했듯이 청의 동로군은 수안-신계-토산을 거쳐 남하했는데, 안협은 토산보다도 동쪽에 위치해 있다. 이는 청의 동로군이 남하한 길을 피해 동쪽으로 떨어진 우회로를 취했음을 의미한다. 신경원을 기습하여 사로잡은 청 동로군의 존재를 몰랐다면 이렇게까지 멀리 우회할 필요는 없었을 것이다. 그렇다면, 홍명구가 기병 부대를 파견한 날짜는 신경원의 패전으로부터 며칠이 지난 뒤인 정월 초로 늦추어 잡는 것이 온당할 것이다. 그들은 이동 속도가 빠른 기병이었으므로, 정월 초 자모산성을 떠났더라도 정월 9일이면 안협에 충분히 도착했을 것이다.

이처럼 신경원의 패전 소식에 병력의 일부를 빼서 남한산성으로 보냈다면, 도원수 김자점마저 근왕에 실패했다는 소식을 들은 뒤의 홍명구는 도저히 그냥 앉아 있을 수 없었을 것이다. 정월 5일경의 토산 전투 이후 조선의 패잔병 중 일부는 집으로 돌아가기 위해 황주 방면으로 도망쳤을 것이고, 이들이 전한 김자점의 패전 소식은 다시 홍명구에게 전해졌을 것이다. 그 시점은 대략 정월 10일 전후로 추정할 수 있다. 이제 홍명구는 도원수와 부원수의 근왕병이 모두 패배한 사실을 알게 된 이상 남한산성의 위기를 마냥 관망하고 있을 수 없다고 생각했을 것이다.

이에 따라 홍명구는 안주의 유림과 근왕을 위한 출격을 논의했다. 안주와 자모산성을 오가며 논의가 진행된 데다 유림이 근왕령을 받지 않았는데도 임지를 떠나서는 안 된다고 하면서 출격에 반대했으므로, 출격이 이루어지기까지 며칠의 시간이 흘렀을 것이다. 결국 홍명구가 단독 출격을 결행했다. 이에 유림 또한 별 수 없이 군사를 이끌고 안주를 떠나 홍명구와 합류했다.[86]

이렇게 해서 뒤늦게야 근왕에 나선 홍명구와 유림이 합류한 곳은 강동 땅이었다. 두 사람은 처음부터 황주로 이어지는 대로를 따라갈 생각이 없었다. 대로는 청의 서로군이 지나간 길이므로 신경원처럼 적의 복병에게 기습을 당할 우려가 있다고 판단했을 것이다. 이에 따라 그들은 김자점과 마찬가지로 "샛길[間道]"로 진군하여[87] 정월 26일 강원도 김화에 이르렀다.[88] 김화는 함경감사 민성휘(閔聖徽)의 근왕병이 남하하면서 지난 곳이기도 했다.[89]

그런데 김화에 이르기까지 홍명구와 유림이 택한 진군로와 관련해서는 사료의 기록이 엇갈리고 있다. 어떤 기록은 신계와 토산을 거쳐 동쪽으로 진출했다고 했지만, 또 다른 기록에서는 곡산(谷山)을 거쳐 강원도 땅으로 들어왔다고 했다.[90] 어느 쪽이 사실에 부합하는 것일까? 홍명구와 유림은 신경원에 이어 김자점마저 청의 동로군에게 격파된 뒤에 근왕에 나섰으므로, 김자점이 적에게 기습을 당한 황해도 동부 내륙을 지나는 길로 갔을 가능성이 희박하다. 두 사람은 수안 동쪽의 곡산을 거쳐 일찌감치 강원도 땅으로 진입했을 가능성이 더 높다. 그다음에 그들은 강원도 이천(伊川)에서 더 동쪽으로 길을 잡아 김화로 향함으로써, 당시까지 청군이 지난 적이 없는, 그래서 청의 복병으로부터 기습 공격을 당할 위험이 없는 동쪽 멀리의 우회로를 갔을 것이라는 말이다.

그러나 공교롭게도 두 사람은 김화에서 그때까지 전혀 고려한 적이 없는 청군 부대와 조우했다. 정축년 정월 23일 홍타이지의 명령에 의해 병자호란에 참전한 외번몽고 병력의 일부가 서울의 군영을 떠나 강원도 방면으로

| 지도 6 | 홍명구와 유림의 진군 경로

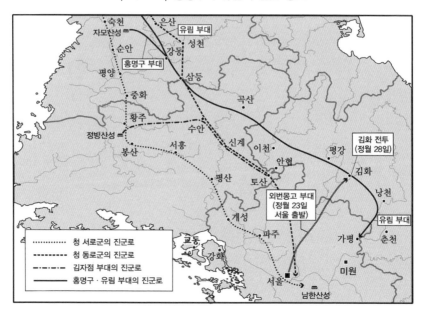

향했다.[91] 이들은 나중에 함경도 회령(會寧)에서 두만강을 건너 귀국하게

되는데,[92] 함경도의 조선군이 남하하면서 김화를 거쳤듯이 이들 역시 함경

도로 향하면서 김화를 지나게 된 것이다. 청의 서로군과 동로군이 남하한

길을 모두 피해 멀찌감치 동쪽으로 우회했건만, 홍명구와 유림은 엉뚱하게

도 거꾸로 북상해오는 적과 마주쳤다. 정축년 정월 28일 격전이 벌어졌다.

이날의 전투에서 홍명구의 부대는 진영이 무너지면서 홍명구마저 전사했지

만, 유림의 부대는 선전을 펼쳐 적을 격퇴했다. 그러나 화살과 총알이 다하

여 더 이상의 전투는 무리였기 때문에 유림은 밤사이에 싸움터를 떠나버렸

다. 유림은 낭천(狼川)을 거쳐 가평(加平)으로 가던 도중 전쟁이 끝났다는

소식을 들어야 했다.[93]

  지금까지 홍명구와 유림이 뒤늦게야, 그것도 대로를 피해 동쪽으로 멀리

우회하여 근왕에 나선 경위를 고찰했다. 두 사람은 서로의 청군이 모두 평안도를 벗어났을 뿐만 아니라 부원수 신경원과 도원수 김자점이 동로의 청군에 패한 뒤에야 비로소 근왕 출격을 결정했으며, 청의 서로군과 동로군이 지나간 길을 피하고자 멀찌감치 동쪽으로 우회했다. 따라서 홍명구와 유림의 뒤늦은 근왕 출격과 그들의 진군로 선택 역시 청군의 시차 진군과 양로 병진이 낳은 효과로부터 완전히 자유롭지는 못했다고 말할 수 있을 것이다.

조선 남부 4도 군사의 근왕 시도가 차례로 좌절되다

지금까지 뒤늦게야 근왕에 나섰던 홍명구와 유림의 군사를 포함하여 병자호란 기간 평안도와 황해도 지역 조선군의 동태를 살펴보았다. 전체적으로 평안도와 황해도의 조선군은 사전의 작전 계획이나 전쟁 발발 이후 발령한 조정의 근왕령을 충실히 수행했다고 말할 수 있다. 다만 예상을 벗어난 청군의 작전 기동과 그들의 강력한 전투력으로 인해 좋은 결과를 얻지 못했을 따름이다. 이러한 상황은 남부 4도의 조선군도 별반 다르지 않았다.

남부 4도 조선군이 치른 전투에 대해서는 비교적 자세한 연구가 나와 있으므로,[94] 이하에서는 개별 전투의 교전 상황보다는 각 도 군사들이 근왕 출격에 나서 청군과 교전하기까지의 과정에 초점을 맞추고, 꼭 필요하다고 판단되는 경우에 한하여 선행 연구의 사실 관계 오류 및 오해를 언급하는 데 그치기로 한다.

제2장에서 서술했듯이, 평안도를 제외하더라도 전국의 각 진영에 편성되어 있던 속오군 병력은 총 10만 명 수준에 달했다. 특히 삼남(충청도, 전라도, 경상도)과 강원도의 속오군에 대해서는 늦어도 병자년 십일월 중순 이전에 경상도의 좌병사와 우병사, 충청병사, 전라병사 및 강원도의 영장으로

하여금 총 1만8,300명의 정예 병력을 뽑아두고 대기하라는 명령이 내려져 있었다.[95] 그리고 이러한 준비는 결코 헛된 것이 아니었다. 남부 4도의 군사는 전쟁이 발발하자 매우 신속하게 움직였다.

각 도의 군사 가운데 가장 먼저 남한산성 구원에 나선 것은 역시 지리적으로 가장 가까웠던 충청도 군사였다. 도도 부대와 요토 부대가 잇따라 도착한 병자년 십이월 16일 이후, 남한산성의 조선 조정이 강화도로 파천할 수 있는 가능성은 사실상 사라져버렸다. 이에 인조는 각 도의 육군과 수군에 근왕 출격을 명령했다.[96] 하지만 충청도 군사는 인조가 근왕령을 보내기도 전에 이미 근왕 출격에 나서고 있었다. 당시 충주에 있던 충청감사 정세규(鄭世規)가 북상을 시작한 것은, 청군이 안주에 이르렀다는 급보를 서울로부터 받은 병자년 십이월 14일이었다.[97] 제2장에서 보았듯이 청군이 안주를 지났다는 장계가 서울에 도착한 것은 십이월 13일이었으니, 이 소식이 충주의 정세규에게 도달하기까지 하루밖에 걸리지 않았음을 알 수 있다. 소식의 전달도 빨랐지만, 정세규의 대응 역시 이에 못지않게 빨랐음을 인정하지 않을 수 없다. 정세규의 군사는 십이월 20일에 벌써 오산 지역의 독산산성(禿山山城)에 도달했다.[98] 21일 밤에는 과천과 남한산성의 중간에 위치한 헌릉(獻陵)까지 북상하여 불화살로 자신들의 도착 사실을 남한산성에 알렸다고 하는데,[99] 아마도 남한산성과의 연락을 위해 먼저 올라온 선발대였을 것으로 추정된다.[100]

충청군의 본진은 무작정 남한산성 주위의 청군을 향해 돌격하지 않았다. 충청감사 정세규의 군사는 용인의 험천(險川=黔川)에 진을 쳤고, 충청병사 이의배(李義培)는 안성의 죽산산성(竹山山城)에 머물렀다. 아마 충청군 단독으로 작전하기보다는 전라도와 경상도 군사의 북상을 기다렸다가 함께 작전하는 편이 더 낫다고 판단했을 것으로 추정된다. 그러나 청군은

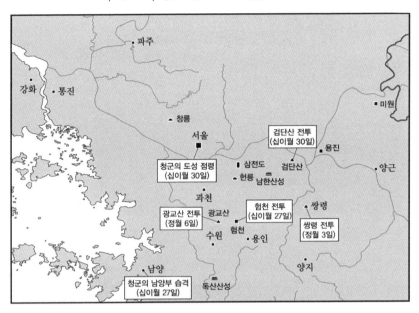

당장 남한산성으로 진격해오지 않는다고 해서 충청도 군사를 그냥 내버려
두지 않았다. 홍타이지 도착 이전 남한산성 일대 청군의 최고 지휘관이었
던 예친왕(豫親王) 도도는 버이서 쇼토(Šoto), 버이서 니칸(Nikan), 버이서
보호토(Bohoto), 버이서 로토(Loto) 등 자신의 조카들과 아시다르한 낙추
(Asidarhan Nakcu)를 출격시켰다. 쇼토 등은 십이월 27일 험천에 있던 정
세규의 군사를 기습하여 대파했다. 죽산에 있던 이의배는 정세규를 도우러
가다가 도중에 쇼토 등의 청군과 조우하여 패전했다.[101]

충청군 다음으로 청군과 교전한 것은 강원도 군사였다. 특히 춘천영장(春
川營將) 권정길(權正吉=權井吉, 權鼎吉)은 십이월 26일 남한산성에서
지척거리인 검단산(黔丹山=儉丹山, 檢丹山)에 올라 진을 치고는 횃불과
포성으로 남한산성 안의 조선군과 연락을 주고받았다.[102] 그러나 권정길은

며칠 뒤 청군의 공격을 받아 결국 군사를 물리지 않을 수 없었다.[103]

여기서 권정길의 검단산 전투가 벌어진 날짜에 대해서 짚고 넘어가야 할 것 같다. 조경남(趙慶男)의 『속잡록(續雜錄)』은 강원도 군사의 패전을 정축년 정월 3일의 일로 적었다.[104] 하지만 『승정원일기』를 보면, 남한산성의 조선 조정은 정월 3일에 검단산의 군사가 이미 철수하고 없다는 사실을 확인하고 있으므로,[105] 『속잡록』의 전투 날짜는 오류로 판단된다. 검단산 전투의 날짜에 관하여 신뢰도가 가장 높은 것은 남급(南礏)의 기록이다. 당시 남한산성의 성첩(城堞)을 지키고 있던 남급은, 십이월 26일 조선군이 진을 친 검단산에서 십이월 30일 오시(午時)부터 대포 소리가 크게 일어나는 것을 듣고는 청군의 검단산 공격을 짐작했고, 그다음 날인 정월 1일 검단산 쪽에 적막이 흐르는 것을 보았다.[106] 따라서 검단산 전투의 날짜는 십이월 30일로 확정할 수 있다.

그런데 선행 연구에서는 십이월 29일 예친왕 도도가 홍타이지에게 올린 보고에서 설러(Sele)와 아르진(Arjin)이 격파했다고 말한 조선군 약 500명을[107] 검단산에 있던 권정길 부대로 비정한 바 있다.[108] 하지만 십이월 30일의 전투가 십이월 29일의 보고에 등장할 수는 없다. 더구나 설러와 아르진이 도도로부터 조선의 근왕병을 막으라는 명을 받고 군영을 떠난 것은 십이월 21일이었다.[109] 권정길의 부대가 검단산에 도착하기 닷새 전이니, 설러와 아르진이 권정길의 군사와, 그것도 남한산성으로부터 지척거리에 있던 검단산에서 전투를 벌였을 가능성은 전무하다.[110]

한편, 권정길의 근왕 출격에는 원래 원주목사 이중길(李重吉)도 동참하고 있었다. 두 사람은 경기도 광주(廣州)의 봉안역(奉安驛)까지 와서 남한산성에 장계를 띄워 자신들의 근왕 출격 사실을 알렸다. 그러나 이중길은 군량 운송 문제로 뒤로 처져 남한산성에 접근하지 않았다.[111] 따라서 로오사와 우바이(Ubai) 등이 남한산성으로 들어가려던 조선군 가운데 약 200명을 격살했다는 청 측의 기록을[112] 선행 연구에서 원주목사 이중길의 군사와 연결시킨 것은 잘못이다.[113] 로오사 등과 싸운 조선군은 분명 남한산성 진입을 시도하던 군사였기 때문이다. 사료의 부족으로 인해 확실한 입증은 어렵지만, 로오사 등에게 격파된 조선군은 십이월 21일 헌릉까지 북상한 사실이 확인되는[114] 충청도 군사의 선발대로 추정하는 것이 오히려 더 낫지 않을까 한다.

검단산 전투 이후 강원감사 조정호(趙廷虎)는 남한강의 용진(龍津) 나루로 퇴각하여 함경도 군사가 남하하면 그들과 합류하여 진군하겠다는 장계를 남한산성으로 보냈다.[115] 조정호는 이 장계의 보고대로 나중에 함경도 군사가 머물던 미원의 조선군 진영(후술)에 합류했지만, 전쟁이 끝날 때까지 미원에 머물며 군사를 움직이지 않았다.[116]

충청도와 강원도 군사에 이어 청군과 격돌한 조선의 근왕병은 경상도 군사였다. 경상군은 경상감사 심연(沈演), 좌병사(左兵使) 허완(許完)과 우병사(右兵使) 민영(閔栐)이 이끌었다. 허완과 민영은 광주의 쌍령(雙嶺)에 진을 쳤다. 쌍령의 경상군에는 십이월 27일의 싸움에서 살아남은 충청병사 이의배도 합류했다.[117] 허완 등이 전쟁 발발 소식을 들은 것은 십이월 19일이었으며, 쌍령까지 북상하여 진을 친 날짜는 정축년 정월 2일이었다.[118] 충청도 군사에 비하면 늦은 대응이었지만, 경상도 군사는 이동 거리가 훨씬 더 길었다는 점을 감안해야 할 것이다.

남한산성에서 멀지 않은 쌍령에 조선군이 진을 치자, 청군은 정월 2일 요토를 출격시켰다.[119] 요토는 정월 3일 쌍령의 경상군을 쳐서 무참하게 격파했다.[120] 경상감사 심연은 충주 목계(木溪)에 며칠 머무르고 있다가 뒤늦게 북상했는데, 여주(驪州)에 이르러 쌍령의 패전 소식을 듣고는 바로

조령(鳥嶺)으로 퇴각하고 말았다.[121)]

참고로, 경상군이 요토의 청군에게 패한 쌍령 전투는 병자호란 기간 최악의 참패로 널리 알려져 있다. 『연려실기술』은 허완과 민영의 군사가 합계 4만 명이나 되었음에도 청군의 기병 약 300명에게 참패를 당했다고 적고 있다.[122)] 청군의 전투 능력이 얼마나 뛰어났는지가 드러난 싸움이었다고 할 수 있다.

하지만 청 측 기록이 요토의 군사가 몇 명이었는지를 밝히고 있지 않을지라도, 홍타이지의 조카인 요토가 지휘관이었다면 병력이 수백 명에 그쳤을 가능성은 없다. 따라서 300명이라는 숫자는 기껏해야 수사적 과장으로 보아야 할 터이지만, 이 문제는 일단 차치하더라도 쌍령 전투의 경상군 병력이 4만 명이나 되었다는 이야기 역시 심한 과장이다. 위에서 언급했듯이, 병자호란 전야 조선 조정이 대기시킨 남부 4도의 병력 합계는 약 1만8,300명이었다. 이 가운데 경상도 근왕병은 아무리 많아야 1만 명을 넘기 어렵다. 설사 허완 등이 그 짧은 시간에 경상도의 속오군 전원을 징집하여 북상했다고 치더라도, 이 시기 경상도 속오군의 총수였던 2만4,000명을 초과할 수는 없는 노릇이다.[123)]

병력 총수의 과장은 사상자 숫자의 과장으로 연결되기 십상이다. 예컨대 한국어 위키백과의 '쌍령 전투' 항목을 보면, 당시의 조선군이 겨우 300명밖에 되지 않았다는 청군과 싸워 전사자 8,000명과 중상자 1만 명이라는 엄청난 인명 피해를 입은 것으로 되어 있다. 그러나 300명에 불과했다는 청군이 어떻게 단 하루의 전투에서 1만8,000명이나 살상할 수 있다는 말인가? 조선군이 고분고분 한 줄로 늘어서서 적의 기관총 사격을 받은 것이 아니라면 불가능한 일이다.

이렇게 말도 안 되는 숫자들이 아무런 비판 없이 회자되고 있는 것은,

궁극적으로 병자호란의 전황을 자세히 따지려들지 않는 태도에서 기인한 것이다. 사실을 말하자면, 쌍령 전투에서 전사한 경상도 군사는 약 3,000명 수준이었다.[124] 그러나 3,000명도 엄청나게 많은 숫자이며, 이를 아무리 많아야 1만 명을 넘지 못했을 것으로 보이는 경상도 군사의 총수와 견주어볼 때 쌍령 전투는 여전히 유례를 찾기 힘든 참패였다고 말해야 할 것이다.

그야 어쨌든, 충청, 강원, 경상의 근왕병이 차례로 격파당함으로써 이제 전라도 군사만 남게 되었다. 전라도 군사 역시 신속하게 북상했다. 체찰부(體察府) 종사관(從事官)으로 전라도에 파견되었던 김광혁(金光爀)은 병자년 십이월 17일 장흥(長興)에서 전쟁 발발 소식을 들었다고 한다.[125] 인조의 근왕령이 아직 도착하지 않았음에도 전라도 군사 역시 충청도 군사와 마찬가지로 근왕 출격에 착수했음을 알 수 있다. 전라병사 김준룡(金俊龍)이 이끄는 전라도 군사는 십이월 25일 직산(稷山)까지 북상했고, 십이월 29일에는 용인의 광교산에 진을 쳤다.[126] 김준룡은 전쟁 발발 소식을 접한 지 날수로 겨우 "13일" 만에[127] 광교산까지 북상한 것이다.

김준룡은 광교산에 진을 쳤다는 소식과 함께 기회를 봐서 헌릉으로 진군하겠다는 내용의 장계를 남한산성으로 보냈는데, 이 장계가 남한산성에 들어온 것은 정월 5일이었다.[128] 그러나 김준룡은 헌릉으로의 진격을 서두르지 않았다. 김준룡이 광교산에 진을 친 다음 날인 십이월 30일 전라감사 이시방(李時昉)이 수원에서 남한산성으로 장계를 띄워 장차 광교산으로 진군하여 경상군과 합세하려 한다고 보고했다.[129] 이후 이시방은 용인의 양지(陽智)에 머물렀을 뿐 광교산의 김준룡 군영에 합류하지 않았지만,[130] 이시방의 장계 내용으로부터 김준룡이 한동안 광교산에 머문 까닭을 짐작할 수 있다. 김준룡은 이시방의 광교산 도착과 경상도 근왕병의 합세를 기다렸다가 연합 작전을 벌일 심산이었던 것 같다. 그러나 위에서 보았듯이 경상도 군사가 정월 3일 청군에 참패를 당함으로써 연합 작전은 성사되지 못했고, 홀로 남은 김준룡은 결국 청군의 집중 공격 위험에 노출된 처지가 되었다.

광교산의 김준룡을 공격한 청군의 지휘관은 도도와 양구리였다. 양구리는 누르하치의 사위로 당시 청나라에서 황족을 제외하면 최고의 지위에 있던 중신(重臣)이었다.[131] 그러나 광교산 전투에서 청군은 김준룡의 군사를 압도하지 못했다. 심지어 양구리가 전사하는 일까지 벌어졌다.[132] 김준룡은 분명 선전을 펼쳤지만, 결국 화살과 양식이 부족한지라 어쩔 수 없이 더 이상의 싸움을 포기하고 밤사이 수원으로 철수했다. 전라감사 이시방은 광교산 전투의 소식을 듣고는 바로 군사를 물려 멀찌감치 공주(公州)로 퇴각했다.[133]

김준룡의 광교산 전투가 일어난 날짜는 확실히 정축년 정월 6일이었다. 전투는 정월 6일 아침에 시작해서 저녁 무렵까지 하루 종일 이어졌다.[134] 청군은 다음 날 다시 싸우겠다는 생각으로 일단 병력을 물린 듯하지만,[135] 밤사이에 김준룡이 철수하는 바람에 이튿날 아침 아무도 없는 조선군 진영에서 약 1,140필의 말을 포획하여 홍타이지의 대영(大營)으로 귀환했다.[136]

그러나 선행 연구에서는 광교산 전투를 정월 7일의 일로 보았는데,[137] 이는 도도와 양구리가 벌인 전투를 정월 7일 조와 8일 조에 나누어 기록한 『청태종실록』에 근거한 것이다.[138] 그러나 이는 만문 기록이 나중에 실록으로 옮겨지는 과정에서 발생한 오류가 분명해 보인다. 만문 기록은 광교산 전투가 벌어진 날과 도도가 홍타이지의 대영으로 귀환한 그다음 날의 일을 정월 7일 조 하루의 기사에 몰아서 적었다.[139] 이는 정월 7일의 시점에서 전날의 전투 상황과 당일의 귀환까지를 한꺼번에 기록한 것으로 보아야 한다. 순치(順治) 초찬본(初纂本) 『청태종실록』까지만 해도 이 기사를 정월

7일 조에 몰아서 썼지만,[140] 건륭(乾隆) 삼수본(三修本) 『청태종실록』은 이 기사를 둘로 분할해버렸다. 즉 전반부는 정월 7일 조에 싣고, 도도가 다음 날 아침 텅 빈 조선군 진영에 간 뒤의 일은 정월 8일 조에 적은 것이다.

그야 어쨌든 간에, 정월 6일의 광교산 전투에서 김준룡의 군사는 대단한 선전을 펼쳤다. 광교산 전투에서 청군은 양구리가 전사하는 등 상당한 손실을 입은 반면에, 김준룡의 부대는 전사자도 그리 많이 발생하지 않았다.[141] 전후의 조선 조정도 광교산 전투를 정월 28일 유림의 김화 전투와 더불어 병자호란 기간 조선군이 거둔 양대 승전의 하나로 꼽았다.[142] 다만 김화 전투와 마찬가지로 전투의 승세를 다음 날로 이어갈 수 없는 형편이었기 때문에 김준룡은 철수를 선택하지 않을 수 없었을 따름이다.[143]

이로써 남부 4도 조선군의 근왕 시도는 모두 좌절을 맛보았다. 광교산 전투 이후 근왕에 나설 수 있는 조선군으로는 함경도 군사만이 남게 되었다. 함경도 군사 역시 근왕을 위해 남하한 것은 물론이다. 정월 5일과 6일에 걸쳐 함경감사 민성휘와 남병사 서우신(徐佑申)의 진군 사실을 전하는 장계가 남한산성에 도착했다.[144] 그러나 민성휘와 서우신은 남한산성으로 곧장 달려가지 않았다. 그들은 정월 9일 심기원과 양근의 미원에서 합류하여 진을 쳤고, 심기원은 정월 11일에 띄운 장계를 통해 이 사실을 남한산성에 알렸다.[145] 전보다 가일층 삼엄해진 청군의 포위망을 뚫고 정월 15일 남한산성에 도착한 이 장계에 따르면, 미원에 집결한 조선군의 병력은 "2만 3,000명"에 달했다.[146] 미원의 군영에는 강원감사 조정호도 합류했고, 토산 전투에서 패한 김자점 또한 미원으로 왔다.[147]

이렇게 해서 정축년 정월 중순 미원에는 함경도 군사를 중심으로 대규모 병력이 집결했다. 심기원이 보고한 병력 숫자는 부풀려졌을 가능성이 없지 않지만, 그 사실 여부야 어쨌든 간에 미원의 조선군은 전쟁이 끝날 때까지 진군도 철군도 하지 않은 채 시간만 흘려보냈다. 따라서 미원에 집결한 조선군은 비겁한 작태로 일관했다는 비난을 받을 만하다. 하지만 이들 가운데 함경도 군사를 제외한 나머지는 모두 청군의 위력을 직접 경험한 바 있었다. 게다가 이 무렵은 삼남과 강원도의 근왕병이 모두 청군에게 격퇴된 뒤이기도 했다. 미원의 조선군은 전투력의 열세를 뼈저리게 경험한 이상 섣불리 진군할 엄두를 내지 못하고 있었던 것이다.

미원의 조선군이 꿈쩍도 하지 않았으므로, 병자호란 기간 조선군의 근왕 활동은 정월 6일의 광교산 전투를 끝으로 사실상 막을 내렸다고 할 수 있다. 홍명구와 유림의 군사는 뒤늦게야 근왕 활동에 들어간 탓에 남한산성의 조선 조정에는 아무런 도움도 주지 못했다. 게다가 정월 9일 청군은 남한산성을 소나무 목책으로 에워싸서 구축한 포위망을 한층 강화하여 성 안팎의 출입을 철저히 봉쇄했다.[148] 이에 따라 남한산성은 외부와의 연락이 완전히 두절된 상태에 놓이게 되었다. 정월 9일 이후 남한산성에 들어온 장계는 정월 15일 삼엄한 경계를 뚫고 간신히 들어온 심기원의 장계가 유일했다.[149] 그리고 정월 10일에는 청군의 모든 부대가 집결을 마쳤다. 이제 남한산성의 인조는 군사적 절망 상태에 몰린 셈이다.

정반대의 입장에 있던 홍타이지로서는, 이제 조선군의 근왕 시도를 모조리 좌절시키고 남한산성 포위 작전을 완성했다고 말할 수 있다. 당시 청군은 홍타이지의 총괄적인 작전 지휘를 받고 있었다. 홍타이지는 남하 도중에도 앞서간 부대나 뒤에 처진 부대와 수시로 연락을 주고받으며 작전을 지시했다. 먼저 도착하여 남한산성 주위에 포위망을 구축한 예친왕 도도 등도 전황의 변화에 기민하게 대응했다. 남한산성 포위 작전을 완성하기까지의 과정을 보면, 청군은 평안도와 황해도 지역에서 통과 작전, 시차 진군 작전, 양로 병진 작전 등을 구사했다. 청군은 정묘호란 때와는 전혀 다른 기동양태를 보였고, 조선군은 예상을 벗어난 적의 작전에 발이 묶이거나 기습을 당하고 말았다.

한편, 남부 4도의 근왕병을 상대로 한 청군의 작전은, 자신들의 장기인 탁월한 기동력과 우수한 전투력을 십분 활용하여 조선군을 선제적으로 기습 타격하는 것이었다고 요약할 수 있다. 반면에 조선의 남부 4도 군사는 농민을 편성한 속오군이었기 때문에 전투 능력의 측면에서 오랫동안 무수한 전쟁을 겪으면서 단련된 청군 병사들의 상대가 될 수 없었다. 이러한 사정은 조선군의 장수들도 마찬가지였다. 청군에는 실전에서 능력을 입증한 장수가 많았지만, 조선군은 그렇지 못했다. 청군과 교전한 조선군 지휘관 중에서 도원수 김자점, 평안감사 홍명구, 충청감사 정세규, 강원감사 조정호, 경상감사 심연, 전라감사 이시방 등은 모두 문과 출신자였다.

게다가 당시 조선 각 도의 군사들은 단일 대오를 형성하여 유능한 지휘관의 총괄적인 작전 지휘를 받지도 못했다. 요즘 쓰는 말로 '컨트롤 타워'가 부재했다고 할 수 있다. 이는 홍타이지가 청군 각 부대를 총괄 지휘한 것과 대조적이다. 장수와 병사들의 전투력이 열세였던 만큼 조직력이라도 청군보다 나았어야 그나마 승산이 있었을 터이지만, 조선 각 도의 근왕병은 '컨트롤 타워'의 부재로 인해 조직력마저 열세를 벗어나지 못했던 것이다.

'컨트롤 타워' 부재의 가장 큰 원인은 당시 조선 조정이 남한산성에 고립되어 각 도 군사의 작전을 조율할 수 있는 처지가 아니었다는 점에서 찾아야 할 것이다. 위에서 언급한 장계들만 해도, 산성을 포위한 청군의 눈을 피해 남한산성에 전달되기까지 평소와 비교할 수 없을 정도로 긴 시간이 걸렸다. 통신 속도가 이렇게 느린 상황에서 조정의 작전 지휘가 불가능했음은 두말할 나위 없는 노릇이다. 또한 개전 초기 서울을 지키는 임무를 맡았던 유도대장 심기원의 거짓 승전보에 현혹되어 그를 남부 4도 군사를 총괄

하는 도원수로 임명한 것은 분명 조선 조정의 실책이었다.[150] 개인적인 역량은 차치하더라도, 역시 십이월 말까지 서울에 고립되어 있었던 심기원은 각 도 근왕병의 작전을 진두지휘할 수 없는 처지였기 때문이다. 결국 단일 대오 조직에 실패한 각 도의 군사들은 선제 기습 타격에 나선 청군과 '각개 전투'를 벌이는 것으로 일관하지 않을 수 없었다.

그러나 결과적으로 조선군의 근왕 활동이 모두 실패로 돌아갔다고 해서 당시의 조선 조정이 아무런 준비도 없이 전쟁을 맞이했다거나 조선군이 죄다 무능하고 비겁했다고 비난하는 것도 금물이다. 평안도·황해도에서와 마찬가지로 조선은 유사시 삼남·강원도의 병력을 신속히 동원할 수 있도록 태세를 갖추어두었다. 각 도의 군사들이 인조의 근왕령을 기다리지 않고 전쟁 발발 소식을 입수하자마자 신속히 움직이기 시작한 것은 사전에 준비 태세를 갖추고 있지 않았다면 불가능한 일이었다. 또한 전라병사 김준룡과 평안병사 유림처럼 유능한 무신들은 청군을 상대로 선전을 펼쳤다.

나중에 홍타이지가 정축년 칠월 26일 명의 장수 조대수(祖大壽)에게 보낸 서신에서 "조선의 군사들을 살펴보니, 비록 말 위에서의 (전투) 능력은 없었지만 법도를 어기지 않았으며 보병전과 조총전에 뛰어났다"고 하여 조선군의 역량을 인정한 것도[151] 결코 빈말은 아니었다고 해야 할 것이다. 또한 정축년 십이월 인조에게 보낸 칙서에서 홍타이지는, 인조가 남한산성에서 끝까지 버텼다면 인조도 목숨을 잃고 조선의 종묘사직도 끊어졌을 터인데, 그 경우 자신이 설령 조선의 백성들을 위무하려들었더라도 전쟁과 이산(離散)의 여파로 끔찍한 비극이 벌어져 결국 "동방의 한 나라가 끝내 파괴되기에 이르렀을 것"이라고 말한 바 있다.[152] 조선의 백성들이 자신에게 순순히 복종하지 않았을 것이라는 의미일 것이다. 이 칙서의 취지는 알량하게도 남한산성에서 내려온 인조의 결단을 자신이 높이 평가한다는 것이었다. 따라서 외교적 수사에 불과하다고 치부할 수도 있다. 하지만 실제 전쟁을 치르면서 조선군의 강고한 저항 의지를 경험하지 않았다면 홍타이지가 이런 식의 수사를 구사하지도 않았으리라.

제4장

조류

염하수로의 조류가 청군의 강화도 상륙을 돕다

강화도가 단 하루 만에 함락된 까닭은 무엇인가?

지금까지 살펴보았듯이, 병자호란 개전 초기 청군은 인조의 강화도 파천을 저지했다. 그들은 인조를 남한산성에 고립시켰을 뿐만 아니라, 병자년 십이월 말에서 정축년 정월 초에 걸쳐 인조를 구원하러 나선 조선군의 근왕 시도를 차례로 좌절시켰다. 조선의 근왕병과 청군 간의 교전은 정월 6일의 광교산 전투가 마지막이었다. 그러나 지금까지 살핀 어떤 싸움보다도 중요한 전투가 아직 남아 있었다. 그 전투가 벌어진 장소는 바로 인조가 유사시 지구전의 근거지로 삼고자 했던 강화도였다.

청군이 강화도를 공격한 날짜는 정축년 정월 22일(1637년 2월 16일)이었다. 정월 6일의 광교산 전투로부터 16일이 지난 뒤였다. 그 무렵 남한산성 쪽에서는 전쟁을 끝내기 위한 협상이 진행되고 있었다. 지금까지 살핀 전쟁의 전개 과정에 비추어보자면 그 사이에 실로 극적인 변화가 일어났다고 하지 않을 수 없다. 시간 순서에 따르자면 시간상 먼저 일어난, 협상으로 국면이 전환되는 과정을 살펴볼 차례이지만, 병자호란 동안의 전투에 대한 이야기를 계속 이어간다는 차원에서 시간을 건너뛰어 강화도 전투를 먼저 고찰하기로 한다.

위에서 언급했듯이 청군의 강화도 공격은 병자호란 기간의 단일 작전 중에서 가장 중요한 의미가 있는 작전이었다. 다음 장에서 자세히 서술하겠지만, 정월 22일경 남한산성에서는 인조의 출성 문제를 놓고 종전 협상이 교착상태에 빠져 있었다. 그 상황에서 인조로 하여금 출성을 결단하게 만든 사건이 바로 강화도의 함락이었다. 청군은 정월 22일 강화도를 공격하여 점령했고, 그로부터 나흘 뒤인 정월 26일에 강화도에 있던 봉림대군(鳳林大君)의 친필 서신과 윤방(尹昉)·한흥일(韓興一)·회은군(懷恩君) 이덕인(李德仁) 등의 장계를 증거로, 강화도에서 사로잡은 환관 나업(羅業)과 진원군(珍原君) 이세완(李世完)을 증인으로 제시하면서 자신들이 강화도 점령에 성공했다는 사실을 남한산성에 통고했다. 강화도 함락 소식을 접하고 충격과 절망에 휩싸인 인조는 그날 저녁 농성을 포기하고 출성하기로 결정했다.[1]

이처럼 청군의 강화도 점령은 병자호란의 막판 향배를 결정지은 중대사건이었다. 그런데 강화도는 고려의 대몽(對蒙) 항쟁 시기 전시수도(戰時首都)이자 항전의 핵심 거점이었다. 조선 시대에도 강화도는 여전히 전략적 요충지로 인식되었다. 특히 17세기 초의 조선 조정은 누르하치 세력의 침략 시 왕조의 안전을 지킬 수 있는 보장처(保障處)로 강화도를 선정하여 수비체제를 한층 더 강화했다.[2] 실제로 정묘호란 때에는 강화도가 기대한 그대로의 보장처가 되었다.[3] 또한 유사시 강화도로 파천하여 전쟁을 지구전으로 유도한다는 것이 병자호란 전야 조선 조정의 전략 구상이었다. 이 모든 것은 강화도가 상당히 넓은 면적의 해도이면서 험준한 해안 지형과

넓고 깊은 갯벌 수렁으로 둘러싸인 천혜의 요새였기 때문이다. 특히 기병 위주의 북방 민족으로서는 접근조차 쉽지 않았으니, "금성탕지(金城湯池)", "천참지험(天塹之險)"이라고 불리기에 전혀 손색이 없었다.[4]

그런 강화도가 병자호란 때의 청군에게는 단 하루 만에 함락되고 말았다. 어떻게 이런 일이 일어날 수 있었던 것일까? 오늘날 학계는 물론 일반 대중에게 널리 공유되고 있는 통설은, 강화도의 조선 지휘부, 특히 검찰사(檢察使) 김경징(金慶徵)과 강도유수(江都留守) 장신(張紳)의 안일, 무능, 비겁 등 한심한 작태에서 그 해답을 찾고 있다. 간단히 말해서 '인재론(人災論)'이다.[5]

하지만 몇 년 전 이러한 통설적 이해에 이의를 제기하는 연구가 나왔다.[6] 이에 따르면, 오늘날 강화도 함락 과정에 대한 역사적 이해의 사료적 근거는 기본적으로 나만갑의 『병자록(丙子錄)』에 수록된 「기강도사(記江都事)」인데, 거기에 자세히 묘사된 김경징의 한심한 작태는 김경징의 부친 김류(金瑬)와 나만갑의 악연을 고려할 때 곧이곧대로 신뢰하기 어렵다. 사실 병자호란 당시 조선 조정은 김경징에게 강화도 수비의 군사적 책임을 맡기지 않았으며, 전후의 김경징 처형 결정도 군사적 차원이라기보다는 오히려 정치적·윤리적 차원의 문제였다는 것이다. 따라서 강화도 함락의 군사적 원인은 다른 무엇보다도 압도적인 전력 차이, 즉 청군이 병력과 무기—대표적으로 홍이포—에서 현격한 우세를 확보하고 있었다는 사실에서 찾아야 하며, 여기에 우월한 수군 전력에 의지하여 청군을 해상에서 저지한다는 것이 조선군의 구상이었다는 점도 감안해야 한다는 것이다.

김경징 패전 책임론의 사료적 근거가 부실함을 지적함으로써 강화도 함락의 진상에 대한 재검토 필요성을 제기했다는 측면에서 주목하지 않을 수 없는 연구 성과이다. 특히 강화도 실함(失陷)의 원인 규명을 위해서는 지휘부의 역량이 아니라 쌍방의 전력에 주목해야 한다는 주장이나 당시 조선 측이 수군 중심의 해상 저지 전략을 세워두고 있었다는 지적 등은 충분히 공감할 만하다.

그러나 교전 쌍방의 전력과 강화도 내 조선군의 배치 실태에 대한 이해가 여전히 불완전하고 부정확하다는 문제가 존재한다. 청 측의 기록이 충분히 검토되지 않았고, 조선 측의 주요 기록 가운데 검토 대상에서 빠진 것이 있으며, 검토·반영한 기록 내용 중에도 신뢰성 비판이 필요한 경우가 있기 때문이다. 다른 무엇보다도, 객관적으로 우월한 수전 능력을 바탕으로 청군을 해상에서 저지한다는 조선 수군의 구상이 정축년 정월 22일의 작전 현장에서 완전히 무력화되어버린 경위가 속 시원히 해명되지 않았다.

이런 문제들을 제대로 규명하기 위해서는 정축년 정월 22일 강화도의 상황을 전하는 교전 쌍방의 주요 문헌 기록을 좀더 면밀히 검토해야 한다. 각종 문헌의 주요 기록을 대조·검토하여 허구나 왜곡 및 과장을 최대한 걷어내고 신뢰할 수 있는 역사적 사실들을 확정해나가는 작업이 이루어져야 한다. 너무나 당연한 이야기를 새삼 강조하는 것은, 현재 통설의 서사가 '특정 기록'의 '증언', 그것도 곰곰이 따져보면 결코 가벼이 신뢰할 수 없는 '증언'에 지나치게 의존하고 있기 때문이다.

'특정 기록'이란 바로 위에서도 언급한 나만갑『병자록』의「기강도사」이다. 나만갑의『병자록』은 이미 조선 후기부터 널리 유포되어 그 내용이『연려실기술』을 비롯한 여러 문헌에 전재(轉載)되었다. 오늘날에도『병자록』은 병자호란의 비극적인 역사 서사에 뼈대를 제공하고 있다고 해도 과언이 아닐 정도의 핵심 사료이다. 종래의 김경징 책임론뿐만 아니라 강화도 함락의 전체 과정에 대한 이해 역시 기본적으로『병자록』의「기강도사」에 근거하고 있다. 예컨대 청군이 도해(渡海)하여 강화도의 갑곶에 상륙할 당시의 상황에 대한 통설의 이해는「기강도사」의 다음과 같은 묘사를 근간으로 삼고 있다.

(가) 유수 장신은 주사대장(舟師大將)으로서 갑작스레 광진(廣津=광성진)의 전선(戰船)을 출발시켜 갑곶을 향해 거슬러올라왔다. 그러나 때가 마침 하현(下弦)이라 조수(潮水)가 매우 적어서 밤을 새워 배를 저었으나 22일 새벽녘에야 겨우 갑곶 아래로부터 5리쯤 떨어진 곳까지 이르렀다. 강진흔(姜晉昕)은 배 7척을 거느리고 갑곶에 머물면서 적(賊)과 힘을 다해 싸웠다. 적의 배가 제법 많이 침몰했지만, 강진흔의 배도 대포에 맞아 수십 군데 구멍이 났고 죽은 군사가 수십 명이었다. 강진흔은 몸에 적의 화살을 맞았다. 그러나 빼앗은 적의 활과 화살이며 그밖의 무기 또한 많았다. 강진흔은 거느린 배가 매우 적었다. (반면에 배가 많았던) 장신의 경우는 적의 기세가 매우 성(盛)하고 급(急)한 것을 보고는 전진할 마음이 없었다. 강진흔이 북을 치고 깃발을 휘둘러 장신을 독촉했지만 장신은 끝내 전진하지 않았다. 강진흔이 배 위에서 외쳐 말하기를, "네가 나라의 두터운 은혜를 받고서 어찌 차마 이처럼 할 수 있느냐? 내가 장차 너의 목을 벨 것이다"라고 했으나, 장신은 끝내 움직이지 않았고, 이내 조류를 따라 아래로 내려갔다.[7]

장신은 당시 강화유수(江華留守)이자 주사대장으로 강화도 수비의 군사적 책임자였다. 그는 조선 수군의 주력 함대를 이끌고 광성진에 주둔하여 강화해협(江華海峽), 즉 염하수로(鹽河水路)의 남쪽 입구를 지키고 있었다. 충청수사(忠淸水使)였던 강진흔은 염하수로 북쪽 입구에 위치한 연미정(燕尾亭)을 맡고 있었다.[8]

위의 인용문 (가)에 따르자면, 장신은 새벽 밀물 시간에 조류를 타고 염하수로를 북상했다. 정월 22일은 하현 무렵으로 조수 간만의 차가 작은 날이었다. 이로 인해 염하수로의 수심이 얕아 장신 함대의 큰 전선들은 항해에 어려움을 겪어야 했다. 그들이 간신히 갑곶 수역으로부터 5리쯤 떨어진 지점에 도달한 무렵, 갑곶 앞 해상에서는 강진흔의 전선 7척이 청군을 상대로 고군분투 중이었다. 그러나 장신은 "적의 기세가 매우 성하고 급한 것을 보고는" 그만 갑곶 앞 수역으로 접근할 마음을 버렸다. 강진흔이 큰소리로 꾸짖으며 전진을 독촉했으나 장신은 말을 듣지 않았고, "이내 조류를 따라 아래로 내려갔다." 조류의 방향이 바뀌자 뱃머리를 돌려 남쪽으로 도망쳤다는 말이다.

지금까지 통설의 서사에서는「기강도사」의 전황 묘사를 아무 의심도 없이 사실로 받아들였다. 그러나 수레에 실을 수 있을 만큼이나 작았던9) 청군의 배들이 압도적으로 큰 조선 수군의 전선들과 해상에서 정면승부를 감행했다는 것부터 의심스럽다. 조선의 판옥선에 충파(衝破)되기 십상이었기 때문이다. 또 강진흔의 배가 "대포에 맞아 수십 군데 구멍"이 뚫렸다고 하는데, 홍이포처럼 큰 대포로 쏜 포탄을 한두 발도 아니고 수십 발 맞았음에도 싸움을 계속 벌여 청군의 활과 화살 및 무기를 다수 빼앗았다는 것은 너무나 비현실적이다. 게다가 강진흔이 대포 소리가 진동하는 해상에서 무려 "5리", 즉 2킬로미터나 떨어져 있던 장신을 이렇게 꾸짖는다는 것이 과연 가능할까? 『삼국지연의』에나 등장할 법한 소설적 묘사이다.

그러나 사료적 측면에서「기강도사」의 가장 큰 결함은 정작 다른 데에 있다. 정축년 정월 22일, 나만갑은 강화도가 아니라 남한산성에 있었다. 따라서 그가 쓴『병자록』은 남한산성에서의 일에 관해서는 몰라도, 강화도에서의 일에 관한 한 목격담이 아니라 사후(事後)의 전문(傳聞)인 것이다.10) 사실과는 거리가 먼 허구나 과장이 뒤섞이기 마련인 것이 사후 전문이다. 물론 사후 전문이라고 해서 모든 내용을 허구로 치부할 수는 없겠지만, 적어도 사건의 역사적 재구성을 오로지 사후 전문에만 의존해서는 곤란하다. 더구나 같은 상황을 전혀 다르게 묘사하고 있는 기록이 존재한다면 더욱더

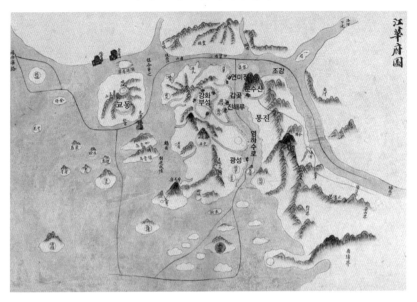

위 지도에서 염하수로를 따라 쌓은 성벽과 문수산성은 병자호란 때에는 존재하지 않았다.
출처 : 「東國輿圖」(서울대학교 규장각한국학연구원 소장 古大4760-50, 18세기 후반 제작으로 추정)

곤란하다. 한 가지 예로 남급의 『남한일기(南漢日記)』에 실린 「강도록
(江都錄)」을 들 수 있다.[11] 「강도록」은 정월 22일 오전의 상황을 이렇게
묘사한다.

(나) 다음 날[정월 22일을 지칭] 아침 해가 삼장(三丈)쯤 (떴을 때) 후군이
느릿느릿 성을 나갔다. ……적병(賊兵)이 맞은편에 모여 진을 치고 홍이대
포(紅夷大炮)를 어지러이 쏘아대니 천둥 같은 소리가 천지를 진동하며 (대
포에 맞아) 부서지고 무너지지 않는 것이 없었다. 사람들은 감히 가까이 가
는 자가 없었다. ……적(賊)은 자피선(者皮船) 몇 척에 수십여 명을 싣고
바다 가운데에 둥둥 떠 있었다. ……얼마 되지 않아 적의 배가 갑자기 전진

해왔는데, 한 손으로는 방패를 들고 한 손으로는 노를 저었다. 그때 유수 장신은 주사대장으로서 주사(舟師)를 이끌고 광성(廣城)으로부터 새벽 조수를 타고 올라왔으나, 갑곶에 한 마장(馬場) 미치지 못했을 때 조수가 매우 빠르게 물러갔기 때문에 전선을 움직일 수 없었다. 장신은 배 위에 앉아 가슴을 칠 따름이었다. 충청수사 강진흔은 연미정으로부터 주사를 이끌고 왔으나 적의 포(炮)에 격퇴되어 전진하지 못했다.[12]

(가)의 「기강도사」에서 갑곶 앞 해상의 전투 상황은 문맥상 새벽 시간의 일이었지만, (나)의 「강도록」은 강화부성(江華府城)의 군사들이 성을 나선 시간이 "아침 해가 삼장쯤" 떴을 때―보통 오전 8~9시를 의미한다―였다고 말한다. 강화부성에서 갑곶까지는 오늘날의 도로 기준으로 대략 4킬로미터, 즉 도보로 1시간 거리이므로, (나)는 대략 오전 9~10시 이후의 갑곶 현장 상황을 묘사하고 있는 셈이다. 또한 (나)의 「강도록」에 따르면, 청군이 염하수로를 건널 당시 장신과 강진흔의 함대는 모두 그들을 저지할 수 있는 수역에 있지 않았다. 강진흔 함대는 청군의 홍이포에 격퇴되어 전진하지 못하고 있었다.[13] 장신 함대의 경우는, 조수를 타고 북상했다는 것까지는 나만갑의 기록과 다르지 않지만, 갑곶까지 "한 마장", 즉 약 400미터 정도를 남겨두고 그만 조수의 방향이 바뀌는 바람에 전선을 움직이지 못하게 되었다고 한다. 「강도록」에 따르자면, 「기강도사」와는 정반대로, 비겁한 장수는 장신이 아니라 오히려 강진흔이었다고 볼 수 있는 상황이다.

물론 남급도 정월 22일 당시 남한산성에 있었기로는 나만갑과 다름이 없다. 그의 「강도록」은 나만갑의 「기강도사」와는 '버전'을 달리할지언정 사후 전문이기는 마찬가지인 것이다. 하지만 '버전'에 따라 사후 전문의 '증언'이 이처럼 크게 엇갈리고 있다면, 다른 기록을 검토하여 두 '버전'의 진위를 따져야 마땅하다. 특히 정월 22일 당시 갑곶의 상황을 직접 목격한 사람들의 기록을 찾아야 한다. 나중에 소개하겠지만, 다행스럽게도 그런 기록이 남아 있다. 다만 목격담이라고 해서 반드시 사실만 이야기한다는 보장은 없으므로, 다른 기록과 면밀히 대조하는 작업이 요구된다.

「기강도사」와 「강도록」의 내용 비교만으로도 정축년 정월 22일의 강화도 함락 경위에 대한 통설의 이해가 얼마나 불완전한 것이었는지 드러난 이상, 교전 쌍방의 주요 문헌 기록을 꼼꼼하게 분석하여 강화도 함락의 과정을 새로이 규명하는 작업에 착수하지 않을 수 없다. 이번 장에서의 고찰은 다음의 두 가지 큰 질문에 대한 해답을 추적하는 과정이 될 것이다.

첫째, 정축년 정월 22일의 강화도에서 교전 쌍방의 전력은 어떠했는가? 즉, 당시 강화도 내 조선군의 병력 및 배치 상황은 어떠했고, 강화도 작전에 참가한 청군의 전력은 어떠했는가?

둘째, 작전 당일 청군은 도대체 어떻게 해서 강화도로 건너갈 수 있었는가? 거꾸로 말하자면, 작전 당일 강화도의 조선군은 어째서 청군의 도해를 저지하지 못했는가?

강화도의 조선군, 전선과 병력을 광성진에 집중 배치하다

첫 번째 질문, 즉 정축년 정월 22일의 강화도에서 교전 쌍방의 전력 문제 등을 규명하는 과제는, 당일 강화도 함락의 전말을 약술한 『인조실록』의 다음 기사를 실마리로 삼아 착수하기로 한다.

(A) ① 오랑캐가 군사를 나누어 강화도를 침범하겠다고 떠들었다. 당시 성엣장[氷澌]이 강에 가득했으므로 사람들은 모두 허풍이라고 여겼으며, 제로

(諸路)의 주사(舟師)를 징발하여 유수 장신에게 통솔하도록 명했다. 충청
수사 강진흔이 배를 이끌고 먼저 이르러 연미정을 지켰다. 장신은 광성진
에서 배를 정비했으나 장비(裝備)를 미처 다 싣지 못했다. ② 오랑캐 장수
구왕(九王)이 제영(諸營)에서 군사를 뽑아 3만 명이라고 일컫고, 수레로
삼판선(三板船) 수십 척을 실어 갑곶 나루로 나아가 진을 치고는 홍이포를
잇따라 쏘았다. ……③ 중군(中軍) 황선신(黃善身)은 수백 명의 군사를
이끌고 나룻가 뒷산에 있었는데 적(賊)을 만나자 군사가 무너져 죽었다.
④ 적(賊)이 성 밖 높은 언덕에 나누어 주둔했다. ……대군(大君)[봉림대
군을 지칭]이 용사를 모집하여 출격했으나 대적할 수 없어 혹은 죽고 혹은
부상을 입고 돌아왔다. 얼마 뒤 대병(大兵)이 성을 포위했다. …… 14) [원문
자는 인용자]

(A) 인용문의 ① · ③ · ④에서는 강화도 내 조선군의 현황에 관한 정보를,
②에서는 청군에 관한 정보를 찾을 수 있다. 청군 관련 정보는 나중에 검토
하기로 하고, 먼저 위 기사의 조선군 관련 정보를 실마리로 삼고 거기에
다른 문헌의 관련 기록을 함께 활용하여 강화도 내 조선군의 병력과 그 배
치 상황을 재구성해보자.

(A) 기사의 ①을 통해, 일단 주사대장을 맡았던 강화유수 장신이 광성진
[염하수로 남쪽 입구 부근]에, 충청수사 강진흔이 연미정[염하수로 북쪽
입구 부근]에 있었다는 사실을 알 수 있다.

한편, 『승정원일기』에 따르면 당시 강화도 일대에는 강진흔과 장신 외에
도 경기수사(京畿水使) 신경진(申景珍)이 있었는데, 그의 함대는 당시
교동도(喬桐島)의 북진(北津)을 지키고 있었다고 한다.15) 그러나 교동
북진의 신경진 함대는 더 이상의 구체적인 정보가 기록에 보이지 않거니와,

멀리 떨어져 있었던 탓에 정축년 정월 22일의 작전 현장에도 등장한 적이 없으므로 여기서는 논외로 처리해도 무방하다.

　그렇다면, 광성진과 연미정에는 얼마나 많은 전선이 배치되어 있었을까? 남급의 『남한일기』에는 정월 26일 청군이 전달한 윤방 등의 장계에 "주사 26척이 저절로 무너졌다"는 내용이 있었다는 기록이 보인다.[16] 조경남도 『속잡록』에서 당일 조선 수군의 배가 26척이었다고 적고 있는데,[17] 이 역시 윤방 장계의 숫자에 근거한 것으로 추정된다. 이 두 기록에 따르자면 광성진과 연미정의 수군 전선은 합계 26척에 그친다. 그러나 두 곳의 조선 전선 숫자에 관한 좀더 구체적인 기록이 있으며, 이들 기록의 숫자는 26척보다 많다.

　먼저 강진흔 함대의 전선 숫자에 대해서는, 나만갑이 7척,[18] 조익이 4~5척,[19] 이민구(李敏求)가 7척[20] 등이라고 적고 있다. 광성진의 장신 함대와 관련해서는, 정월 22일 청군의 도해 현장에 있었던 이민구가 장신이 이끌고 갑곶 쪽으로 북상해온 전선의 숫자가 27척이었다고 했다.[21] 이민구가 당시 강화도 주재 조선 지휘부의 부검찰사(副檢察使)였다는 사실을 고려하면, 그가 밝힌 강진흔 휘하의 7척과 장신 휘하의 27척은 정확한 정보일 가능성이 높다. 또한 이 숫자는 상륙 작전 당시 조선군의 배가 "40여 척"이었다는 청군의 최초 전황 보고(후술)와도 큰 차이가 없다.[22] 윤방 등 장계의 "26척"은 아마도 갑곶에 나갔다가 강화부성으로 돌아온 사람들로부터 그들이 육안으로 헤아렸던 숫자를 듣고 인용한 것일 터인데, 나중에 상세히 쓰겠지만 당시 강진흔 함대는 북쪽 해상에 정박한 채 갑곶 쪽으로 남하하지 않았으므로 이 "26척"에는 강진흔 함대의 배들이 산입되지 않았을 가능성이 높다. 이 경우 윤방 등이 장계에 적은 "26척"이란 곧 장신의 함대만을 가리키게 되며, 이민구의 "27척"과 거의 차이가 없게 된다.

그런데 정축년 이월 16일 인조는, "유수는 70여 척이나 되는 많은 주사를 거느리고 있었다"라고 말한 바 있다.[23] 이로부터 장신이 정월 22일 50척 가까운 배를 광성진에 남겨둔 채 27척의 전선만 이끌고 갑곶 쪽으로 올라왔으리라는 추정도 가능하다.[24] 하지만 광성진에 잔류한 배가 얼마였든 간에, 정월 22일 교전 쌍방의 전력에 관한 한 장신 함대의 유의미한 전력은 당일 갑곶 쪽으로 북상한 27척에 그친다고 보아야 할 것이다.[25]

요컨대, 당일의 작전 현장에 관한 한 조선 수군의 유효 전력은 강진흔 함대의 7척, 장신 함대의 27척이었다고 할 수 있다.

이번에는 육상 병력의 규모 쪽으로 눈길을 돌려보자. 해상 전력은 전선의 숫자가 중요하다면, 육상 전력은 역시 군병의 숫자가 중요하다. (A)의 기사에 등장하고 있는 조선의 병력은 ③에 보이는 "중군 황선신"의 군사 "수백 명"뿐이다. ④에 "용사"들이 등장하지만, 이들은 봉림대군이 강화부성에서 모집한 민간의 장정들로 추정되므로 정규 군병은 아니었다고 보아야 할 것이다. 그렇다면 당시 강화도에는 황선신의 군사 "수백 명"만 있었다는 말인가?

당연히 그렇지 않았다. 『승정원일기』를 보면, 남한산성을 나가기 전날인 정월 29일 인조와 구굉이 다음과 같은 대화를 나누는 장면이 등장한다.

구굉 : ……또한 강화도의 일은 신(臣)이 실로 우려했는데 끝내 이 지경에 이르렀습니다.

인조 : (강화도에) 들어간 사람이 (일을) 잘 처리하지 못했기에 이 지경에 이르렀을 것이다.

구굉 : 비록 잘 처리했다고 하더라도 강화도의 병력은 겨우 1,600명뿐이었으니, 이로써 이 적(賊)을 감당할 수 있었을까요?

인조 : 그 군사에서 또 600명을 빼서 출송(出送)했다. 그 생각이 이처럼 짧았

으니 어찌 패하지 않을 수 있었겠는가?[26)

두 사람의 대화 내용으로부터, 병자호란 초기 강화도의 조선군 병력이 "1,600명"에 지나지 않았고,[27)] 그나마 전쟁 동안 "600명"을 섬 밖으로 "출송"한 탓에 정월 22일 현재 섬 안의 병력은 1,000명으로 줄어 있었다는 사실을 파악할 수 있다.

그렇다면, 전쟁 동안 강화도의 조선 지휘부가 주둔 병력의 무려 37.5퍼센트에 달하는 600명의 군사를 섬 밖으로 내보낸 까닭은 무엇이었을까? 600명의 출송 이유를 알려주는 기록은 남아 있지 않다. 하지만 강화도 함락을 알린 장계의 작성자 중 한 사람인 윤방이 정축년 윤(閏)사월에 올린 상소문을 통해 저간의 사정을 어느 정도 추정해볼 수 있다.

이 상소문에서 윤방은, 남한산성의 고립을 타개하기 위하여 "제도(諸道)에 행문(行文)하여 근왕병을 재촉"하기로 결정하고, 박종부(朴宗阜)를 양서(兩西)[황해·평안]의 감영·병영 및 도원수·부원수에게 보냈고, 유황(兪榥) 등을 삼남[충청·전라·경상]의 감영·병영에 나누어 보냈으며, 권경기(權徼己)를 가도의 명군(明軍)에게 보냈다는 사실을 밝히고 있다. 아울러 광해군을 교동(喬桐)으로 옮겨 안치하는 조치도 취했다고 한다.[28)] 전시 상황에서의 임무였으므로 박종부 등에게는 당연히 일정한 수의 호송 병력을 붙여주어야 했을 것이다. 여러 사람을 다수의 행선지에 파견했으므로 호송차 내보낸 병력의 합계가 600명에 달했을 가능성은 충분하다.

여기서 고립무원의 남한산성에 갇혀 있던 인조와 구굉이 강화도의 병력 "출송" 사실을 어떻게 알고 있었겠느냐는 의문이 제기될 수 있다. 그러나 위의 인용문처럼 병력의 숫자까지 밝히지는 않았지만, 인조는 강화도 함락 소식을 접한 정월 26일에도 당초 강화부성의 군병을 출송했다는 보고를 들고는 강화도의 병력 부족을 심히 걱정했다고 말한 바 있다.[29] 이로부터 위 인용문의 병력 숫자들이 강화도 함락 이전 강화도에서 남한산성으로 보낸 보고에 근거한 것이었음을 알 수 있다. 실제로 남한산성의 조선 조정이 박 종부 등을 각 도로 파견했다는 강화도의 보고를 늦어도 정축년 정월 4일 이전에 접수했다는 사실이 기록으로 확인된다.[30]

그야 어쨌든 간에, 600명의 "출송" 이후 강화도에 남게 된 병력 1,000명 마저도 모두가 청군이 상륙 작전을 감행할 무렵 강화부성 및 그로부터 가까 운 갑곶 일대에 배치되어 있지는 않았던 것 같다. 나만갑은 「기강도사」에서 김경징이 정월 21일 저녁 청군의 출현 소식을 듣고 깜짝 놀라 수비 대책을 논의할 때 "군졸(軍卒)이 수백 명을 채우지 못했다"고 말했다.[31] 정월 22 일의 시점에서 나만갑은 남한산성에 있었으므로 그의 말을 완전히 신뢰할 수는 없다. 그러나 (A)의 『인조실록』 기사에서도 육상에서 청군과 싸운 조선의 정규 군병은 확실히 황선신 휘하의 "수백 명"뿐이었다. 게다가 정월 22일 청군이 상륙하기 직전 갑곶에 있던 조선군 병력과 관련하여 여러 기록 이 훨씬 더 적은 숫자를 언급하고 있다.

당일 아침 김경징이 병사들을 이끌고 갑곶으로 나갈 때 그를 따라가 현장 을 목격했던 조익의 경우는, "처음 변보(變報)를 들었을 때 어떤 사람이 뿔피리를 불어 군사를 모아야 한다고 말했으나, 김경징은 그렇게 하면 인심 이 놀란다고 말하고는, 단지 성 안의 무사(武士)들만 모아서 갔다. 그 수는 겨우 70~80명이 될 만했는데, (김경징은 그들에게) 갑옷을 입고 나룻가로 내려가도록 명령했다. 나 또한 차중철(車仲轍)로 하여금 (나룻가로) 가서 여러 군사와 함께 (조총을) 쏘게 했다"고 기록했다.[32] 조익의 기록에서 "성 안의 무사들"은 그나마 숫자도 70~80명에 불과했거니와 심지어 정규 군병 이 아니었을지도 모른다는 인상마저 풍기고 있다. 이로부터 지금까지 살펴본 기록의 "군졸" 등이 과연 정규 군병을 가리키는 것이냐—단, 황선신의 병력 제외—는 의문도 든다. 남급의 「강도록」에서 청군이 나타났다는 급보에 깜짝 놀라 강화부성 및 그 일대의 수비 대책을 강구하는 장면을 보면, 조선 지휘부가 곳곳에 배치한 사람들은 "성 안의 피란민"이나 "젊은 하인들"이었고, 그나마 수가 부족하여 성의 북문에는 지킬 사람을 두지 못하고 있다.[33]

이와 관련하여 특히 주목할 가치가 있는 것은 당일 갑곶 현장에 있었던 부검찰사 이민구가 남긴 기록이다. 그는 자신이 한밤중에 봉림대군의 명에 따라 갑곶에 나갈 때 "수하에 병사가 없기 때문에 적(賊)을 엿보는 것은 가능하나 적(敵)을 막는 것은 어찌합니까?"라고 말한 바 있다.[34] 또한 청군의 상륙 이후 상황을 묘사하면서는, "만약 나의 수하에 다소의 군병이라도 있었다면 적(賊)이 반드시 먼저 공격을 가해 죽이려고 했을 터이지 응당 (그냥) 지나치며 돌아보지도 않지는 않았을 것이다"라고 하여 휘하에 군병이라곤 단 한 명도 없었다는 점을 거듭 강조했다.[35] 이민구는 부검찰사였음에도 불구하고 휘하에 군병이 전혀 없었다는 말이다.

다만 검찰사 김경징에게는 얼마간의 군사가 있었을 가능성을 배제할 수 없다. 예컨대 남급의 「강도록」은 김경징 등이 성을 나와 갑곶으로 향할 때의 상황을 가리켜, "후군이 느릿느릿 성을 나서는데 군사들이 모두 빈주먹이었다"고 지적하고 있다.[36] 여기서 "후군"이라는 말 자체는 강화부 군영의 오군(五軍) 가운데 하나를 지칭한 것일 수 있다. 그러나 "빈주먹" 상태였다는 말이 있어, 그들 역시 정규 군병이었다고 보장할 수는 없다.

한편, 김경징은 병자년 십이월 14일 강화도로 들어갈 때 왕실 가족 등을 호송하는 임무를 맡았기 때문에 아마도 일정 수의 호송 병력을 대동했을 것이고, 이 호송 병력은 위에서 언급한 "1,600명"에 들지 않았을 가능성도 배제할 수 없다. 그렇다면 전쟁 동안 "출송"한 "600명"을 빼더라도 강화부성에는 1,000명을 웃도는 병력이 있어야 했다. 그런데도 정월 22일 당시 갑곶을 지킨 군사는, 황선신의 부대를 제외한다면, 정규군 여부도 불확실할 뿐더러 그 숫자도 분명 100명에 미치지 못했다. 정월 22일 청군의 강화도 상륙 당시 갑곶에 있던 조선군을 두고, 비록 사후 전문일지라도 나만갑은 "봉림대군이 처음에 김경징과 함께 진을 친 곳에 나가 보고는 그 병수(兵數)가 몇 명 되지 않는 것을" 알았다고 말하고 있으며,[37] 이민구도 청군이 도해를 개시한 모습을 본 봉림대군이 자신에게 "공(公)은 여기에 남아 있으라. 나는 병사를 더 모집해서 오겠다"고 하고는 강화부성으로 돌아갔다는 기록을 남겼다.[38] 당시 강화부성에 이토록 군사가 적었던 까닭은 무엇일까?

이 의문에 대해서는 이민구의 기록이 명쾌한 해답을 제시한다. 즉, "장신이 당시 광성진에 있으면서 수륙(水陸)의 군정(軍丁)을 모두 모아두고 있었기 때문에 (강화) 부(府) 안에는 군사가 하나도 없었다"는 것이다.[39] 이로부터 더 이상 따질 필요도 없이, 장신의 결정에 의해 정월 22일 당시 강화부성에는 정규 군병이 배치되어 있지 않았다는 사실을 알 수 있다. 이는 또한 김경징 등이 갑곶 현장으로 데려간 사람 중에도 정규 군병은 아예 없었거나, 혹 있었다고 하더라도 김경징이 십이월 14일 강화도로 데리고 들어간 소수의 호송 병사밖에 없었다는 의미가 된다. 이민구의 진술은 (A)의 『인조실록』 정월 22일 자 기사가 중군 황선신 휘하 병력을 제외하면 조선 육군의 움직임을 전혀 언급하지 않은 이유는 물론이거니와 봉림대군이 군사가 아닌 "용사를 모집"해야 했던 이유까지도 해명해준다.

여기서 당연히 황선신의 군사가 강화부성에 있었던 것이 아니냐는 질문을 던질 수 있다. 이민구는 이 질문에 대해서도 해답을 제시한다. "이때 본부(本府)[강화부를 지칭]의 중군 황선신이 광성으로부터 비로소 육군 113명을 이끌고 (왔는데) 갯벌에 (길이) 막혀 멀리 돌아서 오느라 겨우 봉우리에 올라 미처 포진하지 못했다. 적선(賊船)은 이미 중류(中流)를 지나고 있었다"는 것이다.[40] 장신이 "수륙의 군정을 모두" 광성진에 집결시키고 있었다는 진술과도 조응하는 이 기록을 통해, 황선신이 장신과 함께 광성진에 주둔하고 있다가 급보를 들은 뒤에야 비로소 "육군 113명"을 이끌고 갑곶 쪽으로 올라왔다는 사실을 파악할 수 있다. 또한 이민구의 "육군 113명"이라는 구체적인 숫자는 청군의 전황 보고에서 그들이 상륙 직후 격파했다는 조선군 "100명"과도 일치한다(후술).[41] 이로부터 (A)의 『인조실록』 기사에서 "중군 황선신은 수백 명의 군사" 운운한 것마저도 병력을 상당히 과장하여 표현한 것임을 알 수 있다.[42]

강화도의 조선군, 뱃길을 지키며 해상 저지 작전을 구상하다

여기서 잠깐 지금까지의 고찰을 정리해보자. 병자호란 발발 초기 강화도에는 "1,600명"의 병력과 경기수사의 전선 수십 척이 있었고, 이 가운데 전쟁 동안 약 "600명"이 외부로 "출송"되었다. 병자년 십이월 14일 김경징이 강화도로 가면서 대동한 일정 수의 호송 병력은 "1,600명"에 들지 않는다고 보더라도, 강화도 실함 당시 강화도 내 육군 병력은 1,000명을 약간 웃도는 수준에 그쳤다고 할 수 있다.[43] 한편 경기수사의 함대 중 일부는 교동 북진을 지켰고 그 외에는 대부분 광성진에 배치되었다. 그 가운데 전선 27척이 정월 22일 갑곶 인근 수역으로 북상했다. 여기에 더하여 외방의 수사 가운데 강진흔의 충청도 수군 전선 7척이 강화도로 올라와 연미정을 지키고 있었다. 또한 장신은 수군 전선 외에 강화도 내 육군 병력까지도 광성진에 집중 배치했다.

이와 같은 병력 배치는 작전 당일 강화도 동북부의 강화부성 및 갑곶 일대가 사실상 무방비로 방치되어 있었음을 의미한다. 당시 강화부성에는 왕실은 물론이거니와 군신(群臣)의 가족이 피란하고 있었다. 갑곶 양안에는 육지의 통진현(通津縣)과 강화도를 오가는 나루가 자리를 잡고 있었으며, 정묘호란 때 인조가 강화도를 오간 것도 이 뱃길을 통해서였다.44) 이러한 사실만 놓고 보면 장신의 병력 배치는 언뜻 무모하기 짝이 없는 것으로 비칠 수 있다. 그러나 당시의 여러 사정을 종합적으로 고려하면, 그의 병력 배치는 나름의 전략적 판단에 근거한 것이라고 볼 여지가 충분하다.

가용 전력이 풍족하지 않았던 만큼 장신으로서는 선택과 집중이 불가피했으리라는 점을 유념하면서 북쪽의 연미정부터 당시의 상황을 그려보자. 강화도 북쪽의 바다는 한강, 임진강, 예성강 등이 흘러든다. 한겨울에는 강물이 꽁꽁 얼 뿐만 아니라 바다에도 얼음이 떠다녔다. 날씨가 따뜻해져서 강물이 풀리기 전까지는 청군이 한강의 물길을 따라 배를 몰아 강화도를 칠 가능성은 없었다. (A)의『인조실록』기사가 "오랑캐가 군사를 나누어 강화도를 침범하겠다고 떠들었다. 당시 성엣장이 강에 가득했으므로 사람들은 모두 허풍이라고 여겼"다고 말한 그대로이다. 따라서 한강의 결빙기 동안은 염하수로의 북쪽 입구, 즉 연미정 쪽에는 강진흔의 함대 7척을 배치하는 것만으로도 충분했다고 할 수 있다.

그렇다면 장신이 갑곶 부근을 비운 까닭은 무엇일까? 청군이 갑곶 나루를 통해 강화도로 건너려면 그에 앞서 그들의 배가 염하수로에 진입할 수 있어야 했다. 그러나 한강의 얼음이 풀리기 전까지 청군의 배들이 한강을 나와 염하수로의 북쪽 입구로 진입하기란 당연히 불가능했다. 또한 한강의 얼음이 풀린 이후라도 북쪽 입구의 연미정과 남쪽 입구의 광성진만 봉쇄하면 선박의 염하수로 진입을 충분히 막을 수 있었다. 물론 청군이 염하수로의 육지 쪽 해안에서 조선의 어선 등을 징발할 가능성이 있지만, 이에 대해서는 조선 수군이 확실한 예방 조치를 취했던 것으로 추정된다.[45) 또한 다른 어떤 요인보다도, 갑곶 앞 해상은 조수 간만의 차가 커서 조류의 속도도 빠를뿐더러 수심도 깊지 않다는 사실을 간과해서는 안 된다. 조선 수군의 판옥선 같은 큰 배는 기동 자체가 어려웠거니와[46) 상시 정박할 수 있는 조건도 아니었다는 말이다. 수로의 폭도 좁았기 때문에 다수의 전선을 장기간 정박할 공간도 없었을 것이다.

게다가 한겨울에 발발한 병자호란 당시 갑곶 나루는 배가 건너기 어려웠다. 조익은 병자년 십이월 15일 "갑곶은 성엣장으로 (뱃길이) 막혔고, 오직 광성진만 (뱃길이) 통하여 (강화도로) 가는 사람은 모두 여기를 거치고" 있다는 말을 들었다.[47) 또한 이민구는 십이월 14일 갑곶 나루를 통해 "처음 강화도로 들어갈 때 빈궁 일행은 해선(海船)을 탔는데, 해선은 (움직임이) 느려서 성엣장에 막혔다. (반면) 김경징은 강선(江船)을 탔는데, 강선은 (움직임이) 빨라서 얼음을 제치고 먼저 건널 수 있었다"고 말한 바 있다.[48) 이 때문에 빈궁 일행은 덕포(德浦)로 남하해서 광성진 쪽으로 바다를 건너야 했다.[49) 조익과 이민구의 기록은 병자년 십이월 엄동설한의 날씨 속에 갑곶의 뱃길은 사실상 막혀 있었고, 따라서 경기 서해안의 육지에서 강화도로 들어가는 뱃길은 남쪽의 광성진 방면으로만 열려 있었다는 사실을 밝히고 있는 것이다.

한겨울 갑곶 나루의 결빙 문제는 조익과 이민구만의 사견(私見)이 결코 아니었다. 예컨대 숙종 35년(1709) 이월 강화도의 군사시설 강화를 논의할 때에도, "갑곶은 성엣장 (때문에) 겨울에는 배가 통하지 않는다"는 문제가 지적되고 있다.[50) 이와 관련하여, 혹 정묘호란 때, 즉 정묘년 정월 29일 인조가 갑곶 나루를 통해 강화도로 파천했을 때에는 이런 문제가 없었다는 사실을 들어 이들 기록에 의문을 제기할지도 모르겠다. 그러나 정묘년 정월 29일은 그레고리력 1627년 3월 16일로 계절이 이미 봄으로 접어든 때였다는 사실을 유념해야 한다.

요컨대, 적어도 한강의 얼음이 풀리기 전까지는, 만약 청군이 강화도로의 도해를 시도한다면 그것은 북쪽이 아니라 남쪽의 광성진 방면일 수밖에 없었다. 따라서 수군 전력은 압도적으로 우세하지만 병력은 얼마 되지 않는 조건하에서, 장신은 '길목'을 선택해서 그곳에 수륙의 전력을 집중해 지킨다는 나름의 합리적인 전략을 세웠던 것이라고 볼 수 있다. 그리고 객관적으로 보자면, 장신 함대의 수군 전력은 청군을 해상에서 저지하기에 부족함이 없었다.

청군이 수십 척의 작은 배로 강화도 공격에 나서다

지금까지 강화도 실함 당시 강화도 내 조선군의 전력과 배치 실태를 살펴보았으므로, 이제는 강화도 작전에 참가한 청군의 구성과 병력 및 전력을 고찰할 차례이다.

앞서 인용한 (A)의 『인조실록』 기사를 보면, ② 부분에서 "오랑캐 장수 구왕이 제영에서 군사를 뽑아 3만 명이라고 일컫고, 수레로 삼판선 수십 척을 실어 갑곶 나루로 나아가 진을 치고는 홍이포를 잇따라 쏘았다"고 했다. 이로부터 "구왕", 즉 예친왕(睿親王) 도르곤이 강화도 작전 때의 청군을 지휘했으며, 병력이 "3만 명"이나 된다고 선전했음을 알 수 있다. 또한 수레에 실을 만한 크기의 "삼판선" 수십 척과 홍이포를 작전에 투입했다는 점도 파악할 수 있다. 배와 홍이포는 일단 거론하지 않더라도, 이 책의 제1장에서 밝혔듯이 병자호란 당시 청군의 정규 병력 총수는 약 3만4,000명이었으므로 『인조실록』 기사의 "3만 명"이 사실일 수 없다는 것은 자명하다. 그렇다면 홍타이지는 약 3만4,000명 가운데 얼마나 많은 병력을 뽑아 강화도 작전에 투입한 것일까?

강화도 작전 당시 청군의 구성과 병력 및 전력을 밝히고 있는 청 측의 기본 사료로는 다음의 두 가지를 들 수 있다.

(B) [정월 22일 도르곤의 보고] 우리 군사가 (갑곶 건너편 해안에) 이르자, 조선의 군사 40여 척이 나루에서 영적(迎敵)하고 있었습니다. 우리가 홍이포와 장군포를 쏘자 견디지 못하고 위아래로 흩어져 도망쳤습니다. 우리 군사는 끌고 간 배에 타서 진공(進攻)하여 (배 위에) 서서 상앗대질을 하며, 강화도에 해가 뜨자 들어가, 먼저 (조선군) 100명이 조총을 들고 영적하는 것을 격파하여 죽였습니다. 이어서 숨어 있던 1,000명 남짓한 군사를 또 격파하여 죽였습니다.[51]

(C) [이월 5일 홍타이지의 서신] 팔기에 80척의 작은 배를 만들게 하여, 예친왕(睿親王)과 안평(安平) 버일러에게 니루마다 10명씩의 갑병(甲兵)을 (뽑아) 주어 조선 왕의 아들과 처가 있는 강화도를 쳐서 취하라고 보내었는데,……[52]

(B)와 (C)는 모두 만주어로 된 사료 기록을 우리말로 옮긴 것이다. (B)의 '정월 22일 도르곤의 보고'는 도르곤이 홍타이지의 군영으로 보낸 최초의 전황 보고이고, (C)의 '이월 5일 홍타이지의 서신'은 전쟁이 끝난 직후 홍타이지가 본국으로 돌아가던 길에 승전보를 담아 심양으로 보낸 서신의 내용이다.[53] 이하에서는 두 기록을 중심에 두고 기타 문헌 기록을 참조하면

서 당시 청군의 군세를 재구성해보겠다.

먼저 홍타이지의 서신에서 "예친왕"이란 도르곤을, "안평 버일러"란 두두를 가리킨다. 이로부터 두두가 (A)의 『인조실록』 기사에서 거명한 "구왕" 도르곤을 보좌했다는 사실을 알 수 있다.

한편, 청나라의 전과(戰果) 보고는 일반적으로 군사작전의 주요 지휘관이 누구였는지와 어떤 군종(軍種)—팔기, 우전 초하, 천우병·천조병 등—의 병력을 투입했는지까지 모두 밝히는 것이 통례인데, (B)에서는 명나라 수군 출신으로 홍타이지에게 귀순한 공유덕, 경중명, 상가희 등의 이름이나 그들이 거느린 천우병·천조병을 전혀 언급하지 않고 있다. 전쟁이 끝난 뒤의 논공행상 관련 기록을 보아도[54] 천우병·천조병이 강화도 작전에 참가한 흔적은 전혀 찾을 수 없다.

혹 공유덕 등의 군사들이 청군의 배를 몰아 도르곤과 두두가 이끄는 팔기 병사들을 수송하는 일을 맡았던 것이 아니냐고 생각할지 모르겠다. 그러나 청 측의 논공행상 관련 기록은 강화도에 처음 상륙한 청군의 배가 "아합니감(阿哈尼堪)의 주사"였다고 분명히 밝히고 있다.[55] "아합니감"은 곧 아하니칸(Ahanikan)을 가리키는데, 그는 양황기 만주 소속의 만주인이었다.[56]

또 공유덕 등이 도르곤 보고의 "홍이포와 장군포"를 맡았던 것이 아니냐는 의문이 들 수도 있다. (A)의 『인조실록』 기사에도 홍이포가 등장하며, 병자호란 당시 공유덕 등이 총 16문의 홍이포를 끌고 왔다는 사실도 확인된다.[57] 그러나 강화도 작전의 홍이포는 공유덕 등이 아니라 우전 초하 소속의 니루 장긴(niru i janggin)—니루의 지휘관 또는 그와 동급인 관직—이었던 장성덕(張成德)이 맡았다.[58] 따라서 공유덕 등이 명의 수군 출신이었다고 해서, 혹은 홍이포를 보유하고 있었다고 해서 그들의 강화도 작전

참가를 운운하는 것은 근거가 없다.[59]

다음으로 (C)의 홍타이지 서신은 도르곤과 두두에게 맡긴 병력이 "니루 마다 10명씩"이었다는 사실을 밝히고 있다. 제1장에서 보았듯이 병자호란 당시 팔기만주·팔기몽고의 니루 총수는 대략 320~330개로 추정된다. 이로부터 강화도 작전에 투입된 청군 병력이 3,200~3,300명 수준이었다는 사실을 알 수 있다.[60] (A)의 "3만 명"은 자릿수를 하나 늘린 과장이었던 것이다.

한편, (C)의 홍타이지 서신은 "팔기에 80척의 작은 배를 만들게" 하여 강화도 작전에 투입했다고 말한다. 정축년 칠월의 논공행상 기록에 따르면, 병자호란 당시 청군 진영에는 마침 퉁커션(Tungkešen : 佟克申)이라는 선박 건조 기술자가 있어서 그가 팔기를 지휘하여 배를 건조했다고 한다.[61] 다음으로 배의 크기와 관련하여 서신은 그저 "작은 배"라고 했지만, (A)의 『인조실록』 기사는 이들 "작은 배"를 "삼판선"으로 표현한 바 있다. "삼판선"의 사전적 의미는 '배와 배, 또는 배와 육지 사이를 왕래하는 갑판도 없는 작은 거룻배'이다.

배의 숫자와 관련하여, (A)의 『인조실록』은 "삼판선"의 숫자를 그저 "수십 척"이라고 한 반면에, (C)의 서신은 "80척"이라는 구체적인 숫자까지 밝히고 있다. 정축년 이월 5일의 서신 외에 홍타이지는 같은 해 칠월 26일 조대수에게 보낸 서신에서도 청군의 배가 "80척"이었다고 말했다.[62] 또한 남급은 『남한일기』의 정축년 정월 30일 기록에 강화도에서 포로로 잡혔다가 풀려난 "내인(內人)과 내관(內官) 등"으로부터 "지난 22일에 청나라 군대가 수레에 작은 배 82척을 싣고" 왔다는 말을 들었다고 적고 있다.[63]

그러나 조선 측의 다른 기록들은 "80척"과 거리가 먼 숫자를 언급하고 있다. 예컨대, 남급의 「강도록」에는 청군의 배가 40여 척이었다는 기록이 있고,[64] 조익도 당일 갑곶 건너편 나룻가에 떠 있던 청군의 배가 겨우 30여 척이었다고 말한다.[65]

한쪽이 숫자를 과장했거나 다른 한쪽이 축소했다는 이야기인데, 이 문제는 『승정원일기』의 기록을 통해서 간단히 해결된다. 병자호란 직후 청군의 일부가 홍타이지의 명령에 따라 가도의 명군을 치는 작전을 준비하고 있었다. 그들은 강화도 작전에서 썼던 작은 배들을 가도 작전에도 투입할 요량으로 조선 측에 이들 선박의 인도를 요구했는데, 그때 청군의 마푸타는 "우리 배는 44척이다"라고 정확한 숫자를 밝히고 있다.[66] 이로부터 "80척"이라는 청 측의 기록이 실제 숫자를 거의 두 배로 과장한 것이라는 사실을 파악할 수 있다. 『남한일기』 정월 30일 조의 "82척"도 강화부성에 있던 "내인과 내관 등"이 포로로 잡혀 있는 동안 청군으로부터 과장된 숫자를 들은 것으로 보인다.

한편, 배의 크기는 강화도 작전에 투입된 청군의 병종과도 밀접한 관계가 있다. 조익은 당시 갑곶 대안의 청군 선박을 가리켜, "작은 배들은 마치 우반(隅盤)의 모양과 같았다. 그 큰 것도 우반을 겨우 넘을 정도였다"고 하여,[67] 염하수로 건너편에 있던 청군의 배를 모양이나 크기 모두 "우반", 즉 '각이 진 소반' 같았다고 묘사한 바 있다. 이로부터 비록 구체적인 선종(船種)은 확정할 수 없더라도, 갑판도 없고 선실도 따로 없는, 따라서 도저히 군선(軍船)이라고 부를 수 없는 보잘 것 없이 작은 배였다는 것만은 확실히 알 수 있다. 이러한 배의 크기는 수레에 실을 수 있어야 한다는 제약 조건의 산물이기도 했을 터이지만, 이렇게 작은 배에 말을 태우기란 당연히 불가능했으리라는 점도 주목할 필요가 있다. 즉, 청군은 자신들의 장기인 기병을 강화도 작전에 투입하지 못했던 것이다.

실제로 조선 측의 여러 기록도 강화도 작전 당시의 청군이 보병이었다는 사실을 밝히고 있다. 특히 주목할 가치가 있는 것은 "적(賊)의 보병 수십 명이 2척의 작은 배를 타고 도강(渡江)하는데도 막는 자가 한 명도 없었다"는 『인조실록』의 기록이다.[68] "적의 보병"이 "2척의 작은 배를 타고 도강"했다는 진술이, 당시 설러(Sele : 色勒)가 지휘한 배가 가장 먼저, 쇼잔(Šojan : 碩詹)의 배가 바로 그 뒤를 이어 강화도에 상륙한 공으로 포상을 받았다는 청의 논공행상 기록과 딱 부합하기 때문이다.[69] 따라서 조선 측의 강화도 작전 관련 기록에 간혹 등장하는 "적기(敵騎)" 또는 "적기(賊騎)"라는 표현은[70] 사실과 거리가 있는, 그저 상투적인 표현에 불과하다고 하겠다.

이상의 고찰로부터 청군이 정축년 정월 22일의 강화도 작전에 3,200~3,300명의 병력과 44척의 작은 배를 투입했음을 알 수 있었다. 이번에는 강화도 작전 당시 청군의 전력과 관련하여 지금까지 크게 강조되었던 전력 요소인 홍이포 문제로 눈을 돌려보자.

현재 4문의 실물이 남아 있는 숭덕 8년(1643) 주조 "신위대장군(神威大將軍)"의 경우를 보면, 청군의 홍이포는 구경이 13~14.5센티미터, 포신이 264~305센티미터, 무게가 3,600~4,000근에 달했다. 이 시기 조선군의 화포로는 16세기 중엽 주조의 천자총통(天字銃筒)이나 지자총통(地字銃筒)이 현존하는데, 전자는 구경 11~13센티미터, 길이 90~130센티미터, 무게 300~400킬로그램[500~667근]이고, 후자는 구경 10센티미터, 길이 80~90센티미터, 무게 70~150킬로그램[117~250근]이다.[71] 이처럼 홍이포는 그 크기에서 조선군의 화포를 압도했으며, 크기만큼이나 사거리도 길어서 최대 사거리 약 9킬로미터, 유효 사거리 약 2.8킬로미터에 이르렀다. 홍이포 등장 이전 동아시아에서 위력이 가장 셌던 화포로 알려져 있는 불랑기(佛狼機) 대포의 유효 사거리도 약 1킬로미터에 불과했으니, 당시 홍이포의 위력은 말 그대로 막강했다고 할 수 있다.[72]

이처럼 강력한 대포였기에, 『인조실록』에서는 청군이 쏜 홍이포 때문에 "(조선의) 수군과 육군이 허둥지둥하며 감히 접근하지 못하자, 적(賊)이 빈틈을 타고 급히 (염하수로를) 건넜다"고 했고,[73] (B)의 도르곤 보고도 조선 수군의 전선 40여 척이 "우리가 홍이포와 장군포를 쏘자 견디지 못하고 위아래로 흩어져 도망쳤습니다"라고 하여, 홍이포가 청군의 강화도 상륙 작전에서 막대한 위력을 발휘한 것처럼 썼다. 선행 연구에서도 이러한 사료 기록에 근거하여 당시 청군의 전력 구성에서 홍이포의 존재를 강조했다.[74]

그러나 강화도 작전에서 청군이 홍이포를 투입하여 거둔 실전 효과를 따져보면, 조선 측에 가한 심리적 충격의 효과는 강력했을지 몰라도, 실제 물리적 타격의 효과는 매우 제한적이었던 것으로 추정된다. 이렇게 추정하는 이유로는, 다른 무엇보다도 먼저 청군이 강화도 작전에 투입한 홍이포의 숫자가 결코 많지 않았다는 점을 들 수 있다. 청군이 강화도 작전에 투입한 홍이포는 겨우 3문 수준에 그쳤다.[75]

다음으로, 청군 진영에서 강화도 작전 당시 홍이포 운용의 전공(戰功)으로 포상을 받은 것은 우전 초하 소속의 장성덕 한 사람뿐이었으며, 당시 그의 지위가 니루 장긴에 불과했다는 사실을 들 수 있다.[76] 당시 우전 초하는 아직 정식 니루-구사가 편성되기 전이었지만, 우전 초하의 장수들도 팔기만주와 다를 바 없는 군사적 위계질서에 편입되어 있었다. 니루 장긴이라는 지위는 팔기의 경우라면 기층 단위인 니루를 관할하는 지휘관에 불과한데, 전후의 논공행상이 겨우 한 명의 니루 장긴에 그쳤다는 사실은 결과적으로 당일의 전장에서 청군이 홍이포로 거둔 실전 효과가 제한적이었음을 의미한다.

물론 청의 논공행상 기록에 장성덕만 언급되었다는 사실이 곧 우전 초하의 군관 중 오직 장성덕만 작전에 투입되었다는 것을 의미하지는 않는다.

그러나 청 측의 기록 어디에서도 우전 초하 병력의 강화도 작전 투입을 언급하지 않았다는 사실을 중시해야 한다. 적어도 병자호란에 관한 한, 청 측의 사료는 개별 작전 투입 병력이 100명 전후의 소수일지라도 군사들의 소속과 그 지휘관의 이름을 꼼꼼히 밝히고 있다.77) 전황 보고를 전달한 전령의 경우, 2~4명의 전령을 심지어 그 이름까지 일일이 밝히고 있을 정도이다.78) 그럼에도 불구하고 청 측의 기록이 단지 홍이포의 투입 사실만 언급하고 우전 초하 및 그 지휘관의 존재를 아예 누락한 것은,79) 청군의 강화도 상륙이 기본적으로 팔기 소속 보병으로 구성된 부대의 작전이었던 만큼 홍이포를 운용하는 우전 초하에 대해서는 애초부터 측면 지원의 수준을 넘어 주요 전력으로 활용한다는 생각 자체가 없었기 때문이라고 보아야 한다.

나중에 상술하겠지만, 사실 조선 측 기록에 언급된 청군의 홍이포 포격은 북쪽 해상의 강진흔 함대와 대안(對岸)의 갑곶을 겨냥한 것뿐이었다. 또 조선 수군의 전선 가운데 홍이포에 피격된 사실이 기록으로 확인되는 것은 강진흔의 배 1척에 불과하다. 장신 함대의 동태와 관련해서는 그들을 향한 청군의 홍이포 발사를 언급한 기록이 아예 없다.

게다가 전쟁이 끝난 뒤인 정축년 칠월 홍타이지가 명의 장수 조대수에게 보낸 서신 내용도 강화도 작전에서 홍이포의 실전 효과가 제한적이었으리라는 추정을 뒷받침한다. 흥미롭게도, 서신에서 홍타이지는 강화도 작전 당시 자신들이 만든 "비선(飛船)"들의 기민한 기동력을 조선 수군이 당해내지 못했다고 했을 뿐, 홍이포의 위력에 대해서는 일언반구도 말을 꺼내지 않았다.80) 이는 강화도에서 홍이포가 거둔 실전 효과에 대한 홍타이지의 결론적 평가라고 간주할 수 있다. 조대수에게 보낸 서신은 전후의 논공행상이 완료된 직후에 작성된 것이기 때문이다. 따라서 강화도 작전에서 청군의 전력을 평가할 때 홍이포를 결정적인 전력 구성 요소로 평가하는 것은 실제

와 상당한 거리가 있다고 하지 않을 수 없다.[81]

조선의 현장 목격담에서 조류의 영향이 두드러지다

지금까지의 고찰을 통해서 드러났듯이, 쌍방의 육군 병력 수만 놓고 보면 3,200~3,300명의 병력을 투입한 청군이 기껏해야 1,000명 남짓한 병력의 조선군에 비해 분명 우세를 점하고 있었다고 할 수 있다. 게다가 청군이 공격한 갑곶 일대는 사실상 무방비 상태에 있었다.

그러나 청군의 이러한 우세는 청군이 강화도 상륙에 성공한 다음에야 비로소 효과를 발휘할 수 있는 성질이다. 그들의 상륙 전 단계에서는 조선의 수군 전력이 우세했다. 청군의 배 44척은 도저히 군선이라고 부를 수도 없는, 보잘 것 없이 작은 크기였다. 반면에 조선 수군의 전선은 청군의 배보다 압도적으로 컸고, 당일 갑곶 수역 가까이에 있던 전선만 헤아려도 34척에 달했다. 조선 수군은 객관적으로 우월한 수전 능력을 바탕으로 청군을 해상에서 저지한다는 구상이었다. 만약 그날 장신 함대와 강진흔 함대가 갑곶 앞 수역으로 전진하여 수전이 본격적으로 벌어졌더라면, 청군의 작은 배들은 조선의 판옥선에 쉽사리 충파될 수 있었다. 청군의 홍이포는 기껏해야 3문이었고 당시 홍이포의 시간당 최대 발사 수는 8발에 불과했다.[82] 해상에서 난투가 벌어졌을 경우, 청군이 홍이포만으로 조선 수군의 전선 수십 척을 단숨에 제압하기란 역부족이었다고 보지 않을 수 없다.

그러나 홍타이지가 조대수에게 보낸 서신에서 자랑했듯이, 정축년 정월 22일 청군의 작은 "비선"들은 우수한 기동성을 십분 발휘하며 갑곶 나루의 뱃길을 무사히 건너 강화도에 상륙했다. 결과적으로 조선 수군의 전략은 실전에서 전혀 통하지 않았던 셈이다. 병자호란 당시 조선 조정의 방어전략이 실전에서 무력화된 것과 다를 바 없다.

바로 이 대목에서 이번 장의 두 번째 큰 질문을 던지지 않을 수 없다. 정축년 정월 22일 청군은 도대체 어떻게 해서 강화도로 건너갈 수 있었는가? 강화도의 조선 수군은 어째서 청군의 도해를 저지하지 못했는가?

앞서도 지적했듯이, 이 질문에 대한 해답은 서로 엇갈리는 전문 기록이 아니라 현장 목격담에 근거해서 찾아야 한다. 서술의 편의상, 현장 목격담을 보기에 앞서 이미 일부 내용을 인용한 바 있는 『인조실록』의 정축년 정월 22일 기사로부터 고찰을 시작하기로 하자.

(갑) ⓐ 오랑캐 장수 구왕이 제영에서 군사를 뽑아 3만 명이라고 일컫고, 수레로 삼판선(三板船) 수십 척을 실어 갑곶 나루로 나아가 진을 치고는 홍이포를 잇따라 쏘았다. (조선의) 수군과 육군이 허둥지둥하며 감히 접근하지 못하자, 적(賊)이 빈틈을 타고 급히 (염하수로를) 건넜다. 장신, 강진흔, 김경징, 이민구 등은 모두 멀리서 바라보다가 도망쳤다. ⓑ 장관(將官) 구원일(具元一)이 장신을 목 베고 군사를 몰아 육지에 상륙하여 결전하고자 했으나, 장신이 (미리) 알아채고 막았다. 구원일은 통곡하며 바다에 몸을 던져 죽었다. ⓒ 중군 황선신은 수백 명의 군사를 이끌고 나룻가 뒷산에 있었는데 적을 만나자 군사가 무너져 죽었다. ⓓ 적이 성 밖 높은 언덕에 나누어 주둔했다. ……대군(大君)이 용사를 모집하여 출격했으나 대적할 수 없어 혹은 죽고 혹은 부상을 입고 돌아왔다. ⓔ 얼마 뒤 대병(大兵)이 성을 포위했다. ……날이 저물 무렵, 대군과 오랑캐 왕(王)이 나란히 말을 타고 성에 들어왔고, (청군의) 병사들은 성 밖에 머물게 했다. ……(오랑캐 왕은) 대군에게는 행재(行在)[남한산성을 지칭]로 (보낼) 편지를 쓰도록 요청하고, 재신(宰臣)에게는 장계를 쓰게 했다. ……83) [원문자는 인용자]

(갑)의 내용을 세분하여 살펴보자면, 먼저 ⓐ에서 청군 도해 당시 갑곶의 상황을 전하고 있다. 나만갑이 「기강도사」에서 묘사한 바와 같은 강진흔의 분전(奮戰) 장면은 여기에 없다. 강진흔 역시 "멀리서 바라보다가 도망"을 친 자로 꼽히고 있을 뿐이다. 반면에 남급의 「강도록」과는 내용상 배치되지 않는 묘사이다. ⓑ는 지금까지 살핀 기록에는 등장하지 않았던 것으로, 장신 함대의 병력이 육지에 상륙하여 청군과 결사 항전을 벌일 수도 있었으나, 장신은 그렇게 하지 않았다는 이야기이다. ⓒ에서는 중군 황선신이 갑곶에 상륙한 청군과 싸우다가 패전하여 죽었다는 사실을 언급하고 있다. ⓓ에서는 청군이 강화부성 바깥에 진을 친 가운데 봉림대군이 용사를 모아 싸우고자 했으나, 청군의 상대가 되지 못했다고 말한다. ⓔ에서는 청군의 강화부성 입성이 협상에 의해 '평화적'으로 이루어졌음을 전하고 있다. 말미에 등장하는 대군의 서신과 재신의 장계는 정월 26일 청군이 남한산성의 조선 조정에 제시한 강화도 함락의 '증거'였다.84)

『인조실록』은 효종(孝宗) 1년(1650) 팔월부터 효종 4년(1653) 유월에 걸쳐 편찬되었다. 위의 기사는 사건이 일어난 지 10년 이상의 세월이 흐른 뒤에 만들어진 기록인 것이다. 그 10년 동안 여러 증언과 증거를 수집하여 사건의 진행 상황을 재구성한 결과이자, 사건에 대한 전후(戰後) 조선 조정의 공식적인 이해를 집약한 기사라고 볼 수 있다. 그러나 분량이 많지 않아 내용이 소략하며, 다른 기록과 부합하지 않는 부분도 더러 있다. 이에 지금부터는 현장 목격담을 중심으로 『인조실록』의 다른 기사나 『승정원일기』의 기사 등을 아울러 참조하면서, 조선의 기록들이 전하는 정월 22일 강화도 함락의 진상에 접근해보기로 하겠다. 단, 청군의 '평화적'인 입성 과정(인용문의 ⓔ부분)은 군사적 측면에 집중한다는 차원에서 다루지 않기로 한다.

정축년 정월 22일 갑곶 해상에서 벌어진 청군 도해의 상황을 직접 목격한
사람 중에는 이민구와 조익이 있었다. 두 사람이 남긴 기록은 앞에서의 고
찰에서도 여러 차례 언급한 것이지만, 여기에서는 두 기록이 전문(傳聞)이
아닌 현장 목격담이라는 사실을 유념하면서 좀더 자세히 읽어보기로 한다.

(을) [이민구의 기록] (정월 22일) 여명(黎明)에 (갑곶 대안을 보니) 모전(毛氈)
　　으로 만든 장막 대여섯 줄이 문수산(文殊山) 아래에 있었고 곳곳에서 연기
　　가 올라오고 있었습니다. 해가 사시(巳時)를 향할 (무렵), 적(賊)이 대포로
　　(해협의) 서쪽 해안을 연달아 때리자 흙과 돌이 무너지고 깨졌습니다. 작은
　　배 수십 척이 앞 바다에 둥둥 떠서 장차 건널 형세였습니다. 잠시 후 상(上)
　　[봉림대군을 지칭]께서 오셨고, 상공(相公) 김상용(金尙容), 판서(判書) 이상
　　길(李尙吉), 판서 조익, 동지(同知) 여이징(呂爾徵), 참의(參議) 유성증(俞省
　　曾), 헌납(獻納) 이일상(李一相), 전적(典籍) 이행진(李行進) 등 십여 명이
　　이어서 도착했습니다. 충청도의 전선 7척은 급류 속에 닻을 내리고 있어서
　　갑작스레 (배를) 제어할 수 없었습니다. 본부(本府)[강화부를 지칭]의 주사
　　27척은 광성으로부터 북상했으나 조수가 물러가면서 (강바닥에) 걸려 전진
　　하지 못했습니다. 이때 본부의 중군 황성신이 광성으로부터 비로소 육군 113
　　명을 이끌고 (왔는데) 갯벌에 (길이) 막혀 멀리 돌아서 오느라 겨우 봉우리에
　　올라 미처 포진하지 못했습니다. 적선(賊船)은 이미 중류(中流)를 지나고 있
　　었습니다. 상께서 신(臣)[이민구 본인을 지칭]에게 "공(公)은 여기에 남으라.
　　나는 추가로 군사를 모집하여 오겠다"고 말씀하셨습니다. 떠날 때 신(臣)을
　　돌아보며 거듭해서 정녕(丁寧)하게 하교하시고는 말에 올라 (강화) 부(府)로
　　돌아가셨습니다. 여러 재신들이 뒤따라 해산했습니다. 나중에 들으니, 상(上)
　　께서 부중(府中)에 이르러 갑옷을 입고 병사를 모집하셨으나 남문에 이르러

적을 만나자 (출격을) 멈추셨다고 합니다.[85]

(병) [조익의 기록] (정월 22일) 이른 아침에 김경징이 병사를 이끌고 갑곶으로 나가기에, 나는 "나도 가야 한다"고 말했다. …… 성을 나와 1~2리쯤 갔을 때 포성(砲聲)이 진동하는 것을 들었다. 갑곶에 이를 무렵 주먹처럼 큰 포환(砲丸)이 잇따라 날아오자 사람들이 모두 사기를 잃었다. 갑곶의 언덕 위에 이르러서 바라보니, 나루의 동편[해협의 동쪽 기슭을 지칭]에 진을 친 적의 무리는 그리 많지 않았지만 고개 위에 진을 친 병사는 많은 것 같았다. (적의) 작은 배들은 마치 우반 같은 모양이었고, 그중에 큰 배도 우반보다 조금 큰 정도였다. 깃발을 펼친 배가 나룻가에 떠 있었는데, 그 숫자는 겨우 30여 척 정도 될 만했다. 나루의 북쪽을 바라보니, 우리 전선 4~5척이 정박해 있었다. 사시(巳時)쯤 되었을 때부터 판옥(板屋) 대선(大船)이 남쪽에서 올라오는 것이 보였는데, 그 숫자가 매우 많았다. 사람들이 모두 이는 필시 남쪽의 전선이 온 것이라고 말하면서 다들 크게 기뻐했다. (그러나) 그 배들은 나루에 수백 보쯤 미치지 못한 채 모두 머물러 전진하지 않았다. 이는 곧 장신이 이끄는 경기(京畿)의 전선이었다. …… 오시(午時)쯤에 이르자 적의 배가 차례로 건너왔다. 검찰사 등이 언덕 위에서 깃발을 흔들며 (전진하라고) 주사를 재촉했으나 끝내 움직이지 않았다.[86]

이민구·조익의 목격담을 중심에 두고 다른 사료의 기록을 아울러 참조해가면서 중요한 문제 몇 가지를 하나씩 검토해보자.

첫째, 장신 함대가 갑곶 앞 수역에 도달하지 못한 까닭이다. (병)에서 조익은 장신의 함대가 북상하다가 갑곶으로부터 수백 보 떨어진 곳에서 전진을 멈추었다는 사실만 언급했으나, (을)에서 이민구는 조수가 밀물에서 썰물로 바뀌면서 수위가 내려가 더 이상 전진할 수 없었다는 취지로 말하고 있다. 남급의 「강도록」을 인용한 (나)에서도 장신의 함대가 "조수가 매우 빠르게 물러갔기 때문에 전선을 움직일 수 없었다"라고 하여, 비록 그 효과는 이민구와 달리 해석했지만 역시 조류의 변화를 장신 함대의 북상을 저지한 주요 요인으로 꼽았다. 인조 역시 장신은 "조수가 물러나는 바람에 배를 제어할 수 없었다"고 인정한 바 있다.[87]

둘째, 강진흔 함대의 동태에 관한 것이다. 이에 대해서는 이민구와 조익 모두 강진흔 함대가 줄곧 정박 상태에 있었다고 말한다. (나)의 「강도록」은 강진흔이 "적(賊)의 포(炮)에 격퇴되어 전진하지 못했다"고 말한 바 있다. 아예 닻을 내리고 줄곧 정박해 있지는 않았다는 것이지만, 청군의 대포에 눌려 갑곶 앞 현장으로 남하하지 않았다는 점에서는 다를 바 없다. 반면에 (가)의 「기강도사」에서는 강진흔을 홀로 분전한 영웅의 모습으로 그리고 있다. 어느 쪽이 진실을 전하고 있는 것일까?

(갑)의 『인조실록』 정월 22일 자 기사는 조선군이 "허둥지둥하며 감히 접근하지 못하자, 적(賊)이 빈틈을 타고 급히 건넜다"고 말했다(ⓐ부분). 이월 21일 대사헌 한여직(韓汝溭) 등도 "적(賊)의 보병 수십 명이 2척의 작은 배를 타고 도강(渡江)하는데도 막는 자가 한 명도 없었다"라고 했다.[88] 또한 "유수 장신은 주사를 이끌고 하류로 물러갔고 공청수사(公淸水使=충청수사) 강진흔은 배를 상류로 옮겼다. 적선(敵船)이 이미 출발했으나 나룻길은 텅 비어 그들을 막는 자가 없었다"는 기록도 있다.[89] 『숙종실록(肅宗實錄)』에도 "옛날 효종께서 일찍이 경연을 맡은 신하에게 정축년 강화도에서의 일을 말씀하시면서 강진흔을 가리켜, 싸우지도 못했을 뿐만 아니라 도망도 치지 못했다고 하셨다"는 기록이 보이는데,[90] 봉림대군, 즉 훗날의 효종 역시 (을)에서 보듯이 당시 현장의 목격자 가운데 한 사람이었

다. 이러한 기록들을 종합하건대, 강진흔 함대가 청군의 도해 전후 시간대에 갑곶 앞 수역으로 남하하지 않았던 것은 확실해 보인다.

한편, 강진흔 함대의 동태 문제 또한 장신 함대의 북상을 저지한 조류의 변화와 연결해서 생각할 필요가 있다. 장신 함대가 조류 때문에 북상하지 못했다면, 북쪽에 있던 강진흔 함대는 반대로 조류의 흐름을 타고 남하할 수 있는 위치에 있었기 때문이다. 아니나 다를까, 정축년 이월 16일의 어전(御前) 대화에서 "(장신 등이) 조수가 물러난 까닭에 서로 구원할 수 없었다고 들었습니다만, 만약 조수가 물러났다면 (강진흔은) 어떻게 연미정으로 피할 수 있었겠습니까?"라는 문제 제기가 있었다.[91] 또한 일단 유배형에 처해졌던 강진흔을 조정에서 재차 소환한 것은 "조수의 흐름을 타고도 내려오지 않은 죄[順潮不下之罪]" 때문이었다.[92] 강진흔은 줄곧 갑곶 북쪽의 해상에 머물러 있으면서 청군의 도해 당시 그들을 저지하지 않았을 뿐만 아니라, 조류의 방향이 바뀐 뒤라면 조류를 타고 남하해서 염하수로를 건너고 있던 청군을 공격할 수 있었을 터인데도 그렇게 하지 않았다는 것이다.

그러면, 강진흔은 왜 남하하지 않았을까? 남급의 「강도록」은 강진흔이 "적의 포에 격퇴되어 전진하지 못했다"고 했고, 전후 강진흔과 함께 처형된 충청수사의 우후(虞候) 변이척(邊以惕)의 죄목은 "전선을 이끌고 갑곶의 상류에 있다가 포성을 듣고 무너져 달아난" 죄였다.[93] 청군의 홍이포에 격퇴되어 청군의 도해 현장에 접근하지 못했다는 것이다. 그렇다면 강진흔 함대는 실제로 청군의 홍이포에 피격된 적이 있을까?

여기서 "강진흔이 탔던 전선이 포탄에 맞았는지, 맞지 않았는지, 그리고 군졸(軍卒)이 얼마나 죽고 다쳤는지를, 충청도에서 신속히 조사하여 보고하도록 하라"는 『승정원일기』의 기사가 눈길을 끈다.[94] 강진흔은 자신의 배가 청군의 포탄에 맞았다는 사실을 내세우며 자기변호를 시도한 것 같다.

조사 결과를 담은 충청도의 보고는 발견되지 않지만, 청군의 대포에 맞았다는 강진흔의 주장은 사실로 보인다.

그 근거로는 먼저 강진흔이 이미 처형된 뒤인 정축년 십이월에 사헌부(司憲府)가 전쟁 당시 충청도 수군에 합류하여 참전했던 결성현감(結城縣監) 정형도(鄭亨道)를 탄핵하면서, 그가 강진흔의 전선이 포탄에 맞았는데도 구하러 가지 않았다고 비난한 사실을 들 수 있다.[95] 또 하나의 근거는 우전 초하의 장성덕이 "강화도를 칠 때 홍의포(紅衣礮=紅夷砲)로 적선(敵船)을 격패(擊敗)시켰고 그 큰 군기[纛]를 부러뜨렸다"는 청 측의 논공행상 기록이다.[96] 이는 장성덕의 홍이포 포격이 조선 수군 지휘관의 기함(旗艦)에 명중했다는 의미이기 때문이다.

강진흔의 배가 포탄에 맞았다는 것도 사실이고, 동시에 그의 함대가 남하하여 청군의 도해를 막지 않았다는 것 또한 사실이라면, 강진흔은 청군이 도해를 개시하기 전에 이미 홍이포에 맞았던 것이라고 보지 않을 수 없다. 갑곶에서 멀리 떨어져 있는데도 홍이포에 맞을 수 있었을까? 충분히 가능하다. 왜냐하면 홍이포의 유효 사거리는 약 2.8킬로미터, 최대 사거리는 약 9킬로미터나 되었기 때문이다.[97] 강진흔의 배는 갑곶 북쪽으로 몇 킬로미터 떨어져 있었더라도 얼마든지 청군의 홍이포에 피격될 수 있었던 것이다.[98]

셋째, 조류의 변화 시점에 대한 것이다. (을)에서 이민구는 "해가 사시를 향할 (무렵)", 즉 그가 가늠하기에 사시가 되기 얼마 전 청군이 갑곶을 향해 대포를 쏘았고, 곧이어 봉림대군과 조익 등이 현장에 도착했다고 말했다. 이어지는 묘사에서 이민구는 시간을 언급하지 않았다. 그런데 조익의 목격담 (병)을 보면, 갑곶에 도착하자마자 목도한 갑곶 대안의 상황과 북쪽 해상에 정박 중이던 강진흔 함대의 모습을 언급하고 나서, 그가 가늠하기에 "사시쯤 되었을 때"부터 시야에 들어온 장신 함대의 동태를 묘사하고 있다.

두 사람의 기록을 종합하면, 시간이 사시에 들어가기 조금 전 청군이 갑곶을 향해 홍이포를 쏘는 가운데 봉림대군 일행이 갑곶에 도착했고, 사시에 들어갔을 무렵 장신 함대가 갑곶에 있던 사람들의 가시거리 안으로 들어왔다는 말이 된다. 갑곶 북쪽의 강진흔 함대는 사시 전후 줄곧 정박 중이었다.

조익의 기록에서 사시 초 가시거리에 들어온 장신의 함대는 갑곶으로부터 수백 보 거리에 이르러 전진을 멈추었고, 이민구는 그 원인을 조수가 물러갔기 때문이라고 말하고 있다. 장신의 함대가 갑곶 언덕에 있던 조익의 가시거리에 들어온 때부터 수백 보 거리로 북상하기까지는 시간이 꽤나 흘렀을 터이지만, 두 사람의 목격담만으로 조류의 방향이 바뀐 정확한 시각까지는 알 수 없다. 단지 당일 염하수로의 조석(潮汐)이 사시에 밀물에서 썰물로 바뀌었다는 것까지만 알 수 있다. 사시는 보통 9~11시의 시간대와 동일시된다. 그러나 오늘날 우리가 쓰고 있는 표준시(UTC+9)는 동경(東經) 135도의 시간이고, 강화도 갑곶의 위치는 동경 126도 31분이라는 사실을 잊지 말아야 한다. 갑곶 현지의 자연시간은 표준시(UTC+9)와 약 34분의 시차가 나는 것이다. 편의상 시차를 30분으로 처리하면, 사료 기록의 사시는 표준시(UTC+9)로 9시 30분~11시 30분에 해당한다.

넷째, 청군의 도해 개시 시각에 관한 것이다. 이민구는 그 시각을 따로 언급하지 않았지만, 조익은 청군의 배들이 "오시쯤[午時許]", 즉 오시에 가까워지고 있던 어느 시점에 염하수로를 건너오기 시작했다고 밝혔다. 옛사람들은 해의 위치만으로도 시간을 가늠하는 데 익숙했을 터이지만 어느 정도의 오차는 불가피했을 것이다. 그러므로 오차를 감안하여 조익의 "오시쯤"은 11시~11시 30분의 시간대로 추정하면 별 문제가 없을 것이다.

한편 이민구는 (을)의 인용문에 이어지는 서술에서, 청군이 갑곶에 상륙하여 한 차례 교전을 치르고는 곧바로 강화부성으로 몰려갔고, 자신은 강화부성으로 복귀하려고 했으나 청군이 이미 성 밖에 모여 있는 것을 멀리서 보고는 결국 "해가 정오를 지났을[日過午]" 때 작은 배로 강화도를 탈출했다고 말했다.[99]

두 사람의 기록을 종합하면, 11시~11시 30분의 어느 시점에 도해를 개시한 청군은 이내 갑곶을 장악했고, 늦어도 "정오", 즉 표준시(UTC+9)로 12시 30분 무렵까지는 강화부성에 도달해 있었다는 이야기가 된다. 청군이 정오가 되기 전에 강화부성에 도착했다는 것은 다른 기록을 통해서도 확인할 수 있다.

(을)에서 이민구는 "적(賊)의 배가 이미 중류를 지났을" 때 봉림대군이 말을 타고 강화부성으로 떠났다고 했는데, 당시 봉림대군과 함께 성으로 돌아온 김상용은 남문에서 화약에 불을 붙여 자결했다.[100] 김상용의 아들 김광환(金光煥)이 편찬한 『김의정강도정축록(金議政江都丁丑錄)』을 보면, 김상용의 자결 전에 청군이 이미 강화부성 바깥에 도착해 있었다는 여러 사람의 증언이 남아 있다.[101] 따라서 청군의 강화부성 도착 시간은 김상용의 자결 시간에 선행한다.

김상용의 자결 시간과 관련하여, 『인조실록』은 예조(禮曹)의 보고를 통해 "그날 오시"에 폭발음을 들었다는 회은군 이덕인과 진원군 이세완의 진술을 인용하고 있다.[102] 그런데 『김의정강도정축록』의 정축년 십일월 9일 조를 보면 두 사람의 진술을 담은 예조 보고의 원문이 실려 있으며, 여기에서는 그 시간이 "근오시(近午時)"이다.[103]

두 사람의 진술만 놓고 보면 김상용의 폭사 시간이 오시(11시 30분~13시 30분)의 처음, 즉 11시 30분경으로 읽히지만, 여기서의 "오시"는 해가 남중하는 정오로 보아야 한다. 왜냐하면, 『김의정강도정축록』의 서문(序文)은 폭사 시간을 "22일 오전(二十二日午前)"으로, 역시 예조 보고에서 인용한 윤방의 진술은 "오후(午後)"로 전하고 있다는 사실을 간과할 수 없기 때문이다. 해의 위치를 보고서 시간을 가늠했기 때문에 사람마다 가늠한 시간이 조금씩 다르기 마련인데, 어떤 이는 "오전(午前)", 또 어떤 이는 "오후(午後)"라고 가늠했다면 여기서의 "오(午)"는 정오로 읽어야 할 것이다.

마찬가지로 "근오시"는 "정오에 가까운 시간"으로 보아야 한다. 『인조실록』의 찬자가 원문의 "근오시"를 "오시"로 바꾸어 쓴 이유도, 예조의 보고에 나란히 인용된 회은군 등의 "근오시"와 윤방의 "오후"가 같은 시각을 서로 달리 가늠하여 표현한 것이라는 사실을 의식했기 때문일 것이다. 위에서 이민구의 "일과오(日過午)"를 "해가 정오를 지났을 때"로 번역한 것도 같은 이유에서이다.

이상의 여러 기록을 종합하면 다음과 같은 추정이 가능하다. 청군이 11시~11시 30분의 어느 시점에 도해를 개시하자, 잠시 후 봉림대군 일행이 갑곶을 떠나 강화부성으로 달려갔다. 청군의 선봉 병력은 순식간에 갑곶을 장악하고 이내 성으로 진격하여 남문 밖에 진을 쳤다. 봉림대군과 함께 성으로 돌아온 김상용은 절망감에 휩싸여 남문 위에 쌓아둔 화약에 불을 붙여 자결했는데, 그 시각은 12시 30분경이었다.

다섯째, 청군이 갑곶에 상륙한 이후 육상에서 벌어진 전투에 관한 것이다. (갑)의 『인조실록』 정월 22일 기사에 "중군 황선신은 수백 명의 군사를 이끌고 나룻가 뒷산에 있었는데 적을 만나자 군사가 무너져 죽었다"는 말이 있었다(ⓒ부분). 황선신과 관련하여, 이민구는 (을)에서 "본부의 중군 황선신이 광성으로부터 비로소 육군 113명을 이끌고" 왔다고 하여 매우 구체적인 정보를 제공하고 있다. 황선신은 강화부성이 아니라 장신이 주둔하고 있던 광성으로부터 올라왔고, 그의 병력은 113명이었다는 것이다.

다시 (갑)의 『인조실록』 정월 22일 기사로 돌아가 보면, 황선신의 패전

다음에 곧바로 청군이 강화부성 밖에 진을 쳤다는 이야기가 이어진다(ⓓ부분). 이민구의 기록에서도, 황선신의 패전 이후 강화부성으로 몰려가면서 약탈과 살인을 자행하는 청군에 맞서 싸운 조선군의 모습은 전혀 보이지 않는다. 조익의 경우에는 황선신 부대를 아예 언급하지 않았고, 단지 김경징이 강화부성에서 데리고 나간 "무사"들이 겨우 70~80명에 지나지 않았다고 말했을 따름이다.[104] 나만갑은 「기강도사」에서 당시 강화부성의 군사가 "수백 명을 채우지 못할" 정도로 적었다고 했으나,[105] 『인조실록』과 이민구의 목격담에서는 "수백 명"은커녕 그 존재가 아예 언급되지 않았고, 조익의 기록에서는 그 숫자가 훨씬 더 적었다. 앞에서 이미 고찰했듯이, 당시 강화부성과 갑곶 일대는 사실상 무방비 상태였던 것이다.

설사 『인조실록』과 이민구가 누락한 김경징의 "무사"들과 조익이 누락한 황선신의 군사를 합하더라도, 갑곶에 상륙한 청군을 맞이한 조선군은 아무리 많아야 200명에도 미치지 못한다. 그렇기 때문에 (을)에서 보듯이 봉림대군은 청군이 염하수로의 중간을 지날 무렵 강화부성으로 돌아가 군사를 모집해오겠다며 갑곶 현장을 떠났던 것이다. 그런데 (갑)의 『인조실록』 정월 22일 기사는 봉림대군이 "용사를 모집하여 출격했으나 대적할 수 없어 혹은 죽고 혹은 부상을 입고 돌아왔다"고 하여(인용문의 ⓓ부분), 그가 강화부성으로 돌아와 모집한 용사들을 데리고 성을 나가 청군과 전투를 벌였다고 말하고 있다. 그러나 (을)에서 이민구는 "나중에 들으니, 상(上)께서 부중(府中)에 이르러 갑옷을 입고 병사를 모집하셨으나 남문에 이르러 적(賊)을 만나자 (출격을) 멈추셨다고 합니다"라고 하여 봉림대군의 출격이 실제로는 이루어지지 않았음을 밝히고 있다.[106]

지금까지 『인조실록』의 정축년 정월 22일 자 기사로부터 출발, 이민구와 조익의 목격담을 중심으로 조선 측의 주요 기록을 대조·검토하여, 당일 청군의 도해 전후로부터 강화부성 도착에 이르기까지의 상황을 장신과 강진 흔 함대의 동태, 조류의 변화 시간, 청군의 도해 개시 시각, 청군 상륙 이후 의 육상 전투 등으로 나누어 그려보았다. 그런데, 당연한 말이겠지만, 정축 년 정월 22일 강화도 염하수로의 갑곶 수역에는 청군도 있었다. 청군 또한 같은 상황을 목격했을 터인데, 그들은 당시의 상황을 어떻게 묘사하고 있 을까?

청군의 도해 시각을 두고 쌍방의 현장 목격담이 엇갈리다

강화도 작전에서 청군의 최고 지휘관은 도르곤이었다. 앞에서의 인용문 (B)는 그가 정월 22일 홍타이지의 군영으로 보낸 최초의 전황 보고였다. 바로 이 전황 보고가 청 측의 현장 목격담에 해당하므로, 여기에 다시 인용 함으로써 그 내용을 상기하기로 하자. 단, 서술의 편의상 (정)이라는 기호 를 새로 붙인다.

(정) [도르곤의 보고] 우리 군사가 (갑곶 건너편 해안에) 이르자, ㉠조선의 군사 40여 척이 나루에서 영적(迎敵)하고 있었습니다. ㉡우리가 홍이포와 장군포를 쏘자 견디지 못하고 위아래로 흩어져 도망쳤습니다. ㉢우리 군사 는 끌고 간 배에 타서 진공(進攻)하여 (배 위에) 서서 상앗대질을 하며, 강화도에 해가 뜨자 들어가, ㉣먼저 (조선군) 100명이 조총을 들고 영적하 는 것을 격파하여 죽였습니다. ㉤이어서 숨어 있던 1,000명 남짓한 군사를 또 격파하여 죽였습니다.107) [원문자는 인용자]

(정)에서 당시 전황을 구성하는 요소는 ㉠~㉤의 다섯 가지로 나누어

볼 수 있다. 이하에서는 앞서 고찰한 조선 측의 기록 및 청 측의 다른 기록 등과 대조하면서 ㉠~㉤의 다섯 가지 요소를 분석해보기로 한다.[108]

먼저 ㉠ 요소를 보자. 조선 수군의 전선 숫자를 두고 도르곤의 보고는 "40여 척"이라고 했다. 이는 당시 갑곶 수역 북쪽과 남쪽 해상에 강진흔 함대의 7척, 장신 함대의 27척이 있었다는 조선 측의 기록과도 거의 부합한다. 이어지는 ㉡의 "위아래로 흩어져 도망"쳤다는 말은 조선 수군이 강진흔과 장신의 함대로 나뉘어 있었다는 사실을 반영한다. "위아래로"의 만주어 원문은 "wesihun wasihūn"인데, "wesihun"은 '위'/'동쪽', "wasihūn"은 '아래'/'서쪽'이라는 의미이다. 따라서 "동쪽과 서쪽으로"라고 옮길 수도 있지만, 당시 갑곶 해상에서 "동쪽과 서쪽으로" 흩어지는 것은 방위상 불가능하다. (정)에서 "위아래로" 옮긴 것도 이 때문인데, 이는 곧 "상류 쪽과 하류 쪽으로"라고 이해하면 될 것이다.

㉡과 ㉢은 조선 수군이 홍이포 등의 포격을 견디지 못하여 도망을 친 다음에 청군이 바다를 건넜다는 내용이다. 청군의 도해는 홍이포 포격 이후 갑곶 앞 해상으로부터 조선 수군이 사라진 뒤에야 비로소 이루어졌다는 의미로 읽힌다. 앞서 살핀 조선 측 기록들에 따르면 당시 조선 수군의 전선들은 갑곶 앞 수역까지 전진하지 못한 상태였다. 갑곶 나루의 뱃길이 무인지경으로 된 경위는 달리 전하고 있지만, 결과적으로 청군이 무인지경의 뱃길을 건넜다는 점에서는 쌍방의 기록이 일치하는 셈이다.[109] ㉣의 요소, 즉 상륙 직후의 교전 부분도 조선 측 기록과 들어맞는다고 할 수 있다. (정)의 "100명"은 (을)의 이민구 기록에 등장하는 황선신의 부대 "113명"과 일치하기 때문이다.

그러나 도르곤의 보고 내용을 모두 신뢰하는 것은 금물이다. 먼저 ㉤의 요소, 즉 "숨어 있던 1,000명 남짓한 군사"는 실체가 없다. 앞서 살펴보았듯이, 청군의 갑곶 상륙 이후 강화부성 도착까지 그들과 교전한 조선군은 황선신 부대뿐이었기 때문이다.[110] 강화도에서의 전과를 제대로 조사한 뒤 정축년 칠월에 시행된 청 측의 논공행상 기록을 보더라도, 강화도 작전과 관련하여 포상을 받은 사람은 맨 먼저 상륙하여 황선신의 부대를 격파한 설러와 쇼잔, 홍이포를 맡던 장성덕, 선박의 건조를 지휘한 퉁커션 등 4명뿐이었고,[111] 1,000명이나 되었다는 복병에 관해서는 일언반구도 언급이 없다. 게다가 칠월 26일 조대수에게 보낸 서신을 보면, 홍타이지는 "우리 군사는 이미 (갑곶) 언덕에 오른 뒤에 다시 언덕 위에 늘어선 (조선의) 군사를 격파했고, 마침내 강화부성을 취했다"라고 말하고 있다. 이 서신에서도 갑곶 상륙 후의 교전은 단 한 차례만 언급되고 있는 것이다.[112] 정축년 칠월의 두 기록은 나중에 청에서도 도르곤 보고의 복병 1,000명이 실체 없는 허구라는 사실이 밝혀졌음을 암시한다.

다음으로, ⓛ의 "홍이포와 장군포를 쏘자 견디지 못하고 위아래로 흩어져 도망쳤습니다"라는 구절도 그냥 지나쳐서는 안 된다. 이 구절은 청군이 도해를 개시하기 전에 조선 수군의 배들이 이미 홍이포에 제압되어 모두 도망치고 없었다는 의미이다. 아무도 청군의 도해를 막지 않았다는 점에서는 조선 측의 기록과 합치한다. 그러나 조선 측 기록에 언급된 청군의 홍이포 포격은 북쪽 해상의 강진흔 함대와 대안의 갑곶을 겨냥한 것뿐이었다. 장신의 함대에 관해서는 청군이 그들에게 홍이포를 쏘았다는 언급이 전혀 없다. 홍이포가 거둔 실제 전공은 강진흔 함대의 접근을 저지한 것에 그쳤다. 그 대신에 조류의 변화로 인한 영향이 크게 부각되어 있다. 따라서 조선 측 기록에 근거하자면, (정)의 도르곤 보고에서 ⓛ은 홍이포의 전공을 크게 과장한 셈이 된다. 홍타이지도 조대수에게 보낸 서신에서 마치 날아갈 듯한 빠른 기동력으로 조선 수군을 무력화한 "비선"들의 공로를 자랑했을

뿐 홍이포에서 대해서는 전혀 언급하지 않았다.[113]

그래도 홍이포의 공로에 대한 과장은 조선 측의 기록과 완전히 모순되는 것은 아니라고 눈감아 줄 수도 있다. 하지만 ⓒ에서 청군이 도해하여 강화도에 들어간 시각을 "해가 뜨자"로 표현한 부분은 그렇지가 않다. 이 문제는 좀더 깊이 파고들 필요가 있다.

서술의 편의상 청의 한문 실록이 도해 시각을 어떻게 전하고 있는지를 잠깐 보자. 현재 널리 활용되고 있는『청태종실록』은 건륭 연간에 완성된 '삼수본'이다. 이 실록은 정월 22일 청군이 강화도에 상륙한 시각을 "여명(黎明)", 즉 '희미하게 날이 밝아올 무렵'으로 적고 있다.[114] 종래의 연구에서 청군의 도해 시간을 "새벽"으로 본 것도 이 기록에 근거한 듯하다.[115] 그런데 이 "여명"은 순치 초찬본『청태종실록』의 "묘시(卯時)"를 고친 것이고,[116] "묘시"는 다시 (정) 도르곤 보고의 "해가 뜨자(šun tucime)"를 한역한 결과였다. 따라서 건륭 삼수본 실록의 "여명"은 일단 정확한 번역이 아니라고 하지 않을 수 없다. 하지만 강화도 현지의 "묘시"란 오늘날의 표준시(UTC+9)로 5시 30분~7시 30분에 해당하고, 양력 2월 16일경 강화도의 일출 시각은 오전 7시 20분경이므로, 순치 초찬본 실록의 "묘시"까지 오역으로 치부할 필요는 없다. 청군이 "묘시"의 끝 무렵에 상륙했다는 이야기로 받아들이면 그만이기 때문이다.

한문『청태종실록』의 "여명"과 "묘시"에 위와 같은 문제가 있는 만큼, 여기에서는 (정) 도르곤 보고의 "해가 뜨자", 즉 7시 20분경을 청 측 기록이 전하는 도해 시각으로 정하고서 논의를 전개하기로 한다.[117]

그러면, 조선 측 문헌들은 청군의 도해 시각을 어떻게 기록했던가? 먼저 앞에서 읽은 인용문 (가), 즉 나만갑의 「기강도사」에서 청군의 도해는 문맥상 "22일 새벽녘"에 벌어진 일로 읽힌다.『승정원일기』에도 "적병(敵兵)

이 강화도를 함락시킨 것은 야음을 틈타 몰래 습격한 것일까요?"라는 구굉의 질문에 인조가 "필시 야음을 틈타 들어갔기 때문에 그들이 온 것을 깨닫지 못했을 것이다"라고 대답하는 장면이 나온다.[118] 이 두 기록의 청군 도해 시각은 도르곤 보고의 오전 7시 20분경과 가깝다. 그러나 『승정원일기』의 기사는 정월 29일 남한산성에서 있었던 대화 장면을 기록한 것이므로 막연한 추측 이상의 의미를 부여할 수 없다. 나만갑의 기록은 신뢰도가 떨어지는 사후 전문이다.

한편, 현장 목격담이었던 이민구와 조익의 기록은, 도르곤 보고의 7시 20분경으로부터 두 시간 이상이 흐른 사시, 즉 9시 30분~11시 30분의 갑곶 앞 해상 상황을 묘사한 다음에야 비로소 청군의 도해 모습을 그리고 있다. 특히 (병)에서 조익은 청군의 도해 개시 시각을 "오시쯤", 즉 11시~11시 30분으로 특정했다.

7시 20분경과 11시~11시 30분간의 시차는 대략 네 시간이나 된다. 조선 수군이 아무도 도해를 막지 않고 있던 상황을 두고, 도르곤의 보고가 홍이포의 위력을, 조선 측의 기록이 조류의 변화를 강조한 것은 같은 사태에 대한 다른 시각에서의 묘사 내지 해석으로 이해할 수 있다. 그러나 청군의 도해 시각 문제는 단지 시각이나 입장의 차이로 돌릴 수 있는 성질이 아니다. 네 시간의 차이는 양립도 타협도 불가능하다. 둘 중의 하나는 사실이 아니기 때문이다. 과연 어느 쪽이 사실을 전하고 있는 것일까?

이민구와 조익의 기록은 당일 청군의 도해 전후 상황에 대한 진술이 매우 구체적이며, 이들 기록이 전하는 청군의 도해 시각은 나만갑의 기록을 제외하고 앞서 검토한 조선 측의 주요 기록들과 모순되지도 않는다. 두 사람의 기록은 그 신빙성을 의심할 이유가 딱히 없다.[119] 이와 대조적으로 도르곤의 보고에는 곧이곧대로 믿기 곤란한 요소가 있다는 사실을 상기할 필요가 있다. 예컨대, 앞서 지적했듯이 도르곤의 보고에 등장하는 조선군 복병 1,000명과의 교전은 사실로 인정할 수 없는 허구적 요소이다. 도르곤의 전황 보고는 분명 전과를 과장했던 것이다. (갑)의 『인조실록』 정월 22일 기사에서 청군이 강화부성에 입성한 시간은 "날이 저물 무렵[日晚]"(ⓔ부분)이었다. 양력 2월 16일경의 일몰 시각은 18시 10분경이므로, 조선 측 기록은 청군이 도해를 개시한 11시~11시 30분부터 강화부성 입성까지 6시간 40분에서 7시간 10분이 걸렸음을 전하고 있는 셈이다. 반면에 일출 직후, 즉 오전 7시 20분경에 상륙했다는 도르곤의 보고는 그로부터 입성까지 무려 11시간이 걸렸다는 이야기가 된다. 아마도 복병 1,000명과의 교전을 그럴 듯하게 만들려면 교전에 소요되는 시간까지 반영할 필요가 있었을 것이다. 그렇다면 "해가 뜨자"는 과장된 전과를 시간상 그럴 듯하게 만들기 위한 장치였을 가능성이 농후하다.

염하수로의 조석·조류가 청군의 도해 상황을 증언하다

그럼에도 불구하고, 신빙성이 떨어진다는 이유만으로는 여전히 도르곤 보고의 "해가 뜨자"를 '폐기'할 수 없다고 한다면, 조선 측 기록에 그 영향이 크게 부각되고 있는 조석(潮汐)과 조류(潮流)에 주목해보는 것은 어떨까? 사실 염하수로는 수심이 얕고 폭이 좁다는 것 외에 조석 현상이 매우 뚜렷한 지역이라는 특징을 지닌다. 이런 지역에서의 군사작전에는 물리적 해양 환경이 중대 변수가 되기 마련이므로, 조석·조류에 관한 정보는 당일 갑곶 앞 수역의 상황을 이해하는 데에도 필수적이다. 더군다나 조석 현상은 기본적으로 천문 현상에 의해 발생하므로 미래에 대한 예측뿐만 아니라 과거에 대한 추산 역시 가능하다. 이 점에 착안하여, 지금부터는 조석·조류의 과학적 추산 결과를 활용하여 청군의 도해 시각을 확정하고, 이어서 그것을 근거로 청군 도해 전후의 상황을 재구성해보기로 하겠다.

조석·조류 추산 결과를 보기에 앞서, 갑곶으로부터 얼마 떨어지지 않은 조강(祖江) 나루, 즉 한강과 임진강이 합류하여 흐르는 수역의 조석 시각을 전하는 문헌 기록의 존재를 언급하지 않을 수 없다. 고려 시대 이규보(李奎報)가 남긴 조후시(潮候詩)와 조선 후기 성해응(成海應)이 『연경재전집(研經齋全集)』 외집(外集)의 「조강도지(祖江濤志)」에 정리한 '조석표'가 바로 그것이다. 이에 따르면, 음력으로 매월 22일 조강 나루의 낮 시간 고조(高潮) 시각은 "사시 초[巳初]"였다. 「조강도지」의 '조석표'는 매시를 초(初)·중(中)·말(末)로 삼분했으므로 "사시 초"는 9시 30분~10시 10분의 시간대로 간주할 수 있다.[120] 이는 사시, 즉 9시 30분~11시 30분에 조류의 방향이 바뀌었음을 전하는 조선 측 목격담의 신빙성을 뒷받침한다.

하지만 「조강도지」 '조석표'의 "사시 초"는 옛사람들이 경험적으로 파악하고 있던 물때를 대략적이고 평균적인 시간대로 표현한 것일 따름이다. 전장의 상황을 구체적으로 그려보기 위해서는, 강화도 함락 당일 갑곶 부근의 조석 시각을 특정할 수 있어야 하며, 염하수로의 조류에 관한 정보도 확보할 필요가 있다. 이러한 필요를 충족하기 위하여, 정축년 정월 22일, 즉 1637년 2월 16일 갑곶 부근, 즉 강화대교의 조석 시간과 염하수로의 조류를 과학적으로 추산한 결과는 다음과 같다.[121]

그날의 조석 시간은 5시 4분에 저조[간조], 10시 34분에 고조[만조], 17시 20분에 저조, 22시 36분에 고조로 추산되었다. 다음으로 조류의 방향이 바뀐 시각, 즉 전류(轉流) 시각의 경우는, 창조류(漲潮流) 전 전류[썰물에서 밀물로의 방향 전환]가 4시 30분과 17시 13분에, 낙조류(落潮流) 전 전류[밀물에서 썰물로의 방향 전환]가 10시 38분과 22시 46분에 일어난 것으로 추산되었다. 조류의 속도는 해수유동 관측 자료가 확보되어 있는 염하수로 북쪽 입구 부근을 기준으로 추산했는데, 오전과 오후의 창조류는 최대 초속 90센티미터 전후, 오전 10시 38분 이후의 낙조류는 최대 초속 68센티미터 전후로 계산되었다.

이러한 조석·조류 추산 결과에 근거하여, 먼저 청군의 도해 개시 시각을 확정할 수 있다. 10시 30분대에 고조와 낙조류 전 전류가 있었다는 추산 결과는 사시, 즉 9시 30분~11시 30분에 조류의 방향이 바뀌었음을 전하는 조선 측 목격담과 딱 부합한다. 이에 따라 청군의 도해 시각은 청 측 기록의 "해가 뜨자"를 완전 폐기하고 조익이 밝힌 "오시쯤", 즉 대략 11시에서 11시 30분으로 확정해도 아무런 문제가 없다. 그리고 이로부터 조류의 방향이 바뀐 지 짧게는 30분, 길게는 1시간이 흐른 뒤에야 비로소 청군이 도해를 개시했음을 알 수 있다.

이어서 조석·조류 추산 결과와 주요 문헌 기록의 내용을 대조하고 종합하여, 청군 도해 전후 조선 수군의 동태를 좀더 구체적으로 재구성하자면 다음과 같다.[122]

먼저 강진흔 함대의 동태이다. 그날 강진흔 함대의 동태를 두고, "(청군이 도해할) 때에 앞서 (미리 상류 쪽으로 배를) 옮겨 피했고, 조수의 흐름을 타고도 내려오지 않았다[先期移避, 順潮不下]"는 비난이 있었다.[123] 사시[9시 30분~11시 30분] 직전 또는 초반의 강진흔 함대를 두고, 조익은 정박 상태에 있었다고 말했고, 이민구는 "급류 속에 닻을 내리고" 있었다고 묘사했다. 충청수사의 우후 변이척의 죄목은 "전선을 이끌고 갑곶의 상류에 있다가 포성을 듣고 무너져 달아났다"는 것이었다.[124]

조석·조류 추산 결과에 따르면, 당일 새벽 염하수로의 강화대교 부근은 4시 30분 창조류 전 전류, 5시 4분 저조를 기록하면서 밀물 시간에 들어갔다. 북쪽으로 흐르는 염하수로의 창조류는 고조 시각(10시 34분)과 낙조류 전 전류 시각(10시 38분), 즉 10시 30분대까지 유지되었다.

문헌 기록과 조석·조류 추산 결과를 결합하면 다음과 같은 그림이 떠오른다. 강진흔 함대가 "(청군이 도해할) 때에 앞서 (미리 상류 쪽으로 배를) 옮겨 피했"다는 것은, 4시 30분 이후의 창조류가 흐르던 시간에 북쪽으로 배를 옮긴 것을 가리키고, "급류 속에 닻을 내리고" 정박하고 있었다는 것은 밀물에 밀려 더 북쪽으로 가지 않기 위하여 닻을 내려 버티고 있는 상황의 묘사이다. "조수의 흐름을 타고도 내려오지 않았다"와 "상류에 있다가 포성을 듣고 무너져 달아났다"는 것은, 10시 30분대 이후의 낙조류를 타고 남하할 수 있었는데도 청군의 홍이포에 압도되어 그렇게 하지 않은 것을 가리킨다. 강진흔 본인이 탄 배는 아마도 닻을 내리고 정박한 상태에서 홍이포에 맞았기 때문에 조류가 바뀐 뒤에도 남하할 수 없었을 것이다. 강진흔의 부관인 변이척이 처형된 것은, 강진흔의 배가 피격된 이후 그에게 함대 지휘 책임이 있었기 때문일 것이다.

단, 이민구와 조익이 육안으로 관찰할 수 있는 거리에 들어와 있었으므로, 강진흔의 함대가 연미정보다 북쪽에 있었던 것이 아니라 그보다 남쪽에 머무르고 있었을 가능성도 충분해 보인다. 이 경우 21일 늦은 밤부터 22일 새벽[4시 30분]까지 낙조류가 남쪽으로 흐르고 있었다는 사실을 감안하면, 강진흔은 낙조류가 흐르던 시간대의 어느 시점엔가 낙조류를 타고 갑곶 쪽으로 일정 거리 남하했다가, 조류가 창조류로 바뀌자 다시 북쪽으로 물러섰을 것이라는 추정도 해볼 수 있다.

이번에는 장신 함대의 동태이다. 정월 22일 오전 염하수로의 창조류 전 전류 시각은 4시 30분으로 추산되었다. 장신 함대의 북상은 아무리 일러야 4시 30분 이후에나 가능했다는 의미이다. 따라서 "때가 마침 하현이라 조수가 매우 적어서 밤을 새워 배를 저었으나 22일 새벽녘에야 겨우 갑곶 아래로부터 5리쯤 떨어진 곳까지 이르렀다"는 나만갑의 「기강도사」 기록에서 "하현이라 조수가 매우 적어서"라면 몰라도 "밤을 새워 배를 저었으나"라는 말은 사실일 수가 없다. 반면에 장신이 "광성으로부터 새벽 조수를 타고 올라왔"다는 남급의 「강도록」 기록은 추산 결과와 정확히 부합한다.

다음으로, 장신의 함대가 북상해오는 모습이 갑곶 언덕에 있던 조익의 가시거리에 들어온 것은 "사시쯤 되었을 때", 즉 9시 30분경이었다. 9시 30분경은 아직 창조류가 북쪽을 향해 흐르던 시간이다. 이민구의 기록에서 조류가 순류[남에서 북으로]에서 역류[북에서 남으로]로 바뀐 탓에 장신의 함대가 북상을 멈추었다는 시점은, 조익 기록의 문맥상 사시에 들어선 이후 시간이 꽤 흐른 뒤였다. 이는 9시 30분경으로부터 약 1시간이 경과한 10시 30분대에 조류가 낙조류로 바뀌었다는 추산 결과와 딱 부합한다. 장신 함대의 출현에 "다들 크게 기뻐"했던 사람들의 환호가 이 무렵 낙담과 절망으로 바뀌었을 것이다. 장신 함대는 결국 뱃머리를 돌려 낙조류를 타고 남하해버렸다.

그런데 장신 함대가 북상을 중단하고 결국에는 남하해버린 것이 반드시 조류 때문이었다고 단정할 수 있을까? 만약 역류의 세기가 판옥선이 노를 저어 얻는 추진력보다 작았다면 계속 북상할 수도 있지 않은가? 사실 정축년 정월 22일 염하수로 북쪽 입구의 조류 속도는 창조류가 최대 초속 90센티미터 전후, 낙조류가 최대 초속 68센티미터 전후였다. 아무리 빨라야 초속 1미터를 넘지 못했던 것이다. 특히 10시 30분대 이후의 낙조류가 초속 0.5미터[약 1노트]를 돌파한 시간은 11시 30분을 지난 무렵으로 추산되었다.[125] 그런데 판옥선이 노를 저어 얻는 추진력은 최대 3노트[초속 1.54미터]였다고 한다.[126] 갑곶 구간은 수로의 폭이 좁았기 때문에 염하수로 북쪽 입구보다 유속이 훨씬 더 빨라서, 가령 두세 배 빠른 초속 1~1.5미터에 달했을지도 모른다. 그렇더라도 청군이 도해를 개시한 11시~11시 30분의 역류 세기가 이론상 극복이 전혀 불가능할 정도였다고 단정하기는 어려워 보인다.

하지만 광해군 11년(1619) 칠월, 강화도에 보장처를 구축하는 문제와 관련하여 우의정 조정(趙挺)이 올린 상주에, "무신(武臣) 가운데 주사를 잘 아는 자에게 물어보니, 다들 '판옥전함(板屋戰船)은 대양(大洋)에 쓰는 것이다. 강화도와 같은 급류에서는 결코 움직이기 어렵다. 만약 선체가 작은 병선(兵船)이라면 적(賊)을 막는 데 쓸 수 있다'라고 생각하고 있었습니다"라는 말이 보인다.[127] 여기서 "강화도와 같은 급류"에 염하수로가 포함된다는 것은 자명하다. 따라서 이 기록은 염하수로에서 대형 전선의 기동이 불가능하다는 것이 당대의 상식이었음을 알려준다고 할 수 있다.

또한 『숙종실록』에도 염하수로는 "물길이 좁고 물살이 빠르기 때문에 주사를 쓰기 어려워 적(賊)이 침범하기 쉬운 곳"이라는 기록이 보인다.[128] 특히 남급의 「강도록」은 장신이 "조수가 매우 빠르게 물러갔기 때문에 전선을 움직일 수 없었다"고 말한 바 있다. 책상머리에서의 이론적 계산으로는 전혀 불가능한 것이 아닐지라도, 실제 상황에서는 역류를 거슬러 전선을 조종하거나 노 젓기를 오랜 시간 지속할 수 없었으리라고 보는 것이 타당하다.[129]

여기에 더하여 정축년 이월 22일 염하수로의 조류와 관련하여 유속만 고려해서는 안 된다. 수로의 수심과 밀접한 관계가 있는 조수의 양도 감안해야 한다. 조차가 작은 날에는 조류의 속도도 느리지만, 동시에 조수의 양도 적다. 나만갑도 "하현이라 조수가 매우 적어서" 장신 함대의 운항이 쉽지 않았음을 인정했다. 당시 염하수로의 수심에 대한 섣부른 추정은 금물이지만, 고조를 지나 조류의 방향이 바뀐 10시 30분대 이후에 시간이 갈수록 수심이 낮아지면서 장신 함대의 운항이 점점 더 곤란해졌으리라는 것만은 확실하다. 이민구의 말처럼, 물이 빠지면서 수심이 계속 낮아지게 되면 함대가 좌초할 수 있다는 우려에서 장신이 남하를 결정했을 가능성도 충분히 있다.

한 걸음 더 나아가 이런 시나리오도 짜볼 수 있을 것 같다. 장신 함대가 갑곶 언덕에서의 가시거리에 들어온 9시 30분경부터 조류의 방향이 바뀐 10시 30분대까지는 약 1시간이 있었다. 조수가 적은데다가 순류의 유속도 점점 느려지고 있었을 터이지만, 열심히 노를 저었다면 4~5킬로미터 북상도 불가능하지 않았을 시간이다. 그럼에도 장신은 갑곶 앞 수역까지 올라오지 못했는데, 이는 못한 것이 아니라 안 한 것일 수도 있다. 왜냐하면 청군이 도해를 개시하기 전까지는 설령 갑곶 앞 수역까지 올라온다고 할지라도 청군의 배들이 해안에 정박하고 있는 이상 그들에게 유효한 타격을 가할 방도가 없었기 때문이다. 만약 10시 30분대 이전 창조류가 흐르던 시간 동안 서둘러 갑곶 앞 수역에 이르렀다면, 더 이상 북쪽으로 밀려가지 않기 위해서 반대 방향으로 노를 계속 젓거나 닻을 내려 정박해야 했을 것이다. 노를 계속 저을 경우 격군(格軍)들이 피로를 견딜 수 없게 된다. 또한 배가 멈추어 있게 되면 청군의 홍이포에 고정 표적이 되기 십상이다. 조류의 방향이 바뀌기 전부터 이미 장신 함대가 북상을 멈추어야 하는 상황이 펼쳐져 있었던 셈이다.[130]

이런 시나리오까지 반영한다면, 10시 30분대까지의 장신 함대는 창조류를 타고 최대 속력으로 북상하고 있었거나, 혹은 조류의 속도가 느려지는 가운데 갑곶 앞 수역 접근을 의도적으로 자제하고 있었거나, 둘 중의 하나였을 것이다. 그러다가 10시 30분대에 이르러 조류의 방향이 바뀌어 남쪽으로 낙조류가 흐르기 시작했다. 이 시점 이후 만약 조류를 거슬러 갑곶 앞 해상으로의 전진을 강행했다면, 그 자체도 쉽지 않았거니와 도착 이후에는 남쪽으로 밀려 내려가지 않기 위하여 하릴없이 계속 노만 저어야 했을 것이다. 이 역시 청군이 도해를 개시하지 않는 한 아무런 의미가 없는 헛수고였을 따름이다. 게다가 홍이포에 피격될 위험에 고스란히 노출되기까지 한다.

결국 어떤 경우이든 당일 염하수로의 조석·조류는 장신에게 결국 뱃머리를 남쪽으로 돌리는 것 외에 다른 선택의 여지를 주지 않았다고 해도 과언이 아니다. 그렇다면, 장신이 끝까지 자신의 혐의를 인정하지 않았던 것도131) 바로 이 때문이 아니었을까?

이처럼 조석·조류가 조선 수군의 동태에 중대한 변수로 작용하고 있었다면, 청군 역시 염하수로를 건널 때 조류의 영향을 받지 않았을까? 이 질문과 관련해서는, 위에서 소개한 광해군 11년 우의정 조정의 상주에서 "만약 선체가 작은 병선이라면 적을 막는 데 쓸 수 있다"는 구절을 상기할 필요가 있다. 염하수로에서는 작은 크기의 배가 오히려 군사적 효용이 더 크다는 말이다.

앞에서도 언급했듯이 홍타이지 또한 조대수에게 보낸 서신에서 "아군의 비선(飛船)은 가볍고 날카로워 운전[旋轉]이 편리하고 빨랐기 때문에" 조선 수군의 배들이 막지 못했다고 자랑하여,132) 이 점을 강화도 작전이 성공을 거둘 수 있었던 최대 요인이라고 강조했다. "비선"이라는 표현 자체가 청군의 작은 배들이 마치 새가 날아가는 것처럼 경쾌한 기동력을 갖추었다는 점을 강조한 것이지만, 청군의 배들이 염하수로에서 자유자재로 움직일 수 있었던 데에는 배의 크기 외에 또 다른 요인이 작용했던 것으로 보인다. 그 단서는 (정)의 도르곤 보고에 보이는 "(배 위에) 서서 상앗대질을 하며"라는 구절에서 찾을 수 있다.133)

이 구절의 만주어 원문은 "ilifi šurume"이다. "ilifi"는 간단히 "서서[立]"

로 옮기면 되지만, "šurume"는 약간의 부연 설명이 필요하다. 최근 국내에서 출간된 『만한사전(滿韓辭典)』은 명사 "šurukū"는 "상앗대[篙子]"로 옮겼지만 동사 "šurumbi"는 "노를 젓다, 상앗대질하다"로 풀이하여 노도 되고 상앗대도 되는 것처럼 옮겼다.[134] 그러나 청 대의 사전인 『청문감(淸文鑑)』의 풀이는 "상앗대질하다[使篙]"였다.[135] 만주어에서 "노"는 "fetheku[櫓]", "노를 젓다"는 "fethekulembi[搖櫓]"로, "šurukū"·"šurumbi"와는 분명히 구별된다.[136] 따라서 "ilifi šurume"는 "(배 위에) 서서 상앗대질을 하며"로 번역해야 한다. 즉, 청군은 노가 아니라 상앗대로 배를 운전했다는 말이다. 이 덕분에 청군의 배는 수심이 얕고 조류가 빠른 것이 특징인 갑곶나루의 뱃길에서 "운전이 편리하고 빨랐"던 것이다.

혹 얕은 수심이 그들에게도 문제가 되지 않았겠느냐는 의문이 들 수도 있다. 그러나 얕은 수심은 청군의 배처럼 작은 선박에는 애당초 문제가 되지 않을 뿐만 아니라, 수로 바닥을 밀어야 하는 상앗대를 쓰기에 오히려 더 적합한 조건이었다. 반대로, 조선 수군의 큰 전선들은 수심이 얕으면 기동이 불가능했는데, 청군의 배가 상앗대로 움직였다는 사실은 당일 갑곶나루 뱃길의 수심이 깊지 않았음을 방증하기도 한다.

여기서 간과할 수 없는 것은, 청군이 바로 이런 상황에서 조류의 속도가 가장 느렸던 10시 30분대의 시간을 그냥 흘려보내며 최대 1시간이나 기다렸다가 "오시쯤", 즉 11시~11시 30분에 이르러서야 비로소 도해를 개시했다는 점이다. 더군다나 이 기다림의 시간 동안 그들은 장신의 함대가 육안으로 보이는 거리에 들어와 있었음에도 홍이포를 발사하지 않았다. 그저 시간만 보내고 있으면 조류의 속도도 점점 빨라지고 수심도 점점 낮아져, 결국 장신의 함대가 자신들의 도해를 저지하러 북상할 수 없는 때가 오리라고 예상하고 있었던 것이 아닐까?

그렇다면, 청군이 도해를 개시한 시각, 그 남쪽 해상에 있던 장신은 청군의 "비선"들이 상앗대질을 하며 재빨리 뱃길을 건너는 모습을 분명히 관찰할 수 있었을 터이지만, 한편으로는 그 시간이면 꽤나 속도가 붙었을 역류로 인해, 다른 한편으로는 하현이었던 데다가 고조로부터 이미 상당한 시간이 흘러 뱃길의 수심이 너무 낮아진 탓에 함대의 북상을 포기했던 것이 아닐까? "장신은 배 위에 앉아 가슴을 칠 따름이었다"는 「강도록」의 구절은 아마도 이러한 속수무책의 상황을 두고 나온 말이었을 것이다.

장신은 객관적으로 우월한 수전 능력을 바탕으로 해상에서 수전을 벌여 청군을 저지한다는 구상이었다. 청군이 강화도 상륙 작전에 투입한 작은 배들은 객관적 수전 능력의 측면만 보자면 판옥선을 비롯한 조선 수군의 전선 수십 척에 결코 필적할 수 없었다. 그러나 정축년 정월 22일, 즉 1637년 2월 16일 갑곶 나루의 뱃길에서는 수전이 벌어지지 않았다. 이 점은 당시 사람들도 정확히 파악하고 있었다. 예컨대, 전쟁이 끝난 지 보름 남짓이 지난 정축년 이월 16일의 어전 대화를 보면, 그 무렵 청군이 준비하던 가도 공격 작전이 과연 성공할 것인지에 관하여 최명길이 "그들이 만약 가벼이 진격한다면 반드시 뜻을 이룰 수 없을 것입니다. (그러나) 만약 강화도에서처럼 한다면 또한 어렵지 않을 것 같습니다"라고 말하자, 인조는 "어찌 반드시 강화도와 같겠는가? 강화도의 경우는 싸우지 않았기 (때문에 함락된 것이다.) 만약 서로 싸울 수 있었다면 어찌 이런 지경에 이르렀겠는가?"라고 대꾸한 바 있다.137) 조경남도 『속잡록』에서 강화도의 조선군이 "모두 싸우지도 않고 무너졌다"고 상황을 요약했다.138)

결국 청군이 염하수로의 갑곶 나루를 공격 지점으로 선택한 순간139) 조선 수군의 해상 저지 구상은 이미 무력화가 예정되어 있었다고 해도 과언이 아닐 것 같다. 바로 이 대목에서 청군이 염하수로 갑곶 나루의 뱃길을 작은 배들로 건넌다면 조선 수군의 저지를 받지 않고 무사히 강화도에 상륙할 수 있으리라는 것을 사전에 알고서 작전에 들어간 것이 아닐까 하는 생각이 든다. 그 경우 염하수로의 조석·조류에 대한 지식이 필수적일 터인데, 당시의 청군이 독자적으로 그런 지식을 확보하고 있었을 리는 만무하다. 누구였는지는 몰라도 청군의 정보원이 분명 존재했을 것이다. 그렇다면, 청군의 강화도 작전 감행을 가능하게 만든 정보원은 과연 누구였을까? 한번 도전해볼 만한 질문이다. 그러나 청군의 강화도 작전에 대한 이야기가 너무 길어져버렸다는 걱정이 든다. 청군의 정보원을 추적하는 작업은 이 책의 끝에 덧붙인 부록의 과제로 넘기고, 남급의 「강도록」에 실린 이야기 하나를 소개하는 것으로 이 장을 마무리하기로 한다.

남급의 「강도록」에는, 청군의 도해 직전 상황에서 임선백(任善伯)이 봉림대군에게 "적(賊)의 배는 가볍고 빠르기가 (마치) 날아가는 것 같지만, 우리의 전선은 조수가 물러날 때 움직이기 어려우니 전적으로 주사에만 기댈 수 없습니다"라고 말하면서 갑곶의 진해루(鎮海樓) 아래 좁고 험한 곳에 포진하여 상륙하는 적과 혈전을 벌여야 한다고 주장하는 장면이 나온다.[140] 「강도록」은 이 장면에 앞서 임선백이 강화부성의 남문 수비를 맡았다고 하고서는, 난데없이 바다에 몸을 던져 자살을 시도했다가 뱃사람에 의해 구조되어 살아났다고 하면서 갑곶 현장의 봉림대군 앞에 그를 등장시키고 있다.[141] 임선백의 등장은 아무래도 허구적 장치가 분명해 보인다. 그러나 염하수로에서 "조수가 물러날 때"에는 조선 수군의 전선들이 청군의 도해를 저지할 수 없다는 말 자체는 허구적 장치를 빌려서 정축년 정월 22일의 '교훈'을 지적한 것이라고 볼 수 있다. 또한 전후 조선 조정이 강화도 해안의 요해처에 목책(木柵)의 설치를 추진한 것도 그날에 얻은 '교훈' 때문일 것이다.[142] 물론 만시지탄을 자아낼 따름이지만 말이다.[143]

제5장

반전

협상으로 전환하여 전쟁을 서둘러 끝내려고 하다

인조는 어떻게 해서 종묘사직과 왕위를 보전할 수 있었는가?

지금까지 정축년 정월 22일에 있었던 청군의 강화도 상륙 작전에 대하여 자세히 살펴보았다. 이번에는 시간과 장소를 바꾸어 정월 10일경의 남한산성으로 눈길을 돌려보자. 그 무렵 남한산성은 문자 그대로 고립무원이었다. 양근의 미원 땅에 적지 않은 수의 조선군이 모여들었지만, 이들은 꿈쩍도 하지 못하고 있었다. 미원의 조선군이 설사 청군에 대한 공격을 감행했다고 하더라도, 막강한 야전 전투력을 갖춘 청군을 격파하여 남한산성 구원에 성공했을 가능성은 거의 없어 보인다. 게다가 청군이 남한산성 주위에 목책을 두르는 등 물 샐 틈 없이 견고한 포위망을 완성했기 때문에, 남한산성의 조선 조정은 외부와의 연락까지 완전히 두절된 '깜깜이' 상황으로 몰렸다.[1] 이제 청군의 포위망에서 벗어날 희망은 사라졌다고 해도 과언이 아닐 것이다.

한편, 정축년 정월 10일 도르곤과 호오거의 동로군이 서울에 도착했다. 같은 날 두두의 치중 부대가 홍이포를 끌고 왔다.[2] 홍이포의 총수는 34문이나 되었던 것으로 추정된다.3) 이로써 청군은 전 병력의 집결을 완료했을 뿐만 아니라, 이제 언제든지 마음만 먹으면 남한산성에 대하여 홍이포까지 동원한 전면적 공성전(攻城戰)을 벌일 수 있는 준비마저 갖춘 셈이었다.

그러나 남한산성은 청군의 전투력이 아무리 강력하더라도 쉽사리 함락시킬 수 있는 곳이 아니었다. 사실 당시 청군의 입장에서는 굳이 적지 않은 희생을 감수해야 하는 공성전을 서두를 필요 자체가 없었다. 남한산성의 식량이 떨어지면 조선군은 굶주림에 지쳐 전투력을 완전히 상실할 터였기 때문이다. 청군은 그때까지 느긋하게 시간만 흘려보내면 그만이었다. 실제로 당시 남한산성의 식량은 늦어도 이월 20일경이면 바닥을 드러낼 지경이었다.4)

남한산성에 대한 포위 작전 태세를 완성한 청군이 만약 이월 하순까지 '고사(枯死) 작전'을 지속했다면 과연 어떤 일이 벌어졌을까? 아마도 대량의 아사자가 발생하는 등 상상만으로도 끔찍하기 이를 데 없는 참극이 연출되었을 것이다. 그러나 다행스럽게도 그런 참극은 일어나지 않았다. 전쟁은 남한산성의 식량이 떨어지기 훨씬 전인 정축년 정월 30일(1637년 2월 24일)에 끝이 났다. 이날 인조가 남한산성에서의 농성을 포기하고 삼전도로 나와 홍타이지에게 항복했기 때문이다. 느긋하게 시간을 보내는 고사 작전이 청군의 입장에서 가장 유리할뿐더러 충분히 실행 가능했다는 점에 비추어보자면, 병자호란이 남한산성의 조선군이 고사하기 전에 막을 내린 것은 오히려 뜻밖의 결말이었으며 조선으로서는 매우 다행스러운 일이었다고 할 만하다.

'삼전도의 치욕' 또한 어찌 보면 불행 중 다행이었다. 두말할 나위 없이 그것은 그 자체로 역사상 최악의 치욕이었음이 분명하다. 그러나 정축년 정월 10일경의 시점에서 사태를 좀더 냉정하게 보자면, 홍타이지는 인조에게 삼전도의 치욕보다도 훨씬 더 심한 치욕, 예컨대 12세기 초 송나라가 금나라에게 당한 것과 같은 치욕을 안길 수도 있었다. 금나라에 끌려가 객사한 송나라의 휘종·흠종과 같은 비극적 운명을 인조에게 강제하고 조선 왕조를 아예 멸망시키는 것도 가능했다는 말이다. 그러나 인조는 조선의 종묘사직은 물론이거니와 자신의 왕위도 보전하게 되었다. 정월 중순의 전황(戰況)에 비추어보자면, 이 또한 의외의 결말이라고 할 만하다.

그렇다면, 병자호란은 어떻게 해서 이런 방식, 즉 의외로 일찍, 그리고 조선의 종묘사직과 인조의 왕위가 그대로 유지되는 방식으로 막을 내리게 되었던 것일까? 이런 질문에 대한 해답의 실마리를 찾기 위해서는 정축년 정월 30일 인조의 남한산성 출성 경위를 들여다볼 필요가 있다. 인조의 출성은 홍타이지가 내건 종전 조건을 받아들인 결과였고, 홍타이지가 그런 종전 조건을 명시적으로 제시한 것은 그로부터 열흘 전인 정월 20일의 일이었다.

정월 20일 새벽 청군은 남한산성의 조선 조정에 홍타이지의 국서 한 통을 전달했다.5) 이 국서에서 홍타이지는 인조가 출성하고 척화신 두세 명을 박송(縛送)하기만 하면 전쟁을 끝내고 철군하겠다는 의사를 밝혔다.6) 고립무원의 궁지에 몰려 있던 인조의 입장에서 말하자면 파격적이고 관대한 조건이었다고 볼 수도 있다. 이로써 인조가 이 두 가지 조건을 수용하여 단지 두세 명의 척화신을 포박하여 보내고 그 자신이 남한산성에서 나가기만 한다면 더 이상 피를 흘릴 필요 없이 전쟁을 끝낼 수 있는 길이 열린 셈이다.

그러나 홍타이지가 제시한 두 조건은 조선 조정의 입장에서 수용하기 곤란한 것이었다. 신료의 대다수가 척화를 주장한 터에 두세 명만을 희생양으로 골라 사지에 밀어 넣는다는 것은 차마 할 수 없는 일이었다. 인조의 출성은 더욱더 수용할 수 없었다. 오랑캐의 말을 액면 그대로 믿고 성을 나갔다가 자칫 배신이라도 당하면 어찌할 것인가? 조선 조정은 옛날 송나라 휘종과 흠종이 겪었던 참극이 벌어지지 않으리라고 확신할 수 없었다. 조선 조정으로서는 인조의 출성만은 어떻게 해서든 피해야 했다.

홍타이지의 정월 20일 자 국서에 대하여, 인조는 다음 날 바로 청군 진영에 답서를 보냈다.[7] 답서의 첫 문장은 이랬다. "조선국왕 신(臣) 이종(李倧)이 대청국 관온인성황제 폐하께 삼가 상서합니다."[8] 정월 19일 청군 진영에 보낸 국서까지만 해도 "조선국왕이 대청국 관온인성황제께 삼가 상서합니다"라는 말로 시작했다.[9] "신 이종"이라는 표현은 쓰지 않았다. 하지만 이번 답서에서는 인조가 자신을 "신"이라고 칭하면서 성과 이름을 그대로 썼다. 이뿐만 아니라 홍타이지를 "폐하"라고 불렀다. 완전한 칭신(稱臣)의 서식이었다.[10] 그 대신에 인조는 자신의 출성과 척화신의 박송 없이 군사를 물려달라고 간청했다. 홍타이지의 조선 침공이 궁극적으로 인조의 칭신 거부에서 비롯되었다고 한다면, 인조의 완전한 칭신으로 전쟁의 발발 원인은 일단 해소되었다고 볼 수 있다. 그러나 청 측은 두 조건, 특히 인조의 출성은 반드시 관철시켜야겠다는 강경한 태도였다.[11]

인조는 정월 24일 청군 측에 전달한 국서에서도 출성만은 면하게 해달라고 요청했다. 척화신 두세 명을 포박해서 보내라는 요구에 대해서는 한발 물러섰다. 당시 평양서윤(平壤庶尹)으로 나가 있던 홍익한을 척화신의 대표로 거명했고, 나머지 척화신은 청군의 철수 후에 색출해서 보내겠다는 뜻을 밝힌 것이다.[12] 그러나 청 측은 더 이상 양보하려들지 않았다. 그들은 아예 국서의 접수조차 거부하면서 인조의 출성 수용을 압박했다.[13] 협상은 인조의 출성 문제를 놓고 교착상태에 빠졌다.

그러나 정월 26일에 이르러 조선 조정은 청천벽력 같은 소식을 듣게 되었다. 청군 측에서 이미 나흘 전인 정월 22일에 강화도를 점령했다는 사실을 통고한 것이다. 청군은 봉림대군의 친필 서신과 윤방 등의 장계를 증거로,

강화도에서 사로잡은 환관 나업과 진원군 이세완을 증인으로 제시했다.[14]

　당시 강화도에는 종묘사직의 신주와 원손 및 두 대군이 피난을 가 있었다. 인조는 설사 남한산성이 무너지더라도 강화도만 버틴다면 나라가 멸망에는 이르지 않을 수 있다는 마지막 희망을 간직하고 있었다.[15] 따라서 강화도 함락 소식은 남한산성의 조선 조정을 절망의 구렁텅이로 몰아넣기에 충분했다. 인조는 어쩔 수 없이 농성을 접고 출성하기로 결단을 내렸다. 인조는 바로 다음 날인 정월 27일에 출성 의사를 밝힌 국서를 보냈다.[16] 정월 28일에는 홍타이지가 종전 이후 조선이 이행해야 할 사항들을 제시하면서 출성 시 인조의 신변 안전과 종묘사직의 보전을 재차 확인했다.[17] 이에 따라 인조는 정월 29일 척화신 윤집(尹集)과 오달제(吳達濟)의 신병을 청군에 넘겼고,[18] 그다음 날인 정월 30일에는 마침내 남한산성을 나와 삼전도로 향했다.[19]

　정월 30일 인조가 출성하게 된 경위가 위와 같다면, 병자호란이 의외로 일찍, 그것도 조선의 종묘사직과 인조의 왕위가 보전되는 형태로 마무리될 수 있었던 데에는 두 가지 요인이 작동했다고 정리할 수 있다. 첫째는 교전 쌍방의 협상이고, 둘째는 청군의 강화도 점령이었다. 둘 중에서 후자는, 이미 진행 중이던 협상 과정에서 홍타이지가 내세운 종전 조건의 수용을 놓고 고민하던 인조의 결단을 앞당기는 효과가 있었다. 따라서 두 가지 중에서 관건적인 요인은 역시 전자였다고 보아야 한다. 홍타이지는 정월 20일 인조의 출성과 척화신 두세 명의 박송을 조건으로 '평화적' 철군을 약속했고, 비록 우여곡절을 거치기는 했지만 조선 측이 결국 두 조건을 수용하자 그 약속을 지켰다. 따라서 인조가 종묘사직의 보전과 자기 왕위의 안전을 보장받을 수 있었던 것은 궁극적으로 쌍방의 협상 결과였다고 할 수 있다.

홍타이지, 정축년 이월 말에나 전쟁이 끝나리라고 전망하다

이 대목에서 또 다른 의문이 떠오른다. 정축년 정월 중순의 전황에 비추어보자면 청군이 남한산성의 조선 조정과 협상을 벌였다는 것 자체가 기이하지 않은가? 청군은 이미 남한산성으로 다가오던 조선의 근왕병을 죄다 격퇴함으로써 남한산성을 고립무원으로 몰아넣은 상태였다. 정월 10일에는 홍이포 부대를 포함한 전 병력의 집결을 완료했으니, 이제 전면적인 공성전에 나설 준비도 모두 갖춘 셈이었다. 혹 적지 않은 사상자가 발생할까 우려되어 공성전은 가급적 피하려고 했다면, 이미 구축한 포위망을 유지한 채 고사 작전만 견지해도 승리가 확실시되는 상황이었다. 남한산성의 조선 조정과 협상에 나설 동기는, 그것도 고작(?) 인조의 출성과 척화신 두세 명의 박송이라는 조건을 내걸고 철군 협상에 나설 동기는 찾기 어렵다. 또한 결국에 가서는 협상을 벌일 요량이었다고 치더라도, 홍타이지가 최종 철군 조건을 제시한 정월 20일은 시점이 너무 이르다. 남한산성의 식량이 바닥을 드러냈을 때, 가령 이월 20일경까지 기다렸다가 협상을 벌였다면 훨씬 더 유리한 고지를 확보할 수 있었기 때문이다.

여기서 남한산성의 조선 조정이 식량 부족에 시달렸듯이 청군 또한 군량 확보에 곤란을 겪고 있었기 때문이 아니냐는 의문이 들 수 있다. 제2장에서 엄동설한의 한겨울이 홍타이지가 구상한 공격전략의 실현에 최적의 계절이었다고 말한 바 있는데, 겨울철이 군량의 현지 조달에 유리한 시기라는 점도 감안했을 것으로 보인다.

모든 전쟁이 다 그렇지만, 특히 병자호란처럼 대규모 병력을 투입한 총력전이자 적국 땅 깊숙이까지 쳐들어가는 장거리 원정에서 무엇보다 중요한 것은 물자, 특히 군량의 보급이었다. 수만 명의 병력이 몇 달 동안 먹어야 할 군량은 확보하기도 수송하기도 어려웠다. 그러나 이 골치 아픈 문제는 가을걷이가 끝난 뒤에 전쟁을 일으키면 간단히 해결할 수 있었다. 약탈을 통한 군량의 현지 조달이 가능해지기 때문이다. 즉, 가을걷이 이후는 조선의 관아나 민간의 비축 식량이 연중 가장 풍부한 때이므로 약탈에 의한 군량 조달에 큰 문제가 없었을 것이라는 말이다.

실제로 홍타이지는 처음부터 원정군의 군량을 조선 현지에서 조달할 작정이었다. 병자년 십이월 10일 압록강을 건넌 홍타이지는, 십이월 14일 외번몽고 병력에 청천강 이북의 연해 지역을 약탈하면서 안주로 모이라고 지시했다. 또한 자신이 안주에 도착하여 진을 친 십이월 15일에는 팔기의 병력을 좌우로 나누어 보내면서 각지를 약탈한 뒤 귀환하라는 명령을 내렸다.[20] 언뜻 보면, 심양을 떠나기 이틀 전인 십일월 29일에 홍타이지 자신이 반포한, 저항하지 않는 조선의 군민에 대한 약탈을 엄금한다는 군령과 정면으로 배치되는 명령이었다.[21] 게다가 병자호란 당시 홍타이지가 구사한 공격전략에서는 신속한 진군이 관건적이었다. 약탈은 진군 속도를 늦추기 마련이므로 전략 목표의 실현에 오히려 장애가 된다. 그럼에도 불구하고 홍타이지가 십이월 14일과 15일에 약탈을 명령한 것은 군량의 현지 조달을 위해서였다.

병자년 십일월 19일 청 국내의 팔기와 우전 초하에 내린 동원령은 군사들에게 겨우 15일분의 식량만 준비하라고 지시했다.[22] 그에 앞서 십일월 11일 외번몽고에 보낸 출병 명령에서는 20일분의 식량을 지참하라고 지시했다.[23] 외번몽고는 심양으로 오기까지 며칠이 더 걸릴 수밖에 없었으므로 5일분을 더 준비시켜야 했을 것이다. 그런데 십이월 14일이면 그들이 심양을 출발한 십이월 2일로부터 13일째였다. 이 무렵 외번몽고 병력은 애초에 준비한 20일분의 식량이 거의 떨어졌을 것이다. 십이월 15일은 14일째였으니 팔기 병력의 식량이 떨어지기 하루 전이다. 이 무렵 청군은 군량 조달을 위한 약탈이 불가피했던 것이다. 홍타이지가 외번몽고와 팔기의 약탈 대상 지역을 분산시킨 것도 어느 한 지역만 약탈해서는 충분한 식량을 얻을 수 없기 때문이었을 것이다. 홍타이지는 십이월 25일 개성에서도 또 한 차례 병력을 좌우로 나누어 약탈에 나서게 했는데,[24] 이 역시 안주 부근에서 조달한 식량이 거의 바닥났기 때문으로 보인다.

서울에 도착한 이후 청군은 당장 군량 조달을 위한 약탈에 나설 필요도 없게 되었다. 왜냐하면 조선이 전쟁에 대비해 비축해둔 식량을 고스란히 손에 넣었기 때문이다. 청군은 서울 도성 안의 식량과 물자는 물론이고,[25] 풍저창(豊儲倉)과 광흥창(廣興倉)을 가득 채우고 있었던 미곡도 확보했다.[26] 또한 유사시 남한산성에서 쓰려고 비축한 대량의 군량 가운데 산성 내의 비축분을 제외한 나머지를 쌓아두었던 한강변의 갑사창(甲士倉)과 광주 지역의 창고들도 청군 수중으로 넘어갔다.[27] 유사시를 대비한 비축 군량은 아군이 쓰지 못할 상황이라면 적어도 적에게 넘어가지는 않도록 태워버리는 것이 병가의 상식이지만, 조선은 애써 비축한 군량이 적의 손에 넘어가는 것을 막지 못했다. 다만 용산창(龍山倉)에 있던 군자감(軍資監)의 물자만은 청군에 넘어가지 않았는데, 이마저도 조선의 민간인들이 창고의 물자를 죄다 실어간 결과였을 따름이다.[28] 이 모두는 상상을 초월한 청군의 진군 속도에 당황한 조선 조정이 창졸간에 남한산성으로 쫓겨간 탓이었다. 그밖에도 청군은 전쟁 기간 식량 조달을 목적으로 충청 지역까지 남하하여 각 고을 관아의 창고를 약탈했다.[29]

이처럼 약탈에 의한 현지 조달로 군량을 확보하는 데 별 문제가 없었다면, 홍타이지가 일찌감치 협상에 나섰던 까닭은 도대체 무엇인가? 미스터리가 아닐 수 없다. 그러나 홍타이지가 협상을 서두른 까닭을 따져보기에 앞서 해결해야 할 과제가 있다. 그것은 이런 질문 자체가 성립할 수 있느냐 하는 것이다. '홍타이지는 왜 협상을 서둘렀는가?'라는 질문은 정축년 정월 하순에 진행된 쌍방의 협상이 당시의 전황과는 도무지 어울리지 않는다는 생각에서 나온 것이고, 이런 생각은 다시 그 무렵 홍타이지의 입장에서 가장 합리적인 작전은 느긋하게 시간을 보내는 고사 작전이었으리라는 추론을 전제로 한다. 그러나 이러한 합리적 추론과 달리, 만약 홍타이지가 애초부터 파격적인 조건을 내건 협상을 벌여서라도 가능한 한 빨리 전쟁을 끝낼 심산이었다면 이런 추론은 의미를 상실하고 만다. 그러면, 홍타이지의 심산을 들여다볼 방도가 있는가? 다행스럽게도, 정월 중순 시점에서 그의 심산이 무엇이었는지를 드러내는 기록이 남아 있다. 정월 16일 홍타이지가 심양으로 보낸 만주어 서신이 바로 그것이다.

전 병력의 집결이 완료된 정월 10일로부터 엿새가 지난 정월 16일, 홍타이지는 개전 초기 가장 먼저 서울에 도착했던 로오사 선봉대 300명을 전원 귀국시키면서[30] 자신의 황후와 본국을 유수하던 정친왕 지르갈랑 등에게 당시까지의 전황을 알리는 서신을 보냈다. 이 서신에서 홍타이지는 향후의 작전 구상도 피력했다. 이 서신에 드러나 있는 작전 구상에 대해서는 지금까지 아무도 주목하지 않았다. 그 뒤에 실제로 벌어진 상황과 부합하지 않기 때문인 것 같다. 그러나 어떤 시점에서의 작전 구상은 전쟁터에서의 상황 변화에 대응하여 얼마든지 바뀔 수 있다. 또 결과적으로 실행되지 않았다고 해서 무시해서는 안 된다. 실행되지 않았다면, 오히려 왜 실행되지 않았는지를 곰곰이 따져볼 필요가 있는 것이다.

정월 16일의 만주어 서신에서 가장 먼저 주목할 대목은 다음과 같다.

(A) 또한 집안[청 본국을 지칭]에 지체해서는 안 될 큰일과 긴급한 소식이

있어 (사자를) 보낸다면, 200~300(명의) 사람을 파견하라. 사소한 일과 소식이 있으면, 사람을 파견하여, 이월 20일에, 통원보에 와서 있으라고 하라. 여기[홍타이지의 군영을 지칭]에서 데리러 간 (사람들)을 만나 이쪽으로 오도록 (하라).[31]

(A)는 홍타이지가 조선에 머무는 동안 본국과의 연락 사무를 어떻게 처리할 것인가에 관한 지시사항이었다. 내용을 풀이하자면 이렇다. 병자호란 기간 청나라 본국에 긴급한 처리를 요하는 사무가 발생할 경우 심양의 지르갈랑 등은 홍타이지에게 사자를 보내야 했을 것이다. 당시 청군은 의주-서울 대로의 방어 거점들을 모두 '통과'해버렸기 때문에 서울-심양 간 교통로를 장악한 상태가 아니었다. 따라서 사자 일행의 안전한 여행을 위해서는 상당한 병력의 호위가 필요했다. 그래서 홍타이지는 긴급 사무가 발생하면 200~300명 규모의 병력을 파견하라고 지시한 것이다. 정월 16일의 서신을 심양에 보내면서 로오사 선봉대를 전원 귀국시킨 것 역시 사자의 안전한 여행을 보장하기 위해서였을 것이다. 그러나 기타 사소한 사무나 소식에 대해서는, 먼저 심양에서 통원보로 사람을 보내어 대기시키면 그 날짜에 맞추어 자신이 그들을 데리고 오기 위해서 사람을 보낼 것이라고 말하고 있다. 통원보는 병자년 사월 나덕헌 일행이 홍타이지에게서 받은 국서를 버려두고 온 곳으로, 압록강 북쪽 230리 지점에 있던 청의 요새였다.[32] 통원보로 보낼 사람에겐 응당 홍타이지 쪽에서 상당수의 호위 병력을 딸려 보낼 요량이었을 것이다.

그러나 여기서 주목해야 할 것은 지시의 내용이 아니라, "사소한 일과 소식이 있으면, 사람을 파견하여, 이월 20일에, 통원보에 와서 있으라고 하라"는 문장의 "이월 20일"이라는 날짜이다. 통원보로부터 서울까지는 약

1,400리 남짓한 거리였으니, 매일 200리의 속도로 말을 달리더라도 7일의 여정이었다. 따라서 "이월 20일"은 홍타이지가 적어도 이월 27일까지는 서울에 머무를 작정이었다는 사실을 말해준다. 이는 다시 정축년 정월 16일의 시점에서 홍타이지가 병자년 십이월 14일 남한산성에 들어간 인조가 날수로 최소 74일 이상은 버티리라고 예상하고 있었음을 말해준다. 이 74일은 말하자면 홍타이지가 전망하고 있던 인조의 남한산성 농성 기간의 최솟값으로 간주할 수 있다. 이하에서는 서술의 편의상 홍타이지가 전망한 인조의 농성 기간을 약 80일로 잡고자 한다.

그런데 결과적으로 인조의 남한산성 농성은 정축년 정월 30일까지 날수로 47일 만에 끝이 났다. 이로부터 약 80일은 너무 긴 시간이 아니냐는 의문을 제기할 수 있을 것이다. 그러나 이는 어디까지나 결과론적 시각에서나 나올 수 있는 의문이다. 결과론적 시각을 떨쳐내고 당시의 상황에 접근해야 한다. 홍타이지가 남한산성 포위 기간을 약 80일로 전망한 것은 전혀 이상한 일이 아니었다. 왜냐하면 홍타이지는 남한산성 포위 기간을 전망하면서 응당 유사한 작전 경험, 즉 1631년에 있었던 대릉하성(大凌河城) 포위전을 선례로 참고했을 것이기 때문이다.

천총 5년(1631)의 대릉하성 포위전은 홍타이지가 실전에 홍이포를 최초로 투입했다는 사실 외에[33] 일정 기간의 농성 역량을 갖춘 성곽 요새를 상대로 상당히 긴 시간 동안 포위전을 벌여 승리를 거둔 싸움으로 알려져 있다.[34] 하지만 여기에서 대릉하성 포위전에 주목해야 하는 이유는, 병자호란 이전 홍타이지의 전쟁 경험 중 대릉하성 포위 작전보다 남한산성 포위 작전을 닮은 싸움은 없었다는 사실 때문이다. 홍타이지의 친정, 대규모 병력 동원, 홍이포 등 신종 화약무기 투입 등이 두 싸움의 공통점이다. 게다가 대릉하성 포위전에서 홍타이지는 대량의 전투 손실이 예상되는 공성전을 감행하는 대신, 대릉하성 주위를 참호와 장벽으로 둘러싸서 봉쇄하고 성 안의 명군이 나오거나 외부의 명군이 성을 구원하러오는 경우에만 교전에 나선다는 작전을 수립했다.[35] 이 역시 병자호란 당시 청군이 구사한 작전과 꼭 닮았다.

천총 5년 칠월 27일 직접 대군을 이끌고 심양을 떠난 홍타이지가 대릉하 성을 포위한 것은 팔월 6일(양력 9월 1일) 밤의 일이었다.[36] 팔월 7일 공성 전을 자제하고 포위전을 벌인다는 작전을 수립한 홍타이지는, 팔월 14일 대릉하성의 명군 사령관 조대수에게 투항을 촉구하는 서신을 처음 보냈다. 두 번째 서신을 보낸 것은 그로부터 한 달 이상이 지난 구월 18일이었다. 시월 초순에도 두 차례에 걸쳐 신변 보장을 약속하면서 투항을 촉구했다.[37] 『청태종실록』에 따르면, 조대수가 투항을 결심한 것은 시월 14일의 일이었 다.[38] 그러나 대릉하성 내부의 반발 등으로 인해 조대수의 실제 출성은 그 로부터 다시 보름가량이 지난 시월 28일(양력 11월 21일)에야 이루어졌 다.[39] 포위를 개시한 날로부터 조대수의 출성 항복을 받기까지 걸린 시간은 날수로 82일이었던 셈이다.

여기서 1631년 대릉하성의 명군이 병자호란 당시 남한산성의 조선군보 다 더 많은 물자를 비축하고 있었기에 82일까지 버틸 수 있었던 것이 아니 냐는 의문을 제기할지도 모르겠다. 즉, 홍타이지가 식량, 땔감, 식수 등이 부족한 남한산성의 속사정을 인지하고 있었던 만큼,[40] 남한산성 포위전이 대릉하성의 경우보다는 짧게 끝나리라고 예상했을 가능성도 있지 않느냐는 의문이다. 그러나 농성군 쪽의 물자 부족 사정은 대릉하성의 경우도 전혀 다를 바 없었다. 아니, 오히려 심하면 심했지 더 나은 상황은 결코 아니었다.

병자년 십이월 20일 인조는 남한산성의 식량이 60일분은 족히 되며 아껴 서 쓴다면 70일까지도 버틸 수 있다는 보고를 받은 바 있다.[41] 정축년 이월 말까지 버틸 수 있다는 이야기였다. 이는 낙관에 치우친 전망이었다고 할 수 있지만,[42] 적어도 정축년 정월 30일 인조가 출성하기까지 남한산성에서는 동사자나 병사자는 있을지언정[43] 아사자는 나오지 않았다. 게다가 청군 역시 남한산성의 식량이 떨어질 시점을 이월 15일경으로 예상하고 있었다.[44]

이에 반해 1631년의 대릉하성에서는 농성을 시작한 지 한 달 보름이 지난 구월 23일경이 되자 식량이 거의 바닥을 드러냈다. 대릉하성 수축에 동원되었던 민간인의 과반이 아사했고 성 안에 남은 곡식은 100석에 불과했다.[45] 결국 군사들이 성곽 수축에 동원된 인부 및 상인과 평민들을 죽여서 잡아먹는 끔찍한 사태까지 벌어졌다.[46] 그 결과 농성 시작 무렵 대릉하성에 있던 약 3만 명 가운데 농성이 끝난 뒤 살아남은 사람은 1만1,682명에 그쳤다.[47]

이처럼 1631년 가을 대릉하성의 명군은 농성 개시 45일 만에 식량이 거의 떨어졌지만, 그 뒤로도 한 달 이상을 더 버텼다. 대릉하성 포위전의 사례와 비교하건대, (A)의 "이월 20일"로부터 홍타이지가 남한산성 포위전을 약 80일로 전망했다고 추론하는 것은 아무런 문제가 없다. 아니, 약 80일은 오히려 너무 짧은 시간이라고 볼 수도 있다. 청군이 예상한 이월 15일경에 식량이 떨어졌다고 하더라도, 만약 남한산성의 조선 조정이 대릉하성의 명군처럼 한 달을 더 버텼다면 포위전은 삼월 15일까지 갈 수도 있었다. 더군다나 조선이라는 일국의 운명을 걸고 농성하던 인조라면, 명나라 변경의 요새를 지키던 일개 무장 조대수보다는 훨씬 더 오래 버티리라고 전망하는 것이 더 자연스럽지 않을까?

홍타이지, 남한산성에 대하여 '고사 작전'을 구상하다

(A)의 "이월 20일"로 보건대 홍타이지는 적어도 이월 말까지는 조선의

전쟁터에 머물러야 할 것으로 예상하고 있었음이 확실하다. 그렇다면 홍타이지는 서신을 발송한 정월 16일로부터 거의 한 달 보름이나 되는 나날을 장차 무엇을 하며 보낼 생각이었을까? 서신의 또 다른 대목을 보자.

(B) 배를 준비하여 섬[강화도를 지칭]을 먼저 취하고자 한다. 섬의 (조선 왕의) 아들들과 처를 잡으면, 성 안의 사람들은 저절로 우리에게 투항할 것이라고 판단하여 섬을 먼저 취(하기로) 한다. 그럼에도 투항하지 않는다면, 나중에 성을 공격한다.[48]

(B)에서 홍타이지는 조선 왕의 처자를 잡기 위해 강화도를 먼저 공격할 계획임을 밝히고 있다. 조선 왕의 처자를 잡으면 남한산성에서 농성 중인 조선 왕이 항전 의욕을 잃고 항복하리라고 기대했기 때문이다. 여기서 그가 남한산성에 대한 공성전을 강화도의 처자가 사로잡힌 뒤에도 조선 왕이 항복하지 않을 경우로 미루고 있다는 점도 특히 유념할 필요가 있다. 강화도 공격이 남한산성에 대한 공성보다는 청군의 손실이 훨씬 더 작으리라는 계산이 섰기 때문일 것이다.

그런데 앞 장에서 보았듯이 실제로 청군은 정월 16일로부터 엿새가 지난 정월 22일에 강화도를 공격했다. 다시 나흘이 지난 정월 26일에 이 사실을 통고받은 인조는 출성을 결정했다. 인조는 (B)에서 홍타이지가 기대한 대로 행동한 것이다. 그러나 정월 22일 청군의 강화도 공격은 (A)의 "이월 20일"과 모순된다. 이렇게 빨리 강화도를 칠 생각이었다면 이월 말까지 조선에 머물러야 할 이유가 없지 않은가?

이 모순은 서신의 (B) 부분에 이어지고 있는, 홍타이지가 지르갈랑 등에게 내린 다음과 같은 지시사항까지 읽으면 바로 해소된다.

(C) 이 파견한 사람이 도착하는 즉시 (심양에 있는 팔기) 전체에서 신중하며

능력 있는 2명의 대신, ……등을 내놓게 하여 아이가 강에서 배를 만들도록

보내라. ……배 만드는 것은 퉁커션이 만드는 배와 같은 배 10척, 말을 [실어

물을] 건너게 하는 조선의 배와 같은 배 10척, 모두 합해서 20척을 만들어

라. ……배를 (하류로) 내려 의주의 강으로 가져갈 수 있는 곳에서 만들어

라. ……배를 만드는 사람을 이번에 (사람을) 파견(하여 보낸) 소식이 도착하

는 즉시 출발시켜라. 배(의 건조)를 이월 15일 이내에 끝내놓고 대기하라.[49]

(C)는 서신의 문맥상 분명 (B)에서 말한 강화도 공격 준비를 위한 지시
사항이었다.[50] 여기서 홍타이지는 압록강 하구의 의주로 물줄기가 이어지
는 아이가 강[압록강의 지류 애양하(靉陽河)를 지칭] 강변에서 합계 20척
의 선박을 건조하라는 명령을 내리고 있다. 병자호란 당시의 청군은 선박을
끌고 남하하지 않았을 뿐만 아니라 조선 현지에서도 바다를 건널 수 있는
선박을 징발하지 못한 상태였다. 이 때문에 홍타이지는 청군을 강화도에
상륙시키는 데 필요한 선박 20척의 자체 건조를 추진했던 것이다.[51] 또한
"말을 (실어 물을) 건너게 하는 조선의 배와 같은 배 10척"이라는 구절을
보건대, 홍타이지는 분명 자신들의 장기인 기병을 강화도 작전에 투입할
생각이었다. 상식에 부합하는 발상이다.

그러나 (C)에서 특히 주목해야 할 부분은 그가 선박의 건조 시한으로
제시한 "이월 15일"이라는 날짜이다. 이 서신의 선박 건조 시한에 아이가
강에서 강화도까지의 선박 이동 시간을 감안하면, 정월 16일 시점의 홍타
이지는 강화도 공격 시기를 아무리 빨라야 이월 하순으로 잡고 있었음을
알 수 있다.

여기서 실제의 강화도 공격이 정월 22일에 일어났다는 사실을 들어, 정월

중순 시점에서 홍타이지가 작전 시기를 이월 하순으로 잡았다는 것은 너무 '느긋한' 것이 아니냐는 의문이 제기될지도 모르겠다. 그러나 이 역시 결과론에 기초한 의문일 따름이다. 정축년 정월 중순 무렵은 한강의 얼음이 아직 풀리지 않은 때였다. 이 때문에 남한산성의 조선 조정은 물론 강화도의 조선군도 청군이 한강을 따라 내려와 강화도를 치기란 불가능하다고 여기고 있었다.[52] 마찬가지로 (C)의 "이월 15일"이라는 건조 시한은 강물의 결빙이라는 문제와 연관 지어 생각해야 한다.

(C)에서 홍타이지는 "배를 (하류로) 내려 의주의 강으로" 이동시킬 수 있는 지점을 골라 선박을 건조하도록 했다. 압록강의 지류인 아이가 강에서 건조한 선박은 압록강의 얼음이 풀리지 않은 한 이동이 불가능했다. 달리 말하자면, 홍타이지는 압록강의 얼음이 풀릴 때까지 기다려야 하는 상황이었다. 그가 지정한 시한 "이월 15일"은 양력으로 환산하면 1637년 3월 11일이었다. 압록강 수자원의 근대적 이용이 개시되기 전인 1920년대 압록강 하구 용암포(龍巖浦) 부근의 해빙 시기는 보통 3월 24일경, 상류의 중강진(中江鎭) 부근은 4월 4일경이었다.[53] 그렇다면 "이월 15일"이라는 시한은 홍타이지가 압록강의 평년 해빙기보다 열흘 이상 앞서 선박의 건조를 마치도록 명령했다는 의미가 된다. 그러므로 너무 '느긋한' 것이 아니라 오히려 압록강의 얼음이 풀리자마자 곧장 강화도 공격 작전을 개시하겠다는 '조급한' 마음이었다고 보아야 할 것이다.

그러나 (C)에서 홍타이지가 건조를 지시한 선박 20척은 이후의 기록에서 사라져 흔적조차 보이지 않는다. 그 이유는 간단하다. (C)의 선박은 아예 건조되지 않았던 것이다. 전쟁이 일찍 끝났기 때문이다. 청군은 아이가 강의 선박 건조가 시작되기도 전이었을 시점인 정월 22일에 강화도 공격을 단행했다. 정월 16일의 서신을 발송할 때까지만 해도 홍타이지는 아무리

일러도 이월 하순은 되어야 강화도 공격이 가능하리라고 예상하고 있었지만, 실제로는 그보다 한 달 이상을 앞당겨 작전을 감행한 셈이다. 따라서 아이가 강에서 건조하려던 선박을 쓸 수 없었던 것은 당연하다.

제4장에서도 보았듯이, 정축년 정월 22일 청군이 강화도 작전에 썼던 배들은 수레에 실을 수 있을 만큼이나 작은 배였다.[54] 작전을 앞당긴 탓에 (C)의 배들 대신 조선 현지에서 작은 배들을 급조해서 썼던 것이다.[55] 당시 한강은 아직 얼음이 풀리지 않아 배가 다닐 수 없었지만, 청군은 작은 배들을 수레에 싣고 산을 넘어가 강화도의 갑곶 건너 해안에 배를 댈 수 있었다. 실로 조선군의 허를 찌르는 기발한 발상이었다. 또한 청군의 작은 배들은 조선 수군의 크고 강력한 판옥선들이 지키고 있었음에도 불구하고 무사히 갑곶에 상륙하여 단 하루 만에 강화도를 점령했다. 어떻게 해서 그런 일이 벌어질 수 있었는지에 대해서는 제4장에서 이미 자세히 고찰한 바이므로, 여기에서는 다시 정축년 정월 16일의 서신으로 돌아가 (A) · (B) · (C)에 대한 분석 결과를 종합해보자.

정월 16일 서신의 (A)에서 홍타이지는 적어도 이월 말까지는 남한산성을 포위하고 있어야 할 것으로 전망하고 있었다. (B)에서 그는 남한산성에 대한 공성전은 나중의 일로 미루고 있다. 남한산성보다는 강화도를 먼저 공격하는 것이 인조의 투항을 유도하는 데 훨씬 더 효과적이라고 생각했기 때문이다. 이에 홍타이지는 (C)에서 본국의 지르갈랑 등에게 강화도 공격을 위한 선박의 건조를 지시했다. 선박 건조 시한은 "이월 15일"이었다. 그가 구상한 강화도 공격 시기는 아무리 빨라야 이월 하순이었다는 말이다. 강화도 공격은 압록강의 얼음까지 풀린 이후를 기다려야 했기 때문이다. 그렇다면, 강화도 공격이 가능해질 이월 하순까지는 남한산성에 대한 포위망을 유지한 채 시간이 가기만 기다린다는 것이 정월 16일 현재 홍타이지의 작전 구상이었다고 볼 수밖에 없다. 결국 적어도 이월 하순까지는 느긋하게 시간을 보내는 고사 작전을 펼칠 작정이었던 셈이다.

정월 17일, 청군이 돌연 협상으로 국면을 전환하다

위와 같은 분석 결과는 홍타이지 역시 당시의 전황을 고려할 때 가장 효율적이고 합리적인 작전을 구상하고 있었음을 의미한다. 또한 이로부터 '홍타이지는 왜 협상을 서둘렀는가?'라는 질문도 일단 성립이 가능해졌다고 할 수 있다. 그러나 '왜?'를 묻기에 앞서, 협상으로의 전환이 어떻게 이루어졌는지를 먼저 살펴볼 필요를 느낀다. 이는 과연 홍타이지가 협상을 서둘렀다고 할 수 있는지를 다시금 확인하는 의미도 될 것이다. 이 작업을 위해서 정월 16일의 서신으로 다시 돌아가보자.

정월 16일의 서신을 통해 확인된 홍타이지의 작전 구상은 느긋한 고사 작전이었다. 그러나 정축년 정월 하순의 실제 상황은 서신의 작전 구상과는 다른 양상으로 전개되었다. 무엇보다도, 홍타이지는 강화도 작전을 서신의 (C)에 드러난 구상보다 한 달가량 앞당겨 정월 22일에 감행했다. 또 남한산성에 대한 공성도 감행했는데, 이 역시 (B)의 구상과 다르다. 청군은 정월 23일 심야부터 24일까지 남한산성 곳곳에서 돌격전을 감행했다. 홍이포도 연일 쏘아댔다.[56] 정월 23일의 밤 시간이라면 조선 측에 강화도 함락 사실을 통고하기 전이다. (B)의 구상대로라면 남한산성에 대한 공격은 강화도 함락 사실을 알린 뒤에 이루어졌어야 한다. 정월 23~24일의 공성전은 정월 20일에 제시한 조건의 수용을 재촉하기 위한 압박 수단이었다고 보는 것이 온당하다(후술). 그리고 그것은 강화도 작전의 조기 감행과 더불어 홍타이지가 심양으로 서신을 보낸 뒤 어느 시점에서인가 자신의 생각을 바꾸었음을 암시한다. 그렇다면, 홍타이지가 정월 16일 서신의 작전 구상을 폐기한 시점은 언제일까?

홍타이지는 정월 20일 파격적인 조건을 담은 국서를 남한산성에 보냈다. 정월 16일의 서신에서는 그로부터 불과 나흘 뒤 그가 이런 국서를 보내리라는 기미조차 발견할 수 없다. 따라서 해답의 실마리를 찾기 위해서는 정월 16일 이후 정월 20일의 국서가 나오기까지 쌍방의 접촉과 대화가 어떻게 진행되었는지를 들여다볼 필요가 있다.

유감스럽게도 청 측의 현존 사료는 해답의 실마리를 찾는 데 별 도움이 되지 못한다. 정월 16일의 서신 이후 정월 30일의 삼전도 의례가 거행되기 전까지의 약 보름에 관한 한, 청 측의 기록은 정월 23일 외번몽고의 일부를 두만강 방면으로 출발시켰다는 기록을 제외하고[57] 홍타이지와 인조가 주고받은 국서와 강화도 작전 관련 기사로만 채워져 있다. 이 기간 한강 남북에 자리를 잡은 청군 진영에서 어떤 일이 일어났는지에 대해서는 아무런 언급도 없다. 그러나 조선 측의 기록으로 눈을 돌려보면, 청 측의 기록에는 전혀 언급이 없는, 쌍방의 접촉과 대화에 관한 구체적 증언들을 발견할 수 있다.

병자호란 기간 쌍방의 접촉과 대화에 관한 조선 측의 기록은 개전 초기부터 등장한다. 이들 기록에 따르면, 조선 조정은 개전 초기부터 청군과의 협상 가능성을 배제하지 않고 있는 모습이다. 아마도 협상을 통해 전쟁을 끝낼 수 있었던 정묘호란의 선례를 의식했기 때문일 것이다. 쌍방의 최초 접촉은 십이월 14일에 있었다. 이날 로오사 선봉대가 서울 도성 코앞까지 육박해오자, 최명길 등이 나가서 마푸타를 만났다. 이 덕분에 인조는 남한산성으로 가는 데 필요한 시간을 벌 수 있었다. 그 뒤로도 조선 조정은 십이월 17일까지 연일 마푸타와 접촉하여 화의 성립의 조건을 논의했다. 처음에 마푸타는 왕제(王弟)와 대신을 인질로 내보내라는 조건을 내걸었다. 이에 조선 조정은 십이월 16일 능봉수(綾峯守) 이칭(李偁)을 왕제로 가장하여 청군 진영에 보냈다. 그러나 이칭이 가짜 왕제라는 사실은 바로 탄로가 났다. 마푸타는 이제 세자를 내보내야만 화의를 논의할 수 있다는, 당시 시점에서라면 조선 측이 결코 수용할 수 없는 조건을 내걸었다. 그 때문에 협상은 아무런 진전도 보지 못했다. 십이월 18일, 인조는 화의를 단념하고 사방에서 올라올 원군, 즉 근왕병과 함께 결전을 벌여 승리를 거두겠다는 각오를 천명했다.[58]

청군은 십이월 20일과 21일에 걸쳐 머지않아 황제가 대군을 이끌고 도착할 것이고, 그 이후로는 협상의 여지가 사라진다면서 조선 측을 압박했다.[59] 그러나 이번에는 항전을 결의한 조선 측이 협상 거부의 태도를 보였다.[60] 홍타이지의 서울 도착이 임박한 가운데 쌍방의 접촉은 중단되었다. 청군은 십이월 27일 조선 측이 보낸 세시(歲時) 선물도 싸늘하게 거절했다.[61]

이처럼 개전 초기 쌍방의 접촉과 협상은 아무런 성과도 내지 못했다. 표면적으로는 쌍방의 조건이 맞지 않았기 때문이다. 그러나 이 무렵 청 측의 협상 대표 노릇을 한 마푸타 등에게는 애초부터 협상의 '진정성'이 없었다고 보는 것이 타당하다. 홍타이지가 대군을 이끌고 남하하고 있던 상황에서, 그들이 협상으로 전쟁을 끝낸다는 것은 어불성설이었기 때문이다. 더군다나 마푸타 등에게는 홍타이지가 오기도 전에 화의로 전쟁을 끝낼 수 있는 권한 자체가 없었다. 홍타이지는 그들에게 인조를 서울에 묶어두라는 임무를 부여했을 따름이다. 따라서 개전 초기 마푸타 등이 조선 측과 접촉하고 대화를 나누었던 것은, 아무래도 후속 부대들이 속속 도착할 때까지 시간을 벌면서 인조의 발을 묶어두려는 의도에서였다고 보아야 할 것이다.[62]

홍타이지가 서울에 도착한 십이월 29일 이후 쌍방의 접촉은 홍타이지와 인조 간의 국서 왕래를 중심으로 이루어졌다. 정축년 정월 1일 청군은 조선 측이 보낸 세시 선물을 또 다시 거절했지만, 이어서 남한산성에서 나온 사신 일행에게 이튿날 다시 오라는 말을 전했다.63) 이는 홍타이지의 "조유(詔諭)", 즉 국서를 건네기 위한 것이었다. 그러나 정월 2일의 국서는 협상을 위한 것이 아니었다. 홍타이지는 전쟁 발발의 책임이 조선에 있다는 비난만 퍼부었을 따름이다.64) 하지만 인조는 이 국서에 바로 반응하여 정월 3일에 "상서(上書)"를 보냈다. 이 문서는 홍타이지의 비난에 대한 해명으로 채워졌다.65) 그러나 홍타이지는 인조의 "상서"에 묵묵부답으로 일관했고, 이로부터 열흘 동안 아무런 접촉도 이루어지지 않았다.

그 사이에 전황은 조선에게 절대적으로 불리하게 돌아갔다. 청군은 각 도로부터 올라온 조선의 근왕병을 차례로 격파했고, 정월 10일에는 청군의 모든 부대가 서울에 도착하여 집결을 완료했다. 이 무렵 청군은 산성 안팎의 연락을 거의 완벽하게 끊어놓았다. 앞서 살핀 정월 16일의 서신에 드러나 있는, 느긋하게 시간을 보내겠다는 홍타이지의 작전 구상은 바로 이러한 전황을 배경으로 한 것이었다.

반대로 고립무원에 빠진 조선 조정으로서는 이제 협상 쪽으로 눈을 돌리지 않을 수 없었다. 정월 11일에 이르러 인조는 정월 3일의 국서에 대한 답서가 없었음에도 불구하고 두 번째 국서를 작성했고, 그다음 날인 정월 12일 청군 진영으로 사신을 내보냈다. 청군은 이 국서의 접수를 일단 거부했지만, 다음 날 다시 오라고 했고 실제로 정월 13일에 국서를 접수했다.66) 히지만 홍타이지는 이 국서에 대해서도 묵묵부답이었다. 홍타이지는 앞서 분석한 정월 16일의 서신에서 인조가 보낸 국서를 가리켜, "조선의 왕은……그 자신을 꾸짖어달라고 청하고 무엇이든지 성스러운 한(汗)의 명령에 따르겠노라고 말한다. (그러나) 우리는 (조선 측에 답하는) 말을 주지 않고 있다"고 밝힌 바 있다.67) "무엇이든지 성스러운 한(汗)의 명령에 따르겠노라"가 무엇을 근거로 나온 말인지 알 수 없다. 인조가 보낸 국서에는 이런 말이 없었기 때문이다. 그야 어쨌든 간에, 여기서는 홍타이지가 인조의 국서에 회답할 의향이 없었다는 점이 중요하다. 이는 서신의 다른 부분에 드러나 있는 느긋한 작전 구상과 부합하는 것이기도 하다.

정월 13일의 국서에 대해서도 청 측이 묵묵부답으로 일관하자, 조선 조정은 애가 타지 않을 수 없었다. 정월 15일 조선 조정은 이튿날 다시 사신을 내보내기로 결정했다.[68] 이에 따라 정월 16일 일단 쌍방의 접촉이 이루어졌다. 이날의 접촉부터는 기록을 좀더 자세히 들여다볼 필요가 있다. 청 측의 기록에는 정월 16일 홍타이지가 로오사 선봉대를 심양으로 귀환시킨 사실과 그들이 가져간 서신의 내용만 보인다. 로오사 일행의 출발은 아마도 이른 아침의 일이었을 것이므로, 쌍방의 접촉은 그보다 늦은 시간에 이루어졌을 것이다.[69] 조선 측에서는 남급의『남한일기』, 나만갑의『병자록』, 조경남의『속잡록』등 여러 사찬 기록이 정월 16일 쌍방 간에 오고 간 대화의 내용을 전하고 있지만, 다들 너무 간단하고 단편적이어서 구체적인 맥락을 파악하기 어렵다. 또한 서로 진술이 엇갈릴 뿐만 아니라 16일 및 그 후의 상황을 자세히 전하고 있는 관찬 기록과의 모순도 발견된다. 이에 따라 여기에서는 신뢰도가 떨어지는 사찬 기록들의 내용은 논외로 처리하고,[70] 이날의 대화 내용을 훨씬 더 구체적으로 전하고 있는『인조실록』의 정축년 정월 16일 기사에 주목하기로 한다.

> 홍서봉(洪瑞鳳), 윤휘(尹暉), 최명길(崔鳴吉)을 보내어 오랑캐 진영에 가게 했다. 잉굴다이가 "만약 새로운 이야기가 없으면 다시 와서는 안 된다"고 말했다. 최명길이 (돌아와 임금에게) 청대(請對)하여, "……이른바 새로운 이야기란 곧 제일층지설(第一層之說)이라고 (합니다.) 인군(人君)은 필부(匹夫)와

다르니, 진실로 보존을 도모할 수 있다면 그 지극한 (수단이라도) 못 쓸 바 없습니다. 새로운 이야기 운운한 것은 우리가 (제일층지설을) 먼저 발설하기를 바라기 (때문입니다.) 신(臣)이 생각하기에는, 마땅히 (적당한) 때에 이르러 먼저 발설하여 화친하는 일을 마무리해야 합니다. 청하건대, 영의정을 불러 의논하여 결정하십시오"라고 말했다. 상(上)이 "어찌 갑작스레 의논하여 결정하겠는가?"라고 했다. 최명길이 "이러한 이야기는 사책(史冊)에 쓰는 것이 적절하지 않습니다"라고 말하자, 상(上)이 쓰지 말라고 명했다.[71]

위의 인조와 최명길 간 대화에 등장하는 "제일층지설"이란 인조의 홍타이지에 대한 칭신(稱臣)을 가리키는 것으로 보인다.[72] 즉, 최명길은 인조에게 국가의 "보존"을 도모하기 위해서라면 칭신을 감수해야 한다는 이야기를 하고 있는 것이다. 또한 최명길은 당시로서는 너무나도 민감한 이야기였기 때문에 "사책", 즉 『승정원일기』에 기록하지 말 것을 요청하고 있다.

그야 어쨌든 간에, 여기서 위의 기사에 주목하고자 하는 것은 잉굴다이의 말 때문이다. 이날 잉굴다이는 "새로운 이야기", 예컨대 칭신의 의사를 밝힌 새로운 국서를 가져올 것이 아니라면 앞으로 사신이 "다시 와서는 안 된다"는 강경한 태도를 보이고 있다. 정월 16일의 시점에서 잉굴다이는, 인조가 먼저 칭신의 뜻을 밝히지 않을 요량이라면 앞으로는 자신들과 접촉할 생각도 하지 말라는 태도였던 것이다.

한편, 조선 측 기록에 따르면 이날 청군은 남한산성을 향해 "투항하라! [초항(招降)]"는 깃발을 내걸었다고 한다.[73] 인조의 정월 13일 자 국서에는 아무런 대꾸도 하지 않은 채 무작정 투항을 촉구했던 것이다. 잉굴다이의 칭신 투항 요구와도 부합하며, 1631년의 대릉하성 포위전 초기 조대수에게 투항을 요구한 것과도 다를 바 없다. 앞에서 소개했듯이, 대릉하성에서 홍타이지는 팔월 14일 투항을 촉구하는 첫 번째 서신을 보낸 뒤로 한 달이상이 지난 구월 18일이 되어서야 비로소 두 번째 서신을 보낸 바 있다. 만약 정축년 정월 16일의 투항 요구가 대릉하성에서의 투항 촉구 서신에 해당하며, 그후 남한산성에서의 상황이 대릉하성의 그것과 유사하게 돌아갔다고 한다면, 대략 이월 20일경까지 홍타이지가 아무런 움직임을 보이지 않았다 해도 전혀 이상한 일이 아니었다고 할 수 있다. 그 경우 1637년의 남한산성에서 1631년 대릉하성의 참극이 재현될 가능성이 컸다.

그러나 정월 17일 상황의 일대 반전이 일어났다. 청군이 단 하루 만에 태도를 180도 바꾸어 먼저 적극적으로 협상을 걸어오기 시작한 것이다. 이날 그들은 갑작스럽게 남한산성으로 사람을 보내어 사신 파견을 요구했다.[74] 전날의 만남에서 확인한 잉굴다이의 태도로 볼 때 실로 뜻밖의 일이었다. 『승정원일기』는 대책을 논의하는 자리에서 다음과 같은 대화가 있었음을 전한다.

> 인조: "호인(胡人)이 와서 (우리 사신을) 불렀다고 들었는데, 무슨 의도인지 알겠는가?"
> 홍서봉: "어제는 느긋느긋한 마음을 극도로 보이더니, 하루도 지나지 않아서 갑작스레 와서 (사신을 내보내라고) 청하니, 필시 저들에게 급한 일이 있어서 그럴 것입니다."[75]

이날 청 측의 난데없는 사신 파견 요구는 홍타이지의 국서를 전달하기 위한 것이었다. 정월 17일의 국서에서 홍타이지는 인조의 정월 13일 자 국서 내용을 조목조목 반박하면서 인조에게 출성하여 투항하든가, 아니면 어서 결전을 벌이든가 양자택일을 요구했다.[76]

언사는 여전히 거칠었지만, 이 시점에서는 홍타이지가 국서를 보냈다는 사실 그 자체가 중요하다. 홍타이지와 인조 간 국서 왕래, 즉 대화의 물꼬가 열린 셈이기 때문이다. 정월 16일 접촉 때 잉굴다이의 태도로 보건대 청 측은 대화의 의사가 없었다. 또한 정월 16일 심양으로 보낸 서신에서도 홍타이지는 다음 날 조선 측에 회답 국서를 보낼 의사를 비치지 않았다. 따라서 정월 17일의 갑작스러운 회답 제안과 국서는 분명 청 측의 돌연한 태도 변화라고 보지 않을 수 없다.

이 때문에 청군 진영에 가서 국서를 받아온 홍서봉은, 청군의 실상이 어떤지는 알 수 없으나 반드시 "낭패를 본 일[挫衄之事]"이 있었던 것 같은데, 필시 조선의 관군, 즉 근왕병에게 패배를 당했으리라는 추측을 피력했다. 최명길 또한 청군이 전황이 불리해져서 온 것이 분명한 것 같다고 추정했다.[77] 홍서봉과 최명길의 추측은 물론 사실과 거리가 먼, 말하자면 '희망사항'에 불과했다. 남한산성에 갇혀 외부와의 연락이 완전히 두절된 '깜깜이' 상황이었기에 이처럼 사실과 동떨어진 추측이 나올 수 있었다. 하지만 이날 청 측의 태도 변화는 이런 추측이 나올 만큼 갑작스럽고 의아한 것이었다.

청 측은 그다음 날인 정월 18일에도 먼저 사람을 보내어 접촉을 제안했다. 이날 그들은 19일이나 21일에 싸움을 벌이기로 약정하자는 말도 꺼냈다.[78] 어서 빨리 전쟁을 끝내자는 의미였다. 한편으로는 협상을, 다른 한편으로는 싸움을 말하면서 연일 청군이 먼저 나서서 접촉을 걸어오는 가운데, 조선의 임금과 신하들은 다음과 같은 말들을 나누고 있었다.[79]

인조 : "그들이 바쁘게 쫓기고 있는 것은 반드시 까닭이 있을 것이다." ; "이 적(賊)은 극히 흉악하고 교활한데 어제부터 황망한 기색이 있으니 어째서 이러한지 모르겠다."

최명길 : "적(賊)이 오늘 또 와서 싸움을 약속하니, 반드시 급한 일[忙事]이 있는 것입니다."

이경직 : "반드시 까닭이 있습니다. 그들이 만약 싸움에 뜻이 있다면 어찌 반드시 미리 통보하겠습니까? 오늘의 이 일이 (그들도) 어쩔 수 없어서 나온 것임을 누가 알겠습니까?"

이명웅(李命雄) : "적(賊)이 연일 와서 부르는 것은 역시 반드시 까닭이 있을 겁니다. ……그 나라 안에 숨겨진 근심이 있어 (본국에서) 날짜를 약정하여 (군사를) 귀환하도록 했고, (그러한) 까닭에 기한이 이미 임박하여 빨리 (일을) 이루고 돌아가려고 하는 것이 아닐까요?"

특히 이명웅의 말은 이번 전쟁에 홍타이지가 직접 출정하여 이미 서울에 와 있다는 청군의 주장을 믿지 않고 있던 까닭에 나온 것이었다. 조선에 들어온 청군이 심양의 홍타이지로부터 급히 돌아오라는 명령과 철군 시한을 받았기 때문에 이처럼 서둘러 전쟁을 끝내려고 든다는 것이 이명웅의 관측이었다. 이렇듯이 남한산성의 조선 조정은, 한편으로는 "통신(通信)" 하고 다른 한편으로는 "청전(請戰)"하는 청군의 기이한 행태를 두고 그들이 모종의 이유로 시간에 쫓기고 있기 때문이라고 해석하고 있었다.[80]

지금까지 살펴본 바와 같이, 청군은 정월 16일까지만 해도 지극히 느긋한 분위기를 풍기면서 고압적인 태도로 일관하고 있었지만, 정월 17일부터는 돌연 먼저 나서서 대화를 제안하는 적극적인 태도를 취하기 시작했다. 이후 청과 조선은 거의 매일 접촉했다.[81] 협상은 최종적으로 남한산성의 조선 조정이 청의 요구를 수용하는 방향으로 흘러갔지만, 협상의 전개 양상 자체는 조기 종전을 향해서 청이 조선 조정을 적극적으로 밀어붙이는 형태를 띠었다.

날짜를 정해 싸움을 벌이자던 18일의 "약전(約戰)" 요구는, 최명길이 지적한 대로, 조선의 사신 파견과 국서를 재촉하기 위한 압박 전술이었을 뿐이다.[82] 심지어 정월 20일에는 청 측에서 "사경(四更)", 즉 아직 해가 뜨려면 몇 시간이나 남은 깜깜한 시각에 남한산성으로 사람을 보내어 어서 사신을 내보내라고 요청하는 일까지 벌어졌다.[83] 바로 앞서 여러 차례 언급한 홍타이지의 정월 20일 국서를 전하기 위한 것이었다. 정월 16일까지의 느긋하고 고압적인 태도와는 분명 천양지차가 나는 행태였다.

이처럼 청군은 정월 17일부터 갑자기 접촉과 협상을 선(先)제안하기 시작했다. 정월 16일의 서신 등에서 드러나는 느긋한 태도는 온데간데없이 사라져버렸다. 게다가 정월 17일의 국서에서 홍타이지는 인조의 정월 13일자 국서 내용을 반박하기만 한 것이 아니었다. 그는 이 국서에서 협상에 의한 철군 가능성도 시사했다. 홍타이지는 한편으로 인조에게 출성과 결전의 양자택일을 요구했지만, 동시에 다른 한편으로 인조의 신변을 보장할 용의가 있다는 뜻도 내비쳤던 것이다.[84]

인조 역시 "저들의 국서에는 (우리를) 용허(容許)하는 뜻도 있다"고 하여 홍타이지의 뜻을 간파했다.[85] 이에 '화답'하여 인조는 칭신의 용의가 있음을 내비치는 국서를 준비했고, 김상헌을 비롯한 여러 신료의 격렬한 반대를 뚫고 결국 정월 19일 청 측에 국서를 전달했다.[86] 『인조실록』은 이 국서에서 인조가 홍타이지를 "폐하"라고 불렀던 것처럼 썼지만,[87] 실제로 청 측에 전달된 국서의 문구에는 "폐하"가 보이지 않는다.[88] 반대가 너무 심했기 때문에 "폐하"라는 말은 결국 쓰지 않았다고 보아야 할 것이다. 하지만 인조는 이 국서의 날짜를 표기하면서 종래 쓰던 명의 "숭정(崇禎)" 연호 대신에 홍타이지의 연호인 "숭덕(崇德)"을 처음으로 썼다.[89] 또 "여기에 있어도 죽고 출성해도 역시 죽을 것이기 때문에" 출성은 할 수 없다는 뜻을 분명히 밝혔지만, 동시에 "나라를 들어 명(命)을 받들겠다"느니, "마음을 기울여 귀순하겠다"느니 하면서 사실상의 신속(臣屬) 의사를 표시했다. 홍타이지도 이러한 의사를 간파한 듯, 정월 20일 꼭두새벽에 새로운 국서를 남한산성에 전달했다. 마침내 인조의 출성과 척화신 두세 명의 박송이라는 철군의 조건을 명시적으로 제시한 것이다.[90] 인조는 이미 전날의 국서에서 출성은 불가하다고 했지만, 홍타이지는 인조의 출성을 강력히 요구했다. 이는 물론 타협하기 힘든 의제였다. 하지만 일단 의제가 구체적이면서 단순하게 설정되었다는 점에서 협상에 의한 종전이 가시권에 들어오게 된 셈이라고 볼 수도 있다.

청군이 전쟁을 서둘러 끝내려고 하다

다소 길어지기는 했지만, 지금까지 병자호란 당시 협상으로의 국면 전환이 어떻게 이루어졌는지를 고찰해보았다. 정월 16일과 정월 17일 사이에는 확실히 커다란 단절이 있었다. 정월 16일까지 진행된 쌍방의 접촉과 대화, 그리고 정월 16일 홍타이지의 서신은 모두 그때까지만 해도 청 측이 시간은 자기네 편이라는 식의 느긋한 자세였음을 보여준다. 그러나 그로부터 단 하루가 지났을 뿐인 정월 17일부터는 어떤 이유인지는 모르겠으나 시간에 쫓기듯이 전쟁을 서둘러 끝내려는 태도가 역력했다. 정월 20일의 국서는 이렇게 시작된 협상이 급물살을 타며 전개된 중간 결과였다. 이처럼 정월 20일 홍타이지의 국서가 청군이 시간에 쫓기듯이 협상을 재촉하며 전쟁을 서둘러 끝내려 드는 가운데 나온 것이라면, 그 뒤에 벌어진 상황도 같은 맥락에서 다시 찬찬히 들여다볼 필요가 있을 것 같다.

정월 20일 홍타이지의 국서로 협상 의제가 설정됨으로써, 일단 인조가 자신의 출성과 척화신 박송을 수용하기만 하면 전쟁을 끝낼 수 있는 여건이 마련되었다. 단, 이 두 가지 조건, 특히 인조의 출성은 당시 조선의 입장에서 당연히 수용 불가였다. 따라서 청 측의 적극적인 협상 태도는 종전의 필요조건은 될지언정 충분조건은 되지 못했다고 할 수 있다. 이에 청군은 남한산성의 조선 조정을 상대로 다면적인 압박술을 추가로 구사했다.

하나는 남한산성에 대한 공격이었다. 남한산성에 대한 공성전은 나중으로 미룬다는 정월 16일 홍타이지의 서신 내용과 달리, 청군은 정월 23일 심야부터 24일에 걸쳐 남한산성에 다섯 차례의 공세를 가했다. 또한 홍이포 공격도 본격화하여 연일 대포의 위력을 과시했다. 그러나 청군의 남한산성 공격은 끝장을 보겠다는 작정으로 총력을 투입한 작전은 아니었던 것 같다. 그와 동시에 연일 협상을 벌이고 있었던 만큼, 어디까지나 협상을 빨리 매듭짓기 위한 압박술이었다고 보아야 할 것이다. 그리고 이러한 압박술은 상당한 효과를 거두었다. 청군의 공격에 지치고 두려움에 휩싸여 있던 남한산성의 무장과 병사들이 급기야 척화신을 박송하여 협상을 타결할 것을 요구하며 난동을 부리는 사태가 일어났다.[91]

또 다른, 그리고 최고의 효과를 거둔 압박술은 역시 강화도 작전의 전격 감행과 그 성공이었다. 청군은 정월 22일 강화도를 점령했고, 정월 26일에 이 사실을 조선 측에 통고했다. 점령과 통고 사이에 나흘의 시차가 난 것은, 무작정 통고만 하면 남한산성의 조선 조정이 강화도 점령 사실을 절대 믿지 않으리라는 생각에서 확실한 증거와 증인을 갖추려고 했기 때문일 것이다. 어쨌든 강화도 함락과 그 사실의 통고는 인조로 하여금 출성을 결단하게 만든 '최후의 일격'이 되었다.

그런데, 청군의 강화도 작전은 정월 16일 현재 홍타이지가 구상하고 있던 작전 시기를 예정보다 한 달이나 앞당겨 감행한 것이었다. 여기서 계획 변경의 동기는 일단 논외로 하더라도, 현존 기록으로부터 홍타이지가 강화도 작전을 앞당겨 감행하기로 결정한 시점은 추정이 가능해 보인다.

앞에서 보았듯이 청 측의 기록에서 강화도 공격 이야기가 처음으로 등장한 것은 정월 16일의 서신이었다. 단, 작전 시기는 아무리 빨라야 이월 하순 이후로 예정되어 있었다. 그런데 정월 22일 실제 강화도 작전을 감행하기에 앞서 청군이 조선 측에 작전 계획을 통보했다는 이야기가 조선 측의 여러 기록에 등장한다. 그러나 그 날짜가 정월 16일과 정월 17일로 갈리고 있다는 문제가 있다.

나만갑은『병자록』의 정월 16일 조에 잉굴다이와 마푸타가 그날의 접촉에서 공유덕과 경중명이 "당병(唐兵) 7만을 거느리고 홍이포 28문을 싣고 왔다"느니 "장차 강화도를 침범"하겠다느니 하는 협박을 늘어놓았다고 기록했다. 그러나『승정원일기』에 따르면 잉굴다이 등이 공유덕 등의 출병 사실과 홍이포, 강화도 공격 등을 입에 올리며 조선 사신을 협박한 날짜는 정월 16일이 아니라 정월 17일이었다. 즉, 정월 17일의 회담을 마치고 돌아온 홍서봉과 최명길은 인조와 다음과 같은 이야기를 주고받았다.

인조 : "그들이 무슨 말을 하던가?"

홍서봉 : "(스스로를) 과대(誇大)하는 말이 아닌 게 없었는데, (말) 같지 않은 이야기가 많았습니다. 그 실상이 어떠한지는 아직 모르겠으나, 필시 낭패를 본 일이 있는 것 같습니다."

최명길 : "저들이 강물 위의 배를 고치고 꾸며서 장차 강화도를 향하겠다고 말했으나, 저들이 어찌 감히 얼음 위로 배를 움직이겠습니까? 또한 공유덕과 경중명이 (이번) 일을 함께하여 홍이포를 갖고 왔다고 말했습니다.……"92)

앞에서 언급했듯이 정월 17일의 회담에서 홍서봉과 최명길은 청군이 무엇인가에 쫓기고 있다고 느꼈다. 두 사람은 어쩌면 그들이 조선 근왕병에게 심각한 타격을 입은 것이 아닐까 하는 희망을 피력했다. 그리고 최명길은 나만갑이 『병자록』 정월 16일 조에 적은 것과 동일한 잉굴다이 등의 협박 내용을 보고하면서, 특히 그들이 강화도 공격 운운한 것을 가리켜 아직은 결빙기라 배를 운항할 수 없으므로 단순한 공갈일 뿐이라고 치부하고 있다. 『병자록』은 앞뒤의 맥락이 없는 단편적인 기록인 반면, 『승정원일기』의 기록은 임금과 신하 간의 대화를 자세하고 구체적으로 전달하고 있다. 두 기록 가운데 후자의 신뢰성이 더 높다는 것은 두말할 나위 없다.

이처럼 『승정원일기』에 의하면 청군이 강화도 공격 계획을 조선 측에 알린 시점은 정월 17일이었다. 그러나 청 측의 정월 24일 자 기록을 보면, 잉굴다이가 조선 측에 강화도를 칠 것이라는 말을 꺼낸 날짜는 정월 16일이었다고 한다. 그에 따르자면, 정축년 정월 24일 홍타이지는 인조에게 또한 통의 국서를 보내어, 정월 22일 강화도를 점령하여 왕의 처자를 사로잡아 보호하고 있다고 하면서 정월 20일의 국서에 따라 속히 항복할 것을 재촉했다. 그런데 이 국서의 전반부에서 홍타이지는 정월 16일 잉굴다이와 마푸타를 보내어 인조가 직접 산성에서 내려오지 않는다면 정월 18일 강화도를 공격하는 부대를 출발시키겠다고 통고했다고 말한다. 이어서 인조의 출성을 기대하여 18일 출발하려던 부대를 붙잡아두었으나 결국 인조가 출성하지 않았기 때문에 하는 수 없이 19일에 병력을 출발시켜 22일에 강화도 공격을 단행하게 되었다고 주장하고 있다.[93]

정월 24일에 보냈다는 국서에서 말한 정월 16일은 공교롭게도 나만갑의 『병자록』과도 일치한다. 그러나 이 국서는 훗날 찬입(竄入), 즉 조작하여 끼워 넣은 문건이 분명해 보인다. 청 측의 만문과 한문 사료에 공히 수록되어 있는 이 국서의 요지는, 강화도 공격을 사전에 예고했을 뿐만 아니라 기다릴 만큼 기다려주었다고 하면서, "왕, 네가 나의 명을 바로 따랐더라면 어찌 이렇게 되었겠느냐?"는[94] 식으로 강화도 함락의 책임을 인조에게 씌우는 것이었다. 하지만 이 국서는 기이하게도 조선 측의 기록에 아예 흔적조차 보이지 않는다.[95] 병자호란 기간 홍타이지가 보낸 국서 가운데 조선의 기록에 등장하지 않는 것은 이 국서가 유일하다. 이뿐만 아니라, 이 기간 청과 조선이 주고받은 문서를 베껴놓은 청 측의 문서 장부에서도 유독 이 국서만 발견되지 않는다.[96]

내용의 측면에서 보더라도 당시의 상황과 부합하지 않는 대목이 발견되는 등 찬입의 가능성을 뒷받침하는 증거는 여럿 있지만, 여기에서는 결정적인 증거 하나만 들어도 충분할 것 같다. 만약 당시 이런 국서가 실재했다면, 조선 조정은 정월 24일에 강화도 함락 소식을 입수했어야 한다. 그러나 조선 조정이 강화도 함락 사실을 처음으로 인지한 것은 분명 정월 24일이 아닌 정월 26일이었다.[97] 따라서 이 국서는 훗날 청의 실록 편찬 시 과거의 사건, 즉 정월 22일 강화도 공격과 점령의 경위를 싣기 위해 가공·윤색하여 찬입한 것이라고 보지 않을 수 없다. 정월 16일의 서신에서 홍타이지가 강화도 공격 계획을 언급하고 있다는 사실에 착안하여, 조선 측에도 정월 16일에 공격 계획을 통고한 것처럼 꾸몄음에 틀림이 없다.

이처럼 청 측 기록에 실려 있는 홍타이지의 정월 24일 자 국서가 훗날 위조하여 끼워 넣은 문서가 분명하다면, 청군이 강화도 공격 계획을 조선 측에 통고한 시점은 『승정원일기』의 기록대로 정월 17일이었다고 보지 않을 수 없다. 마침 정월 17일은 청군이 전날까지의 느긋한 태도를 버리고 갑자기 협상으로 국면을 전환한, 상황의 일대 반전이 일어난 날짜이기도 하다. 따라서 홍타이지가 강화도 작전을 앞당겨 감행하기로 결정한 시점

역시 정월 16일과 정월 17일 사이의 하루로 좁힐 수 있다.

정월 22일 강화도 작전의 조기 감행은 23~24일의 남한산성에 대한 공격과 함께 결과적으로 인조가 정월 20일의 국서에서 홍타이지가 제시한 조건을 수용하는 데 결정적인 압박 효과를 거두었다. 바꾸어 말하자면 전쟁의 조기 종결에 크게 기여했다고 할 수 있다. 그런데, 흥미롭게도 이 무렵이 되자 청군이 노골적으로 전쟁의 종결을 서두르는 모습이 포착된다.

인조의 출성 문제로 줄다리기가 한창이던 정월 25일, 잉굴다이와 마푸타는 "국왕이 만약 출성하지 않을 것이라면, 사신은 절대로 다시 오지 말라"고 하며 조선 측의 출성 결단을 압박했는데, 이때 그들은 황제가 이튿날 귀국할 예정이라고 말했다.[98] 황제가 귀국해버리면 협상에 의한 종전 가능성, 바꾸어 말하자면 '질서 있는 종전'의 가능성도 사라질 터이니 결단을 서두르라는 의미였다. 이튿날 황제가 떠날 것이라는 이야기는 물론 사실이 아니었지만, 청군이 급기야는 조선 측에 대놓고 시간이 없다면서 성화를 부리기 시작했다는 점에서 주목할 만한 대목이다.[99]

그 이튿날인 정월 26일의 접촉에서도 최명길이 황제는 언제 돌아갈 예정이냐고 묻자 청 측에서는 곧 귀국할 것이라고 답했다.[100] 인조가 출성을 결심하고서 보낸 정월 27일의 국서에서 황제의 귀국이 임박했다고 하기에 서둘러 투항을 결정한 것이라고 특필(特筆)한 것도 바로 이 때문이었다.[101]

황제가 서둘러 귀국해야 하는 상황이라는 청 측의 이야기는 단지 인조의 결단을 재촉하기 위한 술책이었을 따름이라고 볼 수도 없을 것 같다. 만약 그저 술책에 지나지 않았다면, 그 술책이 먹힌 뒤, 즉 삼전도 의례를 마친 뒤에 가서는 홍타이지가 한동안 조선에 머물면서 전승(戰勝)의 기쁨을 만끽하는 장면이 등장해야 하지 않을까 하는 생각이 들기 때문이다. 그러나 그는 삼전도 의례를 거행한 지 겨우 이틀 만인 이월 2일 서둘러 귀국길에 올랐다. 대부분의 병력을 도르곤과 두두에게 맡기면서 천천히 철군하도록 지시했고, 쇼토와 공유덕·경중명·상가희에게는 조선이 제공할 전선 50척과 함께 가도의 명군을 치라고 명령했다. 홍타이지 자신은 그 나머지 왕·버일러·버이서 전원과 호군 병력을 이끌고 심양으로 출발했다.102) 병자호란에 참전한 팔기의 호군은 니루당 7명씩이었으므로,103) 홍타이지를 수행한 병력은 최대 약 2,300명에 그쳤던 셈이다.

더군다나 홍타이지는 서울 도성에 발도 들여놓지 않고 조선을 떠나버렸다. 정묘호란 때 후금군의 최고 지휘관이었던 아민(Amin)[홍타이지의 사촌형]은, 자신은 늘 명나라 황제나 조선 왕의 성곽과 궁전이 보고 싶었다는 이유로 화의에 반대하면서 서울 도성으로의 진군을 고집한 적이 있다.104) 홍타이지 또한 병자호란을 일으키기 전 "조선 왕의 궁전"에 들어가 조선의 왕을 만나는 꿈을 꾼 적이 있다고 한다.105) 이런 사실을 고려하건대, 홍타이지와 청의 왕·버일러·버이서 등이 승전 이후 서울 도성에 들어가 승자의 기쁨을 누리지도 않은 채 곧바로 귀국길에 올랐다는 것은 실로 의외라고 하지 않을 수 없다.

홍타이지는 왜 서둘러 전쟁을 끝내려고 했는가?

갑작스레 전날까지의 느긋한 태도를 버리고 전쟁의 조기 종결을 이끌어내기 위한 협상으로 국면을 전환한 정축년 정월 17일 이래, 청군은 무엇인가에 쫓기는 모습을 역력히 드러내고 있었다. 전쟁이 끝난 뒤에도 홍타이지는 대부분의 왕·버일러 등과 2,300명에 불과한 병력만 데리고 서둘러 귀국길에 오르는 의외의 행태를 보였다. 이 같은 상황 전개를 보건대, 정월 16일과 정월 17일 사이의 어느 시점에서인가 홍타이지를 시간에 쫓기도록 만든 어떤 사건이 터졌고, 그 뒤로도 줄곧 그로 하여금 종전과 귀국을 서두르도록 압박한 것이 아닐까 의심하지 않을 수 없다.

정월 16일의 심양행 서신을 소지한 로오사 일행은 아마도 이른 아침에 청군 진영을 떠났을 것이다. 그렇다면 그로부터 이튿날 아침 청군의 회담 제안에 이르는 24시간 동안 청군 진영에서는 홍타이지로 하여금 전쟁 계획의 일대 수정을 불가피하게 만들 만한 중대사건이 벌어진 것이 아닐까? 그 중대사건이 발발한 시각은 정월 16일 조선 사신과의 회담 이후로 좁혀질 수도 있다. 그러나 발발 시각이 회담 전이었을 가능성도 배제할 수 없다. 그에 대한 대책을 아직 정하지 않은 상태에서 회담에 임했을 수도 있기 때문이다. 발발 시각까지 특정하는 것은 불가능하므로, 편의상 그것을 '정월 16일의 중대사건'이라고 부르기로 하자. '정월 16일의 중대사건'은 바로 '홍타이지는 왜 협상을 서둘렀는가?'라는 질문에 대한 해답이 될 것이다.

전쟁 중에 일어난 사건이므로, 우선 군사적인 성격의 사건이었을 가능성을 한번 상정해보자. 남한산성에 고립되어 외부로부터 어떠한 낭보도 접하지 못한 채 식량만 소모하고 있던 조선 조정이 시간에 쫓기고 있었던 것은 당연하다. 조선의 입장에서 청 측의 협상에 의한 종전 제안은 말 그대로 '불감청(不敢請)이언정 고소원(固所願)'이었을 것이다. 그러나 청군은 그렇지 않았다. 군사적인 측면에서 그들이 시간에 쫓길 이유는 찾을 수 없다. 이 무렵 조선에서의 전황은 말 그대로 청군의 압도적인 우세였다. 미원에 모여 있던 조선군은 꿈쩍도 하지 못하고 있었다.

만약 군사적인 측면에서 청군으로 하여금 시간에 쫓기도록 할 만한 요인이 있었다면, 그것은 명군의 본국 공격 가능성뿐이었다고 할 수 있다. 북경의 명 조정이 청의 조선 침공에 관한 첩보를 접한 것은 병자년 십이월 10일이었다.[106] 정축년 정월 17일은 그로부터 37일이 경과한 때이므로, 시간상으로는 명군의 배후 공격 가능성을 충분히 상정할 만하다.

그러나 제1장에서도 소개했듯이, 홍타이지는 조선 침공을 위한 사전 준비 조치의 일환으로 명의 내지에서 대규모 약탈전을 전개한 바 있다. 그로 인한 물리적·심리적 충격에서 완전히 벗어나기까지는 적지 않은 시간이 필요했을 터이므로, 북경의 명 조정은 즉각적으로 대규모 군사 행동에 나설 형편이 아니었다고 보아야 할 것이다. 실제로 명군은 정축년 이월 중순이 되어서야 비로소 군사 행동을 시도했으며, 그나마도 청군과 조우하기도 전에 지레 겁을 먹고 말머리를 돌렸다고 한다.[107]

게다가 명군의 배후 공격 가능성과 관련하여 다른 무엇보다도 결정적인 사실은, 병자호란이 끝날 때까지 홍타이지가 정월 16일 서신의 (A) 부분에서 말한, "지체해서는 안 될 큰일과 긴급한 소식"을 심양으로부터 받은 적이 전혀 없었다는 점이다.[108] 그러므로 명군의 배후 공격은 홍타이지가 시간에 쫓길 만한 이유를 구성할 수 없다. 홍타이지가 정월 16일 서신에 밝힌 작전 구상을 크게 변경할 만한 군사적 상황 변화는 없었던 것이다.

그러나 분명 홍타이지는 '정월 16일의 중대사건'으로 인해 전쟁을 서둘러 끝내야 한다는 압박을 받기 시작했다. 군사적 측면에서 '정월 16일의 중대사건'이 될 만한 후보를 찾을 수 없다면, 그 후보는 비군사적 측면에서 찾지 않을 수 없다. 지금까지의 고찰에 근거하건대, 홍타이지로 하여금 전쟁을 서둘러 끝내게 만든 '정월 16일의 중대사건'은 다음의 세 가지 조건을 충족해야 할 것이다. 첫째, '사건'은 병자호란 동안 조선 땅에서 발생한 것이어야 한다. 둘째, '사건'은 홍타이지에게 전쟁 계획의 변경을 강제할 만큼 심각한 것이어야 한다. 셋째, '사건'은 홍타이지뿐만 아니라 청의 왕공들 대부분이 조선 땅을 서둘러 떠나야 하는 이유도 되어야 한다.

유감스럽게도, 적어도 병자호란 기간, 즉 병자년 십이월과 정축년 정월에 관한 한, 청 측의 기록에서는 후보로 상정할 만한 비군사적 '중대사건'은 흔적조차 찾을 수 없다. 앞에서도 잠깐 언급했지만, 청 측의 기록에서 정월 16일 이후의 약 보름 동안은 홍타이지가 인조와 주고받은 국서의 전문 인용과 강화도 관련 기사로 채워져 있다. 정월 23일 외번몽고의 일부를 두만강 방면으로 출발시켰다는 유일한 예외를 제외하면, 남한산성을 포위한 청군 진영에서 일어난 일에 대해서는 아무런 언급도 없다. 강화도 작전을 지휘한 도르곤과 두두를 제외하면, 홍타이지나 왕·버일러의 동정도 전혀 드러나지 않는다. 청 측의 기록은 마치 이 기간에 아무 일도 없었던 것인 양 '침묵'을 지키고 있는 것이다.

그런데 『청태종실록』처럼 나중에 편찬된 사서에서 이런 종류의 '침묵'은 간혹 '은폐'를 위한 것일 수가 있다. 그렇다면, 사서의 은폐 대상이 될 만한 것에서 '정월 16일의 중대사건'의 후보를 찾아보면 어떨까? 즉, 청의 사서에서 은폐한 사실이 확인되는 종류의 사건으로서 위에서 열거한 세 가지 조건 가운데 일부라도 충족하는 것을 후보로 상정해보자는 말이다.

이러한 발상에서 얼른 머릿속에 떠오르는 것이 한 가지 있다. 바로 당시 조선에서 널리 유행하던 전염병인 '마마', 즉 천연두(smallpox)이다. 그것은 다음 장에서 보듯이 『청태종실록』이 정묘호란 때의 후금군이 조선의 천연두에 쫓겨 귀국을 서둘렀다는 사실을 '은폐'한 '전과'가 있기 때문이다. 게다가 천연두는 만주인들, 그중에서도 특히 홍타이지에게 엄청난 두려움의 대상이었다. 그렇다면 천연두는 '정월 16일의 중대사건'이 될 만한 세 가지 조건을 모두 충족하는가? 이 문제는 다음 장에서 본격적으로 다루기로 한다.

제6장

마마

홍타이지가 조선의 천연두에 쫓기다

천연두가 청나라의 역사를 바꾸다

앞 장의 말미에서 천연두가 '정월 16일의 중대사건'이 될 만한 세 가지 조건을 모두 충족하느냐는 질문을 던졌다. 그러나 질문의 해답을 찾는 과정에 당장 돌입하기는 어려울 것 같다. 크게는 청이라는 제국의 역사, 작게는 홍타이지라는 개인의 역사를 이해하는 데 있어 천연두가 얼마나 중요한 전염병이었는지를 알고 있어야만 비로소 그 해답을 찾기 위한 논의에 착수할 수 있기 때문이다. 그러면, 천연두가 인류의 역사에서 얼마나 무서운 전염병이었는지를 상기하는 것으로 이야기를 시작해보자.

역사상 눈에 보이지도 않는 바이러스나 박테리아 등과 같은 미물(微物)이 이루 말할 수 없는 고통과 공포를 몰고 온 사례가 적지 않다. 예컨대 14세기 유럽을 휩쓸었던 흑사병이나 20세기 초 전 세계에서 수천 만 명의 사망자를 냈던 스페인 독감 등이 대표적이다. 그러나 인간의 역사에 끼친 영향의 광범위성과 장기지속성의 측면에서 천연두 바이러스를 능가하는 미물은 아마 없을 것이다.

천연두를 비롯한 구대륙의 전염병이 16세기 초 아메리카 대륙 원주민의 아즈텍 문명과 잉카 문명에 괴멸적인 타격을 입힌 사례는 이미 일반의 역사 상식이 되어 있다.1) 그러나 천연두의 위협과 그에 대한 공포는 16세기 아메리카 대륙에 국한된 것이 아니었다. 천연두는 대략 기원전 1만 년경에 출현한 것으로 추정되며, 아프로-유라시아 대륙의 거의 전역에서 오랫동안 실로 무수한 인간의 생명을 앗아간 유행성 전염병이었다. 18세기의 유럽만 해도 매년 약 40만 명이 천연두로 목숨을 잃었고, 모든 맹인의 3분의 1은 천연두를 앓은 후유증으로 시력을 상실한 것이었다고 한다. 보통 사람뿐만 아니라 러시아의 표트르 2세, 프랑스의 루이 15세 등 18세기 유럽의 군주 가운데 5명이 재위 중 천연두로 사망했다.2)

물론 그 위협과 공포의 크기에 비례하여 인간은 일찍부터 천연두로부터 살아남기 위한 노력을 기울여, 이미 10세기경에 중국과 인도에서 인두(人痘)를 이용한 종두법(種痘法)이 고안되었다고 한다. 1796년 영국의 에드워드 제너(Edward Jenner)가 우두(牛痘)를 이용한 백신 접종법을 고안한 이후로는 인간과 천연두의 '전쟁'이 본격적으로 벌어졌다. 1960년대 후반 세계보건기구(WHO)는 천연두 근절이라는 야심찬 목표 아래 전 세계적인 백신 접종 프로그램을 시작했다. 그 덕분에 천연두의 자연 감염은 1977년 10월 소말리아에서 발생한 사례를 마지막으로 지구상에서 사라졌다. 마침내 1980년 5월 세계보건기구는 천연두의 박멸을 공식 선언했다.3)

이제 천연두는 인류가 최초로 완전 정복에 성공한 전염병으로 기억되고 있을 뿐이다. 그러나 적어도 18세기까지의 인류 역사에서 천연두의 영향은 아무리 강조해도 지나치지 않다. 사실 천연두가 역사에 끼친 영향은 유럽이나 아메리카 대륙에 국한된 것이 아니었다. 특히 청 제국의 역사에서 천연두는 남다른 위상을 점한다. 이미 선행 연구를 통해 밝혀졌듯이, 청조는 중국 역사상의 어떤 왕조보다도 천연두 문제에 민감했고, 청 제국의 정치, 군사, 외교 등 거의 전 분야에 걸쳐 천연두의 영향력을 확인할 수 있다. 다른 것은 선행 연구의 몫으로 돌리기로 하고,[4] 여기에서는 단적인 예 몇 가지만 들어보겠다.

제1장에서 1636년 홍타이지의 '칭제'에 가장 중요한 계기가 되었던 것은 차하르 정복이었다고 말한 바 있다. 당시 홍타이지와 대결하던 차하르의 대칸 릭단은 1634년 가을 천연두에 걸려 사망했다.[5] 만약 릭단이 천연두에 걸리지 않았더라면 역사는 어떻게 달라졌을까? 18세기 중엽 건륭 연간 청의 준가르 정복 과정에서는 준가르 초원의 유목민 가운데 열에 셋이 청군에게 도륙되었지만 그보다 더 많은 열에 넷이 천연두에 걸려 죽었다고 한다.[6] 준가르 유목민의 지도자 아무르사나(Amursana)도 천연두에 걸려 사망했다.[7] 따라서 청의 준가르 정복에 대해서도 '천연두가 없었다면 어떻게 되었을까?'라는 질문을 던질 수 있다.

물론 청조가 천연두의 '혜택'만 입었던 것은 아니다. 17세기 중엽 청이 입관을 달성한 때의 황제 순치제(順治帝)가 겨우 스물네 살의 나이로 사망한 것도, 19세기 후반 동치제(同治帝)가 스무 살에 사망한 것도 천연두 때문이었다.[8] 결국 운명을 돌이키지는 못했지만, 입관 초기의 황제 순치제는 천연두 유행의 가능성이 특히 높은 겨울과 봄이면[9] 거의 어김없이 은둔 생활에 들어가 천연두로부터 스스로를 보호하려고 했다. 강희제(康熙帝)는 어려서 천연두를 앓아 면역을 획득한 덕분에 순치제의 계승자로 선택되었다. 강희제는 황태자가 천연두에 걸렸다가 회복된 이후 인두 접종 정책을 실시했다. 또한 청조는 천연두 면역이 없는 몽고의 왕공 귀족에 대하여 북경 대신 열하(熱河)로 와서 조근(朝覲)의 의무를 이행할 수 있도록 안배했다.[10]

만약 천연두가 없었다면, 입관 이후 청 제국의 역사는 어떻게 달라졌을까?

홍타이지, 마마의 공포에 떨며 살다

만주인들은 천연두를 '마마(mama)'라고 불렀다. 이 단어는 우리에게도 친숙한데, 지금부터는 '천연두'와 '마마'를 혼용하기로 한다.[11] 위에서 거론한 사례들은 청사 연구자들에게 널리 알려져 있는데, 그것은 궁극적으로 만주인들이 마마 관련 기록을 많이 남겼기 때문일 것이다. 그러나 만리장성 이북 지역에서의 천연두 유행에 관한 기록은 16세기 중엽 이후에야 서서히 기록에 등장하기 시작한다.[12] 이는 청 제국 건설의 주인공 만주인들에게 천연두가 '낯선 전염병'이었으며, 따라서 그들이 유전적으로 천연두에 매우 취약했을 가능성을 강하게 시사한다. 입관 이후의 청조가 과거의 한인 왕조들에 비해 천연두에 훨씬 더 민감하게 반응하지 않을 수 없었던 것도 바로 그들의 유전적 취약성 때문이었을 것이다. 만주인들의 마마에 대한 민감한 태도는 입관 전에도 다를 바 없었다.

누르하치 시기에서 홍타이지 시기에 걸쳐 만주 지역에는 만(滿)·몽(蒙)·한(漢)이 함께 집주하는 사회가 형성되었다. 그 가운데 명나라 출신의 한인들은 오랜 옛날부터 천연두를 앓고 있었다. 인구 구성상 한인의 비중이 점차 증대함에 따라 마마의 발생 빈도도 늘어나고 피해 규모도 커지게 되었을 터이지만, 마마로 인한 사망자가 얼마나 되었는지를 사료로 직접 확인하기란 불가능하다. 그러나 마마가 입관 전의 만주인들에게 얼마나 심각한 위협이었는지는 충분히 알 수 있다. 예컨대 만주인 국가의 핵심이라고 할 수 있는 누르하치 일가만 보더라도 마마로 사망한 사실이 확인되는 경우가 적지 않다. 1631년에는 홍타이지의 이복형 다이샨이 천연두 때문에 다섯째 아들 발라마(Balama)를 잃었다.[13] 또한 1639년에는 다이샨의 장남 요토와 여섯째 아들 마잔(Majan)이 명나라 내지에서 약탈전을 벌이던 도중 천연두에 걸려 사망했다.[14]

이 때문에 누르하치는 일찍이 1622년에 마마 환자를 발견하여 보고하는 임무를 띠는 '사두관(査痘官)'이라는 관직을 두었다.[15] 만주인들은 또한 어려서 천연두를 한번 앓은 사람이라면 다시는 천연두에 걸리지 않는다는 사실도 알고 있었다. 이에 천연두를 앓아 면역을 획득한 이들['urehe' : 숙신(熟身)]과 그렇지 않은 이들['eshun' : 생신(生身)]을 구별하는 어휘도 갖추게 되었다. 천연두가 발발하면 생신(生身)의 왕공들은 '피두소(避痘所)'로 몸을 피했다. 생신이었던 순치제가 천연두 유행의 가능성이 높은 동계와 춘계에 거의 매년 '피두(避痘)'를 해야 했다는 사실은 잘 알려져 있지만,[16] 그의 부친인 홍타이지 역시 생신이었기 때문에 피두에 관한 한 순치제보다 더하면 더했지 결코 못하지 않은 행태를 보였다. 홍타이지의 피두 사례는 만주인들이 얼마나 천연두를 무서워했는지를 단적으로 보여줄 뿐만 아니라, 입관 전의 만주인 국가에서 천연두의 영향력이 어느 정도였는지도 잘 드러내므로 좀더 자세히 들여다볼 가치가 있다.

먼저 홍타이지는 피두를 위해 중요한 장례나 제사에 참석하지 못한 경우가 여러 번 있었다. 예컨대, 그는 마마로 사망한 다이샨의 아들 발라마의 장례에 참석하지 못했다.[17] 자신의 이복형 망굴타이(Manggūltai)의 장례에도 마마가 돌고 있던 때라 참석하지 못했다.[18] 천연두 때문에 누르하치에 대한 제사에 불참한 일도 있었다.[19]

또한 천연두가 돌 때마다 홍타이지는 중요한 국정 활동을 숙신(熟身)들에게 맡기거나 연기하곤 했다. 예컨대, 천총 5년(1631) 정월 홍타이지는 피두 중이었기 때문에 심양을 방문했던 코르친 유목민의 수장을 배웅해야 하는 자리에 나가지 못하고 숙신인 버일러와 대신들을 대신 보내야만 했다.[20] 천총 7년(1633) 오월에는 귀순해온 공유덕 등과의 만남을 피두로 인해 연기해야 했다.[21] 천총 8년(1634) 이월에도 홍타이지는 피두소로 몸을 피했고,[22] 그 때문에 천총 8년 삼월 상가희의 귀순 때에도 그와의 만남을 연기했다.[23]

1636년의 '칭제' 이후에도 천연두는 홍타이지의 활동에 중대한 걸림돌이 되곤 했다. 특히 1638년과 1642년에는 천연두 때문에 장기간의 국정 공백이 초래되었다. 1638년의 경우 홍타이지는 마마가 돌고 있던 탓에 정월 초하루의 신년 연회에 참석하지 못했다.[24] 이월에는 내몽고 초원의 후흐호트[呼和浩特] 방면으로 출정했다가 돌아온 직후 아직도 심양에 유행 중이던 천연두를 피하기 위하여 사냥여행을 떠나야 했다. 사월 12일 사냥에서 돌아올 때에는 마마 관련 종교적 금기 때문에 "밤을 타서 몰래 들어와야" 했다.[25] 그러나 마마의 기세가 여전했으므로 홍타이지는 다시 피두에 들어가 "외부 사람들을 일절 만날 수 없었다."[26] 칠월 초순에 이르러 명나라에서 귀순해온 심지상(沈志祥)과 접견할 수 없었던 것도 천연두 때문이었다.[27]

1642년의 상황도 못지않게 심각했다. 시월 25일의 만수절(萬壽節), 즉 자신의 생일에는 피두 때의 금기에 따라 음악을 연주하지 않도록 했다.[28] 십일월 8일에는 40일분의 양식을 준비하여 사냥여행을 떠났는데, 이는 "비록 사냥이라고 말하나 실은 마마를 피하기 위해서 나간 것"이었다.[29] 홍타이지는 윤(閏)십일월 8일 심양에 귀환했으나 천연두의 기세가 여전했기 때문에[30] 은둔 생활을 계속해야 했다. 『청태종실록』의 숭덕 7년(1642) 윤십일월 부분에 홍타이지의 활동에 관한 기록이 단 사흘만 남아 있을 정도이다.[31] 홍타이지는 십이월 2일 다시 사냥여행을 떠나 26일 심양으로 돌아왔고, 이듬해 정월 초하루에는 마마 때문에 하례(賀禮)를 거행하지 않았다.[32]

물론 홍타이지가 마마가 돈다고 해서 모든 공식 활동을 접었던 것은 아니다. 예컨대 1638년 가을의 경우 홍타이지는 명나라에 대한 약탈전을 벌이러 출정하는 요토 휘하의 우익군을 환송하는 팔월 27일의 의식과 도르곤 휘하의 좌익군을 환송하는 구월 4일의 의식에 참석했다.[33] 이는 피두 중이었음에도 불구하고 사안의 중요성을 고려하여 장도(壯途)에 오르는 원정군을 직접 환송하러 나간 것이었다.[34] 그러나 이는 대단히 예외적인 상황이었다. 생신이었던 홍타이지는 마마에 대한 공포로 인해 일상생활은 물론이고 정치, 의례, 외교 등의 여러 측면에서 심각한 제약을 받고 있었다.

　당연한 말이 되겠지만, 천연두의 위협과 그에 대한 만주인의 공포는 평시에 국한된 것이 아니었다. 불결한 위생 상황이나 열악한 의료 체계로 인해 전근대 시기의 전쟁터가 전염병의 온상이 되었다는 상식을 고려하면, 만주인의 마마에 대한 공포는 분명 전시가 평시보다 훨씬 더 심했으리라고 보아야 할 것이다. 다른 문제는 차치하더라도, 천연두가 오래 전부터 유행성 전염병으로 자리를 잡고 있던 만리장성 이남의 명나라 땅에서 전쟁을 벌일 때에는 마마의 위협이 중요한 고려사항이 되지 않을 수 없었다. 이는 1633년 명, 조선, 차하르 가운데 어느 나라를 먼저 치는 것이 좋겠느냐는 문제를 두고 열린 전략 회의에서도 잘 드러난다.

　『청태종실록』 등에는 버일러 9명(지르갈랑, 아지거, 도르곤, 도도, 두두, 요토, 사할리얀, 호오거, 아바타이)과 대신 7명(양구리, 렁거리, 호쇼투, 여천, 피양구, 일던, 칵두리)이 1633년의 전략 회의에서 제시한 의견이 기록되어 있다.[35] 이 회의에서는 거의 전원이 조선과 차하르보다는 명나라에 대한 공격과 약탈에 주력해야 한다는 주장을 내놓았다.

　이 가운데 지르갈랑은 명을 먼저 공격해야 한다고 주장하면서, 다만 마마가 걱정스러우니 생신인 홍타이지는 명나라 땅에 장기 주둔해서는 안 된다고 지적했다. 양구리 역시 명의 내지 깊숙이 들어가 몇몇 성(城)을 점령한 다음에는 숙신 버일러와 장수를 주둔시키고 홍타이지와 생신 버일러는 바로 심양으로 귀환해야 한다고 말했다.

그러나 천연두 감염을 우려하여 명나라 땅 깊숙이 침공하는 작전에는 홍타이지와 생신 버일러들이 아예 참여하지 말아야 한다는 입장을 피력한 사람들이 더 많았다. 예컨대 요토는 장성 이남으로 병력을 침투시키는 경우 홍타이지와 생신 버일러는 장성 북쪽에 남아 있는 것이 좋다고 했다. 사할리얀(Sahaliyan)[다이샨의 아들] 역시 홍타이지와 생신 버일러는 출정하더라도 명의 변경 바깥에 머무르고 숙신 버일러와 장수가 내지로 침입하여 산해관의 배후를 치자고 주장했다. 아바타이 역시 홍타이지는 변경 바깥에 머물면서 여러 버일러와 장수를 골라 여덟 갈래로 명의 내지로 진군시켜야 한다고 주장했다. 비록 마마를 직접 언급하지는 않았지만 그 취지는 사할리얀과 다를 바 없었다.

천총 연간(1627~1636년)의 후금군과 숭덕 연간(1636~1643년)의 청군이 벌인 주요 군사작전을 개관해보면, 대명(對明) 전쟁에서는 요토 등의 주장대로 생신과 숙신 간의 역할 분담이 기본 원칙으로 적용되었던 것 같다. 만주인들이 명나라 내지, 즉 화북(華北)에서 벌인 약탈전은 천연두 유행의 가능성이 가장 높은 겨울에서 이른 봄에 이르는 시기를 피하거나, 아예 숙신인 버일러·장수에게 작전을 맡기는 형태로 이루어졌던 것이다.[36]

단, 천연두는 실제 발발하기 전까지는 잠재적인 위험이었기 때문에 군사적인 필요가 우선시되는 경우 생신이라도 어쩔 수 없이 천연두 감염의 위험을 감수하고 출정한 경우가 없지 않았다. 1639년 가을부터 1640년 봄에 걸쳐 전개되었던 화북 약탈전에서 생신인 요토가 우익 병력을 지휘한 사례가 대표적이다. 그러나 요토는 아니나 다를까 산동성 제남(濟南)에서 그만 천연두에 걸려 사망했다.[37] 요토의 사례는 그 뒤로 생신과 숙신 간의 역할 분담 원칙이 더욱 강화되는 계기가 되었던 것으로 보인다. 1641년 우전 초하의 지휘관 석정주(石廷柱)는 요서(遼西) 변경의 금주(錦州) 공격을 위한 전략을 제안하면서, 숙신 버일러를 북경 서북쪽의 선부(宣府)와 대동(大同) 방면으로 침투시켜 명으로 하여금 금주로 원병을 보낼 수 없도록 만들고, 요서 지역의 금주 방면에 대한 공격은 생신 버일러에게 맡겨야 한다고 말하고 있다.[38] 또한 순치 원년(1644) 사월 호오거는 섭정왕(攝政王) 도르곤이 생신인 자신을 명나라 내지로의 출정에 동행하도록 한 것이 부당하다며 불만을 토로한 바 있다.[39]

지금까지 살펴보았듯이 입관 전의 만주인은 대명 전쟁에서 마마의 위협을 중대 요소로 고려하고 있었다. 그런데 정묘호란이나 병자호란 당시의 한반도에도 이미 1,000년에 이르는 천연두 유행의 역사가 있었다.[40] 임진왜란 이후 17세기 말까지의 조선 군적(軍籍)에서 사람들의 얼굴에 마마 자국이 어느 정도인지가 필수적인 기입 사항이었을 정도이다.[41] 더군다나 정묘호란과 병자호란은 연중 천연두의 유행 가능성이 가장 높은 계절에 일어났다. 특히 병자호란은 한겨울에 벌어진 만큼 청군이 조선 땅에서 마마의 위협에 노출될 가능성이 더 높았다. 이로부터 전쟁이 진행되는 동안 '만주인들은 과연 조선의 마마로부터 완전히 자유로울 수 있었을까?'라는 질문을 던지지 않을 수 없게 된다.

정묘호란 때의 후금군이 조선의 마마와 조우하다

병자호란 때의 상황을 들여다보기에 앞서 먼저 정묘호란의 경우를 살펴보자. 정묘호란 당시 후금군이 압록강을 건넌 날짜는 정묘년 정월 13일(양력

1627년 2월 28일)이었다.[42] 병자호란 때만큼은 아닐지라도 그들이 마마의 위협에 직면할 확률은 다른 계절보다는 여전히 높았다. 실제로 이는 단지 가능성에 그치지 않았다. 정묘호란 때의 후금군이 조선에서 마마의 위협을 인지했고 늦게나마 그 위협을 실감했다는 사실이 기록으로 확인되는 것이다.

정묘년 정월 8일(1627년 2월 23일) 아민, 지르갈랑, 아지거, 두두, 요토, 쇼토 등이 이끄는 후금군이 심양을 출발했다.[43] 정월 13일(1627년 2월 28일)에 압록강을 건넌 후금군은 의주, 임반(林畔), 선천, 정주 등을 잇따라 함락시킨 뒤 18일에는 곽산을 점령했고,[44] 이날 심양으로 전황 보고를 위한 사자를 파견했다.[45] 만주어 사료에서 정월 22일 심양에 도착한 보고서를 찾아보면, 아민 등은 이제 평양으로 진격할 예정이며 이미 점령한 의주에는 대신 8명과 병사 1,000명, 정주에는 대신 4명과 병사 500명을 잔류시켰다고 하면서[46] 다음과 같이 말하고 있다.

(가) 유목하는 몽고인, 관직(이 있는) 몽고인을 의주에 보내어, (의주에 잔류시킨) 우리 군대를 그쪽[조선 내지를 지칭]으로 데려가면 어떨까요? 이를 한(汗)께서 생각해주십시오. ……거기[심양을 지칭]에서 만약에 (병력을) 보낸다면, 생신의 대신들을 보내지 마십시오. 마마가 나옵니다.[47]

조선도 마마가 도는 곳이므로 점령지를 지킬 증원 병력을 보낼 경우 "생신의 대신들"은 파견하지 말라는 것이었다. 이로부터 이 무렵 후금군이 조선 역시 마마로부터 자유로운 지역은 아니라는 사실을 인지했음을 알 수 있다. 이 보고에 대한 답신에서 홍타이지는 이렇게 이야기하고 있다.

(나) 마마의 소식(mama i medege)이 퍼져 있다면, 우리의 생신 버일러들, 몽

고의 생신 버일러들을 돌려보내면 어떨까? (그러나) 장애가 되지 않는다면 (그대로) 진행하도록 하라. 그것을 또한 너희가 생각하라. 몽고의 생신 버일러들을 돌려보낼 경우, (그들을 데려올) 친구를 (적당히) 헤아려 보내라.[48]

만약 조선 현지에 "마마의 소식"이 널리 퍼져 있다면, 만주와 몽고의 "생신 버일러들"을 귀환시키는 것도 고려해보라는 취지였다. 그러나 조선에 출병한 후금군의 지휘부가 생신 버일러들을 귀환시킨 흔적은 보이지 않는다. 마마 발발의 가능성을 인지했을 따름이고 실제로 후금군 진영이나 그 부근에 "마마의 소식", 즉 마마의 발발이 당장에 있지는 않았기 때문일 것이다.

이후 후금군은 남진을 계속하여 이월 8일 황해도 평산에 진주했고, 그 이후 강화도로 파천한 조선 조정과 강화 협상을 벌였다. 그 결과 삼월 3일 강화도에서 있었던 쌍방의 맹서(盟誓)를 통해 일단 화의가 성립했다. 하지만 아민이 강화도에서의 맹서에 불만을 품고 반발했기 때문에 삼월 18일에 이르러 평양에서 재차 맹서가 이루어졌다.[49]

후금군에게는 다행스럽게도 이 시점까지 마마의 위협은 현실화되지 않았다. 그런데 청의 만주어 기록은 삼월 18일 평양의 맹서 이후 후금군의 철군 과정을 다음과 같이 설명하고 있다.

(다) 조선국에 마마의 소식이 있다고 해서, 생신 버일러들은 모두 각각 흩어져서 (돌아)왔다.[50]

즉, 홍타이지가 일찍이 우려한 바 있는 조선 현지에서의 "마마의 소식"은, 이미 두 차례의 맹서가 이루어짐으로써 전쟁이 끝나고 후금군이 철군을 시작할 무렵에야 발생했던 것이다. 이에 따라 천연두는 정묘호란의 전개 과정

자체에 유의미한 영향을 끼치지 못했고, 단지 생신 버일러들이 마마를 피해 각각 흩어져 귀환하도록 만드는 데 그쳤을 뿐이다.

정묘년 사월 10일, 홍타이지는 구르부시 어푸(Gurbusi Efu), 시르후낙(Sirhūnak), 달라이(Dalai), 만주시리 어푸(Manjusiri Efu), 엉거선(Enggesen) 등 정묘호란에 참전했던 몽고의 버일러들이 후금군의 버일러들과 헤어져 먼저 귀국한 것을 두고, "너희에게만 처자가 있느냐? (조선에) 간 버일러와 장수들에게는 처자가 없느냐?"라고 하면서 꾸짖고 있다.51) 이들은 당시 조선에서 마치 도망치듯이 먼저 귀국한 것으로 보이는데, 아마도 천연두에 대한 공포 때문이 아니었을까 한다.

청의 실록이 조선의 마마 문제를 은폐하다

이처럼 정묘호란 때 만주인들은 조선 역시 명나라 내지처럼 천연두가 유행하는 땅이라는 사실을 인지했다. 또한 비록 전쟁이 끝난 무렵이어서 전쟁 자체의 전개에는 영향을 끼치지 못했을지라도, 그들로 하여금 여러 부대로 나뉘어 귀국길을 서두르게 만들었던 것은 조선의 천연두였다.

그런데 여기서 특히 간과하지 말아야 할 사실이 한 가지 있다. 앞 장의 말미에서 언급했듯이, 홍타이지가 죽은 뒤에 편찬된 『청태종실록』에서는 정묘호란 때의 천연두에 관한 언급을 전혀 발견할 수 없다는 사실이 그것이다.

위의 (가)~(다)는 모두 중국어로 '당안(檔案)'이라고 부르는 고문서(archive) 중에서도 만주어로 작성된 고문서에서 뽑아 인용한 것이다. 이들 만주어 당안은 훗날 『청태종실록』을 편찬할 때 사료 내지 사초(史草)로 활용되었을 것으로 보인다. 『청태종실록』은 정묘호란 당시 조선에서 있었던 일을 정묘년의 삼월 14일 조와 삼월 18일 조에 나누어 실었다. 만주어 당안과 『청태종실록』의 기록을 대조해보면, 후자가 전자의 기록 중에서 (가)·(나)·(다)의 문장을 쏙 빼놓고 싣지 않았다는 사실을 확인할 수 있다. 앞 장의 말미에서 『청태종실록』이 정묘호란 때 후금군이 조선의 마마를 경험한 사실을 '침묵'으로 '은폐'한 사실이 있다고 한 것은 바로 이를 두고 한 말이다. 그렇다면, 『청태종실록』이 정묘호란 당시 조선에서의 마마 관련 사실을 은폐한 이유는 무엇일까?

정묘호란 당시 후금군은 그간 조선이 자신들에게 여러 가지 잘못을 저질렀기 때문에 그 죄를 묻기 위해 전쟁을 일으켰노라고 주장했다.[52] 간단히 말하자면, 자신들의 조선 침공은 '의로운 전쟁'이었다는 것이다. 따라서 신(神)의 가호를 받는 것이 당연하다고 여겼다. 예컨대 만주어 당안을 보면, 홍타이지는 조선을 침공한 원정군이 "하늘의 은혜(abkai kesi)"를 입고 있다고 말하고 있다. 한문 『청태종실록』의 표현으로 말하자면 "하늘의 보살핌과 도움을 입고 있다[蒙天眷佑/蒙天佑庇]"는 것이다.[53]

그런데 마마를 극도로 두려워했던 만주인들은 마마를 곧 신의 뜻이라고 여겼다.[54] 만주어 당안에서 (가)와 (나)는 전쟁 당시 조선에 출병한 후금군과 심양의 홍타이지가 주고받은 전황 관련 문서의 내용을 기록한 것이므로, 당시의 전쟁 수행에 중대 변수가 되는 마마에 대한 언급을 그대로 실었을 것이다. (다)는 전쟁이 끝난 뒤의 상황이므로 일견 사실대로 적지 않을 이유가 딱히 없어 보인다. 그러나 훗날 실록과 같은 사서를 편찬하면서 체계적인 역사 서사를 구성할 때에는, 후금군이 조선에서 마마의 위협에 직면했다는 것은 "하늘의 은혜", "하늘의 보살핌과 도움" 등과 심각한 모순으로 부각되었을 것이다. 만약 실록의 정묘호란 서사에 신의 뜻인 마마 관련 사실을 남겨둔다면, '의로운 전쟁'이라는 역사 서사의 틀이 통째로 흔들리기 때문이다.

그렇다면 병자호란의 경우는 어떠한가? 정묘호란 시기의 기록에는 전쟁이 막 끝난 뒤이기는 해도 그나마 만주어 당안에 조선에서의 천연두 발발 사실이 언급되어 있으나, 병자호란 시기의 경우는 청의 전쟁 기간 기록에서 천연두에 관한 언급을 전혀 찾을 수가 없다. 병자호란 때의 천연두 문제가 지금껏 주목의 대상으로 떠오르지 못했던 것도 바로 이 때문일 것이다.[55]

그러나 병자호란 때에는 정묘호란 때보다 계절적으로 마마의 발발 가능성이 더 컸다. 실제로 병자년 겨울 서울에서는 마마가 창궐하고 있었다. 병자년 십일월 21일 승정원에서는 "근일 두역(痘疫)이 대치(大熾)하여" 지방에서 올라온 군사와 과거를 보러 상경한 유생 중에도 환자가 속출하고 있다는 사실을 보고하면서, 가족과 떨어져 있어 "무소구호(無所救護)"의 딱한 처지에 있는 그들을 위해 약물을 지급할 것을 제안하고 있다.[56] 또한 『남한일기』의 저자 남급은 병자년 십이월 12일 "아침밥을 먹은 뒤에 궐문을 나와 반촌(泮村)[성균관 근처의 동네 이름]에 가서 두질(痘疾)을 앓고 있는 이자장(李子章 : 이름은 爾樟)을 문병했다."[57] 병자년 십이월 14일 가족을 피난시키고자 서울을 나섰던 홍익한도, "이날 (밤) 북풍이 칼과 같았고 빽빽하게 눈이 내렸다. 길 위에는 얼어 죽은 사람이 많았다. 무아(婺兒)[홍익한의 딸로 보임]는 전에 집에 있을 때부터 이미 두역을 앓고 있었다. 바람에 닿고 눈을 맞으니 거의 혼절하여 소생하기 어려울 지경이었다"라는 기록을 남기고 있다.[58] 이러한 상황에서 조선 땅 깊숙이 들어온 청군, 특히 생신이었던 홍타이지가 과연 마마의 위협으로부터 자유로울 수 있었을까?

만약 『청태종실록』의 편찬자들에게 이런 질문을 던진다면, 아마 병자호란 때의 청군이 정묘호란 때보다 훨씬 더 운이 좋아서, 아니면 "하늘의 보살핌과 도움" 덕분에, 천연두가 창궐했음에도 불구하고 그 영향을 받지 않았노라고 대꾸할 것이다. 그러나 천연두 감염자에 대한 격리가 이루어지지 않은 상황에서 청군이 천연두의 위협으로부터 안전했을 확률은 아예 없었다고 보아야 한다. 오히려 정묘호란 때의 마마를 은폐한 '전과'를 고려하건대, 『청태종실록』이 병자호란 때의 마마 역시 은폐했을 가능성을 상정하는 것이 타당하다. 다른 무엇보다도 정묘호란 때보다도 훨씬 더 강력한 은폐의 동기가 존재했기 때문이다.

병자호란은 정묘호란과 달리 황제인 홍타이지가 직접 이끈 친정이었으며, 당시 홍타이지는 명시적으로 이번 조선 침공이 '의로운 전쟁'임을 표방하고 있었다. 병자년 십일월 25일 홍타이지는 동지 제천 의식을 거행하면서 조선을 침공하는 이유를 하늘에 고했다. 이날의 고천(告天) 제문에서 홍타이지는, 기미년(1619) 조선이 명과 연합하여 "사악한 전쟁(ehe dain)"[사르후 전투를 지칭]을 일으킨 이래 조선이 자신들에게 저지른 갖가지 죄악을 열거했다. 제문의 말미에서는 '절화교서'의 내용을 조선이 먼저 맹약을 파기하여 전쟁의 원인을 제공했다는 증거로 내세웠다. 이처럼 전쟁 발발의 책임을 조선으로 돌리면서 홍타이지는 누가 "옳고 그른지 하늘과 땅이 가려달라"고 기원하며 고천 제문을 마무리 지었다.[59]

홍타이지는 전쟁 기간 조선 측에 보낸 여러 문서에서도 병자년 십일월 25일의 고천 제문에서 내세운 주장을 반복했다. 조선이 저지른 갖가지 죄악에 대하여 그 죄를 묻기 위해 "의로운 군사(jurgan i cooha)"를 일으켰다는 것이었다.[60] 따라서 천지의 신들은 자신의 편에 서야 마땅했다. 그런데 만약 '의로운 전쟁'을 일으킨 "의로운 군사"가 마마를 만났다고 한다면, 그것은 신이 전쟁의 정당성을 인정하지 않았다는 의미로 읽힐 수 있었다. 그러므로 설사 병자호란 기간 청군이 조선에서 마마의 위협에 직면한 사실이 있었다고 하더라도 『청태종실록』의 편찬자는 그 사실을 곧이곧대로 쓸 수가 없었을 것이다.

여기서 이런 의문이 들 수 있다. 실록은 그렇다 치고 만주어 당안에서라면 정묘호란의 경우처럼 마마 이야기가 등장할 수 있지 않을까? 그러나 병자년 십이월과 정축년 정월에 관한 한 만주어 당안과『청태종실록』은 기사가 거의 일치한다. 특히 홍타이지가 서울에 머물렀던 정축년 정월의 일을 기록한 만주어 당안으로는 청에서 사서 편찬 업무를 관장하던 내국사원(內國史院)이 작성한 것만 남아 있다. 내국사원의 만주어 당안은『청태종실록』의 편찬을 위하여 과거의 기록을 정리한 결과물로 추정된다. 따라서 마마에 대한 은폐 동기로 말하자면 내국사원 당안은『청태종실록』과 다를 바가 전혀 없었다고 할 수 있다. 제5장에서 홍타이지가 정축년 정월 24일 인조에게 보냈다는 국서가 훗날 위조하여 끼워 넣은 문서임을 밝힌 바 있는데, 이 위조문서 역시 내국사원 당안에서부터 등장하고 있다. 실재하지 않았던 국서를 위조해서 끼워 넣은 내국사원 당안이라면, 병자호란 기간의 마마와 관련해서도 고의적인 '침묵'에 의한 은폐 가능성을 의심하지 않을 수 없는 것이다.61)

홍타이지, 조선의 마마에 쫓겨 서둘러 귀국하다

이처럼 병자호란 때의 청군이 조선의 마마를 '조우'했다고 하더라도 청 측의 기록이 그 사실을 은폐했을 가능성이 농후하다면, 당시의 정황상 그들이 마마의 위협으로부터 완전히 자유롭지는 않았을 것이라고 추정하는 수준에서 고찰을 멈추어야만 할까?

그러나 꼬리가 길면 밟히기 마련이다. 흔적과 증거를 100퍼센트 없애는 완전 범죄가 결코 쉽지 않듯이, 만약 어떤 사실이 실재했다면 훗날의 사서 편찬자가 그 사실을 완전하게 은폐하기란 역시 쉽지 않은 법이다. 더군다나

『청태종실록』처럼 분량이 큰 편년체, 즉 연대기 사서는 여러 사람의 공동 편찬이기 때문에, 어떤 기간의 기록을 누군가 각별히 주의하여 은폐 또는 조작했다고 하더라도, 다른 기간의 기록에서 혹 다른 누군가의 부주의로 인해 은폐 또는 조작의 흔적이 지워지지 않고 잔존하게 되는 일이 벌어질 수 있다. 이 점에 착목하여 병자호란이 끝난 뒤인 정축년 이월 이후의 기록을 뒤져보면 어떨까?

실제로 내국사원이 작성한 만주어 당안만 보더라도 벌써 정축년 이월의 기사에서부터 천연두의 존재가 포착된다. 정축년 이월 13일 조에서 "정주의 관원, 곽산의 관원이 (각각) 네 마리씩의 소를 가지고 고두(叩頭)하며 마중을 나와 있었다. (그러나) 마마 소식이 있다고 하면서 알현시키지 않았다"는 기사가 발견되는 것이다.[62] 이 기사는 홍타이지가 심양으로 돌아가는 길에 "마마 소식" 때문에 조선 관원과의 대면 접촉을 기피했다는 사실을 말해준다. 한문 『청태종실록』의 편자는 내국사원 만문 당안의 편자보다 주의력이 더 좋았던 것인지, 정묘호란 당시의 마마 관련 기사와 마찬가지로 이 기사를 아예 삭제해버렸다.

내국사원 만문 당안의 정축년 이월 13일 조 기사가 암시하듯이, 조선의 마마는 적어도 홍타이지의 귀국길에 모종의 영향을 끼치고 있었다. 즉, 생신이었던 홍타이지는 병자호란이 끝난 뒤 조선의 마마에 걸리지 않기 위해 몸을 사리고 있었다는 말이다. 이는 종전 직후 그가 서울에 입성하지도 않은 채 서둘러 귀국길에 오른 이유도 설명해준다. 또한 홍타이지는 심양으로 돌아가는 도중에 위치한 조선의 크고 작은 도시에도 입성하지 않았다. 당시 조선의 관원들은 홍타이지가 관할 경내를 지날 때 마중을 나와 길가에 꿇어앉아 배웅을 했는데, 이런 경우 홍타이지는 그들과의 근거리 접촉을 의도적으로 기피하는 행태를 보였다.[63]

홍타이지는 심지어 심양에 도착한 뒤에도 한동안 조선에서 온 사람들과의 근거리 접촉을 피하는 모습이었다. 정축년 이월 8일 도르곤과 함께 심양행에 오른 소현세자 일행은 사월 10일 심양에 입성했는데,[64] 홍타이지가 소현세자 일행을 처음 접견한 것은 그로부터 거의 한 달이 지난 윤(閏)사월 5일의 일이었다. 청 측의 기록에서는 접견이 미루어진 이유가 전혀 드러나지 않지만, 『심양장계』는 홍타이지가 이처럼 오랫동안 소현세자 일행을 접견하지 않았던 이유를 마마 때문으로 적시하고 있다.[65]

이처럼 적어도 전쟁이 끝난 직후부터 홍타이지가 마마로 인해 행동에 제약을 받고 있었던 것은 확실하다. 일단 여기까지는 종전 무렵 마마가 발발하여 후금군의 철군 과정에 영향을 끼쳤던 정묘호란의 경우와 비슷하다. 그러나 앞서 지적했듯이 병자년 겨울의 서울에서는 이미 십일월부터 마마가 창궐하고 있었다. 조선의 마마가 정축년 정월 말 전쟁이 끝날 때까지 잠자코 있다가, 전쟁이 끝난 뒤에야 비로소 청군에 위협을 가하기 시작했을 리는 없지 않은가?

사실 병자호란 당시 조선의 마마는 결코 청군을 그대로 내버려두지 않았다. 전쟁이 끝난 뒤 약 다섯 달이 경과한 시점, 즉 정축년 유월 말의 기록으로부터 전쟁 동안 청군 진영의 천연두 발발 사실을 확인할 수 있다. 이 시기의 일을 기록한 만주어 당안은 현존하지 않지만, 『청태종실록』의 정축년 유월 27일 조에는 홍타이지가 "조선과 피도(皮島=가도) 원정 당시 왕(王) 이하 제장(諸將) 이상에 법을 어긴 망행(妄行)이 많았다"고 하면서 그들을 논죄(論罪)하는 상황이 묘사되고 있는데, 이날의 논죄 내역을 전하는 기록 가운데 천연두와 관련하여 논죄의 대상이 된 사람들이 발견된다.[66]

먼저 아바타이의 아들, 즉 홍타이지의 조카였던 버이서 보호토의 죄목을 보면, 자기 휘하 니루에 마마 환자가 발생했다는 사실을 인지하고도 끝내

이를 밝히지 않았을 뿐만 아니라, 마마 환자를 그대로 군영에, 그것도 홍타이지가 머물던 어영(御營) 가까이에 잔류시켰다는 것이었다. 다음으로 팔기만주 중에서도 정람기의 지휘관이었던 다르한(Darhan)의 죄목은, 자기 휘하 구사에서 출병 인원으로 뽑힌 자가 "생신", 즉 천연두 면역이 없다는 핑계로 먼저 귀국한 사실을 적발하지 못했다는 것이었다. 정황기 만주의 지휘관 탄타이(Tantai), 정백기 만주의 지휘관 아산(Asan), 정홍기 만주의 지휘관 둘러이(Dulei) 등의 죄목도 다르한과 대동소이했다.

다르한을 비롯한 팔기만주 각 구사의 지휘관 4명의 죄목은, 당시 천연두의 공포에 질려 출병 인원으로 뽑혔음에도 대오를 이탈하여 서둘러 귀국한 탈영병까지 발생한 청군 진영의 상황을 전하고 있다. 여기서 출병 인원의 '출병'이란 병자호란, 즉 조선 침공을 위한 출병을 가리키는 것이 아니다. 그들은 이미 조선에 출병해 있는 상태였기 때문이다. 정축년 이월 2일 홍타이지는 서울을 떠나면서 쇼토에게 니루마다 4명씩의 갑병을 맡겨, 공유덕 · 경중명 · 상가희 휘하의 병력 전부와 더불어 가도를 공격하라는 명령을 내린 바 있다.[67] 따라서 출병 인원이란 조선에 왔던 팔기 소속 군사들 가운데 가도 공격에 차출되어 천연두가 창궐하는 조선 땅에 잔류하게 된 자들을 가리킨다고 보아야 한다.

그러나 생신 병사들의 탈영 현상보다 훨씬 더 심각한 사태는, 두말할 나위 없이 보호토의 죄목에 보이듯이 홍타이지의 어영 부근에서 마마 환자가 발생했다는 사실 자체였다. 앞서 살펴보았듯이, 청나라에서는 마마 발생 시 홍타이지와 생신 버일러들이 곧장 피두에 들어가서 외부와의 접촉을 피하는 것이 '매뉴얼'이었다. 따라서 자신의 숙소 부근에서 마마 환자가 발생했다는 사실을 인지한 순간 홍타이지는 생신 버일러들과 함께 곧장 피두를 위한 칩거에 들어갔을 것이다. 그렇다면 정월 16일의 심양행 서신 이후 약

보름 동안의 청 측 기록이 사실상 홍타이지와 인조가 주고받은 국서의 인용과 강화도 작전 관련 기사로만 채워져 있는 까닭도 비로소 이해가 간다. 마치 아무 일도 하지 않고 있었던 것인 양 홍타이지나 왕·버일러들의 동정을 전혀 언급하지 않고 있는 것은 그들이 모두 피두에 들어갔기 때문이라는 말이다.

단, 정월 22일에 감행한 강화도 작전을 지휘한 도르곤과 두두가 예외적인데, 이는 아마도 두 사람이 숙신이었기 때문으로 추정된다. 청의 왕·버일러 가운데 숙신이었다는 사실이 사료상 명시적으로 확인되는 사람은 아바타이, 아지거, 사할리얀, 두두 등 네 사람이므로,[68] 일단 두두가 숙신이었다는 것은 확실하다. 도르곤의 경우는 숙신이었음을 명시하는 사료상 기록이 확인되지는 않는다. 하지만 일생 동안 그가 피두한 흔적 또한 없다. 게다가 홍타이지가 천연두 감염이 무서워 한동안 접견을 기피했던 소현세자 일행을 서울에서 심양까지 데려간 사람이 바로 도르곤이었다는 사실을 상기할 필요가 있다. 도르곤이 만약 생신이었다면, 홍타이지는 그에게 두두와 함께 조선에 남아 청군의 철수를 지휘하는 임무를 맡길 수 없었을 것이다.[69]

반대로 병자호란 개전 초기 로오사의 선봉대에 뒤이어 십이월 16일 서울에 도착한 청군을 지휘했던 도도와 요토, 도르곤과 더불어 동로군을 이끌고 남하한 호오거 등은, 앞에서의 서술에서 밝혔듯이 모두 사료상 생신이라는 사실이 확인되는 인물들이다. 병자호란 당시 혁혁한 전공을 세웠던 도도, 요토, 호오거 등의 행적은 청의 기록에서 정축년 정월 10일 기사를 끝으로 종적도 없이 사라져버리고 말았다. 그들이 모두 홍타이지와 더불어 피두에 들어갔을 것이라는 추정 이상으로 이처럼 기이한 현상을 잘 설명해주는 것은 없을 듯하다.

오직 마마라는 변수를 고려해야만 설명이 되는 기이한 현상이 또 하나 있다. 정축년 정월 23일 홍타이지는 병자호란에 참전한 외번몽고의 동맹군 가운데 일부인 3,600명으로 하여금 먼저 서울 일대의 군영을 떠나도록 했다.[70] 이들 3,600명의 외번몽고 병력은 강원도와 함경도를 거쳐 두만강을 건너 본국으로 돌아갔다.[71] 이들이 함경도로 가던 도중 정월 28일 김화에서 유림이 이끄는 평안도 군사와 조우하여 전투를 벌인 일은 제3장에서 살핀 대로이지만, 여기서 이들에 주목하는 이유는 아직 전쟁이 끝나지 않았는데도 홍타이지가 이들을 철수시켰다는 사실 때문이다. 이들의 조기 철군을 두고, 정월 28일 청 측은 일부 병력을 이미 북방으로 길을 잡아 귀국시켰는데, 이는 모든 부대가 같은 길로 귀국하면 말에게 먹일 풀이나 청군의 식량을 조달하기가 어렵다는 사정을 고려한 것이라는 취지의 설명을 한 바 있다.[72] 딴은 틀린 말이 아닌 것 같지만, 문제는 시점이다. 정월 23일에 출발을 했다면 이미 며칠 전부터 철군 준비에 들어갔음이 분명하다.

홍타이지는 왜 이들을 이렇게 빨리 철군시킨 것일까? 다른 이유는 딱히 찾을 수 없으니, 조기 철군에 나선 외번몽고의 수장들이 생신이었을 가능성을 상정하지 않을 수 없다. 즉, 홍타이지와 청 국내의 왕·버일러들은 아직 전쟁을 끝내지 못한 탓에 어쩔 수 없이 마마가 창궐하는 서울 부근에 더 머물러야 했지만, 동맹군으로 참전한 외번몽고의 왕·버일러들 가운데 생신들까지 억지로 붙잡아 둘 수는 없었기에 그들을 조기 철군시켰던 것이 아닐까? 만약 그렇다면, 도르곤처럼 나중에 철군한 외번몽고의 왕·버일러들은[73] 아마도 숙신이었을 것이다.

조선의 마마가 전쟁의 결말을 바꾸다

이제 병자호란 당시 조선의 마마 문제에 대한 지금까지의 고찰을 정리할 단계에 이른 것 같다. 병자호란 전야 서울에서는 마마가 창궐하고 있었다. 내국사원의 만문 당안이든 한문『청태종실록』이든 간에 청의 기록은 모두 병자호란 기간의 마마에 대한 이야기를 애써 은폐하고 있지만, 전쟁이 끝난 뒤의 기록을 통해서 조선 땅에 머물던 청군이 마마의 위협으로부터 결코 자유롭지 않았다는 사실을 확인할 수 있었다. 사료상 구체적인 날짜까지 확인할 수는 없었지만, 병자호란 기간 청군 진영에서는, 그것도 홍타이지가 머물던 어영 부근에서 분명 마마 환자가 발생했다. 이런 경우 생신이었던 홍타이지는 자신과 마찬가지로 생신이었던 왕·버일러들과 함께 피두에 들어가야 했다. 정축년 정월 후반 홍타이지 및 생신 왕·버일러들의 동정이 기록으로부터 아예 사라져버린 것도 피두 때문으로 보인다. 홍타이지가 전쟁이 끝나자마자 도르곤과 두두를 제외한 왕·버일러들을 대동하고 서둘러 귀국길에 올랐던 것도 피두 때문이었을 것이다. 전쟁이 끝나고 귀국하는 동안, 그리고 귀국 이후에도 한동안 그는 마마로 인해 행동의 제약을 받았다.

여기서 혹 이상의 고찰이 추론의 영역을 벗어나지 못한 것이 아니냐는 문제 제기가 있을지도 모르겠다. 그러나 홍타이지가 정축년 정월 후반에 생신 왕·버일러들과 함께 피두에 들어갔으리라는 추정을 뒷받침하는 사료상의 결정적인 증거가 존재한다. 서울을 떠난 지 약 다섯 달이 지난 시점인 정축년 칠월 5일, 홍타이지가 조선에서의 전쟁 기간 청군의 기율 문란을 문제로 삼아 왕·버일러들을 꾸짖은 일이 있었다. 이때 그는 지나가는 말로 조선을 평정한 직후 자신의 조기 귀국 사실을 가리켜, "마마를 피해 먼저 귀국[避痘先歸]"한 것임을 밝히고 있다.[74] 위에서 정축년 이월 13일 "마마 소식" 때문에 홍타이지가 정주와 곽산의 조선 관원과 만나지 않았음을 언급한 바 있지만, 칠월 5일의 기사는 홍타이지의 조기 귀국 자체가 애초부터 "피두" 행위였다는 사실을 결정적으로 드러내고 있는 것이다.『청태종실록』

의 편찬자들은 결국 병자호란 기간 홍타이지의 피두 사실을 완전히 은폐하는 데에 실패한 셈이다.

요컨대, 홍타이지는 마마에 쫓겨 조선 땅을 서둘러 떠났던 것이 분명하다. 이제 남은 문제는 청군 진영에 마마 환자가 발생한 시점이다. 바로 이 대목에서 '정월 16일의 중대사건'을 떠올리지 않을 수 없다. 제5장에서 고찰했듯이, 분명 홍타이지는 '정월 16일의 중대사건'으로 인해 전쟁을 서둘러 끝내야 한다는 압박을 받기 시작했다. 정월 16일경의 청군에게 전쟁 계획의 궤도 수정을 요구했을 법한 군사적 상황 변화는 없었다. 군사적 측면에서는 '정월 16일의 중대사건'이 될 만한 후보를 찾을 수 없다는 말이다. 그렇다면, 여기서 '정월 16일의 중대사건'이라는 미지수에 '어영 부근에 천연두 환자가 생겼다는 사실의 인지'라는 사건을 대입해보면 어떨까?

제5장의 말미에서 홍타이지로 하여금 전쟁을 서둘러 끝내게 만든 '정월 16일의 중대사건'은 세 가지 조건을 충족해야 한다고 말한 바 있다. 청군 진영의 마마 환자 발생이야말로 '중대사건'이 갖추어야 할 세 가지 조건을 모두 충족한다. 첫째, 청군 진영의 마마 발발(smallpox outbreak)은 병자호란 동안 조선 땅에서 발생한 사건이었다. 둘째, 그것은 홍타이지에게 전쟁 계획의 변경을 강제할 만큼 심각한 것이었다. 그는 피두에 들어가야 했다. 셋째, 홍타이지를 포함한 대부분의 왕공들은 생신이었으므로 마마의 발발은 그들이 모두 조선을 서둘러 떠나야 할 이유가 되기에 충분하다. 실제로 홍타이지는 자신이 천연두를 피해 서둘러 귀국했다는 사실을 고백했다.

마마의 발발이 홍타이지로 하여금 시간에 쫓기도록 만들기에 충분한 '중대사건'이었다는 것은 이제 두말할 필요가 없을 것이다. 그렇다면, 홍타이지의 입장에서 정축년 정월 후반의 상황은 다음과 같이 복기해볼 수 있다.

정축년 정월 16일 아침 심양행 서신을 발송하는 시점까지만 해도 홍타이지는 적어도 이월 말까지는 조선에 머물 작정이었다. 1631년 대릉하성에서의 경험에 비추어, 병자년 십이월 14일 남한산성에 들어간 조선 조정이 약 80일 정도는 충분히 버틸 수 있으리라고 전망했기 때문이다. 또한 그는 대릉하성에서와 마찬가지로 남한산성에 대한 전면적인 공성전은 우선순위에 두고 있지 않았다. 그 대신에 강화도 인근은 물론 압록강에서도 결빙이라는 장애 요인이 사라질 것으로 예상되는 이월 하순까지 기다렸다가 본국에서 건조한 선박으로 강화도를 쳐서 조선 왕의 처자를 붙잡겠다는 구상을 품고 있었다. 전황도 압도적 우세였고 앞으로 최소 한 달 이상 조선에 머물 예정이었으므로 남한산성에 고립된 조선 조정과의 협상에 나설 이유는 없었다.

그러나 공교롭게도 역시 정월 16일에 청군 진영에서 '중대사건'이 발발했다. 보호토 휘하의 니루에 마마 환자가 발생한 사실이 뒤늦게 드러난 것이다. 더구나 이 환자는 홍타이지의 어영 가까이에 머무르고 있었다. 이제 홍타이지는 더 이상 느긋하게 기다릴 수 있는 처지가 아니었다. 그는 생신왕·버일러들과 함께 피두에 들어가야 했다.

하지만 그렇다고 해서 당장 조선에서 철수할 수는 없는 노릇이었다. 병자호란은 자기 자신의 손으로 반드시 승리를 거두어 '조선 정복'을 명실상부하게 실현해야 하는 전쟁이었다. 국내의 동원 가능한 병력을 총동원하다시피 하여 일으킨 전쟁이었다. 외번몽고로부터도 유례없이 많은 병력을 동원했다. 자신이 직접 나선 친정에서, 그리고 그때까지의 어떤 전쟁보다도 많은 병력을 투입한 전쟁에서, 빈손으로 귀국할 수는 없는 노릇이었다. 마마가 걷잡을 수 없이 확산되기 전까지 어떻게 해서든 조선 왕의 투항을 이끌어내야 했다. 이를 위해서는 전략의 수정이 불가피했다.

이에 홍타이지는 바로 다음 날, 즉 정월 17일부터 남한산성의 조선 조정을 협상 테이블로 끌어들이기 시작했다.[75] 협상 전략은 주효했다. 조선의 왕은 정월 19일의 국서에서 "나라를 들어 명(命)을 받들겠다"느니, "마음을 기울여 귀순하겠다"느니 하면서 사실상의 신속 의사를 표했으며, 처음으로 자신의 숭덕 연호를 썼다. 홍타이지는 이에 화답하여 정월 20일 꼭두새벽에 인조의 출성과 척화신 두세 명의 박송을 철군, 즉 종전의 조건으로 제시했다.

연일 조선 조정과의 협상을 지속하는 동시에, 홍타이지는 전쟁의 종결을 앞당기는 데 유효할 것이라고 생각되는 수단을 모두 동원했다. 우선 남한산성에 포격과 공격을 가하여 자신이 내건 조건의 수용을 압박했다. 또한 강화도 공격 시기를 앞당겼다. 한강의 결빙 상태에서 정상적인 작전은 불가능했다. 그러나 '궁즉통(窮則通)'이라고 했던가? 누구의 아이디어였는지는 몰라도, 거룻배 수준의 작은 배 수십 척을 건조, 수레에 싣고 육상으로 이동해서 강화도 갑곶의 대안에 배를 댄다는 기상천외한 작전이 떠올랐다. 작전은 대성공이었다. 정월 22일 청군은 강화도 갑곶에 상륙했고, 조선 왕의 가족을 사로잡았다. 정월 26일 홍타이지는 조선 조정으로 하여금 이 사실을 확인하게 했다. 정월 27일 조선의 왕이 마침내 출성 조건마저 수용하겠다는 의사를 밝혔다.

이에 정월 28일 홍타이지는 종전 이후 인조가 준수해야 할 사항을 열거한 국서를 남한산성에 보냈고, 정월 29일에는 인조가 평양에 간 홍익한 외에 윤집과 오달제를 전쟁 발발의 책임이 있는 척화신으로 지목하여 묶어 보냈다.[76] 정월 30일 인조가 출성하여 삼전도로 나오자 홍타이지는 인조의 '귀순' 의례를 성대하게 거행했다.[77] 마마의 발발이라는 '정월 16일의 중대사건'에도 불구하고, 어렵사리 감행한 친정이 수포로 돌아가지 않도록 천연두 감염의 위험을 감수하며 조선에 머물며 지낸 지 보름째가 되는 날이었다.

그러나 홍타이지에게는 승전의 기쁨을 만끽할 여유가 없었다. 마마가 도는 서울 도성에 들어가는 것은 너무나 위험했다. 이월 2일 홍타이지는 생신

왕·버일러들과 함께 겨우 2,300명의 병력만 이끌고 서둘러 귀국길에 올랐다. 조선 땅에 창궐하고 있는 마마의 위협으로부터 확실히 벗어나기 위해서였다. 심양으로 가는 길에 조선의 관원들이 자신을 영접하고 배웅하러 나왔다. 홍타이지는 그들과의 근거리 접촉도 기피했다. 홍타이지는 마침내 이월 21일 심양에 무사히 돌아왔다. 사월 10일 도르곤이 소현세자 등 조선의 인질 및 포로들을 데리고 심양에 들어왔다. 그러나 홍타이지는 여전히 마마 감염을 우려했기 때문에 소현세자 일행과의 만남을 윤(閏)사월 5일까지 미루어야만 했다.

제7장

대미

삼전도 의례로 전쟁의 막을 내리다

지금까지 청 태종 홍타이지가 병자호란을 왜 일으켰고, 또 어떻게 준비했는지, 그리고 어떤 공격전략을 수립하여 전쟁을 치렀으며, 어떤 식으로 전쟁을 끝냈는지를 자세히 추적해보았다. 고찰의 결과를 대체로 시간 순서에 따라 간단히 요약하자면 다음과 같다.

홍타이지는 병자년 사월 11일 심양에서 '황제 즉위식'을 거행했다. 이날 그는 '칭제'의 첫 번째 명분으로 '조선 정복'을 꼽았다. '조선 정복'은 정묘호란의 성과를 과장한 것이었는데, '황제 즉위식'에서 조선의 사신들이 그에 대한 삼궤구고두를 거부함으로 인해 그 허구성이 폭로되고 말았다. 홍타이지는 자신의 '칭제'를 정당화하기 위해 명실상부한 '조선 정복'을 결심하지 않을 수 없었다. 자신의 정치적 야망과 어젠다가 걸린 문제였던 만큼 전쟁을 직접 지휘하는 친정을 선택했다. 또한 전쟁의 필승을 위해 자신이 동원 가능했던 최대의 병력을 투입하는 총력전을 기획했다. 그가 청나라 국내에서 동원한 군사는 정규 병사를 기준으로 약 2만 2,000명이었다. 또한 군사동맹 관계에 있던 외번몽고로부터 약 1만 2,000명을 동원했다. 합계 약 3만

4,000명이라는 병력은 그때까지의 어떤 전쟁에서보다 큰 규모였다. 또한 홍타이지는 조선 침공에 앞서 명나라 내지로 원정군을 파견하여 대규모 약탈전을 벌이게 했는데, 이는 조선에서 전쟁을 벌이는 동안 명군이 배후를 위협할 엄두를 내지 못하게 만들기 위한 사전 정지 작업으로 보인다.

병자호란 전야 조선은 조정의 강화도 파천과 각 지역 군민의 산성 입보를 통해 전쟁을 지구전으로 이끈다는 방어전략을 수립했다. 그러나 조선의 방어전략을 간파한 홍타이지는, 개전 초기 서울을 기습 타격하는 전격 작전과 조선군의 방어 거점들을 그대로 지나치는 통과 작전을 구사했다. 이러한 작전은 주효했다. 평안도와 황해도 지역의 조선군은 청군의 초고속 진군을 저지하지 못했고, 그 결과 조선 조정은 강화도 파천에 실패했다. 홍타이지가 전격 작전 구사에 가장 적합한 계절인 엄동설한의 한겨울을 기다려 전쟁을 개시한 것도 간과해서는 안 될 대목이다.

애초에 홍타이지는 인조를 서울 도성에 가두려고 했으나, 인조는 가까스로 남한산성에 들어갔다. 이에 홍타이지는 인조를 완전히 고립시키기 위한 남한산성 포위 작전으로 이행했다. 남한산성의 조선 조정으로서는 외방으로부터 근왕병이 올라와 적의 포위를 풀어주기를 기다리는 수밖에 없었다. 그러나 평안도와 황해도의 조선군은 청군의 시차 진군과 양로 병진으로 인해 기동에 제약을 받았다. 특히 조정의 명을 받아 근왕에 나섰던 부원수 신경원과 도원수 김자점은 청 동로군에게 기습을 당했다. 남부 4도의 조선군은 사전 준비가 있었던 만큼 상당히 빠른 속도로 근왕에 나섰다. 그러나 청군은 병자년 십이월 말에서 정축년 정월 초에 걸쳐 선제적인 기습 타격 작전을 구사함으로써 각 도의 근왕병을 하나씩 격퇴했다. 정월 중순 양근의 미원에는 함경도 군사를 중심으로 적지 않은 조선군이 집결해 있었지만, 그들은 전쟁이 끝날 때까지 꿈쩍도 하지 않았다. 평안도 군사의 근왕 시도도 출격 시기가 너무 늦은 탓에 남한산성의 인조에게는 아무런 도움도 주지 못했다.

정축년 정월 10일 서로군의 마지막 부대와 동로군이 서울에 도착함으로써 청군은 남한산성에 대한 포위 작전 태세를 완성했다. 이 무렵 청군의 입장에서 가장 효율적이고 합리적인 작전은 느긋하게 시간을 보내며 남한산성의 식량이 떨어지기를 기다리는 고사 작전이었다. 실제로 홍타이지는 정월 16일까지만 해도 그런 고사 작전을 구상하고 있었다. 최소한 이월 말까지는 서울에 머물 작정이었으며, 이월 하순 강화도를 먼저 칠 생각이었다. 남한산성에 대한 공성전은 강화도 점령 이후에도 인조가 항복하지 않을 경우의 선택지로 남겨두었다.

그러나 정월 17일에 이르러 거대한 반전이 일어났다. 청군은 고사 작전을 폐기하고 협상으로 국면을 전환하여 전쟁의 조기 종결을 추진했다. 이 무렵 청군이 전쟁의 종결을 서두를 군사적 이유는 전혀 없었다. 그럼에도 그들이 정월 17일부터 돌연 협상에 나섰던 것은, 정월 16일 청군 진영에 천연두 환자가 발생했다는 사실을 인지했기 때문으로 추정된다. 홍타이지와 참전 왕·버일러의 대다수는 천연두 면역이 없는 생신이었다. 마마의 공포에 늘상 시달리던 홍타이지와 같은 생신들은 천연두가 발발하면 감염을 피하고자 칩거에 들어가야 했으며, 천연두 감염의 위험이 높은 지역에서의 군사작전 참가를 금기시하고 있었다. 따라서 청군 진영의 천연두 발발은 홍타이지가 전쟁의 조기 종결을 추진하기에 충분한 이유가 될 수 있었다. 청의 사서들은 병자호란 기간의 기록에서 청군 진영의 천연두 발발 사실을 은폐했다. 그러나 전쟁 종결 이후 시기의 기록으로부터 천연두 환자의 발발 사실과 그로 인한 홍타이지의 조기 귀국 사실이 드러난다.

조선의 마마 때문에 시간에 쫓기기 시작한 청군은 정월 17일부터 조선 조정을 협상 테이블로 끌어들여 전쟁의 종결을 서둘렀다. 조선 조정도 완전한 포위 상태에서 고사 위기로 내몰리고 있었던 만큼 협상을 마다할 이유가 없었다. 마침내 정월 20일에 이르러 홍타이지는 인조가 남한산성에서 나오고 척화신 두세 명만 포박하여 보낸다면 포위를 풀고 철군하겠다는 뜻을 밝혔다. 신변 안전을 확신할 수 없었던 인조는 출성만은 피하고 싶었다. 이에 인조는 출성 대신에 완전한 칭신을 통해 사실상의 항복 의사를 밝혔다. 그러나 청 측은 인조의 출성을 고집했다. 인조의 출성을 둘러싸고 협상이 교착상태에 빠진 가운데, 청군은 한편으로 남한산성을 공격했고 다른 한편으로 강화도 작전을 앞당겨 감행했다. 인조의 출성을 압박하기 위한 술책이었다.

정월 22일 청군이 강화도를 공격했다. 동계 결빙기 동안 강화도를 오가는 뱃길은 염하수로 남쪽의 광성진이 유일한 길목이었다. 강화도의 조선군은 광성진에 대부분의 전선과 병력을 배치했고, 만에 하나 청군이 상륙 작전을 감행할 경우 우월한 수군 전력으로 그들을 해상에서 저지한다는 구상이었다. 그러나 청군은 결빙기 동안 한강으로부터의 수로 진입이 불가능한 갑곶 나루의 뱃길을 공격 지점으로 골랐다. 그들은 작은 배 44척을 수레에 싣고 산을 넘어 갑곶 나루에 도달했다. 작전 당일 광성진에서 올라오던 조선 수군의 주력 함대는 염하수로의 조류가 밀물에서 썰물로 바뀌는 바람에 갑곶 앞 수역으로 접근하지 못했다. 이렇게 해서 갑곶 나루에 무인지경의 뱃길이 열리자, 청군의 작은 배들은 아무런 방해도 받지 않고 염하수로를 건너 강화도에 상륙했고, 곧이어 강화부성에 들어갔다. 나흘 뒤인 정월 26일, 청군은 강화도 함락 사실을 남한산성의 조선 조정에 통고했다. 인조는 어쩔 수 없이 출성을 결단했고, 정월 30일 마침내 남한산성을 나와 삼전도로 향했다.

이상은 이 책의 고찰을 통해 얻어낸 새로운 병자호란 서사의 큰 줄기이다. 고찰 과정에서 밝힌 '디테일' 중에도 종래의 통설과 다른 이야기가 많았지만, 위에서 요약·정리한 서사의 큰 줄기만 하더라도 혹 너무 낯설어 선뜻 받아들이기를 주저하는 독자가 있지 않을까 하는 걱정이 든다. 그러나 이 책의 서사는 교전 쌍방의 기록들을 대조·검토하여 신뢰할 수 있는 사실들을 확립하고 합리적인 추론으로 사실과 사실의 관계를 추적한 결과이다. 단지 종래의 서사에 비해서 '디테일'에 좀더 집중한 측면, 사료에서 은폐·왜곡되거나 명언되지 않은 몇몇 문제들에 대하여 과감한 상상을 시도한 측면 등이 낯설거나 기이하게 느껴질 수는 있다. 하지만 어떤 경우에도 상상이 지나친 나머지 경험적 증거로 뒷받침할 수 있는 범위마저 벗어나지 않도록 각별히 주의했음을 강조하고 싶다.

혹 이 책의 병자호란 서사가 결과적으로 당시 조선의 위정자들을 '변호'한 것이 아니냐는 의구심이 드는 독자가 있을지도 모르겠다. 아마도 제2장, 제3장, 제4장 등의 서술 내용에 병자호란 전야의 조선 조정이 나름대로 전쟁에 대비하고 있었고, 전쟁 발발 이후에도 물론 다 그런 것은 아닐지라도 조선군이 대체로 각자 부여받은 임무를 충실히 수행한 편이었다는 취지의 이야기가 있기 때문일 것이다. 이런 이야기는 조선의 위정자들이 아무런 대책도 없이 대명의리에 얽매여 척화를 외치다가 막상 전쟁이 터지자 비겁과 무능으로 일관했기 때문에 참담한 패전을 면하지 못했다는 종래의 명쾌하고 단순한 설명 틀과 배치된다. 그러나 그들이 결국 패전에 이른 과정을 당시의 상황을 충분히 고려하면서 조금 복잡하게 설명했다고 한들 그들의 엄연한 '전쟁 실패'가 '성공'으로 둔갑하는 것은 아니다. 더군다나 이 책의 제2장에서는 그들이 정묘호란의 경험과 교훈에 '매몰'된 나머지, 정묘호란 전까지만 해도 심각히 우려하던 적의 서울 급습 가능성에 충분히 대비하지 않았음을 지적한 바 있다. 이는 궁극적으로 '전쟁 실패'를 초래한, 돌이킬 수 없는 치명적 과오였다.

반대로 이 책의 서사가 홍타이지를 너무 긍정적으로 묘사한 것이 아니냐는 의구심을 품는 독자가 있을지도 모르겠다. 아마도 '홍타이지의 전쟁'이 었다는 점에 초점을 맞추어 병자호란의 실상에 접근하려고 하다 보니 마치 홍타이지가 '주인공'인 양 이야기를 쓰게 되고, 결국 '승자의 전쟁 서사'로 흐르게 된 것이 아니냐는 의구심일 것이다. 특히 홍타이지의 공격전략 앞에서 조선의 방어전략이 어떻게 무력화되었는지를 고찰한 제2장과 제3장의 이야기들은, 말하자면 홍타이지를 너무 '띄워주는' 것이 아니냐는 혐의를 일으킬 수 있다.

'홍타이지의 전쟁'이라는 책 제목이나 각 장의 제목만 보더라도 이 책이 홍타이지를 '주인공'처럼 취급한 것은 부정할 수 없는 사실이다. 그러나 모든 이야기가 '주인공'을 긍정적으로 묘사하는 것은 결코 아니다. 이 책에서 묘사한 홍타이지는 『삼국지연의』의 제갈량처럼 신의 경지에 이른 전략가도 아니었고, 청의 기록들이 주장하는 것처럼 하늘의 가호를 받는 존재도 아니었다. 병자호란 때 그가 구사한 공격전략에 대한 이 책의 입장은, '지피지기'라는 병가의 상식에 따라 상대방의 빈틈을 찌르고 자신의 강점을 극대화할 수 있는 전략을 연구한 결과로 보아야 한다는 것이다. 홍타이지는 단지 전쟁터에서 잔뼈가 굵은 전쟁 전문가였을 뿐으로, 인조가 말한 "적(敵)을 막으려면 반드시 먼저 적(이 어떻게 움직일지) 헤아려야"[1] 한다는 기본 원칙에 좀더 충실했을 따름이다.

또한 승자가 어떻게 이겼는지를 밝혔다고 해서 승자를 너무 '띄워주는' 것이라고 치부할 수는 없다. 이 책에서 병자호란을 '홍타이지의 전쟁'으로 접근해본 것은, 종래의 병자호란 서사가 조선의 '전쟁 실패'를 단죄하거나 평가하는 데 치중한 나머지 시야에서 놓쳐버렸던 여러 문제들을 포착함으로써 '전쟁 실패' 서사의 일면성을 보완하는 데 도움이 되리라고 기대했기 때문이다. 이는 프랑스의 패전 서사와 독일의 승전 서사를 함께 아울러야만 1940년 프랑스 전선에서 벌어진 제2차 세계대전의 실상을 온전히 복원할 수 있는 것과 다를 바 없다. 1940년의 독일이 프랑스의 전략을 무력화하는 전략을 구사했음을 밝혔다 해서, 그것이 곧 히틀러를 '띄워주는' 것이 되지는 않는다.

더군다나 일반적으로 '승자의 전쟁 서사'를 문제시하는 이유는, 그것이 전쟁의 승리를 곧 전쟁의 정당화로 연결하는 데에 있다. 전형적인 '승자의 전쟁 서사'에서 정의는 언제나 승자의 편이라는 말이다. 사실 청나라 사서의 병자호란 서사야말로 전형적인 '승자의 전쟁 서사'라고 할 수 있는데, 이 책에서 밝힌 '디테일' 중에는 그 '승자의 전쟁 서사'를 구성하는 주요 요소가 거짓임을 폭로하는 이야기들이 포함되어 있다. 예컨대 만주인들은 정묘호란과 병자호란 때의 천연두 문제를 은폐했는데, 그것은 자신들이 일으킨 전쟁이 '의로운 전쟁'이며, 따라서 하늘은 자신들의 편이라는 주장과 배치되기 때문이었다. 또한 청의 사서는 강화도 작전이 사전 예고를 거친 뒤에야 단행한 것이라고 주장하기 위해 실재하지도 않았던 국서를 꾸며서 끼워 넣었다. 사소하게는, 자신들의 전과는 과장하고 피해는 축소하거나 은폐했다.

그러나 청이 만들어낸 '승자의 전쟁 서사'에서 대들보와 같은 중요성을 지니는 것은 역시 병자호란의 발발 책임이 조선에게 있다는 이야기일 것이다. 홍타이지는 전쟁 당시부터 조선이 정묘년의 형제 맹약을 먼저 깼기 때문에 군사를 일으켰노라고 선전·주장했거니와,[2] 전쟁이 끝난 뒤에는 조선을 압박하여 삼전도에 자신의 공덕을 기리는 비석을 세우게 하고는 조선이 전쟁을 자초했다는 이야기를 돌에 새겨 영원히 남기도록 만들었다.[3] 게다가

제2장에서도 지적했듯이, 사실은 전격 작전을 벌이기에 최적의 계절을 기다린 것이었음에도, 삼전도 비문에는 홍타이지가 마치 조선에 '반성'의 시간을 허여하여 가급적 전쟁을 일으키지 않으려고 한 것처럼 쓰게 만들었다.

'승자의 전쟁 서사'로 흐른 것은 오히려 종래의 '외교 실패' 서사였다는 점도 그냥 지나칠 수 없다. '외교 실패' 서사는 청이 일으킨 침략 전쟁이 조선의 죄를 묻기 위한 '의로운 전쟁'이었다는 '승자의 전쟁 서사'와 공명하고 있다. 이기지도 못할 전쟁의 발발을 사전에 막지 못한 '외교 실패'의 책임을 조선의 위정자들에게 묻다 보니, 아이러니하게도 병자호란은 조선이 자초한 것이나 다를 바 없는 전쟁이었다는, 청이 만들어 낸 '승자의 전쟁 서사'와 별 차이가 없는 인식이 부지불식간에 자리를 잡았다는 말이다. 물론 그것이 만약 사실이라면, 청의 '의로운 전쟁' 논리와 공명하든 말든 간에 그대로 사실로 승인해야 마땅하다. 그러나 이 책의 제1장에서는 '홍타이지는 왜 병자호란을 일으켰는가?'라는 질문에 대한 해답과 함께 그가 친정과 총력전으로 병자호란에 임한 까닭을 규명함으로써, 병자호란이 '잉태' 당초부터 다른 누구도 아닌 홍타이지 본인의 정치적 야망과 어젠다를 군사적 수단으로 달성하려는 '홍타이지의 전쟁'이었음을 드러낸 바 있다.

여기에 더하여 이 책에서는 조선 침공을 위해 총력전을 준비한 것도 홍타이지요, 청군의 공격전략을 짠 것도 홍타이지요, 청군의 작전 수행을 총괄 지휘한 것도 홍타이지였음을 밝혔다. 그뿐만 아니다. 앞에서의 고찰에 따르면, 고사 작전을 폐기하고 협상으로 국면을 전환하여 전쟁의 조기 종결을 추진한 것도 홍타이지가 천연두 면역이 없는 생신이었기 때문이다. 인조의 출성과 척화신 두세 명의 박송을 조건으로 하는 철군 약속과 그 약속의 이행도 홍타이지의 존재 없이는 설명이 불가능하다. 만약 홍타이지가 없었다면 이른바 '삼전도의 치욕'도 물론 없었을 것이다.

이처럼 병자호란은 발발 원인은 물론이거니와 개전부터 종전까지 시종일관 '홍타이지의 전쟁'이었다. 제1장의 말미에서 밝혔듯이, '홍타이지의 전쟁'이야말로 병자호란의 성격을 가장 적확하게 표현하는 말이라고 판단된다. 그런데, '홍타이지의 전쟁'이라는 말은 전쟁의 대미라고 할 수 있는 삼전도 의례에도 적용할 수 있다. 왜냐하면 삼전도 의례 또한 홍타이지가 전쟁을 일으킨 이유와 마찬가지로 그의 정치적 야심과 어젠다에 의해 규정되었던 것으로 판단되기 때문이다. 이제부터는 전쟁의 대미로서의 삼전도 의례가 어떤 의미였는지를 밝히는 이야기로 이 책의 마무리를 갈음하고자 한다.4)

제1장에서 '홍타이지는 왜 병자호란을 일으켰는가?'라는 질문과 관련하여 병자호란이 홍타이지의 친정이었다는 사실을 강조하면서, 명이나 조선 땅 깊숙이에서 벌이는 전쟁에 홍타이지가 직접 참전하는 행위는 금기였다고 말한 바 있다. 그러한 금기가 만들어졌던 것은 바로 마마 때문이었다. 제6장에서 보았듯이, 홍타이지와 같은 생신들은 명나라 내지 깊숙이까지 침공하는 작전에 참가하는 것을 기피하고 있었다. 마마의 위협을 의식했기 때문이다. 홍타이지는 이미 정묘호란 때 조선 땅도 마마의 위협으로부터 안전하지 않다는 사실을 알게 되었다. 따라서 어떤 이유에서건 조선과의 전쟁을 일으켜야 했다면, 1636년 명나라 내지에서 전개한 약탈전처럼 아지거와 같은 숙신에게 전쟁을 맡겼어야 했다. 그러나 홍타이지는 굳이 친정을 선택했다. 그것은 분명 마마의 위협에도 불구하고 내린, 결코 범상치 않은 결단이었다고 하지 않을 수 없다.

역시 제1장에서 지적했듯이, 홍타이지로 하여금 이처럼 비상한 결단을 내리면서까지 조선을 상대로 한 전쟁을 벌이게 만든 직접적인 계기는 병자년 사월 11일의 '황제 즉위식'에서 만들어졌다. 그날의 '황제 즉위식'은 조선 사신들 때문에 사실상 '미완'에 그쳤다. 홍타이지로서는 '조선 정복'을 명실상부하게 실현해야만 비로소 자신의 '칭제'를 정당화할 수 있었으며, 이 중차대한 과업은 자신의 친정으로 달성해야만 했다. 그렇다면, 홍타이지는 이번의 친정으로 '조선 정복'에 성공하는 경우 조선을 어떻게 처리하려고 했을까?

전근대 시기의 전쟁에서 승전 이후의 전후 처리는 스펙트럼이 매우 넓다. 극단적인 경우, 그는 조선을 완전히 멸망시키고 철저히 파괴하겠다는 생각을 품었을 수도 있다. 그러나 홍타이지는 병자년 십일월 29일 이번 전쟁은 맹약을 깬 조선 조정의 죄를 묻기 위한 것이니 저항하거나 도주하지 않는 일반 조선인에 대해서는 살상이나 약탈을 엄금한다는 명령을 내렸다.[5] 조선의 관민(官民)을 상대로 한 선전문에서도 조선의 왕과 대신들이 저지른 잘못 때문에 군사를 일으켰을 뿐이니 저항하거나 도주하지 말라고 말했다.[6] 무고한 인명의 살상이나 약탈을 엄금했다는 것은 '조선 정복' 이후 어떤 형태로든, 즉 직접적이든 간접적이든 간에 조선을 지배할 의사가 있었음을 암시한다.

청 측의 기록에 따르면, 병자년 십이월 12일과 13일 곽산과 정주에서 홍타이지는 항복한 군사와 백성들로 하여금 머리를 깎아 변발을 하게 만들고는 앞으로 청군이 그들을 범하지 않을 것이라고 약속했다고 한다.[7] 하지만, 제2장에서 언급했듯이 곽산의 함락 여부는 사료상 단정할 수 없고, 따라서 그가 실제로 이런 약속을 했는지도 확신할 수 없다. 그러나 홍타이지는 십이월 13일 후군을 이끌고 뒤에 처져 있던 안평 버일러 두두에게 보낸 명령서에서도, 의주로부터 남하할 때 연도의 조선인을 함부로 범하지 말라고 하면서, 앞으로 그들이 모두 자신들의 통치 대상이 될 것이라는 취지의 말을 했다.[8] 그러므로 병자호란의 개전 초기만 해도 홍타이지가 '조선 정복'

이후 조선에 대한 모종의 지배를 기획했을 가능성은 충분히 상정할 만하다.

그렇다면, 그는 직접 통치를 꿈꾸고 있었을까? 청 측의 기록에 따르면, 병자년 십이월 16일 홍타이지는 안주를 지키던 조선의 "장군"에게 어서 투항해서 함께 남진하자고 제안하는 문서를 보냈다고 한다.9) 홍타이지는 자신이 조만간 철군하리라는 기대는 버리라고 하면서, "너희의 나라를 이번에 확실히 평정할 것"이라느니, "이제 나 자신이 왕경(王京)에 살 것이고, 뭇 군사를 너희의 팔도에 나누어 살게 할 것이다"라고 하여,10) 이번의 '조선 정복' 이후에는 아예 조선에 눌러앉을 작정이라고 주장하고 있다.

십이월 16일의 문서 내용에 근거하는 한, 조선에 대한 직접 통치가 홍타이지의 전후 구상이었다고 말할 수도 있다. 그러나 이 문서는 실재 여부가 의심스러울뿐더러,11) 설사 그런 문서가 실재했다고 하더라도, "이제 나 자신이 왕경에 살 것이고, 뭇 군사를 너희의 팔도에 나누어 살게 할 것이다"라는 홍타이지의 발언을 액면 그대로 믿을 수 없음은 두말할 나위 없다. 당장은 아니더라도 궁극적으로는 중국 정복을 꿈꾸고 있었다는 홍타이지가 조선에 눌러앉겠다는 생각을 품었을 리는 만무하기 때문이다.

더군다나 병자호란 당시의 청나라는 조선을 직접 통치할 능력도 없었다. 혹 훗날 명나라를 정복하여 통치한 그들에게 왜 직접 통치 능력이 없었다고 하느냐는 반문이 나올 수 있지만, 청나라의 중국 통치는 팔기 안에 이미 다수의 한인이 포함되어 있었을 뿐만 아니라, 입관 초 우대를 약속하며 명나라의 관원들을 자기편으로 회유한 정책이12) 주효했기에 비로소 가능했다. 그러나 병자호란 무렵 청의 팔기에는 통치 역량을 갖춘 조선인이 거의 없었다. 전쟁 기간 청군이 조선의 문무 관원들을 상대로 회유를 시도한 사례도 없었다. 만약 실재했다면, 십이월 16일의 문서가 유일무이한 예외가 될 뿐이다.

이처럼 홍타이지의 전후 구상에 관한 한 유일무이의 사료라고 할 수 있는 십이월 16일 문서가 시사하는 직접 통치 구상은 곧이곧대로 믿기 어렵다. 따라서 만약 그에게 어떤 전후 구상이 있었다고 한다면, 그것은 기껏해야 간접 지배의 차원에서 벗어나지 않는 '막연'한 수준의 구상이었다고 보는 것이 타당할 듯하다. '막연'한 수준이라고 한 것은 간접 지배 역시 스펙트럼이 넓기 때문이다. 인조 정권의 온존을 통한 간접 지배도 있을 수 있었고, 정권 교체, 즉 괴뢰정권의 수립을 통한 간접 지배도 가능했다. 사실 역사 속에는 괴뢰정권 수립 방식의 전후 처리가 드물지 않다. 예컨대 금나라는 1127년 송의 휘종과 흠종 부자 등을 포로로 끌고 가면서 장방창(張邦昌)으로 하여금 괴뢰정권 '초국(楚國)'을 세우게 한 바 있고, 1130년에는 유예(劉豫)의 괴뢰정권 '제국(齊國)'에 황하 이남 회수 이북의 통치를 맡겼다. 1234년 금나라를 멸망시킨 몽고 제국이 과거의 금나라 영토에 대한 통치를 여러 명의 한인 군벌들에게 나누어 맡긴 것도 마찬가지였다고 할 수 있다. 만약 홍타이지의 전후 구상이 괴뢰정권을 통한 간접 지배였다면, 병자호란 이후 아예 조선의 종묘사직이 끊어졌거나, 아니면 최소한 인조 대신에 종친 중 다른 누군가가 왕위에 올랐을 수 있다.

그러나 홍타이지가 정말 정권 교체를 구상했는지는 알 수 없다. 또한 설사 그런 구상을 품었다고 하더라도, 결과적으로 전쟁은 홍타이지가 그런 구상을 일방적으로 강행할 실질적 근거도, 명분적 근거도 확보할 수 없는 방향으로 흘러갔다. 천연두 문제로 인해 홍타이지가 전쟁의 종결과 귀국을 서두르지 않을 수 없는 상황이 전개되었고, 결국 인조와의 협상을 통해 전쟁이 마무리되었기 때문이다. 따라서 오늘날 우리가 알고 있는 인조 정권의 온존은 홍타이지의 애초 구상이었다기보다는 오히려 병자호란 발발 이후 조선 땅에서 진행된 전쟁과 협상의 결과였다고 보아야 할 것이다.

여기서 조선의 마마라는 변수까지 고려하여 상황을 다시 되돌아보자면, 홍타이지의 친정 및 총력전 선택은 처음부터 '양날의 칼'이었다고 말할 수 있다. 그 자신도 천연두 면역이 없는 생신이었거니와, 도르곤과 두두를 제외한 참전 왕공의 대다수도 생신이었다. 동맹군으로 참전한 외번몽고 왕공들도 사정은 별반 다르지 않았을 것이다. 조선 땅에서 마마와 조우하는 경우, 친정과 총력전의 지속은 불가능해질 터였다. 만약 홍타이지 본인과 생신 왕공들이 전쟁을 마무리하지도 못한 채 귀국해야 하는 사태가 벌어진다면, '조선 정복'을 위해 몇 달 동안 공을 들여 준비한 전쟁이 그만 정묘호란과 질적으로 다를 바 없는 약탈전으로 변질될 수도 있었다. 조선이 천연두 걱정이 없는 곳이 아니라는 사실은 이미 정묘호란 때 알려진 바이므로, 홍타이지는 자신의 선택이 '양날의 칼'이라는 것도 알고 있었으리라.

아니나 다를까, 홍타이지는 실제로 천연두 문제에 봉착했다. 마치 천연두 발발 시의 비상 대책(contingency plan)이라도 있었던 것인 양, 그는 재빨리 협상으로 국면을 전환하여 전쟁의 조기 종결을 추진했다. 천연두 발발에도 불구하고 즉각 철수를 선택하지 않은 것은, 전쟁을 약탈전으로 변질시키느니 차라리 인조 정권을 온존시킬지언정 '조선 정복'의 명분이라도 챙기는 쪽이 더 나았기 때문일 것이다.

그런데 전쟁 막판의 협상 과정에서 간과해서는 안 될 중대한 문제가 한 가지 있다. 그것은 홍타이지가 인조의 출성을 끝까지 고집했다는 사실이다. 그는 왜 인조의 출성에 '집착'했던 것일까? 이런 질문을 던지는 것은, 제5장에서 언급한 대로 홍타이지에 대한 인조의 칭신이 이미 정축년 정월 21일에 '완성'되었다는 사실 때문이다. 병자년 봄 홍타이지의 '칭제'에 대한 조선의 인정 거부는 곧 그에 대한 인조의 칭신 거부와 동의어였다. 따라서 정월 21일 인조의 완전한 칭신으로 두 사람 사이에 군신 관계가 성립함으로써

'홍타이지의 전쟁'이 발발한 원인은 일단 해소되었다고 할 수 있다. 홍타이지로서는 '조선 정복'이라는 명분을 충분히 확보한 셈이 되었기 때문이다. 출성을 고집하지 않았다면, 정월 22일 굳이 강화도 공격을 감행할 필요도 없었다. 그러나 그는 인조의 칭신에 만족하지 않고 출성 요구를 수용할 때까지 인조를 몰아붙였다. 하물며 조선의 마마로 인해 시간에 쫓기는 상황이었으니, 그것은 마마의 위험까지 무릅쓴 '집착'이었다. 홍타이지는 인조의 출성으로부터 도대체 무엇을 얻고자 했던 것일까?

해답의 실마리는 역시 인조의 칭신만으로 전쟁이 끝난 가상 상황과 인조의 출성이 이루어진 실제 상황 간의 비교로부터 찾아야 할 것 같다. 두 상황의 최대 차이는 역시 삼전도 의례이다. 인조의 출성이 없었다면 삼전도 의례는 당연히 거행되지 않았을 것이다. 그렇다면 삼전도 의례에서 홍타이지는 무엇을 얻고자 했던 것일까? 당시 조선 조정의 의심과 우려처럼 인조를 사로잡기 위한 속임수를 쓰려던 것도 아니었으니, 다만 인조에게 적에게 항복할 때 겪기 마련인 물리적 치욕을 안기는, 말하자면 '분풀이'라도 하고 싶었을 따름일까? 그렇지 않다. 홍타이지가 고작 분풀이를 위해 천연두의 위험까지 감수했을 리는 만무하거니와, 만약 분풀이를 할 요량이었다면 "면박여츤(面縛輿櫬)", 즉 스스로 손을 뒤로 묶고 관(棺)을 짊어지고 사죄하는 모양으로 끌고 가는 것으로 시작되는 고전적인 항복 의식을 인조에게 요구했을 것이다. 그러나 청 측은 "면박여츤" 같은 허다한 절차는 모두 면제했다. 단지 인조의 용포(龍袍) 착용과 산성의 정문, 즉 남문 이용을 금지했을 뿐이다.[13) 삼전도 의례는 전형적인 항복 의식과는 처음부터 전혀 다른 방식으로 진행되었던 것이다.

정축년 정월 30일 삼전도 의례의 주요 절차는 대략 다음과 같았다. 청군은 삼전도에 단(壇)을 쌓고 황색 천막을 쳤다. 장수와 병사들은 갑옷과 투

남한산성 서문

구를 차려입고 군례에 따라 질서 정연하게 늘어섰다. 홍타이지는 단 위에 앉아 인조 일행을 기다렸다. 인조는 쪽색 옷을 입고 남한산성의 서문을 나섰다. 인조 일행이 도착하여 의장(儀仗)의 끝에 서자, 홍타이지가 자리에서 일어나 하늘에 삼궤구고두를 올렸다. 인조 일행 역시 그를 따라 삼궤구고두를 올렸음은 물론이다. 그런 다음에 홍타이지가 단상의 자리에 앉았고, 인조는 의장 안쪽으로 들어와 단 아래에서 일행과 함께 홍타이지를 향해 삼궤구고두를 올렸다. 두 차례의 삼궤구고두 절차가 끝난 뒤에는 활쏘기와 잔치가 차례로 이어졌다. 인조는 세자 및 두 대군과 함께 단상에 올라 연석(宴席)에 앉았다. 단상의 자리 배치를 보면, 남쪽을 향해 앉은 홍타이지를 중심으로 왼쪽의 가장 상석에 인조가 앉았고, 그다음에 청의 왕·버일러

3명과 소현세자가 순서대로 자리를 잡았다. 오른쪽에는 청의 왕·버일러 4명 다음에 봉림대군과 인평대군이 앉았다. 잔치가 끝난 뒤 홍타이지는 강화도에서 사로잡은 조선 군신(君臣)의 가족을 돌려주었고, 인조와 대신들에게 선물을 안겼다.[14]

삼전도 의례가 사실상 항복 의식이었다는 점에 견주자면, 위의 의례 진행 과정에 뚜렷이 나타나는 인조에 대한 우대는 실로 예상 밖이다. 이날의 연석에서 인조의 석차는 홍타이지 바로 다음이었다. 인조를 제2위의 자리에 앉힌 것도 홍타이지의 결정이었다.『청태종실록』에 의하면, 그가 이런 뜻밖의 결정을 하면서 내세운 이유는, 비록 어쩔 수 없이 항복했지만 인조는 그래도 "역시 한 나라의 왕"이며, "위세로써 그를 떨게 하는 것은 덕(德)으로써 그를 품는 것만 못하다"는 것이었다.[15] "한 나라의 왕"이라는 구절은 만주어 기록에서 "다른 나라의 왕"이라고 표현되어 있으니,[16] 홍타이지는 인조를 외국의 군주로 대우했다는 말이다.『승정원일기』도 이날의 잔치에서 인조와 홍타이지의 술잔 및 잔 받침이 같았던 것을 가리켜 인조에 대한 존경과 우대의 뜻을 표현한 것이라고 적었다.[17]

아마도 자신이 아는 범위의 세계에서 조선이 명나라 다음가는 대국이라는 인식의 발로였을 터이지만, 그 동기야 어쨌든 간에 이날 홍타이지의 인조에 대한 뜻밖의 우대는 훗날 청 중심의 국제질서에서 조선이 높은 위상을 점하게 되는 결정적 계기가 되었다.[18] 또한 '대청황제공덕비'라는 삼전도비의 정식 명칭에 드러나듯이, 조선은 나중에 외교적 수사의 영역에서 홍타이지의 '공덕'을 찬미했다. 그리고 훗날 청의 전쟁 서사는 병자호란이라는 엄연한 침략 행위를 '관온인성황제' 홍타이지의 조선에 대한 '관대하고 온유하며 인자하고 성스러운' 시은(施恩) 행위로 둔갑시키면서 그날의 우대를 대서특필했다.

이처럼 홍타이지의 인조 우대가 사후에 거둔 정치적 효과는 결코 작지 않다. 그러나 청이든 조선이든 전후에 만들어진 서사에서 그날의 우대를 아무리 크게 부각시키고 있다고 하더라도, 그런 서사의 문면에 현혹되어 홍타이지가 단지 인조에 대한 시은 기회를 만들기 위해 한사코 인조를 출성시켜 삼전도 의례의 현장으로 불러들인 것이라고 해석해서는 곤란하다. 홍타이지가 병자호란을 일으킨 목적은 어디까지나 '조선 정복'의 명실상부한 실현이었음을 잊어서는 안 된다. 인조에 대한 우대는 고도의 정치적 계산에서 나온 것으로, 조선을 정복했음에도 불구하고 그를 외국의 군주로 대우함으로써 자신이 '관온인성'이라는 존호에 걸맞은 존재임을 과시하고 선전하려는 행위였음이 분명하다. 그리고 이런 행위는 '조선 정복'이라는 사실을 명확히 확인하는 절차를 거친 다음에야 비로소 의미를 획득할 수 있다. 인조에 대한 우대는 사실 삼전도 의례의 메인이벤트가 끝난 뒤에 열린, 말하자면 '뒤풀이' 성격의 자리에서 이루어진 것이었다. 따라서 홍타이지가 인조의 출성에 '집착'한 이유를 해명하기 위해서는, '뒤풀이' 자리에서의 우대로부터 눈길을 거두어, 그에 앞서 진행된 삼전도 의례의 메인이벤트에 해당하는 절차에 주목할 필요가 있다.

위에서 소개했듯이, 삼전도 의례의 메인이벤트는 인조의 두 차례에 걸친 삼궤구고두로 구성되어 있었다. 첫 번째는 하늘, 즉 천신(天神)에 대한 삼궤구고두였다. 이때에는 홍타이지 역시 인조 일행과 함께 하늘에 삼궤구고두를 올렸다. 두 번째는 홍타이지에 대한 삼궤구고두였다. 조선의 왕 인조가 홍타이지의 신하가 되었음을 의미하는 절차였다. 이러한 의례 절차를 통해서 홍타이지의 '조선 정복' 사실이 분명하게 확인되었음은 물론이다.

여기서 병자년 사월 11일 심양에서 거행되었던 홍타이지의 '황제 즉위식'에서도 두 차례의 삼궤구고두가 의례의 핵심 절차를 구성하고 있었다는 사실을 상기할 필요가 있다. '황제 즉위식'에서 홍타이지는 먼저 고천의 절차를 밟았다. 그는 자신의 신하들과 함께 천신에 대한 삼궤구고두를 올렸다. 이어서 존호를 받는 의례를 진행하여 그 자신이 신하들로부터 삼궤구고두를 받았다. 역시 새로운 군신 관계의 확립을 의미하는 절차였다.

이로부터 정축년 정월 30일 삼전도 의례의 메인이벤트가 사실상 병자년 사월 11일에 거행되었던 '황제 즉위식'을 간소화한 형태로 재현한 것이었음이 드러난다. 날짜와 장소를 달리한 두 의례의 공통점은 여기에 그치지 않는다. 두 의례 모두에서 활쏘기가 거행되었던 것이다. 이 활쏘기는 단순히 무예를 겨루기 위한 것이 아니라, 옛날 요·금의 제천 의례에서 부수적으로 거행되던 '사류(射柳)'라는 이름의 샤머니즘 의식을 계승한 것이었다.[19]

또한 홍타이지가 삼전도 의례를 심양에서의 '황제 즉위식' 못지않게 엄숙한 의례로 치르고 싶어했다는 점도 그냥 지나칠 수 없다. 전쟁의 패자로부터 항복을 받는 자리에서는 승리에 도취한 장수와 병사들의 방종도 얼마간 허용되기 마련이다. 삼전도 의례에 참석한 청군에게도 그런 분위기가 없지 않았을 것이다. 그러나 홍타이지는 그런 자들을 가차 없이 처벌했다. 정축년 유월 말, 홍타이지는 삼전도 의례 현장에서 대열을 멋대로 벗어나거나 갑옷·투구를 풀고 있었다는 이유로 8명의 최고위 대신들을 처벌했던 것이다.[20]

이처럼 삼전도 의례는 절차로 보나 분위기로 보나 병자년 사월의 '황제 즉위식'과 다를 바 없는 의례였다. 그런데 병자년 사월의 '황제 즉위식'은 조선 사신들이 일으킨 '소동'으로 인해 기껏해야 '미완의 즉위식'에 그쳤다. '조선 정복'을 위한 '홍타이지의 전쟁'이 '잉태'된 현장은 다름 아닌 '황제 즉위식'이었던 셈이다. 여기에 삼전도 의례가 병자년 사월의 '황제 즉위식'을 재현한 것이었다는 사실을 결합해보면, 홍타이지가 인조의 출성에 '집착'한 이유도 간단히 해명할 수 있다. 즉, 홍타이지는 병자년 사월 11일 '미완'에 그쳤던 자신의 '황제 즉위식'을 정축년 정월 30일 삼전도에서 '완성'하고자 했던 것이다. 그는 또한 단지 전년 사월 '황제 즉위식'의 빠진 부분을 채우는 수준에 머물 생각이 아니었음이 분명하다. 조선의 사신이 아니라 국왕인 인조를 출성시켜 의례의 현장에서 자신과 직접 대면하게 함으로써, 심양의 '황제 즉위식'보다 완성도가 더 높은 의례를 구현하고자 했던 것이다.

그저 '조선 정복' 사실의 확인만으로 충분하다고 여겼다면, 홍타이지로서는 정월 21일 인조의 완전한 칭신에 화답하여 출성을 면제해주고 얼른 귀국하는 편이 더 현명한 선택이 되었을 것이다. 당시 그는 조선의 마마에 쫓기고 있었기 때문이다. 그러나 홍타이지는 인조의 출성이 실현되기를 기다리며 조선 땅에 더 머무는 쪽을 선택했다. 마침내 인조의 출성이 실현되자, 홍타이지는 인조와 함께 삼전도 의례를 거행했다. 홍타이지 본인의 의례 참석도 그냥 지나칠 대목이 아니다. 그 자체가 피두의 원칙을 깬 행위였기 때문이다. 이는 그가 삼전도 의례에 얼마나 큰 의미를 부여하고 있었는지를 웅변한다.[21]

결국 홍타이지는 '미완'에 그쳤던 병자년 사월의 '황제 즉위식'을 정축년 정월 삼전도에서 '완성', 그것도 좀더 고차원적으로 '완성'하고자 했다고 볼 수 있다. 홍타이지는 본인의 정치적 야심과 어젠다를 끝까지 잊지 않으면서, 말하자면 수미(首尾)가 상응하는 의례로 병자호란이라는 전쟁의 대미를 장식했던 셈이다. 이처럼 병자년 사월 11일 '황제 즉위식'의 '미완'으로 인해 '잉태'된 병자호란이 정축년 정월 30일 '황제 즉위식'의 고차원적인 '완성'으로 종결되었다면, 병자호란이라는 전쟁은 처음부터 끝까지, 그리고 철저하게 '홍타이지의 전쟁'이었다고 성격을 규정하지 않을 수 없다. 링컨의 말을 차용하자면, 병자호란은 '홍타이지의, 홍타이지에 의한, 홍타이지를 위한 전쟁'이었던 것이다.

삼전도비

▲ 삼전도비 앞면의 상부
▲▲ 삼전도비 뒷면의 상부
◀ 삼전도비 전경

사적 제101호로 지정되어 있는 삼전도비는 서울시 송파구 잠실동 47번지 송파나루공원 안에 있다. 비석 앞면의 왼쪽은 만문(滿文), 오른쪽은 몽문(蒙文)이다[2019년 1월 현재 현장의 안내판에 "비석 앞면 왼쪽에는 몽골글자가, 오른쪽에는 만주글자가" 새겨져 있다고 쓴 것은 오류이다]. 비문의 원문은 한문으로 작성되었으며, 비석의 뒷면에 새겨져 있다. 위의 뒷면 상부 사진에서 '대청황제공덕비(大淸皇帝功德碑)'라는 비석의 정식 이름을 읽을 수 있다. 비문은 삼전도비를 세운 날짜를 "숭덕 4년 십이월 8일"로 적고 있는데, 이는 그레고리력으로 '1639년 12월 31일'에 해당한다.

부록

청군의 강화도 작전과 향화호인

1. 청군의 강화도 작전 입안과 정보원의 존재

제4장에서 보았듯이, 병자호란 당시 강화도를 지키던 조선군은 경기 서해안에서 강화도로 들어오는 길목을 지키면서 청군이 도해를 감행할 경우 우월한 수군 전력으로 그들을 해상에서 저지한다는 구상을 하고 있었다. 동계 결빙기 동안 청군의 배가 한강을 나와 염하수로의 북쪽 입구로 진입하는 것은 사실상 불가능했지만, 조선군은 그래도 연미정에 충청수사의 함대를 배치하여 염하수로 북쪽 입구를 봉쇄했다. 결빙기 동안 선박 통행이 가능한 길목이었던 염하수로 남쪽의 광성진에 대부분의 전선과 병력을 배치하여 만에 하나 있을지도 모르는 청군의 상륙 작전에 대비했다. 그러나 청군은 갑곶 나루의 뱃길을 공격 지점으로 골랐다. 결빙기 동안 갑곶 나루는 한강으로부터 선박의 수로 접근이 불가능한 곳이었지만, 청군은 작은 배 44척을 만들어서 수레에 싣고 산을 넘어가는 방법으로 갑곶 나루에 도달했다. '길 아닌 길'을 간 것이다.

따라서 정축년 정월 22일 청군의 강화도 함락은 병자호란 초기 그들의 공격전략이 조선 측의 허를 찔러 방어전략을 무력화시킨 것에 못지않은 작전의 승리였다고 말할 수 있을 것이다. 하지만 조선군이 전력을 집중 배치하여 지키고 있던 길목을 우회하여 '길 아닌 길'을 간다는 기상천외한 발상만으로 강화도 점령이라는 전체 작전의 성공을 자동적으로 보장받았다고 볼 수는 없다. 갑곶 나루에 도착한 청군 앞에는 군사들을 강화도에 무사히 상륙시켜야 한다는, 훨씬 더 중요한 과제가 기다리고 있었기 때문이다. 게다가 그 과제는 당시의 상식에서 보자면 거의 불가능에 가까운 일이었다. 만약 "천하무적"으로 평가되고 있던[1] 조선의 전선들이 뱃길을 가로막는다면, 청군의 작은 배들이 강화도에 무사히 상륙하기란 무망한 일이었기 때문이다.

그렇다면 청군은 도대체 무엇을 믿고 작은 배 44척만으로 "천하무적"의 전선들이 지키는 강화도에 군사들을 상륙시킨다는, 상식을 벗어난 도박을 벌였던 것일까? 이러한 의문은 궁극적으로 제4장의 말미에서 던진 '청군의 강화도 작전 감행을 가능하게 만든 정보원은 과연 누구였을까?'라는 질문으로 연결된다. 단, 이 질문의 경우는, 본격적인 고찰을 시작하기에 앞서, 질문을 제기하는 까닭을 좀더 설명할 필요가 있을 것 같다. 지금까지 아무도 던진 적이 없는 낯선 질문이기 때문이다.

먼저 제4장에서 재구성한 바 있는 청군의 도해 과정을 상기해보자. 정축년 정월 22일 오전 염하수로 북쪽에는 충청수사 강진흔 휘하의 전선 7척이 정박해 있었고, 남쪽의 광성진에 있던 주사대장 장신의 판옥선 27척이 밀물을 타고 북상하여 시간이 사시[9시 30분~11시 30분]에 들어갔을 무렵 갑곶에서 육안으로 보이는 수역에 이르렀다. 이 무렵 청군은 끌고 간 홍이포를 강진흔 함대 쪽으로 발사하여 강진흔의 배에 포탄을 명중시킨 상태였고, 대안의 갑곶 쪽에도 홍이포를 쏘았다. 북상하던 장신 함대는 갑곶 앞 수역으로부터 수백 보 또는 5리 정도 떨어진 지점에서 전진을 멈추었고, 얼마 뒤에는 결국 뱃머리를 돌려 조류를 타고 남하했다. 문헌 기록과 과학적 조석·조류 추산 결과를 종합하건대, 장신 함대의 이러한 움직임에는 대략 10시 30분대에 일어난 것으로 추산되는 조류의 방향 전환이 중대 변수로 작용했다. 이렇게 해서 문수산 아래에서 갑곶에 이르는 뱃길이 무인지경으로 활짝 열리자, 청군은 11시~11시 30분 시간대에 도해를 개시했다.

이러한 청군의 도해 과정을 보면, 염하수로의 물리적 환경이 조선군에게는 절대적으로 불리한 방향으로, 반대로 청군에게는 매우 유리한 방향으로 작용했음을 알 수 있다. 말하자면 하늘이 그들을 도왔다고 볼 수 있는 상황이다. 그렇다면 청군은 염하수로의 물리적 환경에 대해서는 무지한 상태에서 무작정 갑곶 나루에 배를 대기만 하면 그 뒤로는 하늘이 자신들을 도울 것이라고 믿고 작전을 감행했던 것일까?

여기서 홍이포를 쏘자 조선 수군의 전선 40여 척이 모두 도망을 쳤다는 청 측의 기록을 근거로, 청군이 오직 홍이포를 믿고 작전을 감행한 것이 아닐까 하는 생각을 해볼 수 있다. 하지만 홍이포의 실제 위력을 과대평가하는 것은 금물이다. 17세기 초의 홍이포는 분당 1~2발 발사가 가능했지만, 포신의 냉각이 필요하기 때문에 실제로는 시간당 최대 8발을 발사할 수 있었다.[2] 또 홍이포가 해상의 움직이는 선박을 매번 정확히 명중시키리라는 보장도 없었다. 따라서 조선 수군이 뱃길을 가로막을 경우, 홍이포로 단시간에 수십 척의 전선을 죄다 명중시켜 격침시키기를 기대할 수는 없었다.

또한 조선 수군이 홍이포의 위협에도 불구하고 결사의 의지로 갑곶 수역의 뱃길을 가로막는다면, 홍이포의 포탄이 날아다니는 가운데 해상 혼전(混戰)이 벌어질 터였다. 그 경우 홍이포의 지대함(地對艦) 포격으로 조선 수군에 가할 수 있는 위협의 강도가 조선의 전선들에게 익숙한 보통 해전에서의 함대함(艦對艦) 포격보다 반드시 크리라고 보장할 수는 없다.

게다가 청군의 선박은 나룻배 수준의 작은 배뿐이었으므로 오히려 판옥선의 장기인 충파(衝破) 전술의 먹잇감이 되기 십상이다. 또한 혼전 상황에서는 자칫 청군의 배를 격침시킬 수도 있기 때문에 청군이 홍이포를 마음대로 쏘기도 어렵다.

더군다나 청군이 강화도 작전에 투입한 홍이포의 문수는 기껏해야 3문에 불과했고,[3] 청군의 홍이포 사격이 실전에서 조선 측에 입힌 물리적 타격도 매우 제한적이었다. 실제로 홍이포에 피격된 사실이 확인되는 것은 강진흔의 배 1척뿐이기 때문이다. 조선 측 기록 어디에서도 장신 함대가 홍이포로 인한 물리적 손실을 입었다는 언급은 발견할 수 없다. 조선 수군의 주력이었던 장신 함대는 갑곶으로부터 수백 보 또는 5리 지점까지 북상했으므로, 분명히 홍이포의 사거리 안에 들어와 있었다. 그러나 기이하게도 그들을 향해 청군이 홍이포를 쏜 흔적은 전혀 확인되지 않는다. 그렇다면, 그것은 청군이 사격의 필요성을 느끼지 않았기 때문이라고 보아야 할 것이다.

만약 홍이포가 위력을 발휘했다면, 그것은 물리적 차원이라기보다는 심리적 차원에서였다고 보아야 할 것이다. 건너편 갑곶을 향해 발사한 포탄은 엄청난 공포를 야기했고, 강진흔 함대를 향해 쏜 포탄은 함대의 남하를 저지하는 효과를 발휘했다. 장신의 함대도 북쪽 해상이나 갑곶을 향해 쏜 천지를 진동하는 홍이포의 위력에 지레 겁을 먹었을 수도 있다. 그러나 설령 그렇다고 하더라도, 심리적 타격의 정도는 청군이 사전에 예상할 수 없는 성질이다. 조선군이 홍이포만 쏘면 달아나리라는 막연한 기대를 품고 중대한 군사작전에 나섰을 가능성은 극히 희박하다는 말이다.

이러한 추론에 큰 하자가 없다면, 역시 나룻배 수준의 작은 배들을 타고 강화도로 건너간다는 작전의 수립 자체가 염하수로의 물리적 해양환경에 관한 정보의 사전 입수를 전제로 한다고 보는 것이 합리적이다. 사실 실제

도해 과정에서 청군은 그들이 사전에 정보를 입수했다고 전제하지 않고서는 이해하기 어려운 행태를 보였다. 작전 당일 아침 청군은 일찌감치 도해 준비를 마친 상태였다. 배도 바다에 띄웠고 홍이포도 쏘기 시작했다. 그럼에도 그들은 당장 도해를 개시하지 않았다. 11시~11시 30분까지 기다렸다. 게다가 이미 사거리에 들어온 장신의 함대를 향해 대포를 쏜 흔적도 없다. 굳이 홍이포를 쏘지 않더라도 조류의 방향이 바뀌면 장신의 함대가 결국에는 스스로 뱃머리를 돌릴 수밖에 없으리라고 예상하지 않았다면 이런 행태를 보였을 리 없다. 염하수로의 특성을 사전에 파악하지 않았다면 그런 예상은 물론 불가능하다.[4)]

지금까지의 추론을 지나친 상상의 소치로 치부할 수 없다면, 이제 청군이 염하수로의 특성을 사전에 파악했을 가능성을 진지하게 검토하지 않을 수 없다. 조선의 판옥선 함대가 강화도를 지키고 있더라도 충분한 승산이 있다는 판단이 선 뒤에야 비로소 작전을 수립, 감행했을 가능성이 있는 것이다. 그렇다면, 청군은 염하수로의 특성을 어떻게 알아냈을까?

이로써 '청군에게 강화도 작전 감행에 필요한 정보를 제공한 사람들은 누구였는가?', 간단히 표현하자면 '청군의 정보원은 누구였는가?' 내지 '누가 청군을 도왔는가?'라는 질문을 제기하는 까닭은 어느 정도 해명된 것 같다. 그런데 청군의 정보원을 밝히는 작업을 본격적으로 시작하기에 앞서 한 가지 짚고 넘어갈 것이 있다. 청군이 염하수로의 특성에 관한 정보를 당시 조선 땅에 살던 사람들로부터 얻었으리라는 것은 당연한 노릇이지만, 염하수로의 조석·조류 관련 정보는 그 자체로 군사적 가치를 지닌 지식이 되지 못한다.[5)] 염하수로에서는 조석·조류 때문에 조선 판옥선 함대의 작전 기동이 어렵다는 사실까지 알고 있어야 하는 것이다. 당시 사람들도 이를 알고 있었을까? 혹 정축년 정월 22일의 '비극'을 겪은 뒤에야 비로소 이를 깨닫게 된 것은 아닐까?

이와 관련해서는, 제4장의 말미에서도 인용한 바 있는 광해군 11년(1619) 칠월 우의정 조정(趙挺)의 상주에 다시 주목할 필요가 있다.

> 무신(武臣) 가운데 주사를 잘 아는 자에게 물어보니, 다들 "판옥전함(板屋戰船)은 대양(大洋)에 쓰는 것이다. 강화도와 같은 급류에서는 결코 움직이기 어렵다. 만약 선체가 작은 병선(兵船)이라면 적(賊)을 막는 데 쓸 수 있다"라고 생각하고 있었습니다.[6]

위의 인용문은, 광해군 11년 유월 동부승지(同副承旨) 조찬한(趙纘韓)이 강화도에 판옥선 30척을 배치하자고 제안한 것에 대하여,[7] 그 제안의 비현실성을 지적하면서 나온 말로, 염하수로에서는 판옥선 함대의 작전 기동이 사실상 불가능하다는 군사 지식이 이미 17세기 초 "주사를 잘 아는" 무장들 사이에 널리 공유되고 있던 상식이었음을 알려준다. 이로부터 설사 무장이 아닐지라도 수심이 얕고 조수 간만의 차가 큰 서해 연안에서 어업에 종사하던 뱃사람이라면 염하수로에서는 판옥선처럼 큰 배의 기동이 어렵다는 사실을 익히 알고 있었으리라고 간주할 수 있다.

바로 이 대목에서, 역시 강화도의 보장처 문제에 관한 논의가 있었던 광해군 10년(1618) 칠월, 검찰사 심돈(沈惇)이 "만약 뱃사람의 지휘가 없다면, 진흙 수렁의 땅과 조석이 (드나드는) 물을 (오랑캐가) 날아서 건널 리는 절대로 없습니다. 또한 오랑캐의 장기는 다만 말 달리기에 있는데, 그 장기를 버려두고 바다를 건너 무엇을 하겠습니까?"라고 한 말이 눈길을 끈다.[8] 심돈이 그럴 리 만무하다고 자신했던 일이 채 20년도 지나지 않아 실제로 일어났다는 사실이 탄식을 자아내기에 충분하지만, 여기서 중요한 것은 "만약 뱃사람의 지휘가 없다면"이라는 단서이다. "오랑캐"가 강화도에 상륙할 가능성은 없지만, 혹 뱃사람의 도움을 받는다면 가능하리라는 이야기이기 때문이다.

더군다나 병자호란 기간에도 이런 가능성에 대한 우려가 있었다. 정축년 정월 22일 이명웅은 남한산성에서의 어전 대화에서 이런 말을 한 적이 있다. "이 적(賊)은 진실로 강화도를 침범할 수 없습니다만, 혹 적에게 붙은 사람이 인도하여 들어간다면 사태는 예측 불가입니다."[9]

심돈이 말한 뱃사람과 이명웅이 말한 "적에게 붙은 사람"의 '후보'가 서해안의 뱃사람으로 국한됨은 물론이다. 따라서 청군이 염하수로의 물리적 해양환경에 관한 지식을 사전에 입수했다면, 그 정보원은 서해안 지역의 뱃사람으로 좁힐 수 있다. 또한 어렵지 않게 서해안에서도 경기 지역으로 범위를 좁힐 수 있다. 염하수로의 특성은 당연히 경기 서해안 지역의 뱃사람이 아니라면 익히 알 수 없었을 것이기 때문이다.

그렇다면 과연 경기 서해안 지역에 살던 사람 중에 누가 청군의 정보원이 되었던 것일까? 청군이 이름 모를 조선인을 잡아다가 정보를 캤을 가능성도 있다. 그러나 조선이든 청이든 어떤 기록에서도 그런 조선인의 흔적은 발견되지 않는다. 기록의 부재가 곧 존재 자체의 부재를 의미하지는 않지만, 기록의 부재는 대부분의 경우 역사 연구자에게 이런 종류의 추적을 멈추라고 명한다. 그러나 또 다시 광해군 대의 강화도 보장처 관련 논의 속에서 지금까지는 등장하지 않았던 새로운 실마리가 발견된다.

2. 광해군 대의 강화도 보장처 구축과 향화호인 문제

광해군 1년(1609) 조선 조정에서는 당시 급성장하고 있던 누르하치 세력이 침공하는 사태가 벌어질 경우를 대비하여 어디를 보장처로 할 것인가라는 문제로 논의가 진행 중이었다. 가장 유력한 보장처로 부상한 것은 물론 강화도였다. 그러나 사월 10일 사간원(司諫院)에서 강화도만 믿어서는 곤란하니 영호남에서도 한두 곳을 골라야 한다는 밀계(密啓)를 올렸다. 강화도만 믿을 수 없다는 주장의 근거 중 첫 번째는 다음과 같았다.

조정이 강화도를 보장(保障)의 땅으로 삼고자 마음을 두고 준비하는 것이 어찌 둘레 사방이 모두 바다이고 산 오랑캐[山戎]가 선박[舟楫]을 잘 쓰지 못하기 때문이 아니겠습니까? 고려 조정이 (강화의) 보장처에 들어오자 몽고가 끝내 침범하지 못했던 것 또한 이 때문이었습니다. (그러나) 오늘날은 그렇지가 않아서 크게 우려할 것이 있으니 바다로 둘러싸인 험지(險地)일지라도 (믿고) 의지해서는 안 됩니다. 호인(胡人) 중의 향화(向化)한 사람들은 해서(海西)에서 기전(畿甸)과 양호(兩湖)에 이르기까지 연해 열읍(列邑)에 그들이 없는 곳은 없으며, 양호는 더욱 많습니다. 고기잡이로 생업을 삼아 나무를 베어 배를 만드니, 날이 갈수록 늘어나 4도(道)에 반거(盤據)한 것이 200척 남짓에 달합니다. 바닷길을 잘 알고 배를 말처럼 부리니, 실로 우리나라 사람이 미치지 못할 정도입니다. 혹 긴급사태라도 있게 되면 반드시 두 마음이 생겨, 혹 저들과 서로 통하거나, 혹 바다에 들어가 방해하기도 할 것이니, 그 근심됨이 어찌 적겠습니까?[10]

위의 기사는 "호인이 향화한 사람들"이 4도, 즉 황해·경기·충청·전라의 서해 각 지역에서 어업에 종사하고 있었으며, 그들의 배가 무려 200척을 넘을 정도로 많았다는 사실을 말해준다. 여기서 "호인으로 향화한 사람들"이란 당시 조선에서 '향화호인(向化胡人)'이라고 부르던 자들로, 조선에 귀화하여 살고 있던 여진인들을 가리킨다.

이 밀계에서 사간원은 누르하치가 침공할 경우 향화호인들이 자신들과 '동족'인 누르하치에게 협력할 가능성을 우려하고 있다. 강화도를 보장처로 삼을 경우 향화호인이 심각한 안보 불안 요인이 된다는 것이다.[11] 이 시기의 향화호인이 모두 서해안 지역에서 어업을 생계로 삼고 있었던 것은 물론 아니겠지만, 그들이 서해안 지역에 광범위하게 분포하고 있었다는 것만은 분명해 보인다. 만약 '피는 물보다 진하다'는 속언이 그들에게도 적용될 수 있다면, 사간원의 우려를 그저 기우에 불과하다고 치부할 수는 없는 노릇이다. 위의 인용문에 옮기지는 않았지만, 사간원의 밀계에는 "연해(沿海)의 향화호인은 일찌감치 처치해서 후환(後患)을 끊어야 한다"는 극단적인 대책마저 포함되어 있었다.[12]

그러나 비변사는 사간원의 주장에 동의하지 않았다. 비변사는 영호남이 국토의 남쪽에 치우쳐 있으며 "왜노(倭奴)"의 위협이 상존하는 지역임을 강조함과 동시에, 향화호인에 대한 사간원의 우려에 대해서는 다음과 같이 반박했다.

> 만약 긴급사태가 일어나 향화인이 훼방을 놓을 (것이라고 말한다면), 우리 백성(이라고 해서) 결코 다른 마음 (먹는 자) 없이 모두 우리의 복심(腹心)이 되리라고 어찌 알겠습니까? 이로써 말하건대, 저들이나 이들이나 막론하고 귀중한 것은 인화(人和)입니다.[13]

인민을 제대로 다스리지 못하여 "인화(人和)"를 잃게 된다면, 유사시 나라가 위기에 빠질 경우 조선인이든 향화호인이든 가릴 것 없이 적에게 협력할 가능성이 있기는 매한가지라는 지적이다. 이때 연해 지역의 향화호인에 대하여 별 조치가 없었던 것으로 보아 비변사의 반론이 그 타당성을 인정받은 것으로 보인다.[14] 그리고 이후 조선 조정의 보장처 준비는 강화도를 중심으로 이루어졌다.[15]

누르하치의 요동 침공을 전후하여 위기감이 고조되던 광해군 10년(1618), 영호남에도 보장처를 마련해야 한다는 논의가 재차 일었고, 그 결과 안동(安東)과 나주(羅州)가 선정되어 광해군 말년까지 강화도를 포함하여 모두 세 곳에 보장처를 준비하는 작업이 진행되었다.[16] 그러나 "강화도의 형세로 말하면 바로 하늘이 만들어준 금성탕지로, 우리나라에서 보장의 땅으로는 이보다 나은 곳이 없습니다. 군하(群下)의 생각이 모두 그렇다고 여기지 않는 자가 없습니다"라는 말이 있을 정도로,[17] 강화도 중심의 보장처 준비에는 변함이 없었다. 다만 누르하치의 군대가 부교(浮橋)나 선박 건조 능력까지 보유하고 있다는 첩보에 강화도에만 의지해서는 안 된다는 경각심이 일어,[18] 안동과 나주의 보장처 구축에 또 다른 동기를 제공해주었을 따름이다.

한편 광해군 10년(1618) 유월 윤휘(尹暉)가 "강화도의 근심으로 혹자는 향화(호인)이 변란을 일으키리라고 말하지만, 잘 다루어 나간다면 (그들이) 이반하지는 않을 것입니다. 보장의 요충지로는 강화보다 나은 곳이 없습니다"라고 말하고 있는 것을 볼 때,[19] 광해군 대 말년의 논의에서도 강화도를 보장처로 할 경우 향화호인이 심각한 안보 불안 요인이 되리라는 우려가 여전히 가시지 않고 있었음을 짐작할 수 있다. 윤휘의 견해는 위에서 인용한 비변사의 반론과 같은 취지인데, 이 무렵의 논의에서 향화호인 문제가 진지하게 검토된 흔적이 더 이상 나타나지 않는 것으로 보아 광해군 대의 조선 조정은 향화호인에 대한 우대를 전제로 그들의 이반 가능성을 높게 보지 않은 것으로 추정된다.

3. 병자호란 기간 향화호인의 이반과 청군의 남양부 습격 사건

앞서 언급했듯이 청군은 염하수로의 특성에 대한 정보를 입수하고 나서 강화도 작전을 입안·감행한 것으로 보인다. 이런 종류의 정보는 경기 서해안 지역의 뱃사람으로부터 입수했을 것이다. 그리고 청군의 정보원이 되었을 뱃사람은 이제 조선인으로 국한시킬 필요가 없다. 광해군 대의 논의로부터 향화호인을 그런 뱃사람의 후보로 올릴 수 있게 되었기 때문이다. 광해군 대의 조선 조정에서는 향화호인을 잘 다스려 "인화"가 깨지지 않는다면 그들이 이반하는 사태가 초래되지는 않으리라고 판단한 바 있다.

그렇다면, 인조 대, 특히 병자호란 전야에 이르러 혹 향화호인이 이반할 만한 조건이 형성되어 있지는 않았을까? 유감스럽게도, 인조의 즉위 이후 보장처로서의 강화도와 관련하여 향화호인 문제를 언급한 기록은 발견되지 않는다. 다만『전객사일기(典客司日記)』에 남아 있는 인조 대 말년의 기록으로부터 병자호란 전후 향화호인에 대한 조선 조정의 정책이 어떠했는지는 어느 정도 추정해볼 수 있다.

인조 23년(1645) 정월 예조(禮曹)는, 과거 예조에 속해 있던 향화호인의 선세(船稅)를 정축년(1637)의 변란[병자호란을 지칭] 이후 경비 부족에 시달리던 호조로 이관한 지 거의 10년이 되었다고 하면서, 예조 역시 심각한 경비 부족에 시달리고 있으니 이제는 향화호인의 선세를 예조로 되돌려주어야 한다고 주장했다. 또한 예조는 향화호인은 "반드시 범사에 보호하고 보살핀 연후에야 즐거이 복속할 수 있을 뿐만 아니라 도산(逃散)하는 폐단도 없을 터"인데, 호조에서는 그들을 마치 "남의 아문의 기물"처럼 여기고 있다고 비판했다.[20] 이 기록으로부터, 병자호란 전까지는 예조에서 향화호인을 관리하면서 약간의 선세를 거두다가, 병자호란 직후 호조의 경비 부족 문제를 고려하여 그 선세를 호조로 이관했다는 사실을 파악할 수 있다.

이 기사 외에도 『전객사일기』에서는 향화호인의 선세 및 요역에 관한 기록이 몇 건 더 발견된다. 이들 기록을 종합해보면, 인조 23년 정월 예조의 문제 제기가 있은 뒤 그해 시월 임피(臨陂)[오늘날의 군산 지역] 거주 향화호인들의 연명(聯名) 정소(呈訴)를 거쳐 그들의 선세를 인조 24년까지만 호조 관할로 하고 인조 25년부터는 예조 관할로 환원시킨다는 결정이 내려졌다는 사실, 예조로의 "환속(還屬)" 이후에도 호조의 어공(御供)이나 충훈부(忠勳府) 등의 잡역 부과 등 새로운 문제가 불거져 인조 27년(1649), 즉 효종 즉위년 말까지 논란이 지속되었다는 사실 등을 알 수 있다.21)

『전객사일기』의 기록들이 전하는 인조 23년 이후 향화호인의 선세와 요역 문제를 둘러싼 논란은 이 글의 고찰 대상이 아니지만, 이들 기록을 통해서 병자호란 전까지는 인조 대의 조선 조정이 "농업의 향화"에게는 요역을 면제해주고 농우와 농기를 하사하며, "수업(水業)의 향화"에 대해서는 호조의 징세를 면제하고 예조에 소량의 물고기를 선세 명목으로 바치게 하는 종래의 우대 정책을22) 계속 유지했다는 사실이 분명하게 드러난다. 따라서 적어도 경제적인 측면에서 보자면, 인조반정을 전후하여 향화호인의 이반 가능성을 높일 만한 새로운 조건의 형성은 없었다고 볼 수 있다.

그렇다면, 경제외적 측면에서의 상황은 어땠을까? 인조의 즉위 이후 병자호란 이전까지의 향화호인 관련 기록은 거의 남아 있지 않지만, 다행스럽게도 인조 11년(1633) 경기도 광주와 이천(利川) 일대에서 일어난 사건 하나가 이 시기 향화호인의 처지를 엿볼 수 있는 실마리를 제공한다. 그것은 이천의 관노(官奴) 신분 악공(樂工)이었던 유개동(柳介同)이란 자가 광주·이천 등지에서 "척간(擲奸)" 공문을 들고 역마(驛馬)를 타고 다니면서

"여러 향화(호인들)을 공갈로 협박"하여 많은 금품을 갈취한 사건이다.[23] "척간"은 '적간(摘奸)'의 동의어로, 사전적으로는 모종의 부정이나 문제가 없는지 캐어 살핀다는 뜻이다. 하지만 실제 용례가 광범위하여, 어떤 기물의 제작에 필요한 재료를 가려내는 경우에도 쓰였다. 유개동이 벌인 "척간"이 무엇을 대상으로 한 것이었는지 알 수 없으므로 사건의 실상은 안개 속에 있다. 하지만, 여기에서는 일개 관노의 공갈·협박이 향화호인들에게 먹히고 있었다는 사실 자체에 주목할 필요가 있다. 이 무렵의 향화호인들은 사회적 입지가 매우 불안했던 것으로 보이기 때문이다.

사건이 일어난 인조 11년은 이미 정묘호란을 겪은 지 6년이 지난 때였다. 향화호인들이 정묘년 침략의 원흉인 후금과 '동족'이라는 사실을 고려하면, 정묘호란을 계기로 그들을 바라보는 조선 사회의 시선이 싸늘하게 변했으리라는 것은 충분히 짐작하고도 남음이 있다. 게다가 그들은 일반 백성들이 누리지 못하는 세역상의 혜택까지 입고 있었으므로 질시의 대상이 되기도 했을 것이다. 물론 유개동의 공갈·협박 사건 자체는 내륙 지방에서 일어난 만큼 "농업의 향화"가 관련된 일이었겠지만, 연해 지역에 살던 "수업의 향화"라고 해서 처지가 달랐을 이유는 없어 보인다.

그렇다면, 조선의 향화호인들은 병자호란 기간에 어떻게 처신했을까? 혹 의심에 부응(?)한 이반 사례는 없었는가? 이 질문과 관련해서는 전쟁이 끝난 지 몇 달 뒤에 김시양(金時讓)이 올린 상소문이 눈길을 끈다. 정축년 유월 김시양은 충청도 괴산(槐山)에 살던 향화호인들의 지도자가 병자호란 당시 청군이 괴산까지 왔다는 소식을 듣고 취한 언행을 다음과 같이 칭찬하고 있다.

그 무리에게 일러 "우리가 여기에 있으면 반드시 남의 이야기를 면치 못할 것

이다"라고 하면서 그 무리를 이끌고 고개[조령을 지칭]를 넘어 영남으로 갔다
가, 사태가 안정된 다음에야 돌아왔습니다. 그가 (이반할 것이라는) 혐의를 피
해 (나라에) 충성을 바친 뜻에는 사대부도 미치지 못하는 바가 있습니다. 그를
다른 읍의 향화로 난리를 틈타 나라(의 은혜)를 저버린 자들과 비교한다면 어
찌 다만 천양의 차이만 있겠습니까?24)

김시양의 상소문은 우선 향화호인이라고 해서 모두가 이반하여 '동족'의
침략자에게 협조할 것이라는 막연한 의심은 금물이라는 사실을 잘 보여 준
다. 그러나 청군이 괴산에 진주할 경우 "반드시 남의 이야기를 면치 못할
것[必不免人言]"이라는 우려와 그런 "혐의를 피해[別嫌]" 영남으로 피난
한 행위는 당시 조선 사회에 향화호인을 잠재적인 반역자 내지 부역자로
의심하는 분위기가 팽배해 있었음을 암시한다. 이러한 괴산의 사례는 또한
인조 11년의 유개동 사건에 대한 위에서의 추정을 지나친 상상의 소치로
치부할 수 없게 만든다.

이 상소문에는 주목해야 할 대목이 또 있다. 바로 "다른 읍의 향화로 난리
를 틈타 나라(의 은혜)를 저버린 자들"이라는 구절이다. 병자호란 당시 향
화호인의 이반이 발생한 지역이 있었다는 말이다. 실제로 경기 남부 서해안
에 위치한 남양(南陽)에서 향화호인의 이반 사건이 일어났다는 사실을 조
선 측 기록을 통해 확인할 수 있다. 하지만 서술의 편의상 남양의 향화호인
이반 사건은 나중에 살펴보기로 하고, 청 측 문헌에 비교적 풍부한 기록이
남아 있는 향화호인 귀순 사건—조선의 입장에서는 이반 사건—을 먼저
들여다보기로 하겠다.

사건의 주인공은 여천(Yecen)과 마푸타(Mafuta)라는 "와르카(Warka :
瓦爾喀)" 사람들이었다. 17세기 후금-청에서는 두만강 유역 및 그 지역

의 여진인을 '와르카'라고 불렀는데, 원주지를 떠나 조선 남부로 이주한 향화호인들 또한 여전히 '와르카'라고 불렀다. 여천과 마푸타의 귀순 사건에 관한 기록은 만문과 한문 사료에서 모두 발견되지만, 편의상 한문『청태종실록』(건륭 삼수본)의 관련 기록만을 뽑아 열거하면 다음과 같다.

(가-1) (병자년 십이월) 21일, 우리 군사가 와르카 (가운데) 조선에 사는 자로 엽진(葉辰)과 마복탑(麻福塔)이라는 이름의 (사람이) 100여 호를 거느리고 귀순하러오는 것을 만났습니다.[25]

(가-2) 전에 와르카 사람으로 조선에 (들어와) 살던 자 200호가 지금 (현재) 이미 귀순했습니다.[26]

(가-3) (병자년 십이월 30일) 귀순·투항한 와르카 사람 마복탑과 엽진이 무리를 이끌고 황상을 알현하여 삼궤구고두의 예를 행했다. 이에 엽진과 마복탑에게 각각 단포(緞袍) 하나, 초모(貂帽) 하나를 하사했다.[27]

(가-4) 짐(朕)이 아직 (남한산성에) 도착하기 전에, 본래 조선에 있던 와르카 바투르[巴圖魯] 엽진과 마복탑이 200호를 이끌고 귀순하러 왔다.[28]

(나-1) (정축년 유월 22일에,) 조선에 출정했을 때 귀부(歸附)한 신만주(新滿洲) 바투르 마복탑과 엽진 및 그의 처와 부하 무리에게 옷, 모자, 신발, 허리띠 등의 물건을 차등적으로 하사하고, 예부(禮部)에서 연회를 베풀어 주었다.[29]

(나-2) (정축년 시월 17일,) 마복탑 바투르와 엽진 바투르의 니루 아래 153호의 와르카 사람들에게 노복(奴僕), 생축(牲畜), 집[房舍], 그릇[器皿], 살림살이 물건[什物] 등을 모두 완전히 (갖추도록) 하사했는데, 그들이 조선으로부터 귀순해왔기 때문이었다.[30]

(가-1)~(가-4)는 『청태종실록』의 병자호란 기간 중 기사이다. (가-1)은 병자년 십이월 25일 남한산성을 포위하고 있던 예친왕 도도가 개성까지 남하한 홍타이지에게 보낸 상주문의 일부로, 십이월 21일 "와르카 (가운데) 조선에 사는 자", 즉 향화호인 "엽진과 마복탑" 두 사람이 "100여 호"를 이끌고 청군에 투항했다는 말이다. 여기서 "엽진"과 "마복탑"은 만주어 이름 여천과 마푸타의 한자 표기이다.[31] 홍타이지가 남한산성에 도착한 십이월 29일 저녁 도도가 올린 보고 내용에 등장하는 (가-2)의 "200호"는 여천과 마푸타 휘하의 와르카 사람들을 가리키는 것이 분명한데, (가-1)의 "100여 호"에 비해 그 수가 거의 두 배에 달한다.

다음의 (가-3)으로부터는 십이월 30일에 여천과 마푸타가 홍타이지에게 삼궤구고두를 올리고 옷과 모자를 하사받았다는 사실을 알 수 있다. (가-4)는 정축년 정월 16일 홍타이지가 심양에 보낸 서신의 내용으로, (가-1)의 사실을 단순 소개하고 있지만 두 사람이 데려온 향화호인의 호수를 (가-2)와 마찬가지로 "200호"로 적고 있다.

(나-1)과 (나-2)는 『청태종실록』의 병자호란 이후 시기 기사이다. (나-1)은 정축년 유월 심양에서 여천과 마푸타 및 그 휘하의 향화호인에게 의복 등을 하사하고 예부에서 연회를 베풀어주었다는 사실을 전한다. (나-2)는 같은 해 시월 두 사람이 데려온 "153호"를 팔기의 니루로 편성했으며, 그들의 정착을 위해 노복, 가축, 집과 살림살이 도구 등을 하사했다는 이야기이다. 또한 (나-2)의 "153호"로부터는 (가-1)의 "100여 호"와 (가-2)·(가-3)의 "200호"가 모두 실제 숫자가 아니라 그저 대략적인 숫자 표현에 불과한 것이었음을 알 수 있다.

위의 실록 기사 외에, 건륭 9년(1744)에 편찬된 『팔기만주씨족통보(八旗滿洲氏族通譜)』와 가경 원년(1796)에 편찬된 『흠정팔기통지(欽定八

旗通志)』에서도 여천과 마푸타 관련 기록들을 찾을 수 있다. 두 문헌의 기록들을 종합해보면, 여천의 일족은 원래 백두산 일대의 너연(Neyen) 강 유역에 살고 있었고, 여천 일족이 휘하의 "140인"으로 편성된 정황기 소속 의 니루를 대대로 관리했을 뿐만 아니라 세습 작위까지 받았다는 사실을 파악할 수 있다. 또한 마푸타는 원래 와르카 지방 출신으로 "133인"을 데리 고 청에 귀순했으며, 정홍기 만주 소속의 니루와 세습 작위를 받았음을 알 수 있다.32) "140인"과 "133인"은 팔기의 인정책(人丁冊)에 근거한 숫자로 보이며, (나-2)의 "153호" 가운데 성인 남성이 총 273인에 달했음을 말해 준다.

이상『청태종실록』,『팔기만주씨족통보』,『흠정팔기통지』등의 기록을 종합해보자면, 조선 땅 어디에 살고 있었는지는 알 수 없지만 여천과 마푸 타가 성인 남성만 해도 총 273명에 달하는 153호의 향화호인을 이끌고 병 자호란 당시 청군 군영에 스스로 귀순했으며, 홍타이지는 두 사람의 무리를 각각 정황기 만주와 정홍기 만주의 니루로 편성하여 여천과 마푸타 가족에 게 두 니루를 관리하는 정4품의 좌령(佐領) 관직을 세습하도록 했음을 알 수 있다. 홍타이지는 또한 그들의 정착에 필요한 모든 것을 제공했을 뿐만 아니라 세습 작위까지 수여했다.

지금까지 살핀 여천과 마푸타 관련 기록의 내용 및 그에 대한 해석을 통 하여, 김시양이 말한 "다른 읍의 향화로 난리를 틈타 나라(의 은혜)를 저버 린 자들"의 존재를 청 측 기록에서 확인할 수 있었다. 청 측 기록만으로는 여천과 마푸타가 조선 땅 어디에 살고 있었는지까지 파악할 수 없지만, 적 어도 유사시 향화호인이 이반하여 적에게로 넘어갈지 모른다는 광해군 대 이래의 우려가 결코 기우는 아니었음이 사실로 확인된 셈이다.

한편, 김시양이 말한 "다른 읍의 향화로 난리를 틈타 나라(의 은혜)를 저버린 자들"의 존재는 조선 측 기록에서도 확인된다. 경기 남부 연해 지역에 위치한 남양 땅에서 향화호인의 이반 사건이 일어났던 것이다. 먼저 이 사건에 관한 주요 기록을 열거하자면 다음과 같다.

(A) (병자년 십이월 27일) 남양부사(南陽府使) 윤계(尹棨)가 흩어진 군졸을 불러 모아 근왕(勤王)을 하고자 했는데, 투항 오랑캐로 이름이 박이치(朴以致)라는 자가 적(賊)에게 밀고해서 불의에 엄습을 당하여 사로잡혔다. (청군이 윤계를) 베어 죽일 때 (윤계의 청군에 대한) 꾸짖음이 입에서 끊어지지 않았다.[33]

(B) (정축년 정월 7일) 부교리(副校理) 윤집(尹集)이 상소하기를, "……신(臣)의 친형 남양부사 윤계는 마땅히 임지에 있어야 했기 때문에, 신(臣)의 80세 조모, 신의 처자식, 여러 형제의 가속(家屬) 등이 모두 남양부로 피란하게 되었습니다. 이번에 이 성[남한산성]의 사람 서흔남(徐欣男)이 수원(水原)으로부터 돌아와서 '남양 땅의 향화호인 등이 갑자기 들어와 난을 일으켜 부사(府使) 및 온 가족이 모두 (적의) 칼끝에 희생되었다'는 말을 전해주었습니다.……"[34]

(C) (정축년 정월 11일) 어떤 사람이 전하기를, "남양부사 윤계가 일찍이 향화호인을 금집(禁戢)한 일이 있었기에 향화 등이 (청군에) 병력을 요청하여 (윤계를) 해쳤다"고 한다.[35]

(A)~(C)로부터 근왕병을 조직 중이던 남양부사 윤계가 병자년 십이월 27일 청군에게 기습을 당하여 가족과 함께 몰살된 사실뿐만 아니라, 청군의

기습이 남양에 살던 향화호인들의 이반과 밀고에 기인했다는 것까지 드러난다. 특히 (A)는 남양 지역의 근왕병 조직 활동을 청군에 밀고한 "투항 오랑캐", 즉 향화호인의 이름이 "박이치"였다는 것까지 밝히고 있다. 다른 기록에서 확인되지 않는 "박이치"라는 이름의 정확성 여부는 차치하더라도, 청군의 남양부 습격 사건이 향화호인의 이반과 밀고에 기인했다는 것만은 분명해 보인다.

향화호인의 이반 원인에 관하여, (C)는 "윤계가 일찍이 향화호인을 금집한 일"을 언급하고 있다. 구체적으로 무엇을 가리키는지는 알 수 없으나, 앞서 살핀 괴산의 사례를 참조하건대 병자호란이 발발하자 윤계가 관내 향화호인의 이반 가능성을 우려하여 모종의 단속 내지 탄압 조치를 취했고, 그것이 도리어 화를 부르는 결과를 초래했을 것으로 추정된다. 남양 지역 향화호인의 이반 원인이야 어쨌든 간에, 여기서 중요한 것은 남양이 내륙의 괴산과 달리 경기 남부 연해의 고을이며, 따라서 남양의 향화호인은 "수업의 향화", 즉 뱃사람이었을 가능성이 높다는 점이다.

여기서 한 가지 중대한 의문이 떠오른다. (가)~(나)의 여천과 마푸타는 청 측 기록이 전하는 병자호란 기간 조선 향화호인의 이반 사례이다. (A)~(C)는 조선 측 기록의 이반 사례이며, (A)는 그 주동자를 "박이치"라고 했다. 여천과 마푸타는 조선 측 기록에 등장하지 않으며, 반대로 "박이치"는 청 측 기록에 등장하지 않는다. 청 측 기록은 여천과 마푸타가 조선에 들어오기 전에 살던 지역만 밝히고 있지, 이들의 조선 내 거주지는 언급하지 않았다. 그렇다면 서로 다른 두 지역에서 별개의 이반 사건이 일어났던 것일까?

조선 측 기록에 여천과 마푸타가 등장하지 않는 것은 그럴 수도 있다고 넘어갈 수 있다. 조선의 입장에서 향화호인은 사서에 특별히 이름까지 언급할 가치가 있는 존재가 아니었다고 볼 수도 있기 때문이다. 그러나 조선 측 기록이 전하는 남양의 향화호인 이반 사건은 내용상 병자호란 기간 청군이 거둔 승리의 전과(戰果)이기도 하다. 청 측이 자신들의 승전 기록에서 유독 이 사례만 누락시켰다는 말인가? 이 문제를 풀기 위해서, 이번에는 청의 만주어 기록을 들여다보기로 하자.

(D) (병자년 십이월) ⓐ 21일에 과일을 구하라고 시켜 보낸 사람이, 조선에 들어와 (살던) 100호에 달하는 와르카(에 대하여), (그들의 우두머리인) 여천과 마푸타가 네 사람을 데리고 (귀순을) 청하러오는 것을 만나 데려왔습니다. ⓑ 와르카들이 고하기를, 네 고을의 (조선) 군사가 만나 (국왕을) 구원하러온다고 말했기 때문에, 팔기의 호군(bayara)으로 하여금 두 니루에 한 명의 호군을, 두 구사에 한 명의 잘란 장긴(jalan i janggin)을 내게 하여 아르진을 우두머리로 삼고, 또한 기병(aliha cooha)으로 하여금 한 니루에 한 명씩의 갑사를, 한 구사에 한 명씩의 장긴(janggin)을 내게 하여 설러를 우두머리로 삼아서, (조선의 구원병이) 오는 길을 차단하러 보냈습니다.[36]

[원문자는 인용자]

(D)는 『구만주당(舊滿洲檔)』의 만문 기록을 우리말로 옮긴 것이다. 앞서 인용한 『청태종실록』의 (가-1)이 이에 해당하는 기사이기는 하지만, 일부 내용을 생략해버린 탓에 의미가 달라지고 말았다. 그러므로 여기에서는 『청태종실록』에 시간적으로 선행하는 사료일 뿐만 아니라 기술 내용도 훨씬 더 구체적인 『구만주당』의 기록을 분석하기로 한다.

위 인용문 (D)는 (가-1)과 마찬가지로 병자년 십이월 25일 예친왕 도도가 개성까지 남하한 홍타이지에게 보낸 상주문의 일부이다. (D)의 ⓐ는 (가-1)의 "우리 군사가 와르카 (가운데) 조선에 사는 자로 엽진과 마복탑이라는 이름의 (사람이) 100여 호를 거느리고 귀순하려오는 것을 만났습니다"에 해당한다. (D)의 ⓐ와 (가-1)을 대조해보면 후자가 전자를 축약한 것임을 알 수 있는데, (가-1)만 보면 십이월 21일 당일에 여천과 마푸타가 100여 호를 데리고 온 것처럼 읽힌다. 그러나 (D)의 ⓐ를 정확히 해독하면 실상은 그렇지 않았다는 것을 알 수 있다. 십이월 21일 당일 여천과 마푸타가 "데리고" 온 것은 분명 "네 사람"뿐이었다.[37]

　다음으로 (D)의 ⓑ 부분에서는 여천과 마푸타가 단순히 조선을 이반하여 귀순하는 데 그친 것이 아니었다는 사실을 파악할 수 있다. 그들은 조선의 근왕병 조직 활동에 관한 정보를 청군에 전했던 것이다. 그런데 이 부분의 번역에는 특별한 주의가 요구된다. "네 고을의 (조선) 군사가 만나"에 해당하는 부분을, 『청태종실록』은 "조선의 4도가 장차 군사를 합쳐"로 한역했다.[38] 이는 만주어 원문의 "golo"를 조선 팔도의 "도"로 옮긴 것이었다. "golo"가 나중에 중국의 광역 행정단위인 "성(省)"의 번역어로 쓰였다는 점만 보면 "도"가 맞는 것처럼 보인다. 그러나 이때는 아직 입관 전이므로 "golo"를 곧바로 "성"과 대응시키는 것은 시대착오이다. "golo"는 원래 "강물이 흐르고 있는 곳"을 뜻하며,[39] 입관 전 만주어 기록에서는 와르카 지방의 '안출라쿠 골로(Anculakū Golo)', '도르기 비라 골로(Dorgi Birai Golo)'처럼 작은 하천 유역을 가리키는 지명에 많이 쓰였다.[40] 따라서 (D)의 만주어 원문에 쓰인 "golo"는 우리말의 "고을"로 번역하는 것이 타당하다.

　게다가 "조선의 4도가 장차 군사를 합쳐"는 십이월 21일경의 상황과 전혀 부합하지도 않는다. 이 무렵 조선의 남부 4도, 즉 강원·충청·전라·경상의 군사들은 각자 진군 중이었을 뿐이다. 또한 그 뒤로도 4도의 근왕병은 각기 청군과 교전을 벌였다. 더군다나 향화호인 출신의 민간인에 불과한 여천과 마푸타는 십이월 21일경 이런 종류의 고급 군사정보를 입수할 수 있는 존재가 아니었다.

  물론 여천과 마푸타가 청군에게 사실과 다른, 근거 없는 이야기를 했을 가능성도 있다. 그러나 그 경우라면 이번에는 청군의 대응 조치가 말이 안 된다. 당시 청의 팔기에는 320~330개의 니루가 존재했다.[41] 이 사실과 ⓑ 의 내용을 결합하여 아르진과 설러의 병력 수를 계산해보면, 호군이 160~ 165명, 기병이 320~330명으로 합계 480~495명에 불과하다. 4도의 군사가 병력을 합쳐 남한산성으로 오고 있다는 말을 듣고서 이렇게 적은 수의 병력 에게 조선군이 "오는 길을 차단"하는 임무를 맡길 수는 없는 노릇이다.

  따라서 여천과 마푸타가 제보한 조선 측의 근왕 활동은 4도 전체에 관한 것이 아니라, 그들이 자신들의 거주 지역에서 직접 목도한 일이었으리라고 보아야 한다. 이 무렵은 남쪽으로부터 근왕병이 북상하던 때이므로, 그들의 거주 지역 역시 남한산성 이남에 위치했을 것이다. 이들의 제보를 접한 도 도는 호군과 기병을 차출하여 480~495명의 병력을 편성, 아르진과 설러에 게 지휘를 맡겼다. 아르진과 설러가 맡은 임무는 여천과 마푸타의 거주 지 역에서 조직 중이던 근왕병을 격파하여 그들의 북상을 막는 것이었다.

  그런데 십이월 21일 당일 여천과 마푸타는 단지 네 사람을 데리고 청군 진영에 왔었다. 이들은 아르진과 설러를 위해 길안내도 해야 했겠지만, 거 주 지역에 남겨두고 온 수백 명—153호에 성인 남자만 해도 273명—의 향 화호인들도 데려와야 했을 것이다. 그렇다면 기록에 명시되지는 않았다고 하더라도, 아르진과 설러의 임무에는 여천과 마푸타 휘하의 향화호인들을 수습하여 호송해오는 일도 응당 포함되었으리라고 보아야 한다.

  역시 『구만주당』의 기록을 우리말로 옮긴 아래의 (E)는 아르진과 설러 의 임무 수행 결과를 전한다.

(E) (병자년 십이월) 29일 저녁, 예친왕(豫親王)이 성스러운 한(汗)[홍타이지를 지칭]께서 (서울에 오셨기) 때문에 와서 말씀 올리기를, "……ⓒ (옛날) 여진국의 사람(으로) 전에 조선국에 들어와 살던 200호가 귀순하러 들어왔습니다. ……ⓓ 설러와 아르진을 적군이 오는 길을 끊으러 보내어, (조선의) 한 부장(副將)이 500명 넘게 군사를 이끌고 오는 것을 만나 제압했습니다.……"42)

(E)는 병자년 십이월 29일 저녁 예친왕 도도가 홍타이지에게 직접 보고한 내용을 『구만주당』에서 뽑아 우리말로 옮긴 것으로, 『청태종실록』의 해당 부분은 앞서 인용한 (가-2)이다. 먼저 ⓒ 부분은 아르진과 설러의 임무 중 향화호인들을 수습하여 호송해오는 임무가 완수되었음을 의미한다. ⓒ의 "200호"는 "153호"를 반올림한 숫자일 것이다. 이어지는 ⓓ 부분은 21일 도도가 아르진과 설러에게 부여한 군사적 임무의 수행 결과이다.

여기서 문제는 아르진과 설러가 조선군 500명을 격파한 장소를 여전히 알 수 없다는 점이다. 병자호란 기간 청군이 조선 근왕병과 벌인 야전에 관한 청 측의 기록을 보면, 전투 장소의 지명이 명시되지 않거나 각 근왕병의 출신 지역, 근왕병의 지휘관 등이 부정확한 경우가 많다. 그래서 기존 연구에서는 주로 교전이 벌어진 날짜를 실마리로 근왕병 관련 정보의 정확성이 높은 조선 측의 관련 기록과 대조하여 각 전투의 교전 당사자를 비정해왔다. (E)의 ⓓ에 등장하는 아르진과 설러의 전과에 대해서는, 십이월 26일 검단산에 진을 쳤던 권정길의 부대가 십이월 29일 청군에게 격파된 것을 가리킨다는 추정이 있었다.43)

그러나 남급의 『남한일기』에 따르자면 청군이 검단산을 공격한 날짜는 십이월 29일이 아니라 30일이었다.44) 십이월 29일 도도의 보고에 그 이튿날 벌어진 전투가 포함되어 있었을 수는 없다. 설사 남급의 "십이월 30일"이 착오의 산물이라고 하더라도, 검단산[오늘날의 경기도 하남시 소재]은 남한산성과 지근거리에 있기 때문에[45] 남한산성을 향해 올라오는 조선군의 길을 차단하러 남한산성의 군영을 떠난 아르진과 설러의 행선지가 될 수 없었다. 더 결정적으로, 권정길의 부대가 검단산에 진을 친 날짜는 십이월 26일이었다.[46] 그보다 닷새 전인 십이월 21일에 출격한 아르진과 설러의 작전 목표가 권정길의 부대였을 수는 없는 것이다.

기존 연구에서 아르진과 설러의 작전 지역을 검단산으로 잘못 비정해버린 탓이겠지만, 남양부를 습격한 청군의 정체는 현재 공백으로 남아 있다. 아르진과 설러의 작전 지역은 남한산성으로부터 상당 거리 떨어져 있어야 하므로, 기존 연구에서 전혀 고려하지 않았던 남양부 습격 사건이야말로 상황에 딱 부합하는 비정 후보이다. 물론 남한산성에서 남양까지는 6일이나 걸릴 거리가 아니다. 그러나 아르진과 설러가 153호나 되는 향화호인들을 수습해서 데려오는 일에는 상당한 시간이 소요되었음에 틀림이 없다. 또한 500명도 안 되는 소수의 병력으로 당시까지 아직 청군의 발길이 미치지 않았던 적지에서 임무를 수행한 만큼, 그들은 상당히 조심스럽게 움직이지 않을 수 없었을 것이다.

마침 이 무렵 남양 지역에 머무르고 있던 예조판서 조익의 기록은 이 문제와 관련하여 결정적인 추가 정보를 제공한다. 조익이 노친(老親)을 찾아 남양부 관내에 들어간 것은 병자년 십이월 20일이었다. 그 뒤로 조익은 한동안 남양에 머물면서 당시 이미 충청도를 오가며 근왕병 조직 활동을 벌이고 있던 남양부사 윤계를 돕기도 했다. 이 일에는 심지원(沈之源), 이시직(李時稷), 신경빈(申景濱) 등이 합류했다. 십이월 21일에는 전날 저녁 "충청 감영의 군병 7,000명"이 오산의 독산산성(禿山山城)에 도착했다는 소식도 들었다고 한다. 끌어모은 병력을 지휘할 장수를 정하고 과천과 수원 사이의 요해처에 매복했다가 청군을 기습한다는 작전을 세웠다. 그러나 십이월 24일 남양부에서 겨우 20리 떨어진 지역에 청군이 출몰하고 있다는 말을 듣고 조익은 홍법사(洪法寺)로 피신했고, 그곳에서 십이월 27일 저녁 남양부 피습 소식을 들었다.[47] 한편 조익의 기록에 언급된 충청도 근왕병은 독산산성을 떠나 북상했다가 역시 십이월 27일에 이르러 험천에서 쇼토, 니칸 등이 이끄는 청군에게 격퇴되었다.[48]

홍법사로 피신한 이후 윤계 등과 행동을 같이하지 못했으므로, 조익은 24일 이후의 상황을 자세히 전하고 있지 않다. 그러나 조익이 전하는 십이월 20일경 남양 지역의 근왕병 조직 상황은 십이월 21일 여천과 마푸타가 청군에 제공한 정보와 부합한다. 남양부사 윤계와 심지원, 이시직, 신경빈 등은 각기 다른 지역에서 군사 모집을 맡았으리라고 추정하는 것이 자연스러운데, 이는 (D)의 "네 고을의 (조선) 군사"와도 들어맞는다. 또한 조익에 따르면 십이월 24일 청군은 이미 남양부 관아로부터 겨우 20리 떨어진 지역에 출현했지만, 남양부 공격은 27일에야 이루어졌다. 십이월 24일 남양 지역 출현, 27일 남양부 공격 등의 일정은, 21일 남한산성을 떠난 아르진과 설러가 조심스럽고 느리게 이동했으리라는 위에서의 추정과 부합한다.

결국 아르진과 설러의 작전 지역은 남양으로 비정하지 않을 수 없으며, 따라서 여천과 마푸타의 조선 내 거주지 역시 남양일 수밖에 없다. 그렇다면 청 측 기록 (가)~(나)로 확인되는 향화호인의 귀순 사건과 조선 측 기록 (A)~(C)에 나타난 향화호인의 이반 사건은 사실 동일 사건이었다고 보지 않을 수 없다. 즉, 청 측과 조선 측 기록은 모두 경기 남부 연해 지역인 남양에서 향화호인의 이반이 있었다는 사실을 증언하고 있는 셈이다. 이 경우 조선 측 기록에 등장한 남양의 향화호인 "박이치"는 여천 또는 마푸타가 조선에서 쓰던 조선식 이름이거나, 십이월 21일 여천과 마푸타와 함께 도도의 군영에 왔던 네 사람 중 한 명의 이름이었을 것이다.

4. 강화도 작전 당시 청군의 선박과 향화호인

지금까지 고찰한 바와 같이, 병자년 십이월 21일 향화호인 여천과 마푸타가 조선을 이반하여 청군에 귀순했다. 또한 십이월 27일 남양부를 습격하여 윤계 등이 조직 중이던 근왕병을 섬멸한 청군은 여천과 마푸타로부터 관련 군사정보를 입수하여 출격한 아르진과 설러의 부대였을 것으로 추정된다. 따라서 여천과 마푸타는 남양부 관내에 살던 향화호인이자 뱃사람이었을 가능성이 높다. 그리고 그들이 청군 진영에 머무르고 있었다면, 청군의 강화도 작전 입안에 전제 조건이 되었을 염하수로의 특성에 관한 정보를 그들로부터 입수했을 가능성을 상정하지 않을 수 없다.

그러나 이상의 고찰만으로는 청군의 정보원이 되었을 뱃사람이 조선인이었을 가능성을 완전히 배제하지 못한다. 정보원으로서의 조선인에 관한 기록이 없다고 해서 곧바로 그런 조선인의 존재 자체를 부정할 수는 없기 때문이다. 청군이 입수한 정보가 조선인이 아닌 향화호인으로부터 얻은 것일 수밖에 없다는 점까지 규명해야만, 비로소 여천과 마푸타 같은 이반 향화호인을 청군의 정보원으로 지목할 수 있을 것이다. 그렇다면 청군의 정보원 후보로부터 조선인을 배제하는 것이 마지막 과제가 될 터인데, 여기에서는 그 단서를 청군이 강화도 작전에서 쓴 배의 종류에서 찾고자 한다.

제4장에서 밝혔듯이, 청군은 작은 배 44척을 강화도 작전에 투입했고, 이들 선박의 건조 작업을 지휘한 인물은 만주인 퉁커션이었다.[49] 퉁커션은 병자호란 이전부터 선박 건조를 전담하다시피 하고 있던 선박 건조 전문가

였다.50) 그렇다면 퉁커션이 건조를 지휘했다는 작은 배들은 어떤 종류의 배였을까?

홍타이지는 정축년 정월 16일 심양으로 보낸 서신에서 강화도를 치겠다는 뜻을 밝힌 데 이어, "퉁커션이 만드는 배와 같은 배 10척, 말을 (실어 물을) 건너게 하는 조선의 배와 같은 배 10척, 모두 합해서 20척을 만들어라. ……배[의 건조]를 이월 15일 이내에 끝내놓고 대기하라"라고 명령한 바 있다.51) 앞서 제5장에서는 배의 건조 시한이 "이월 15일"이었다는 사실을 실마리로 이 서신을 보낸 시점까지만 해도 홍타이지가 강화도 작전 시기를 이월 하순으로 잡고 있었다고 추정한 바 있지만, 그야 어쨌든 간에 여기서 주목하고자 하는 부분은 "퉁커션이 만드는 배와 같은 배"라는 구절이다. 한문 『청태종실록』에서는 정월 16일 서신의 "퉁커션이 만드는 배"와 "말을 (실어 물을) 건너게 하는 조선의 배"를 각각 "동극신식양(佟克申式樣)", "조선식양(朝鮮式樣)"으로 한역했는데,52) 여기에서는 이들 용어를 차용하되 편의상 '퉁커션 모델', '조선 모델'로 말을 바꾸기로 한다.

강화도 작전에 투입한 선박의 건조는 퉁커션이 지휘했으므로, 일단 44척의 작은 배 역시 '퉁커션 모델'이었을 가능성을 한번 생각해볼 수 있다. 그러나 마필을 실어야 했던 '조선 모델'의 배는 응당 비교적 대형의 선박이었을 것이고 서신에서 홍타이지가 건조를 지시한 배의 숫자가 두 모델 모두 10척으로 같았으므로, '퉁커션 모델'의 배 역시 그에 준하는 크기였으리라고 보는 것이 무난하다. 이로부터 강화도 작전에 투입한 작은 배가 '퉁커션 모델'과는 다른 종류였을 가능성을 검토할 필요가 제기된다.

또한 정월 16일 서신의 선박 건조 지시는, 청에서 '퉁커션 모델'이라는 말이 퉁커션이 건조해온 선종(船種)을 가리키는 용어로 이미 정착해 있음을 암시한다. 만약 강화도 작전에 투입된 작은 배들 역시 '퉁커션 모델'이었다면, 어디에서인가 강화도 작전에서 쓴 작은 배의 종류를 가리키는 말로 '퉁커선 모델'이 등장할 법하다. 마침 정축년 이월 15일 홍타이지는, 자신의 귀국 이후에 있을 가도 공격 작전을 맡은 쇼토53) 등에게 작전 지시를 하달하면서 강화도 작전 당시의 배를 언급한 바 있다.

우리 배의 코 쪽에 방패를 만들어라. 또한 강화도를 (쳐서) 취(할 때 쓴) 배를 가져왔는가, (가져오지) 않았는가? 그 배를 가져오지 않았다면, 피도[가도를 지칭]를 치는 데에 그와 같은 배가 유용한 것이어서 만들고자 한다면 역시 만들어라.54)

여기서 홍타이지는 쇼토 등에게 강화도 작전에서 썼던 배들을 가도 작전에서도 활용할 것을 지시하고 있다.55) 홍타이지는 강화도 작전의 성공을 가능하게 한 배들이 조선 연해의 섬을 공격할 때 대단히 유용하다고 평가했던 것이다. 실제로 정축년 사월 8일 밤에 감행한 가도 공격에서 청군은 섬의 서북쪽 모퉁이에 보병을 기습 상륙시킴으로써 작전을 성공으로 이끌 수 있었는데, 이때 청군이 탔던 배는 "우리나라[조선이 아니라 청을 지칭]가 만든 작은 배[我國所造小船]"였다.56)

가도 작전은 여기서의 관심사가 아니므로 더 자세히 언급할 필요가 없지만, 정축년 이월 15일 홍타이지의 지시에서 "강화도를 (쳐서) 취(할 때 쓴) 배"라는 말은 특히 주목할 가치가 있다. 만약 강화도 작전의 배들이 '퉁커선 모델'이었다면, "강화도를 (쳐서) 취(할 때 쓴) 배" 대신에 청에 이미 정착해 있던 '퉁커선 모델'이라는 용어를 썼을 것이라는 생각이 들기 때문이다. 한문 『청태종실록』에서 위 인용문에 해당하는 부분을 찾아보아도, "강화도를 (쳐서) 취(할 때 쓴) 배"는 "전에 강화도를 칠 때의 배의 식양[前攻江華

島之船式樣]"으로 한역되어 있다.[57] 이러한 표현은 강화도 작전에 쓴 작은 배들이 종래 청에서 만들지 않았던 제삼의 선종이었음을 암시한다.

이제부터는 이 제삼의 선종을 잠정적으로 '강화도 모델[江華島式樣]'이라고 부르기로 하자. 그렇다면 '강화도 모델'은 어떤 배였을까? 이 대목에서 남급이 「강도록」에서 강화도 작전 당시 청군의 배를 "자피선"이라고 기록한 사실이 눈길을 끈다.[58] "자피선"의 사전적 의미는 '짐승 가죽으로 만든 여진인들의 작은 배'이다. 아마도 조선의 두만강 유역과 만주 동부·북부의 흑룡강·송화강 유역에 살던 '동여진(東女眞)' 또는 '동해여진(東海女眞)'의 배였을 것이다. 이로부터 '강화도 모델'이란 곧 "자피선"의 일종이었을 가능성이 새롭게 부상한다.

제4장에서 홍타이지가 정축년 칠월 26일 명의 장수 조대수에게 보낸 서신에서 강화도 작전의 성공을 오로지 청군 선박의 공으로 돌렸다는 사실을 언급한 바 있는데, 『청태종실록』에서 관련 내용을 뽑아 우리말로 옮기면 다음과 같다.

(ㄱ-1) ㉠ 짐(朕)은 또한 흑룡강(黑龍江) 해빈(海濱)의 여러 곳에 비선(飛船) 80척을 준비하게 하여 강화도를 공격했다. ……㉡ 아군(我軍)의 비선(飛船)은 가볍고 날카로와 운전[旋轉]이 편리하고 빨랐기 때문에, 조선(의 수군)은 아무도 대적할 수 없어 모두 도망치고 무너졌다.[59]

(ㄱ-1) 인용문에서 홍타이지는 '강화도 모델'을 그냥 "소선"이 아니라 아예 "비선"이라고 부르고 있으며, ㉡ 부분에서는 "비선"의 뛰어난 기동 능력 덕분에 조선 수군을 무력화시켰노라고 자랑한다. 배의 숫자는 ㉠ 부분의 "80척"과 달리 실제로는 44척이었지만, 그야 어쨌든 간에 여기서 주목해야

할 것은 이들 "비선"의 건조 장소를 "흑룡강 해빈의 여러 곳"이라고 밝힌 대목이다. "흑룡강"은 동해여진의 자피선과 연결될 수 있기 때문이다. 그러나 청군이 강화도 작전에 쓴 자피선은 조선 현지에서 만든 것이었으므로, "흑룡강 해빈"에서 만들었다는 말은 어불성설이다. 『청태종실록』에 모종의 오류가 있는 것이 분명하다.

다행스럽게도, 그리고 놀랍게도, 조대수에게 보낸 서신은 그 초고가 대만 (臺灣)의 중앙연구원(中央研究院)에 남아 있다. 이 초고에서 (ㄱ-1)의 ㉠에 해당하는 부분만 옮기자면 다음과 같다.

(ㄱ-2) ㉠ 짐(朕)은 또한 흑룡강 동북 바다의 검은 여우[담비를 지칭]가 나는 곳의 사람들에게 비선[飛舡] 80척을 만들라고 명령하여 강화도를 쳤다.[60)

이로써 (ㄱ-1)의 어불성설한 구절은 "흑룡강 동북 바다의 검은 여우가 나는 곳의 사람들"에서 "~의 사람들"이 실수로 누락된 결과였음이 분명하게 드러난다.[61) 조대수에게 보낸 서신에서 홍타이지는 '강화도 모델'이란 곧 "흑룡강" 지역 사람들이 쓰던 배의 종류였다는 사실을 드러내고 있는 것이다. 그렇다면 '강화도 모델'이라는 말은 곧 '흑룡강 모델'로 바꾸어도 무방할 것이다.

여기서 '흑룡강 모델'을 흑룡강 본류에서나 쓰던 배로 한정할 필요는 없다. 만주 동부를 흐르는 송화강, 목단강(牧丹江) 등은 모두 흑룡강 본류로 합류한다. 즉, 모두 흑룡강 수계(水系)에 속하는 것이다. 흑룡강 수계의 하천이 흐르는 지역의 자연 환경은 대동소이하고, 이 지역에서는 어로가 주민의 주요 생업 중 하나였다. 따라서 '흑룡강 모델'은 만주 동부, 즉 동해 여진 지역에서 널리 쓰이던 배의 종류였다고 보아야 할 것이다.

한편, 앞서 지적했듯이 청군이 강화도 작전에 투입한 선박의 건조 작업은 퉁커션이 지휘했다. 유감스럽게도 퉁커션에 대한 전기(傳記) 자료는 발견되지 않으므로, 현재로선 그의 출신 지역을 알 수 없다. 만약 그가 동해여진 출신이었다면, 서신의 "흑룡강 동북 바다의 검은 여우가 나는 곳의 사람"이란 곧 퉁커션을 지칭하는 말일 수 있다. 만약 그렇지 않다면, 퉁커션이 선박 건조의 최고 책임자였기에 전후의 논공행상에서 포상을 받았지만, 선박 건조의 실무는 동해여진 출신의 다른 사람들이 맡은 것이 된다. 또한 전자의 경우에도 퉁커션과 건조의 실무 인력 모두 동해여진 출신이었으리라고 보는 편이 더 타당할 것이다.

그야 어쨌든 간에, 여기서 중요한 것은 '퉁커션 모델'이 아닌 '흑룡강 모델'의 선박이 만들어졌다는 사실 자체이다. (ㄱ-1)의 ⓒ에서 홍타이지가 강조하고 있듯이, '흑룡강 모델'의 "비선"은 강화도 작전 당시 수심이 얕고 조류가 빠른 염하수로에서 대단한 기동성을 발휘했다. 그렇다면 청군의 정보원이 된 뱃사람은 염하수로의 특성뿐만 아니라 '흑룡강 모델'의 배가 염하수로에서의 작전에 최적이라는 점까지 알려주었다고 추정하지 않을 수 없으며, 이는 다시 청군의 정보원이 조선인은 아니었다는 것을 의미한다.

이로써 조선인이 정보원이었을 가능성은 최종적으로 배제할 수 있게 되었지만, 그렇다고 해도 향화호인은 '흑룡강 모델'과 무슨 관계가 있다는 말인가? 이 의문을 풀 수 있는 열쇠가 『전객사일기』에서 발견된다. 인조 27년 (1649) 십일월, 충청도 한산(韓山)에 살던 "향화(호인)의 추장(酋長)" 서복룡(徐福龍) 등은 즉위한 지 몇 달이 되지 않았던 효종에게 올린 상언(上言)에서 자신들의 정체성과 내력을 다음과 같이 밝히고 있다.

신(臣)들은 본디 흑룡강의 호인(胡人)으로 우리나라[조선을 지칭]의 풍속이

선미(善美)하다고 들었기에 두만강 너머의 (조선 쪽) 변경[越邊]에 (들어와) 거주했으며, 저들[누르하치 세력을 지칭]의 속사정을 매번 몰래 (조선에) 알릴까 호인(胡人)이 의심하고 꺼려 신들의 조상을 죽이려고 했기에, 국가에서 내지(內地)로 데리고 와서 이리저리 옮겨 들어가게 했습니다.[62]

서복룡 등은 충청도 한산으로 이주하기 전에 분명 두만강 유역에 살고 있었다. 앞서 살폈듯이, 여천은 원래 백두산 일대의 너연 강 유역에, 마푸타는 와르카 지방에 살다가 조선의 남부로 이주한 향화호인이었다. 원거주지가 서복룡 등과 별반 다를 바 없었던 것이다. 그런데 서복룡 등은 스스로를 '두만강의 호인'이 아니라 "흑룡강의 호인"으로 인식하고 있다. 이로부터 여천과 마푸타의 자기정체성 역시 "흑룡강의 호인"이었을 가능성도 충분히 상정할 수 있다. 또한 설령 여천과 마푸타의 자기정체성이 서복룡 등과 달랐다고 하더라도, 조선 땅에 살던 향화호인 중에 자기정체성이 "흑룡강의 호인"인 사람들의 존재가 확인되는 이상 향화호인을 '흑룡강 모델'의 배와 결부시키는 데에는 별 문제가 없다.

남양 땅에 살던 여천과 마푸타는 자기정체성 여하에 관계없이 향화호인들이 옛날부터 쓰고 있던 '흑룡강 모델' 선박의 특징과 장점을 익히 알고 있었을 것이다. 따라서 그들이 강화도 작전에서 쓸 '흑룡강 모델'의 배를 만드는 데 실무자로서 직접 관여했거나, 또는 적어도 '흑룡강 모델'의 배라면 염하수로를 건너 강화도에 무사히 상륙할 수 있다는 아이디어를 낸 장본인이었을 가능성은 충분하다. 그리고 두 경우 가운데 어느 쪽이든 간에, 당시 팔기만주 안에는 '흑룡강 모델'의 배를 몰며 생업에 종사하던 동해여진 사람들로 조직된 니루가 적지 않게 존재했다.[63] 병자호란에는 니루마다 32명씩의 갑병이 참전했으므로,[64] 당시 청군 진영에는 '흑룡강 모델'의 배를 만들 수 있는 인력도 충분했다.

한편, (ㄱ-1)의 ⓛ "아군의 비선은 가볍고 날카로와 운전이 편리하고 빨랐기 때문에"라는 구절은 당시 청군이 이런 배의 장점을 충분히 살릴 수 있을 만큼 자유자재로 몰았음을 암시한다. 주로 기마가 장기였던 팔기의 일반 병사들이 특정 지역에서나 쓰던 특정 종류의 배를 제대로 몰았을 가능성은 희박하다. 그렇다면 누가 배를 몰았느냐는 질문도 던져볼 만하다.

이 질문에 대한 해답의 실마리는, 강화도에 가장 먼저 상륙한 공으로 포상을 받은 설러와 쇼잔의 배를 몬 것이 "아하니칸의 주사"였다는 청의 논공행상 기록에서 찾을 수 있다.[65] "아하니칸의 주사"라는 말은 남들보다 앞서 상륙한 청군의 배를 아하니칸과 그의 부하들이 몰았다는 사실을 나타낸다. 여기에 등장하는 아하니칸은 양황기 만주 소속의 만주인이었다. 그런데 『흠정팔기통지』를 보면, 양황기 만주 소속 니루 가운데 아하니칸과 그의 일족이 대대로 관리하던 니루란 곧 "국초(國初)에 타호아(打虎兒 = Dagūr), 살합이찰(薩哈爾察 = Sahalca), 호아이찰(胡雅爾察 = Huyalca) 등처의 인정(人丁)으로 편립(編立)"한 것이었다는 사실을 확인할 수 있다.[66] 이 가운데 "살합이찰", 즉 사할차(Sahalca)는 동해여진에 속하며,[67] 일찍이 1593년 누르하치를 공격했던 "구국(九國)" 연합의 일원이었다.[68] 그 뒤로는 후금-청에 복속하여 초피(貂皮), 즉 담비가죽을 공납으로 바치고 있었다.[69] 아하니칸 자신은 여허(Yehe) 출신이었지만,[70] 그의 휘하 니루에는 '강화도 모델', 즉 '흑룡강 모델'의 배를 만든 사람들과 마찬가지로 "흑룡강 동북 바다의 검은 여우가 나는 곳의 사람"들이 있었던 것이다. 이로부터 '흑룡강 모델'의 배를 만든 사람들과 정월 22일 청군의 도해 당시 그런 배를 조종한 사람들이 모두 동해여진 출신이었으리라는 이야기까지 가능하게 된다.

지금까지의 고찰 결과는 청군의 강화도 작전 입안·감행을 가능하게 만든 정보원으로 병자년 십이월 21일 청군 진영에 귀순한 향화호인 여천과 마푸타를 지목하고 있다. 또한 청군이 강화도 작전에 투입한 선박마저도 그들의 아이디어 내지 조력의 산물이었을 가능성이 짙어 보인다. 두 사람이 없었다면 강화도 작전의 성공도 없었을 것이라고 말해도 과언이 아니다.

요컨대, 병자호란 전야에 조선의 향화호인들은 정묘호란을 계기로 잠재적 이반자라는 의심의 눈초리에 둘러싸여 살고 있었던 것으로 보인다. 불행하게도, 향화호인을 향한 조선 사회의 의심은 병자호란 동안에 실제 이반 사례가 발생함으로써 현실화되고 말았다. 경기 남부 연해 지역의 남양에 살던 여천과 마푸타가 청군에 귀순했고, 이들의 안내로 청군은 남양부를 기습했다. 또한 두 사람은 청군의 강화도 작전 입안·감행을 가능하게 만든 정보의 제공자이자, 청군의 강화도 작전과 가도 작전을 성공으로 이끈 선박 건조의 '숨은 공로자'로 추정되는 것이다.

주

서론

1) 이하 언급하는 역사적 사실들은 제1장 이하에 다시 등장할 예정이므로, 서론에서는 편의 상 꼭 필요한 경우가 아니라면 사실의 출처를 밝히는 주석을 생략하기로 한다. 아울러 이 책의 주석에서는 자료의 서지를 저자/편자와 출판 연도만을 간단히 적는 것을 원칙으로 함을 밝혀둔다. 자세한 서지 정보는 참고 문헌 목록에 적었다.

2) 단행본으로는 역시 한명기 2009; 한명기 2013을 대표작으로 꼽아야 할 것이다. 논문으로는 한명기 외에 유승주, 오수창, 허태구, 장정수 등의 연구 성과를 학계의 대표적 수작으로 꼽을 만하다. 이들의 논문에 대한 구체적인 서지 정보는 참고 문헌 목록을 참고하기 바란다. 한편, 유재성 1986; 육군군사연구소 2012 등과 같은 군사사 저술도 나와 있지만, 사실의 고증이 상대적으로 취약하다.

3) 유승주 2002, 391쪽 참조.

4) 오수창 2005; 오수창 2006; 허태구 2013; 허태구 2015; 오수창 2017; 한명기 2017; 조일수 2017 등 참조.

5) 예컨대, 유승주 2002; 이종호 2014; 장정수 2016 등은 한 편의 논문으로 병자호란의 전체 과정을 다루었다.

6) 허태구 2011 참조.

7) 유승주 2002, 391-392쪽에서도 이러한 문제를 지적한 바 있다. 그러나 유승주의 논문 역시 건륭 연간에 개수(改修)된 한문본 『청태종실록(淸太宗實錄)』을, 그중에서도 병자호란과 직접 관련된 부분만을 참고하는 데 그쳤을 뿐만 아니라, 사실 관계의 서술에서 오류나 오해를 적지 않게 남겼다. 이러한 문제는 현재까지도 크게 개선되지 않은 실정이다. 하지만 이 책에서는 꼭 필요한 경우가 아니라면 선행 연구의 오류·오해를 일일이 지적하는 번거로움은 피하기로 한다. 마찬가지로, 개별 사실의 해석에서 이 책과 견해를 함께하는 선행 연구에 대한 언급도 생략하기로 한다. 이 점에 대해서는 특별한 양해를

부탁드린다.

8) 청과 조선이 주고받은 문서들이 한문으로 작성되었다는 사실은 이 책에서 크게 문제가 되지 않을 듯하다. 단, 한문으로 작성한 외교 문서를 분석하는 경우에도 실록과 같은 훗날의 편찬 사서보다는, 가능한 한 생성 시기가 국서 원본의 작성 시점에 더 가까운 사료를 이용하는 것이 바람직하다.

9) 과문의 소치인지 모르겠으나, 국내의 관련 저술 중에서는 비록 본격적인 학술서는 아니지만 장한식 2015가 홍타이지의 입장에서 병자호란을 조명한 유일한 사례인 것 같다.

제1장 친정 : 총력을 쏟아 조선 정복에 직접 나서다

1) 이러한 이해는 한명기 2017, 66-71쪽에 잘 정리되어 있다.

2) 鈴木開 2015; 鈴木開 2017a 참조.

3) 오수창 2005; 오수창 2006; 허태구 2013; 허태구 2015; 오수창 2017; 한명기 2017; 조일수 2017 등 참조.

4) 『滿文老檔』 Ⅶ, 1466-1469쪽; 『淸太宗實錄』 숭덕 원년 십일월 25일.

5) 『仁祖實錄』 14년 삼월 1일.

6) 『仁祖實錄』 14년 삼월 7일; 『滿文老檔』 Ⅵ, 966-971쪽; 『淸太宗實錄』 천총 10년 삼월 20일.

7) 『滿文老檔』 Ⅶ, 1469쪽, 1471-1472쪽, 1475-1476쪽; 『淸入關前與朝鮮往來國書彙編』, 193-198쪽.

8) 오수창 2017, 56-65쪽의 주장과 한명기 2017, 70-72쪽의 비판 참조.

9) 문서 탈취 사건 직후 조선 측에서 문서의 반환을 요구하자 후금의 사신들은 문서를 이미 태워 없앴노라고 발뺌을 했을 따름이다(『仁祖實錄』 14년 삼월 7일).

10) 趙慶男, 『續雜錄』 4, 병자년 십일월 7일 참조.

11) 『滿文老檔』 Ⅵ, 982-985쪽. 이에 앞서 '절화교서'를 입수한 병자년 삼월 20일, 홍타이지는 먼저 조선에 사신을 파견하여 왕자와 대신을 인질로 요구하고, 조선이 그 요구에 응하지 않을 경우 출병을 논의하자고 말했다(『滿文老檔』 Ⅵ, 971쪽; 『淸太宗實錄』 천총 10년 삼월 20일).

12) 지금까지 병자호란과 관련하여 홍타이지의 친정이라는 요소에 주목한 연구는 거의 없는 것 같다. 아마도 장한식의 책이 유일한 예외가 아닐까 한다(장한식 2015, 221-226쪽 참조).

13) 정묘호란 당시의 후금군은 아민, 지르갈랑, 아지거, 두두, 요토, 쇼토 등이 지휘했다(『滿文老檔』 Ⅳ, 34쪽). 아민과 지르갈랑은 홍타이지의 사촌형제, 아지거는 이복형제였으

며, 두두 이하 세 사람은 그의 조카들이었다.

14) 『承政院日記』 인조 15년 정월 29일.

15) 『淸太宗實錄』 천총 7년 윤월 18일; 『內國史院檔 : 天聰七年』, 93-95쪽.

16) '몽고'에 대한 학계의 표준 표기법은 '몽골'이지만, 이 책에서는 '몽고'로 통일한다. '팔기 몽고(八旗蒙古)'나 '외번몽고(外藩蒙古)'와 같은 한자어를 '팔기몽골'이나 '외번몽골' 로 쓰기도 곤란하거니와, 만주어에서도 '몽골'이 '몽고(Monggo)'라는 사실을 감안했다.

17) 『滿文老檔』 VI, 1091-1093쪽, 1189-1096쪽; 『滿文老檔』 VII, 1246-1276쪽, 1292- 1296쪽 등; 『淸太宗實錄』 숭덕 원년 칠월 19일, 구월 8일, 구월 28일 등. 이하 『淸太宗 實錄』은 별도의 표기가 없는 한 현재 널리 쓰이고 있는 건륭(乾隆) 삼수본(三修本)을 가리킨다.

18) Roth Li 2008, p.56.

19) 『淸太宗實錄』 천총 7년 윤월 18일; 『內國史院檔 : 天聰七年』, 93-95쪽. 이 회의에 대한 자세한 분석은 박민수 2017, 25-32쪽 참조.

20) 崔鳴吉, 『遲川集』 권17 雜著, 「移陳都督咨(丁丑)」; 李植, 『澤堂集』 권7 咨文, 「陳 都督前咨文(丁丑)」.

21) 남급, 『남한일기』, 126쪽; 李肯翊, 『燃藜室記述』 권25, 병자년 십이월.

22) 나만갑, 『병자록』, 134쪽.

23) 談遷, 『國権』 권95, 思宗 崇禎 9년 십이월 정유(丁酉), 5772쪽.

24) 『仁祖實錄』 15년 정월 1일.

25) 『皇淸開國方略』 권27, 崇德 4년 십이월 경술(庚戌); 魏源, 『聖武記』 권6 外藩, 「國 初征撫朝鮮記」, 258쪽. 후자는 전자를 참고한 것으로 보인다.

26) 『仁祖實錄』 16년 이월 8일의 삼전도 비문.

27) 유재성 1986, 308쪽의 주석 24.

28) 黃一農 2004, 93쪽. 黃一農의 병력 추산 근거에 대한 요약은 구범진·이재경 2015, 436쪽의 주석 13) 참조.

29) 『淸太祖實錄』 癸未歲(1583) 이월 1일.

30) 유소맹 2013, 112-118쪽 참고.

31) 三田村泰助 1962, 327-332쪽 참고.

32) 팔기의 성립 과정에 대해서는 수많은 연구가 있지만, 이하 소개하는 팔기 관련 기본 사실에 대한 좀더 구체적인 설명은 유소맹 2013, 219-255쪽을 참조하는 것만으로도 충분할 것 같다.

33) 한인들만의 구사는 '우전 초하(ujen cooha)'가 공식 명칭이었다. '우전 초하'의 한어 명칭

을 '한군(漢軍)'으로 정한 것은 순치 17년(1660)의 일이지만, 편의상 '팔기한군'이라는 말을 이 시기에도 적용하기로 한다.

34) 安雙成 1988, 11쪽.

35) Elliott 2016, p.28의 Table 7 참조.

36) 安雙成 1988, 11쪽.

37) 『만주실록』, 192쪽.

38) 楠木賢道 2009, 18쪽의 주석 7 참조. 니루 편성의 기준이 되는 장정의 숫자는 누르하치 시기 300명이었지만, 홍타이지 시기 200명을 거쳐, 강희 연간에 다시 100명으로 원래의 3분의 1까지 줄었다가, 건륭 이후 다시 150명으로 늘어났다(劉小萌 2008, 43쪽). 단, 이 숫자는 어디까지나 '표준'일 뿐으로, 각 니루의 실제 장정 숫자에는 상당한 편차가 있었다.

39) 전투 손실을 비롯한 여러 가지 원인으로 천명 연간의 니루당 300정이라는 '표준'을 유지할 수가 없었기 때문으로 보인다(谷井陽子 2011, 34쪽). 張晉藩 · 郭成康 1988, 212-213쪽에서는 홍타이지의 천총(天聰)과 숭덕(崇德) 연간에 새로 편성된 니루는 300정의 정제(定制)에 미치지 못하는 경우가 많았음을 지적하면서, 이는 니루의 규모가 점차 축소되고 있던 추세를 반영한다고 보았다. 다만 니루당 300명에서 200명으로 감소한 시점은 사료(『八旗通志初集』)의 기술이 애매하여 확정할 수 없다고 했다. 한편, 承志 2009, 428쪽에 소개된 정람기 만주 소속 니루의 내력을 기록한 문서를 보면, 니루 규모의 축소가 공식화된 시기는 천총 8년(1634)이었던 것 같다. 그러나 이미 천총 5년(1631)의 대릉하(大凌河) 원정 때 니루마다 200명의 약 3분의 1에 해당하는 60갑(甲)을 동원하는 것이 원칙이었으므로(楠木賢道 2009, 149쪽), 실질적으로는 이미 천총 초부터 니루의 규모가 300명에서 200명으로 변화해간 것으로 보인다.

40) 楠木賢道 2009, 149쪽; 『天聰五年八旗值月檔』 천총 5년 칠월 20일, 17쪽. 대릉하 원정 당시 니루당 60명의 갑사 가운데 3분의 2는 출정하고 나머지 3분의 1은 본국 수비를 맡았다.

41) 구범진 · 이재경 2015, 441-444쪽.

42) 1631년에 처음 조직되었을 때 우전 초하의 명칭은 '니칸 초하(nikan cooha)'였다. '니칸'이란 한인(漢人)을 가리키는 만주어이다. 출범 당시 병력 총수가 약 3,000명이었던 니칸 초하는 1631년의 대릉하성(大凌河城) 원정에 참가, 홍이포를 비롯한 화약무기를 다루어 큰 전공을 세웠다. 홍타이지는 1633년 초까지 니칸 초하를 약 5,000명까지 늘렸고, 1634년에는 니칸 초하의 이름을 우전 초하로 바꾸었다. 구범진 · 이재경 2015, 444-446쪽 참조.

43) 細谷良夫 1994, 174-182쪽; 楠木賢道 2009, 154쪽.

44) 『明淸史料 丙編』 第一本, 「鮑承先奏本」(崇德 2년 칠월 16일), 51쪽.

45) Wakeman Jr. 1985, pp.196-200.

46) 『內國史院檔: 天聰八年』, 135-136쪽; 『淸太宗實錄』 천총 8년 오월 5일.

47) 『淸初內國史院滿文檔案譯編』 上, 320쪽; 구범진·이재경 2015, 447쪽.

48) 『內國史院檔: 天聰八年』, 79쪽; 『淸太宗實錄』 천총 8년 이월 16일.

49) 구범진·이재경 2015, 448쪽.

50) 『滿文老檔』 Ⅶ, 1450쪽; 구범진·이재경 2015, 450쪽.

51) 기병(aliha cooha), 보병(beki cooha), 호군(bayara) 등 팔기의 여러 병종에 대해서는 谷井陽子 2015, 59-64쪽 참조.

52) 제2장에서 자세히 언급하겠지만, 병자호란 당시 '전봉(前鋒: gabsihiyan)'이라는 이름의 병력 300명이 청군의 최선봉으로 투입되었다. '전봉'은 요토의 동원령에 언급되어 있지 않으므로 전봉 300명도 병력 총수 계산에 추가로 반영해야 한다. 하지만 대략적인 숫자에는 큰 차이를 낳지 않으므로 계산 결과를 바꿀 필요까지는 없어 보인다. 한편, 팔기만주·팔기몽고의 일반 니루 외에 포의(包衣) 니뤼[만주어로는 '보오이 니루(booi niru)']에 속하는 자가 병자호란에 참전한 사례가 확인된다. 예컨대 18세기 조선에도 널리 알려졌던 김상명(金常明)의 조부 신다리(Sindari)는 정황기 소속의 포의로 병자호란에 참전, 강화도 점령 과정에서 세운 공을 인정받아 조선인으로 구성된 포의 니루의 우두머리가 되었다(우경섭 2009, 192-194쪽). 포의 니루는 '보오이 니얄마(booi niyalma: 家人)' 또는 '보오이 아하(booi aha: 家奴)'라고 불렸던 청 황제 및 종실 왕공 소유의 노복들을 니루로 편성한 것이었다. 입관 직전 포의 니루는 64개가 있었던 것으로 알려져 있는데, 이를 병자호란 무렵 포의 니루의 최댓값으로 잡고 팔기의 일반 니루에서와 동일한 기준이 적용되어 니루당 32명의 갑사가 조선 침공에 동원되었다고 가정하면 그 총수는 약 2,000명으로 계산된다(구범진·이재경 2015, 451쪽의 주석 62) 참조). 그러나 병자호란 무렵의 포의 니루 숫자를 알 수 없기 때문에 팔기의 병자호란 참전 병력에는 산입하지 않기로 한다.

53) 黃一農 2004, 93쪽.

54) 구범진·이재경 2015, 451-452쪽.

55) 구범진 2012, 75-76쪽.

56) 구범진 2012, 76쪽; 丘凡眞·李在璟 2017, 41-51쪽.

57) 『淸太宗實錄』 천총 9년 팔월 3일; 천총 9년 구월 6일.

58) 『淸太宗實錄』 천총 10년 이월 2일.

59) 구범진 · 이재경 2015, 441-442쪽.

60) 『淸太宗實錄』 천총 10년 이월 2일.

61) 청 초의 외번몽고에 대한 자세한 고찰은 이선애 2014 참조.

62) 이 문제에 대한 자세한 고찰은, 구범진 · 이재경 2015, 453-459쪽; 丘凡眞 · 李在璟 2017, 51-64쪽 참조.

63) 『滿文老檔』 Ⅶ, 1335-1336쪽.

64) 구범진 · 이재경 2015, 454-455쪽.

65) 이는 丘凡眞 · 李在璟 2017의 핵심 주장이다. 좀더 자세한 고찰은 해당 논문 참조.

66) 『舊滿洲檔』, 5291쪽. 한편, 이 기록과 관련해서는 『滿文老檔』, 『淸太宗實錄』 등에 약간의 혼란이 발견된다. 이 문제에 대해서는, 구범진 · 이재경 2015, 456쪽의 주석 84) 참조.

67) 앞의 주석 52)에서 언급한 바 있는 포의 니루까지 산입한다면, 청나라 자체의 참전 병력 은 최대 2만4,000명에 달했을 수도 있다.

68) 『淸太宗實錄』 숭덕 2년 유월 27일. 이 기사에는 "한산무갑지인(閑散無甲之人)"의 불 법적인 참전 문제 외에 병자호란 당시 유력 왕공이나 장령들의 불법 내지 탈법 및 갖가지 일탈 행위에 대한 처벌 내역이 수록되어 있다.

69) 쿠툴러에 대한 좀더 자세한 논의는, 구범진 · 이재경 2015, 460-461쪽 참조.

70) 이 문단의 내용에 대해서는, 丘凡眞 · 李在璟 2017의 자세한 논의 참조.

71) 천총 5년의 대릉하 원정과 천총 8년의 화북 원정 역시 홍타이지가 대규모 병력을 이끌고 친정에 나선 전쟁이었다. 이들 원정의 병력에 대한 검토는 구범진 · 이재경 2015, 462-464쪽 참조.

72) 『滿文老檔』 Ⅴ, 744쪽.

73) 『淸太宗實錄』 천총 6년 오월 23일. 楠木賢道 2009, 132쪽에서는 좌익군 1만 명은 몽고 의 병력을 중심으로 구성되었고, 우익군 2만 명은 팔기가 주축이 되었을 것이라고 한다.

74) 『承政院日記』 인조 15년 정월 29일.

75) 주돈식 2007처럼 심양으로 끌려가 노예가 된 사람이 60만 명이었음을 아예 제목으로 내세운 책도 나와 있다.

76) 崔鳴吉, 『遲川集』 권17 雜著, 「移陳都督咨(丁丑)」.

77) 나만갑, 『병자록』, 305쪽의 한문 원문을 옮긴 것이다.

78) 『承政院日記』 인조 15년 삼월 20일.

79) 『심양장계』, 98쪽.

80) 손승철 2006, 164쪽 참조.

81) 단적인 예를 들자면, 18세기 중엽 편찬된『八旗滿洲氏族通譜』의 총 80권 중에서 "고려(高麗)", 즉 조선 출신이 차지하는 분량은 권72와 권73의 두 권뿐이다.

82)『淸太宗實錄』숭덕 2년 이월 2일, 사월 10일, 사월 15일.

83)『淸太宗實錄』숭덕 원년 시월 29일; 숭덕 2년 이월 23일, 사월 22일, 윤사월 2일 등 참조.

84)『심양장계』, 52쪽.

85)『심양장계』, 52쪽.

86) 최명길에 따르면, 병자호란이 끝난 뒤 청군의 귀국로는 정월 23일 함경도로 향한 외번몽고 부대와 가도(椵島)의 명군을 치러 간 청군 부대의 진군로까지 합해서 모두 네 갈래였다고 한다(崔鳴吉,『遲川集』권17 雜著,「移陳都督咨(丁丑)」).

87)『심양장계』, 91쪽 참조.

88) 선행 연구 가운데 한명기 역시 병자년 사월 11일의 '황제 즉위식'에서 벌어진 사건의 중요성을 강조한 바 있다(한명기 2009, 161-165쪽 참조). 그러나 세부 사실에 대한 해석과 논증은 이하의 서술과 차이가 있다. 또한 한명기는 최근의 논문에서 병자호란 발발의 원인으로 '절화교서'의 의미를 크게 강조한 바 있다(한명기 2017, 69-72쪽 참조).

89)『淸太宗實錄』천총 10년 사월 11일.

90)『滿文老檔』Ⅵ, 993-994쪽; 997-1008쪽;『淸入關前與朝鮮往來國書彙編』, 180-185쪽.

91)『仁祖實錄』14년 칠월 28일.

92) 조일수 2017, 348-353쪽 참조.

93) 박민수 2017, 19-54쪽 참조.

94) 조일수 2017, 363쪽 참조.

95)『舊滿洲檔:天聰九年』, 370-371쪽.

96)『舊滿洲檔:天聰九年』, 382쪽.

97)『滿文老檔』Ⅶ, 1466-1469쪽;『淸太宗實錄』숭덕 원년 십일월 25일 참조.

98)『滿文老檔』Ⅳ, 8-9쪽, 34쪽.

99)『滿文老檔』Ⅳ, 49쪽, 56쪽 등 참조.

100)『舊滿洲檔:天聰九年』, 370-371쪽.

101)『舊滿洲檔:天聰九年』, 370-371쪽 참조.

102)『仁祖實錄』14년 이월 21일.

103)『滿文老檔』Ⅳ, 46-47쪽, 49-50쪽, 55-56쪽 참조.

제2장 기습 : 서울을 급습하여 인조의 강화도 파천을 저지하다

1) 병자년 십이월 8일은 청군의 최선봉 부대가 압록강을 건넌 날짜이다(『內國史院滿文檔案譯註 : 崇德二·三年分』, 26쪽). 정축년 정월 30일은 널리 알려진 대로 인조가 삼전도로 나간 날짜이다(『仁祖實錄』 14년 정월 30일).

2) 대표적인 연구로, 허태구 2012; 장정수 2016; 장정수 2017 등을 들 수 있다.

3) 허태구와 장정수의 연구는 청나라 측의 기록을 일부 오독·오해한 탓에, 특히 청군의 침공 양상을 재구성하는 측면에서 일부 오류를 저질렀지만, 적어도 당시 조선의 방어전략에 관한 한 설득력이 충분하다. 그래서 이하에서는 일부 납득하기 어려운 부분을 제외하고 그들의 연구 성과를 대폭 수용하여 당시 조선의 전쟁 준비와 방어전략을 소개하고자 한다. 그리고 조선의 전쟁 준비와 방어전략에 관한 아래의 서술에서 그들의 연구를 반영한 부분은 특별한 필요가 없는 한 별도의 주석을 달지 않기로 한다.

4) 병자년 십이월 14일 김류(金瑬)는 청이 지구전을 벌이지는 못하리라고 전망하면서 강화도로 갈 것을 주장했다(『仁祖實錄』 14년 십이월 14일). 강화도 파천에 의한 지구전 전략 구상을 단적으로 보여주는 사례이다.

5) 『仁祖實錄』 14년 십일월 21일.

6) 『滿文老檔』 Ⅳ, 34쪽.

7) 『仁祖實錄』 5년 정월 17일.

8) 『滿文老檔』 Ⅳ, 36쪽.

9) 『仁祖實錄』 5년 정월 25일.

10) 『滿文老檔』 Ⅳ, 36쪽.

11) 『仁祖實錄』 5년 정월 25일.

12) 『仁祖實錄』 5년 정월 26일.

13) 『仁祖實錄』 5년 정월 29일.

14) 『仁祖實錄』 14년 이월 29일, 윤월 13일.

15) 崔鳴吉, 『遲川集』 권17 雜著, 「移陳都督咨(丁丑)」 참조.

16) 『仁祖實錄』 14년 십일월 13일.

17) 趙慶男, 『續雜錄』 4, 병자년 십일월 14일; 李肯翊, 『燃藜室記述』 권25, 병자년 구월.

18) 남급(南礏)은 이러한 문제를 정확히 짚어낸 바 있다. "당시의 장수와 군사들이 스스로 자기의 공을 내세우는 것은 대체로 보아서 모두 허풍이고, 전해들은 말들도 대부분 사실이 아니었다."(남급, 『남한일기』, 158쪽) 대표적인 사례로, 유도대장(留都大將) 심기원(沈器遠)이 자신의 전공을 터무니없이 과장했다는 사실은 널리 알려져 있다. 『仁祖

實錄』 14년 십이월 29일, 30일; 15년 정월 4일 등 참조.

19) 李肯翊, 『燃藜室記述』 권25, 병자년 십이월.

20) 『承政院日記』 인조 14년 십이월 4일.

21) 『內國史院滿文檔案譯註 : 崇德二 · 三年分』, 26쪽.

22) 『仁祖實錄』 15년 정월 28일 홍명구의 졸기(卒記) 참조.

23) 『承政院日記』 인조 14년 십이월 12일.

24) 趙翼, 『浦渚集』 권25 雜著, 「丙子記事」. 최명길의 기록에 따르면, 의주의 장계는 적의 기병 약 3만여 명이 압록강 북방의 세 곳에 주둔하고 있다는 내용이었다(崔鳴吉, 『遲川集』 권17 雜著, 「移陳都督咨(丁丑)」). 한편, 최명길의 기록에서 의주 장계의 날짜는 십이월 9일인데, 이는 서울 도착 날짜가 아니라 의주에서의 발송 날짜를 적은 것이다.

25) 『承政院日記』 인조 14년 십이월 12일.

26) 이하 각 지역 간의 거리는 『新增東國輿地勝覽』에 근거한 것이다.

27) 『承政院日記』 인조 14년 칠월 1일.

28) 『承政院日記』 인조 14년 십이월 12일.

29) 『承政院日記』 인조 14년 십이월 13일.

30) 『仁祖實錄』 14년 십이월 13일; 崔鳴吉, 『遲川集』 권17 雜著, 「移陳都督咨(丁丑)」; 趙翼, 『浦渚集』 권25 雜著, 「丙丁記事」. 단, 『仁祖實錄』은 적병(賊兵)의 안주 도착을 알린 장계를 도원수 김자점이 올렸다고 잘못 적고 있다. 도원수 김자점은 황주 지역에 있었으므로, 안주에서 보낸 장계의 중간 전달자는 될 수 있을지언정 작성자가 될 수는 없었다. 또 최명길의 기록에서 안주 장계의 날짜는 십이월 11일인데, 이는 의주 장계의 경우와 마찬가지로 장계가 안주를 떠난 날짜이다.

31) 『仁祖實錄』 14년 십이월 13일; 趙翼, 『浦渚集』 권25 雜著, 「丙丁記事」.

32) 崔鳴吉, 『遲川集』 권17 雜著, 「移陳都督咨(丁丑)」.

33) 崔鳴吉, 『遲川集』 권17 雜著, 「移陳都督咨(丁丑)」.

34) 『通文館志』 上, 153쪽.

35) 趙翼, 『浦渚集』 권25 雜著, 「丙丁記事」.

36) 『仁祖實錄』 14년 십이월 14일. 『仁祖實錄』에 따르면, 십이월 14일 청군이 개성을 지났다는 개성유수의 장계가 서울에 도착하자, 종묘사직의 신주와 빈궁을 비롯한 왕실 가족을 서둘러 강화도로 출발시켰다고 한다. 파천 준비로 인해 나중에야 창경궁을 나선 인조가 숭례문에 도착한 시각이 미시(未時)였다는 『承政院日記』의 기록으로부터 추정하건대(『承政院日記』 인조 14년 십이월 14일), 개성유수의 장계가 도착한 시각은 십이월 14일의 오전 시간이었을 것이다.

37) 『仁祖實錄』 14년 십이월 14일; 『承政院日記』 인조 14년 십이월 14일; 李肯翊, 『燃藜室記述』 권25, 병자년 십이월 14일 등.

38) 배우성 2010 참조.

39) 『仁祖實錄』 16년 이월 8일의 삼전도 비문.

40) 『淸入關前與朝鮮往來國書彙編』, 180-185쪽.

41) 『仁祖實錄』 14년 사월 26일.

42) 鈴木開 2017a, 54-56쪽.

43) 鈴木開 2017a, 56-57쪽.

44) 鈴木開 2017a, 57쪽; 『承政院日記』 인조 14년 십이월 4일.

45) 박로 일행의 파견 사실을 통보하러 심양으로 향하던 조선의 역관 일행은 십이월 7일 남진 중이던 홍타이지의 군사와 조우하여 포로가 되었다(『滿文老檔』 Ⅶ, 1482쪽).

46) 예컨대 겨울철 전쟁은 농업 생산에 지장을 초래하지 않는다는 장점이 있었다. "농사지을 시기를 어기지 않는다면 곡식은 이루 다 먹을 수 없다[不違農時, 穀不可勝食也]"는 『맹자(孟子)』의 유명한 구절도 있듯이, 농사철에 전쟁이나 토목공사를 벌이지 않는 것이 선정(善政)의 기본이었다. 병자년의 사월은 양력 1636년 5월에 해당하므로 농사가 한창 바쁜 농번기의 한가운데였다. 특히나 병자호란과 같은 대규모 전쟁은 아무래도 농한기, 즉 가을걷이 이후로 미루는 것이 좋았다. 또한 겨울철은 원정군의 식량을 현지에서 조달하는 데에도 유리했는데, 이 점에 대해서는 제5장에서 좀더 자세히 설명하기로 한다.

47) 『滿文老檔』 Ⅶ, 1450쪽.

48) 『滿文老檔』 Ⅶ, 1306쪽.

49) 『滿文老檔』 Ⅶ, 1335-1336쪽.

50) 『仁祖實錄』 14년 십일월 13일.

51) 『滿文老檔』 Ⅳ, 34쪽.

52) 李肯翊, 『燃藜室記述』 권25, 병자년 십이월 14일.

53) 김문기 2008, 3-4쪽 참조.

54) 『滿文老檔』 Ⅶ, 1492쪽, 1498쪽.

55) 『內國史院滿文檔案譯註 : 崇德二 · 三年分』, 19-20쪽.

56) 『內國史院滿文檔案譯註 : 崇德二 · 三年分』, 20쪽.

57) 『滿文老檔』 Ⅶ, 1477-1478쪽.

58) 『滿文老檔』 Ⅶ, 1482-1483쪽.

59) 『滿文老檔』 Ⅶ, 1479쪽.

60) 마푸타는 인조 14년(병자년) 이월 잉굴다이와 함께 서울에 온 적이 있거니와, 그 전년인

인조 13년만 해도 세 차례나 서울을 방문했고, 인조 12년 십이월 말에도 서울에 입성한 바 있다. 鈴木開 2017a, 45–49쪽 참조.

61) 『內國史院滿文檔案譯註：崇德二·三年分』, 26쪽.

62) 『滿文老檔』 Ⅶ, 1480쪽.

63) 『滿文老檔』 Ⅶ, 1482–1483쪽.

64) 『內國史院滿文檔案譯註：崇德二·三年分』, 26쪽.

65) 崔鳴吉, 『遲川集』 권17 雜著, 「移陳都督咨(丁丑)」.

66) 『通文館志』 上, 153쪽.

67) 『滿文老檔』 Ⅶ, 1482–1483쪽.

68) 趙翼, 『浦渚集』 권25 雜著, 「丙丁記事」.

69) 崔鳴吉, 『遲川集』 권17 雜著, 「移陳都督咨(丁丑)」.

70) 『燃藜室記述』을 보면, 십이월 14일 조정의 신료들이 "오랑캐 군사의 많고 적음은 알 수 없다"고 말하는 장면이 나온다(李肯翊, 『燃藜室記述』 권25, 병자년 십이월 14일).

71) 『承政院日記』 인조 14년 십이월 14일.

72) 예컨대, 병자호란 발발 2년 전인 인조 12년 십이월 사신으로 서울에 온 마푸타의 수행 인원은 113명으로 100명을 훌쩍 뛰어넘었다(『承政院日記』 인조 12년 십이월 28일). 마푸타의 그다음 사행 때에는 수행 인원이 160여 명에 달했다(『承政院日記』 인조 13년 사월 25일). 특히 병자년 이월 서울에 온 잉굴다이와 마푸타 일행은 인원이 200명에 육박했다. 단, 『仁祖實錄』과 『承政院日記』의 숫자가 약간 달라서, 전자는 수행 인원의 총수를 175명, 후자는 196명이라고 했다(『仁祖實錄』 14년 이월 16일; 『承政院日記』 인조 14년 이월 23일).

73) 『仁祖實錄』 14년 십일월 15일; 장정수 2016, 183–184쪽.

74) 崔鳴吉, 『遲川集』 권17 雜著, 「移陳都督咨(丁丑)」.

75) 『仁祖實錄』 15년 정월 28일 홍명구의 졸기.

76) 『仁祖實錄』 15년 정월 15일; 趙慶男, 『續雜錄』 4, 정축년 정월 15일; 남급, 『남한일기』, 70–71쪽.

77) 예컨대, 선천, 곽산, 철산의 세 고을에서 후금군의 포로로 잡혔다가 쇄환된 인민만 해도 무려 3만2,100여 명에 달했고(『承政院日記』 인조 5년 사월 7일), 가산(嘉山) 등지에 서는 그 수가 2만여 명에 이르렀다(『仁祖實錄』 5년 사월 18일). 평양, 강동(江東), 삼등(三登), 순안, 숙천(肅川), 함종(咸從) 등 여섯 고을의 피해는 피로(被擄) 4,986명, 피살(被殺) 290명, 도환(逃還) 623명으로 집계되었다(『仁祖實錄』 5년 오월 16일).

78) 장정수 2017, 91–92쪽.

79) 崔鳴吉, 『遲川集』 권17 雜著, 「移陳都督咨(丁丑)」.

80) 『滿文老檔』 VII, 1490-1491쪽.

81) 나만갑, 『병자록』, 26-27쪽.

82) 李肯翊, 『燃藜室記述』 권25, 병자년 십일월.

83) 『承政院日記』 인조 14년 십이월 20일.

84) 『淸太宗實錄』 숭덕 2년 윤월 27일.

85) 다음 장에서 자세히 살펴보겠지만, 청군의 진군 방식 또한 정묘호란 때와는 판이하게 달랐다. 이로 인해 평안도와 황해도 지역의 조선군은 임기응변적 기동마저 곤란하게 되었고, 부원수 신경원과 도원수 김자점의 근왕 시도 또한 적의 기습 앞에 좌절을 맛보게 되었다.

86) 『滿文老檔』 IV, 49쪽.

87) 『淸入關前與朝鮮往來國書彙編』, 184쪽.

88) 홍타이지는 일찍이 1631년에도 만약 조선이 명을 돕는다면 자신들은 조선을 칠 터인데, 그 경우 조선으로서는 "바다의 섬으로 도망칠 뿐"이니 "평원의 옥토"가 얼마나 남겠느냐고 하면서 비슷한 내용의 힐난을 퍼부은 적이 있다(『淸太宗實錄』 천총 5년 정월 28일).

89) 『淸太宗實錄』 천총 8년 이월 18일.

90) 『承政院日記』 인조 15년 정월 29일.

91) 『仁祖實錄』 16년 이월 8일의 삼전도 비문.

92) 『光海君日記(中草本)』 13년 구월 8일.

93) 『光海君日記(中草本)』 4년 이월 6일.

94) 『光海君日記(中草本)』 11년 구월 29일.

95) 『光海君日記(中草本)』 13년 윤월 11일.

96) 『光海君日記(中草本)』 13년 구월 5일, 구월 8일.

97) 『光海君日記(中草本)』 13년 십이월 5일, 십이월 26일; 14년 정월 24일, 사월 15일 등 참조.

98) 『仁祖實錄』 1년 칠월 8일.

99) 『仁祖實錄』 14년 이월 29일, 윤월 13일.

제3장 포위 : 조선의 근왕병을 격퇴하고 포위망을 완성하다

1) 『滿文老檔』 VII, 1483-1484쪽.

2) 『滿文老檔』 VII, 1484쪽.

3) 『滿文老檔』 Ⅶ, 1486-1490쪽.

4) 『滿文老檔』 Ⅶ, 1490쪽.

5) 『滿文老檔』 Ⅶ, 1486쪽.

6) 『滿文老檔』 Ⅶ, 1490-1499쪽.

7) 『仁祖實錄』 14년 십이월 30일.

8) 나만갑, 『병자록』, 58-59쪽.

9) 『滿文老檔』 Ⅶ, 1492쪽.

10) 『滿文老檔』 Ⅶ, 1495-1498쪽.

11) 『仁祖實錄』 14년 십이월 14일.

12) 병자년 십이월 29일 심기원이 납서로 올린 장계가 남한산성에 들어왔다. 이 장계에서 심기원은 26일에 270명의 병력으로 500~600명의 청군과 싸워 승리를 거두었다고 보고 했다(『仁祖實錄』 14년 십이월 29일; 남급, 『남한일기』, 48-49쪽). 그러나 전후에 발각된 대로 심기원의 승전보는 새빨간 거짓말이었다. 청군은 홍타이지가 올 때까지 서울 도성을 치지 않았다.

13) 『滿文老檔』 Ⅶ, 1499쪽.

14) 『滿文老檔』 Ⅶ, 1502-1503쪽.

15) 『滿文老檔』 Ⅶ, 1499쪽.

16) 『滿文老檔』 Ⅶ, 1484-1485쪽.

17) 『滿文老檔』 Ⅶ, 1499-1500쪽.

18) 병자호란 전후의 우역 문제를 다룬 김동진 2013 참조.

19) 『滿文老檔』 Ⅶ, 1490-1491쪽.

20) 『滿文老檔』 Ⅶ, 1491-1492쪽.

21) 『滿文老檔』 Ⅶ, 1492쪽.

22) 『滿文老檔』 Ⅶ, 1493-1494쪽. 단, 이 보고에서는 실제 14일의 사건은 13일로, 15일의 사건은 14일로 하루씩 앞당겨 쓰고 있다. 왜 틀리게 썼는지는 알 수 없다.

23) 『滿文老檔』 Ⅶ, 1495쪽

24) 『滿文老檔』 Ⅶ, 1483쪽.

25) 『滿文老檔』 Ⅶ, 1495-1498쪽.

26) 『滿文老檔』 Ⅶ, 1498-1499쪽.

27) 『滿文老檔』 Ⅶ, 1498, 1500-1501쪽.

28) 허태구 2010, 59쪽의 표 참조.

29) 『仁祖實錄』 14년 십이월 14일.

30) 『仁祖實錄』 14년 십이월 15일.

31) 『仁祖實錄』 14년 십이월 16~20일. 단, 십이월 17일 장령(掌令) 이후원(李厚源)의 상주 내용을 보건대, 16일에 내린 근왕령은 대외 발송이 유예되었던 것으로 보인다(『承政院日記』 인조 14년 십이월 17일).

32) 『仁祖實錄』 14년 십이월 18일.

33) 유승주 2002; 장정수 2016; 장정수 2017 등 참조.

34) 『仁祖實錄』 15년 정월 28일 홍명구의 졸기. 단, 정축년 정월 3일의 『承政院日記』를 보면, 홍서봉(洪瑞鳳)이 "유림과 신경원의 군사는 도원수가 불렀는데도 오지 않았다"는 도원수 김자점이 보낸 군관의 전언을 인용하며 분개하는 장면이 나온다. 그러나 부원수 신경원이 김자점의 남하 명령을 거부했다는 것은 사실이 아니었음이 분명하다. 신경원의 철옹산성은 십이월 25~26일 무렵까지 청군의 공격을 받고 있었다. 더군다나 그는 청군이 영변을 떠난 직후 곧장 근왕을 위해 출격했다가 그만 청군의 포로가 되었다(후술). 신경원의 명령 거부가 사실이 아니라면 유림의 명령 거부 또한 사실이 아니었을 가능성이 높다. 『仁祖實錄』의 홍명구 졸기에 따르면, 홍명구와 유림은 조정의 근왕 명령을 받은 적이 없다. 나중에 이경석이 홍명구를 위해 쓴 비문을 보아도, 유림은 남한산성으로 함께 가자는 홍명구를 향해 출격은 "도원수의 명령"이 아니라고 반박했다는 말이 나온다(李景奭, 『白軒先生集』 권45, 「精忠碑銘」). 『仁祖實錄』 기사와 궤를 같이하는 내용이다. 그러므로 평안병사와 평안감사는 처음부터 근왕령의 대상에서 제외되었던 것으로 보아야 한다. 아마 청의 대군이 잇따라 남하할 것을 우려했기 때문일 것이다.

35) 『金史』 권2 「太祖本紀」, 25쪽. 이 말은 수없이 많은 문헌에 인용되어 있다.

36) 『三朝北盟會編』 권36, 9b~10a쪽.

37) 『滿文老檔』 Ⅳ, 52~53쪽.

38) 『承政院日記』 인조 14년 십이월 17일.

39) 『承政院日記』 인조 14년 십이월 20일.

40) 朴泰淳, 『東溪集』 권6, 「記兎山戰事」.

41) 『承政院日記』 인조 15년 정월 3일.

42) 『仁祖實錄』 15년 정월 28일.

43) 황주의 방어가 무너졌다는 장계가 서울에 도착한 것은 정축년 정월 25일이었는데(『仁祖實錄』 5년 정월 25일), 후금군 본진이 안주를 떠난 날짜 역시 정월 25일이었다(『滿文老檔』 Ⅳ, 36쪽). 따라서 장계에서 황주에 도달했다고 한 후금군은 본진이 아니라 전도의 상황을 정찰하기 위해 먼저 내려온 선봉대였던 것으로 추정된다.

44) 『滿文老檔』 Ⅶ, 1478쪽.

45) 『滿文老檔』 Ⅶ, 1499-1500쪽.

46) 『內國史院滿文檔案譯註 : 崇德二·三年分』, 13쪽. 건륭 삼수본 『淸太宗實錄』은 이
들이 마치 대포를 갖고 온 것처럼 썼지만(『淸太宗實錄』 숭덕 2년 정월 4일), 이는 사실
이 아니다.

47) 『內國史院滿文檔案譯註 : 崇德二·三年分』, 19-20쪽.

48) 『滿文老檔』 Ⅶ, 1486쪽.

49) 『滿文老檔』 Ⅶ, 1500쪽. 이 기록에 두두가 선천에 도착한 날짜는 명시되어 있지 않다.
그러나 나흘을 머물다가 십이월 22일에 선천에서 출발할 예정이라는 말이 있다. 이로부
터 그의 선천 도착 날짜가 십이월 17일이었음을 알 수 있다.

50) 『滿文老檔』 Ⅶ, 1500쪽; 『內國史院滿文檔案譯註 : 崇德二·三年分』, 19-20쪽.

51) 『承政院日記』 인조 15년 정월 3일.

52) 『承政院日記』 인조 15년 정월 3일.

53) 朴泰淳, 『東溪集』 권6, 「記兎山戰事」.

54) 朴泰淳, 『東溪集』 권6, 「記兎山戰事」.

55) 장정수 2016, 169-170쪽 참조. 단, 장정수가 추정한 동로군의 진군 경로에는 문제가
있다. 이에 대해서는 나중에 동로군의 진군로를 재구성할 때 주석에서 다시 언급하기로
한다.

56) 『內國史院滿文檔案譯註 : 崇德二·三年分』, 16쪽.

57) 『內國史院滿文檔案譯註 : 崇德二·三年分』, 16쪽.

58) 유승주 2002, 407쪽.

59) 『內國史院滿文檔案譯註 : 崇德二·三年分』, 16-17쪽.

60) 朴泰淳, 『東溪集』 권6, 「記寧邊戰敗事」.

61) 朴泰淳, 『東溪集』 권6, 「記寧邊戰敗事」.

62) 유승주 2002, 409쪽.

63) 『承政院日記』 인조 15년 정월 6일.

64) 朴泰淳, 『東溪集』 권6, 「記寧邊戰敗事」.

65) 유승주 2002, 409-410쪽.

66) 『內國史院滿文檔案譯註 : 崇德二·三年分』, 17쪽.

67) 유승주 2002, 410쪽.

68) 유승주 2002, 411쪽.

69) 朴泰淳, 『東溪集』 권6, 「記兎山戰事」.

70) 『內國史院滿文檔案譯註 : 崇德二·三年分』, 17-18쪽; 『淸太宗實錄』 숭덕 2년 정월

10일.

71) 장정수는 도르곤이 이끈 청 동로군이 매우 복잡한 진군로를 거쳐 남한산성에 이른 것으로 추정한 바 있다(장정수 2016, 174쪽의 그림 참조). 장정수의 진군로 추정에서 핵심 근거가 된 사료는 두 가지이다. 하나는 십이월 15일과 십이월 25일에 홍타이지가 "좌익병과 우익병"에게 두 갈래 길로 나누어 약탈하라는 명령을 내렸다는 청 측의 기록이다(『滿文老檔』Ⅶ, 1486쪽, 1495쪽). 장정수는 이 "좌익병"을 곧 도르곤·호오거의 "좌익병"과 동일시하여, 도르곤·호오거가 안주와 개성에서 홍타이지와 만났다고 추정했다(장정수 2016, 170쪽, 172-173쪽). 그러나 십이월 15일과 25일의 "좌익병과 우익병"이란 중군의 병력을 좌우 두 갈래로 나눈 것을 가리킬 뿐이다. 만주인들은 병력을 둘로 나누어 서로 다른 길로 보내는 행위를 이런 식으로 표현하는 것이 일반적이었다. 도르곤과 호오거가 심양을 떠난 뒤로 홍타이지와 처음 만난 것은 그들이 서울에 도착한 정축년 정월 10일이었다. 또 하나는 청군이 안주에 도착한 이후 수천 명의 병력을 파견하여 함경도와 강원도를 공략했다는 조선 측 기록이다(趙慶男, 『續雜錄』4, 정축년 정월 17일; 장정수 2016, 172-173쪽). 그러나 이 기록은 사료 자체의 오류이다. 청 측 기록에는 안주에서 병력을 나누어 함경도 방면으로 파견했다는 이야기가 전혀 보이지 않는다. 병자호란 당시의 청군 가운데 강원도와 함경도 땅에 들어간 부대는 정축년 정월 23일 서울을 떠나 강원도와 함경도를 거쳐 두만강을 건너 철군한 외번몽고 부대뿐이었다(『內國史院滿文檔案譯註 : 崇德二·三年分』, 61쪽; 『淸太宗實錄』 숭덕 2년 오월 30일). 게다가 장정수가 결론적으로 제시한 동로군의 진군로는 동선이 너무 길고 복잡해서 겨우 한 달의 시간에 도저히 주파할 수 없는 것이다.

72) 『淸太宗實錄』 숭덕 2년 정월 10일.

73) 유승주 2002, 411쪽.

74) 『內國史院滿文檔案譯註 : 崇德二·三年分』, 17쪽.

75) 『滿文老檔』Ⅶ, 1485쪽.

76) 『滿文老檔』Ⅶ, 1490쪽, 1492쪽.

77) 유승주 2002, 411-412쪽.

78) 수안군은 서울로부터 420리, 토산현은 서울로부터 230리 거리였다.

79) 『仁祖實錄』 15년 정월 7일.

80) 나만갑, 『병자록』, 58-59쪽.

81) 신계현은 서울로부터 348리, 토산현은 서울로부터 230리 거리였다.

82) 유승주 2002, 411쪽의 주석 52 참조. 유승주는 이 기록에 근거하여 청의 동로군이 압록강을 건넌 직후부터 두 갈래로 병력을 나누었으리라고 추정했다(유승주 2002, 406-407쪽,

410-411쪽). 그러나 청의 기록에서는 그런 사실을 전혀 확인할 수 없다. 청의 기록이 진군로와 같은 중대 사실을 누락했을 가능성은 거의 없으므로, 여기에서는 유승주의 추정을 채택하지 않는다. 성천에서의 병력 회합은 영변을 떠난 이후 길을 나누어 식량 등을 약탈한 뒤 다시 모인 것으로 추정하는 편이 온당할 것 같다.

83) 홍타이지는 십이월 18일 안주를 떠나 십이월 25일 개성에 도착했다(『滿文老檔』 VII, 1490쪽, 1493쪽). 안주는 서울로부터 750리, 개성은 166리 거리였다.

84) 『仁祖實錄』 15년 정월 28일; 李景奭, 『白軒先生集』 권45, 「精忠碑銘」.

85) 『仁祖實錄』 15년 정월 15일; 趙慶男, 『續雜錄』 4, 정축년 정월 15일; 남급, 『남한일기』, 70-71쪽.

86) 『仁祖實錄』 15년 정월 28일; 李景奭, 『白軒先生集』 권45, 「精忠碑銘」

87) 朴泰淳, 『東溪集』 권6, 「記金化戰事」.

88) 南九萬, 『藥泉集』 권17, 「統制使柳公神道碑銘」.

89) 『仁祖實錄』 15년 정월 6일.

90) 유승주 2002, 426쪽. 유승주는 신계 방면으로 남하했다는 기록을 채택했다.

91) 『內國史院滿文檔案譯註 : 崇德二·三年分』, 61쪽.

92) 『淸太宗實錄』 숭덕 2년 오월 30일.

93) 『仁祖實錄』 15년 정월 28일; 李景奭, 『白軒先生集』 권45, 「精忠碑銘」; 朴泰淳, 『東溪集』 권6, 「記金化戰事」; 南九萬, 『藥泉集』 권17, 「統制使柳公神道碑銘」; 朴泰輔, 『定齋集』 권4, 「記金化栢田之戰」. 김화 전투에 대한 자세한 묘사는 유승주 2002, 424-433쪽 참조.

94) 유승주 2002; 장정수 2016; 장정수 2017 등.

95) 『仁祖實錄』 14년 십일월 13일.

96) 『仁祖實錄』 14년 십이월 16~20일.

97) 『貞武公崔先生實記』 권4, 「丙子日記」.

98) 『貞武公崔先生實記』 권4, 「丙子日記」; 趙翼, 『浦渚集』 권25 雜著, 「丙丁記事」.

99) 『仁祖實錄』 14년 십이월 21일.

100) 바로 이 무렵 남한산성을 포위하고 있던 청군도 조선군이 근왕을 위해 움직이기 시작했다는 정보를 입수했다. 당시 남한산성을 포위한 청군 진영의 최고위 지휘관이었던 예친왕(豫親王) 도도는 곧장 근왕병의 남한산성 접근을 막기 위한 조치를 취하기 시작했다(『滿文老檔』 VII, 1494쪽). 도도는 십이월 21일에 자신들의 군영으로 투항해온 "와르카(Warka)", 즉 조선에서는 '향화호인(向化胡人)'이라고 불리던 귀화 여진인들로부터 남쪽에서 조직되고 있던 근왕 활동에 관한 정보를 입수했다. 이 귀화 여진인들

과 그들이 전한 정보에 대해서는 이 책의 부록에서 자세히 논의할 예정이다.

101) 『貞武公崔先生實記』권4, 「丙子日記」; 『仁祖實錄』14년 십이월 24일, 십이월 25일, 십이월 27일; 『滿文老檔』Ⅶ, 1501쪽; 유승주 2002, 414-416쪽; 장정수 2016, 191쪽 등. 이의배는 나중에 쌍령(雙嶺)에 진을 친 경상도 군사와 합류했다가 쌍령 전투에서 전사한 것으로 추정된다.

102) 『仁祖實錄』14년 십이월 26일. 강원도 군사가 지척거리에 도착한 사실에 고무된 남한산성에서는 십이월 27일 권정길 등에 대한 포상이 논의되었다(『承政院日記』인조 14년 십이월 27일).

103) 『仁祖實錄』14년 십이월 26일; 朴泰淳, 『東溪集』권6, 「記黔丹戰事」.

104) 趙慶男, 『續雜錄』4, 정축년 정월 3일.

105) 『承政院日記』인조 15년 정월 3일.

106) 남급, 『남한일기』, 43쪽, 49쪽, 52쪽.

107) 『滿文老檔』Ⅶ, 1501쪽.

108) 유승주 2002, 416-417쪽.

109) 『滿文老檔』Ⅶ, 1494쪽.

110) 설러와 아르진이 격파했다는 500여 명의 조선군은 경기도 남부 남양(南陽)에서 조직된 근왕병으로 추정된다. 이 문제에 대한 자세한 고찰은 이 책의 부록 참조.

111) 『承政院日記』인조 15년 이월 20일.

112) 『滿文老檔』Ⅶ, 1501쪽.

113) 유승주 2002, 417쪽.

114) 『仁祖實錄』14년 십이월 21일.

115) 『仁祖實錄』15년 정월 6일; 『承政院日記』인조 15년 정월 6일. 『承政院日記』에 따르면 이 장계의 발송 날짜는 정월 3일이었다.

116) 유승주 2002, 417-418쪽.

117) 장정수 2016, 192쪽.

118) 『承政院日記』인조 15년 구월 9일 참조. 단, 남급은 경상군의 쌍령 도착 날짜를 병자년 십이월 30일로 적고 있다(남급, 『남한일기』, 164쪽).

119) 『內國史院滿文檔案譯註 : 崇德二 · 三年分』, 1쪽; 『淸太宗實錄』숭덕 2년 정월 2일. 단, 청 측의 기록에서는 요토의 공격 대상을 전라도 군사로 적고 있는데, 이는 분명한 오류이다.

120) 『內國史院滿文檔案譯註 : 崇德二 · 三年分』, 28쪽; 『淸太宗實錄』숭덕 2년 정월 16일; 유승주 2002, 419-421쪽 등.

121) 남급, 『남한일기』, 166-167쪽.

122) 李肯翊, 『燃藜室記述』 권26, 「여러 장수의 사적」.

123) 장정수 2017, 87쪽 참조.

124) 『朝鮮時代史草Ⅰ』 史草上(鄭泰齊), 인조 16년 이월 7일.

125) 『承政院日記』 인조 15년 이월 22일.

126) 『承政院日記』 인조 15년 이월 22일.

127) 許穆, 『記言』 別集 권17 丘墓文, 「贈左贊成金公神道碑銘」.

128) 『承政院日記』 인조 15년 정월 5일.

129) 『承政院日記』 인조 15년 정월 7일.

130) 유승주 2002, 422쪽.

131) Hummel 1943, 898-899쪽.

132) 『內國史院滿文檔案譯註 : 崇德二 · 三年分』, 13-14쪽.

133) 유승주 2002, 421-423쪽.

134) 『承政院日記』 인조 15년 이월 22일; 趙慶男, 『續雜錄』 4, 정축년 정월 6일 등.

135) 趙慶男, 『續雜錄』 4, 정축년 정월 6일.

136) 『內國史院滿文檔案譯註 : 崇德二 · 三年分』, 14-15쪽.

137) 유승주 2002, 421-423쪽.

138) 『淸太宗實錄』 숭덕 2년 정월 7일과 8일. 청 측의 기록은 도도와 양구리의 교전 상대였
    던 조선군을 전라도와 충청도 군사로 적고 있는데, 이는 물론 오류이다.

139) 『內國史院滿文檔案譯註 : 崇德二 · 三年分』, 13-15쪽.

140) 『內國史院滿文檔案譯註 : 崇德二 · 三年分』, 14쪽과 15쪽의 순치 초찬본 기사 참조.

141) 崔鳴吉, 『遲川集』 권15 啓辭, 「備局啓辭[第四](丁丑)」 참조.

142) 『承政院日記』 인조 15년 삼월 16일.

143) 안타깝게도 김준룡의 군사는 광교산에서 철수한 직후 군율이 무너지면서 그만 폭도로
    전변(轉變)했다. 『承政院日記』 인조 15년 이월 22일, 삼월 20일; 『仁祖實錄』 15년
    삼월 20일, 삼월 26일; 崔鳴吉, 『遲川集』 권15 啓辭, 「備局啓辭[第四](丁丑)」 등
    참조.

144) 『仁祖實錄』 15년 정월 5일, 정월 6일; 『承政院日記』 인조 15년 정월 5일, 정월 6일
    참조. 단, 함경도 군사의 진군 일정과 관련해서는 사료의 기록에 혼란이 존재한다. 예컨
    대 『仁祖實錄』과 『承政院日記』의 정축년 정월 6일 기록에 따르면, 김화에 이른 함경
    감사 민성휘가 장차 남병사 서우신과 함께 밤낮 없이 달려 남한산성으로 갈 것이라는
    장계를 띄운 날짜는 병자년 십이월 20일이었다고 한다. 그러나 나만갑은 민성휘가 김화

에서 장계를 띄운 날짜를 정축년 정월 2일로 적고 있다(나만갑, 『병자록』, 58쪽). 한편, 나만갑은 정월 5일 남한산성에 서우신의 장계가 들어왔는데, 함경도 군사가 이미 광릉에 도착하여 심기원과 합류했음을 보고한 것이었다고 적었다(나만갑, 『병자록』, 57쪽). 하지만 『承政院日記』의 정월 5일 기록에 따르면, 이날 남한산성에 들어온 서우신의 장계는 함경도 문천(文川)에서 발송한 것이었다. 앞으로 사료 기록의 혼란을 정리하기 위한 추가적인 연구가 필요해 보인다.

145) 『仁祖實錄』 15년 정월 15일; 趙慶男, 『續雜錄』 4, 정축년 정월 15일; 남급, 『남한일기』, 70-71쪽.

146) 『仁祖實錄』 15년 정월 15일. 단, 미원의 조선군 병력에 대해서는 "1만7,000명"(李肯翊, 『燃藜室記述』 권25, 정축년 정월 15일; 남급, 『남한일기』, 71쪽), "1만8,000명" (趙慶男, 『續雜錄』 4, 정축년 정월 15일) 등 기록에 따라 숫자가 다르다. 한편, 함경도 북병사(北兵使) 이항(李沆)은 전쟁 기간 내내 함경도에 머물렀거나, 혹은 출병했더라도 진군이 늦어져 결국 전쟁이 끝나기 전까지 미원의 조선군과 합류하지 못했던 것으로 보인다.

147) 유승주 2002, 424-425쪽.

148) 남급, 『남한일기』, 62쪽; 李肯翊, 『燃藜室記述』 권25, 정축년 정월 9일.

149) 『仁祖實錄』 15년 정월 15일.

150) 『仁祖實錄』 14년 십이월 30일, 15년 정월 4일.

151) 『淸太宗實錄』 숭덕 2년 칠월 26일.

152) 『淸入關前與朝鮮往來國書彙編』, 248-249쪽.

제4장 조류 : 염하수로의 조류가 청군의 강화도 상륙을 돕다

1) 『仁祖實錄』 15년 정월 26일; 『承政院日記』 인조 15년 정월 26일; 남급, 『남한일기』, 98-99쪽.

2) 이민웅 1995b, 4-10쪽.

3) 정묘호란 당시 인조는 정묘년 정월 29일(1627년 3월 16일) 강화도로 입도(入島)하여 두 달 넘게 머물다가 사월 10일(5월 24일)에 출도(出島)했다. 『仁祖實錄』 5년 정월 29일, 사월 10일; 『承政院日記』 인조 5년 정월 29일, 사월 10일.

4) 조선의 문헌 사료에는 강화도를 "금성탕지"나 "천참지험", 혹은 비슷한 의미의 어구로 부른 사례가 빈출한다. 예컨대, 『光海君日記(正草本)』 10년 유월 21일; 『仁祖實錄』 16년 사월 8일 참조.

5) 통설의 이해를 가장 잘 정리했다고 할 수 있는 강화도 함락 과정의 서사로는 한명기 2009, 412-419쪽; 한명기 2013, 2권의 184-207쪽 참조.

6) 허태구 2011, 99-128쪽.

7) 신해진 2012, 174쪽의 「기강도사」 한문 원문을 우리말로 옮긴 것이다. 나만갑의 『병자록』 은 사본에 따라 글자에 출입이 있는데, 신해진(申海鎭) 편역서의 「기강도사」는 『소대수 언(昭代粹言)』 권9 수록의 선본을 저본으로 한 것이다. 한편, 같은 책, 162-163쪽에 신해진의 국역이 있으나 그대로 전재하지는 않았다. 이하 제4장에서 인용하는 사료 원문 의 번역은 오역의 답습을 피하기 위하여 기존 국역을 그대로 전재하지 않았음을 밝혀둔다.

8) 『仁祖實錄』 15년 정월 22일 참조.

9) 『仁祖實錄』 15년 정월 22일 참조.

10) 「기강도사」의 말미에서도 강진흔은 억울한 죽음을 앞에 두고도 의연함을 잃지 않는 영 웅의 모습으로 그려지고 있다. 강진흔에 대한 나만갑의 서사는 이미 조선 후기부터 여러 사찬 문헌에 전재되었고, 그에 따라 오늘날에도 널리 유포되어 있다. 그러나 나만갑의 서사는 사실과 거리가 멀어 보인다. 이토록 우호적인 서사가 나만갑과 강진흔 간의 개인 적인 특수 관계에서 비롯된 것인지는 사료상 알 수 없다. 그런데 나만갑은 종전 직후 노모를 모시고 충청도 서산(瑞山)으로 갔다가 거기서 노모의 장례를 치렀는데, 얼마 뒤 청군이 재침(再侵)한다는 헛소문을 듣고 피난을 위해 충청 수영(水營)의 배를 빌렸 다. 그러나 이 일로 인해 그만 사달이 나서 관선(官船)을 불법 매입한 죄로 경상도 영해 (寧海)로 유배되었다(金尙憲, 『淸陰集』 권28, 「刑曹參議羅公萬甲神道碑銘」; 『仁祖 實錄』 15년 십이월 4일). 이러한 행적으로부터 추측하건대, 나만갑은 전후 충청 수군 내부에 돌고 있던 '버전(version)'의 서사를 무비판적으로 채록한 것 같다.

11) 『남한일기』에서 남급은 일기체 기록을 끝낸 뒤에 강화도에서 벌어진 일에 대한 기록을 부록처럼 실었다(남급, 『남한일기』, 169-181쪽). 그 내용은 나만갑의 「기강도사」와 별 차이가 없는, 말하자면 같은 '버전'의 사후 전문이다. 그러나 남급의 『남한일기』에는 「강 도록」이라는 제목이 달린 전혀 다른 '버전'의 기록도 실려 있는데(남급, 『남한일 기』, 201-231쪽), 여기에서 주목하고자 하는 것은 바로 이 「강도록」이다. 단, 「강도록」을 남급의 저술로 보는 데에는 이견이 있을 수 있지만, 일단 신해진의 주장(남급, 『남한일 기』, 284-287쪽)을 좇아 남급의 저술로 간주한다. 어차피 사후 전문을 채록한 것이므로 남급의 실제 저술 여부는 이 글의 맥락에서 중요하지 않다.

12) 남급, 『남한일기』, 224-226쪽의 한문 원문을 우리말로 옮긴 것이다. 같은 책, 207-210 쪽에 신해진의 국역이 있으나 그대로 전재하지는 않았다. 신해진은 "張紳……領舟師自 廣城乘曉潮上來"를 "장신은……수군을 이끌고 광성에서 새벽을 틈타 조수 따라왔는데"

로 번역했다. 원문을 "張紳……領舟師, 自廣城乘曉, 潮上來"로 읽었기 때문인데, "張紳……領舟師, 自廣城, 乘曉潮上來"로 끊어 읽어야 한다. 이 글의 맥락에서 중요한 오역이기에 특별히 언급해둔다.

13) 역시 사후 전문이기는 하지만, 『大東野乘』에 수록된 작자 미상의 「逸史記聞」도 정축년 정월 22일 조에서 함대의 맨 앞에 있던 병선(兵船)이 대포에 맞자 강진흔이 그만 겁을 먹고 감히 싸우려 들지 못했다고 말한다.

14) 『仁祖實錄』15년 정월 22일 조의 한문 원문을 우리말로 옮긴 것이다. 국사편찬위원회가 웹 서비스로 제공하는 국역과는 차이가 있다.

15) 『承政院日記』인조 15년 이월 17일; 이월 21일.

16) 남급, 『남한일기』, 98쪽.

17) 趙慶男, 『續雜錄』4, 정축년 정월 22일.

18) 신해진 2012, 163쪽(국역).

19) 趙翼, 『浦渚集』권25 雜著, 「丙丁記事」.

20) 李敏求, 『東州先生文集』권1 書, 「答鄭判書書(世規)」.

21) 李敏求, 『東州先生文集』권1 書, 「答鄭判書書(世規)」.

22) 『內國史院滿文檔案譯註 : 崇德二 · 三年分』, 60쪽.

23) 『承政院日記』인조 15년 이월 16일.

24) 단, 당시 장신은 강화도 일대의 수군을 총괄 지휘하고 있었으므로, 인조가 말한 "70여 척"이 광성진에 있던 함대뿐만 아니라 신경진 · 강진흔 휘하의 전선까지 모두 산입한 숫자였을 가능성도 없지 않다.

25) 여기서 강진흔 휘하의 7척과 장신 휘하의 27척에 얼마나 많은 병력이 타고 있었느냐는 질문도 던져볼 만하다. 이 질문에 대한 고찰은 구범진 2017a, 322-324쪽 참조. 그러나 해상에서는 전선의 숫자가 중요하므로, 수군 군병의 총수는 단지 참고 자료 정도의 가치가 있을 따름이다.

26) 『承政院日記』인조 15년 정월 29일.

27) 그런데 인조 7년(1629)에 집계된 강화도의 속오군은 "2,681명"이었다(『仁祖實錄』7년 구월 2일 참조). "1,600명"은 이보다 1,000명 이상 적은 숫자이다. 일단 전쟁 전 편성되어 있던 속오군 가운데 적지 않은 수가 전쟁이 발발하자 소집에 응하지 않고 도망을 친 것이 아닐까 추정해볼 수 있다. 이와 관련하여 남급의 『남한일기』에 실린 「강도록」을 보면, "비국(備局)[강화도의 分備局을 지칭]이 흩어져 도망친 군졸을 독촉하여 징발하는 일로 이민구에게 명을 내려 바닷길로 (섬을) 나가 (연해의) 각 읍을 순방하여 (군졸 징발을) 명하게 했으나, 김경징이 다시 허락하지 않았다"는 이야기가 보인다(남급, 『남

한일기』, 223쪽(한문 원문); 같은 책, 206쪽에 신해진의 국역이 있으나 여기서는 그 번역을 채택하지 않았다). 전쟁 기간 남급은 남한산성에 있었으므로, 「강도록」은 진위가 불확실한 내용도 포함되기 마련인 사후 전문이다. 그러나 이 이야기의 경우는 그 신빙성을 의심할 이유가 딱히 없다. 당시의 급박하고 혼란스러운 상황에서라면 일부 속오군이 "흩어져 도망친" 일은 오히려 자연스러운 현상으로 볼 수 있기 때문이다. 한편, 만약 속오군의 도망이 거의 없었다고 한다면, "2,681명"에서 "1,600명"을 뺀 나머지 1,000명 남짓은 수군으로 볼 수도 있다. 이 경우 약 1,000명이라는 숫자는 전선 34척의 최대 승선 군병 "1,122명" 또는 "1,360명"(구범진 2017a, 324쪽)과 큰 차이가 나지 않는다. 그러나 약 1,000명은 앞서 언급한 "70여 척이나 되는 많은 주사"의 군병 총수가 되기에는 아무래도 너무 적어 보인다. 이밖에도 "1,600명"이라는 숫자는 보기에 따라 해석상 경우의 수가 여럿 나올 수 있다. 모든 경우의 수를 일일이 따지다 보면 논의가 더 복잡해지겠지만, 이 글의 맥락에서는 어떤 경우이든 간에 강화도 내 육군 병력의 최대치가 "1,600명"이 된다는 점만 기억해도 충분할 것 같다.

28) 『仁祖實錄』 15년 윤사월 13일. 윤방 등이 박종부 등을 육지로 파견한 것은, 남한산성의 인조로부터 팔도의 감사 및 병사에게 구원병 파견을 재촉하라는 명령을 받았기 때문일 것이다. 『承政院日記』 인조 14년 십이월 20일 참조.

29) 『承政院日記』 인조 15년 정월 26일.

30) 『承政院日記』 인조 15년 정월 4일. 『仁祖實錄』 14년 십이월 30일 기록에 강화도로부터 남한산성에 도착한 장계와 서신이 언급되어 있다는 사실로부터, 강화도의 보고가 병자년 십이월 30일 남한산성에 들어왔음을 추정할 수 있다. 구범진 2017a, 326쪽에서는 남한산성에 고립되어 있던 인조가 강화도의 병력 상황을 정축년 정월 26일의 장계를 통해 파악했을 가능성도 배제하지 않지만, 『仁祖實錄』 14년 정월 30일, 『承政院日記』 인조 15년 정월 4일과 26일 등의 기록을 보건대 인조는 아마도 병자년 십이월 30일 남한산성으로 들어온 강화도의 장계를 통해 600명의 출송 사실을 인지했던 것으로 추정된다.

31) 신해진 2012, 162쪽(국역).

32) 趙翼, 『浦渚集』 권25 雜著, 「丙丁記事」.

33) 남급, 『남한일기』, 208쪽(국역).

34) 李敏求, 『東州先生文集』 권1 書, 「答鄭判書書(世規)」.

35) 李敏求, 『東州先生文集』 권1 書, 「答鄭判書書(世規)」.

36) 남급, 『남한일기』, 224쪽(한문 원문).

37) 신해진 2012, 174쪽(한문 원문).

38) 李敏求, 『東州先生文集』 권1 書, 「答鄭判書書(世規)」.

39) 李敏求, 『東州先生文集』 권1 書, 「答鄭判書書(世規)」.

40) 李敏求, 『東州先生文集』 권1 書, 「答鄭判書書(世規)」.

41) 『內國史院滿文檔案譯註 : 崇德二·三年分』, 61쪽.

42) 광성에 있던 육군 병력 1,000명 가운데 갑곶으로 올라온 숫자가 겨우 "113명"에 그쳤다
는 사실은 어떻게 이해해야 할까? 그 경우의 수는 세 가지 정도를 상정해볼 수 있다.
첫째, 청군의 상륙을 해상에서 저지한다는 전략 때문에 대부분의 육군 병력까지 전선에
승선시켰을 수 있다. 이 경우 전선의 군병은 승선 정원을 초과했을 수도 있고, 혹은 육군
으로 수군의 정원 미달을 보충했을 수도 있다. 둘째, 광성 일대 해안과 광성에 잔류한
군선을 지키기 위하여 900명 가까운 병력을 남겨두었을 수 있다. 셋째, 인조와 구굉의
대화에 등장하는 "1,600명" 자체가 수군까지 포함한 숫자였을 수 있다. 이 경우 1,000명
에서 "113명"을 제외한 나머지 약 900명은 수군 군병으로 모두 27척의 전선에 올라 북상
했다고 볼 수 있다.

43) 참고로, 정묘호란 때에는 1만 명 이상의 수륙 군병이 강화도를 지켰다. 허태구 2011,
107쪽 참조.

44) 『仁祖實錄』 5년 정월 29일, 사월 10일;『承政院日記』 인조 5년 정월 29일, 사월 10일.

45) 허태구 2011, 110쪽.

46) 허태구 2011, 111쪽 참조.

47) 趙翼, 『浦渚集』 권25 雜著, 「丙丁記事」.

48) 李敏求, 『東州先生文集』 권1 書, 「答鄭判書書(世規)」.

49) 李敏求, 『東州先生文集』 권1 書, 「答鄭判書書(世規)」;『仁祖實錄』 15년 윤사월
13일. 단, 두 기록은 빈궁의 강화도 도착 날짜를 각각 16일과 17일로 적어 하루의 차이를
보이고 있다.

50) 『肅宗實錄』 35년 이월 8일. 단, 공교롭게도 청군이 강화도 작전을 감행한 정축년 정월
22일경에 이르면 갑곶 앞 해상의 성엣장은 녹아버렸을 것으로 추정된다. 남급의 일기
기록에 따르면, 정월 16일의 추운 날씨("風雪甚寒")를 끝으로 정월 17일부터 정월 22일
까지는 큰 추위가 없었다. 20일("大雪深一尺, 午後晴")에는 큰눈이 내렸지만 강추위는
오지 않은 듯하고, 다른 날은 "日氣稍和"(17일, 18일, 22일), "日和"(19일), "日氣暫
和"(21일) 등으로 날씨가 비교적 따뜻했다. 남급, 『남한일기』, 72-85쪽 참조.

51) 『內國史院滿文檔案譯註 : 崇德二·三年分』, 60-61쪽.

52) 『內國史院滿文檔案譯註 : 崇德二·三年分』, 101쪽.

53) 서신의 전문(全文)은 『內國史院滿文檔案譯註 : 崇德二·三年分』, 100-111쪽 참조.

한편 『清太宗實錄』 숭덕 2년 이월 5일 조에도 이 서신이 실려 있는데, 이는 물론 만문의 한역이다. 이 서신은 만문 기록이 한역 이전의 원시 사료이므로 만문 기록을 직접 분석하는 것이 바람직하다.

54) 『清太宗實錄』 숭덕 2년 칠월 17일.

55) 『清太宗實錄』 숭덕 2년 칠월 17일.

56) 『欽定八旗通志』 권136 人物志16 「阿哈尼堪」, 2272-2273쪽.

57) 『內國史院滿文檔案譯註 : 崇德二 · 三年分』, 94쪽.

58) 『清太宗實錄』 숭덕 2년 칠월 17일; 『八旗通志(初集)』 권218 勳臣傳18 「張成德傳」, 4992쪽. 병자호란 당시에는 우전 초하가 아직 팔기에 편입되지 않았으므로, 장성덕이 팔기 중에서 어느 구사 소속이었는지는 따질 필요가 없다. 나중에 '팔기한군'이 조직된 이후 그는 정황기 한군에 속했다.

59) 간혹 조선 측 문헌에서 강화도 함락과 관련하여 공유덕 등의 이름을 거론하는 기록이 보이는데, 이는 그들의 과거 경력을 의식한 잘못된 추측에 불과하다. 단, 공유덕 등은 병자호란이 끝난 뒤 강화도에 발을 디뎠을 가능성이 있다. 그들은 가도를 치라는 홍타이지의 명령에 따라 한강에서 배를 타고 바닷길로 북상했는데(崔鳴吉, 『遲川集』 권17 雜著, 「移陳都督咨(丁丑)」), 도중 강화도에 들렀을 수 있기 때문이다.

60) 단, "나루마다 10명씩"의 차출이 팔기만주에 국한되었을 가능성도 완전히 배제할 수는 없다. 병자호란 무렵 팔기만주의 나루 총수는 약 240개 정도였으므로, 이 경우 강화도 작전 투입 병력은 약 2,400명으로 줄어든다.

61) 『清太宗實錄』 숭덕 2년 칠월 17일.

62) 『清太宗實錄』 숭덕 2년 칠월 26일. 청의 기록에 따르면, 홍타이지는 정축년 정월 24일 인조에게 보낸 국서에서도 강화도 작전에 "80척"의 배를 투입했다고 말했다(『內國史院滿文檔案譯註 : 崇德二 · 三年分』, 62-66쪽; 『清太宗實錄』 숭덕 2년 정월 24일). 그러나 이 국서는 훗날에 위조된 것이 분명하다(이 책의 제5장 참조).

63) 남급, 『남한일기』, 115쪽.

64) 남급, 『남한일기』, 210쪽(국역).

65) 趙翼, 『浦渚集』 권25 雜著, 「丙丁記事」.

66) 『承政院日記』 인조 15년 이월 8일. 참고로, 이 44척의 배는 청군이 강화도를 떠난 뒤 조선군에 의해 모두 불살라진 뒤였다. 이에 조선 조정에서는 비슷한 크기의 배를 끌어모아서라도 44척이라는 숫자를 채우는 방안을 모색하고 있었다. 한편, 홍타이지도 정축년 이월 16일 강화도에서 썼던 선박들을 가도 작전에 투입하라는 지시를 내린 바 있다(『內國史院滿文檔案譯註 : 崇德二 · 三年分』, 121-122쪽).

67) 趙翼, 『浦渚集』 권25 雜著, 「丙丁記事」.

68) 『仁祖實錄』 15년 이월 21일.

69) 『淸太宗實錄』 숭덕 2년 칠월 17일. 단, 설러와 쇼잔은 단지 먼저 상륙했다는 것만으로 포상을 받지는 않았을 것이다. 소수의 보병이었음에도 상륙 직후 갑곶 해안에서 황선신의 부대를 격파함으로써 다른 배들이 편안히 도해할 수 있는 여건을 마련했기 때문일 것이다.

70) 『仁祖實錄』 15년 시월 28일; 李敏求, 『東州先生文集』 권1 書, 「答鄭判書書(世規)」 등 참조.

71) 黃一農 2004, 94쪽, 98쪽.

72) 허태구 2011, 111쪽.

73) 『仁祖實錄』 15년 정월 22일.

74) 黃一農 2004, 94쪽; 허태구 2011, 111-112쪽.

75) 구범진 2017a, 342-346쪽의 고찰 참조.

76) 『淸太宗實錄』 숭덕 2년 칠월 17일.

77) 예컨대, 병자년 십이월 25일 개성까지 남하한 홍타이지가 남한산성에 있던 도도로부터 받은 상주문을 보면, 십이월 21일 예친왕 도도가 아르진(Arjin)과 설러(Sele)에게 맡긴 병력의 차출 내역은 각각 160~165명, 320~330명에 해당하는 소수였으며, 십이월 23일 강화도로 가는 나루를 살피러 가는 콩코(Kongko)에게 맡긴 병력은 "50명"에 불과했다 (『滿文老檔』 Ⅶ, 1493-1494쪽).

78) 예컨대 강화도로부터 홍타이지에게 작전 상황 보고를 전달하러 간 전령의 경우를 보면, 정축년 정월 22일 최초 보고의 4명, 정월 23일 두 번째 보고의 4명과 세 번째 보고의 2명을 이름까지 기록하고 있다(『內國史院滿文檔案譯註:崇德二·三年分』, 60쪽, 62쪽).

79) 우전 초하는 홍이포 외에 개인 화기, 즉 조총을 전문 영역으로 맡았는데, 조선 측 기록을 보아도 강화도에 상륙한 청군 병사가 개인 화기를 보유한 흔적은 전혀 발견되지 않는다.

80) 『淸太宗實錄』 숭덕 2년 칠월 26일.

81) 다만 청군의 홍이포가 상상을 초월하는 압도적인 크기와 사거리, 특히 천지를 진동하는 포성으로 조선인들의 사기를 꺾고 전의를 상실하게 하는, 아마도 기대 이상의, 심리적 효과를 거둔 것까지 부인할 필요는 없다. 따라서 『인조실록』이나 (B)의 도르곤 보고에 부각되고 있는 홍이포의 위력도 전면 부정할 필요까지는 없다. 특히 『인조실록』의 서술은 남한산성에서 경험한 홍이포의 가공할 물리적 위력에 대한 기억이 겹쳐진 결과일 수 있다.

82) 黃一農 2004, 94쪽, 96쪽.

83) 『仁祖實錄』 15년 정월 22일.

84) 『仁祖實錄』 15년 정월 26일 참조.

85) 李敏求, 『東州先生文集』 권1 書, 「答鄭判書書(世規)」.

86) 趙翼, 『浦渚集』 권25 雜著, 「丙丁記事」.

87) 『仁祖實錄』 15년 이월 21일.

88) 『仁祖實錄』 15년 이월 21일.

89) 『承政院日記』 인조 15년 십일월 2일.

90) 『肅宗實錄』 10년 삼월 13일.

91) 『承政院日記』 인조 15년 이월 16일.

92) 『承政院日記』 인조 15년 유월 1일, 유월 4일; 『仁祖實錄』 15년 유월 4일.

93) 『仁祖實錄』 15년 삼월 6일; 15년 구월 21일.

94) 『承政院日記』 인조 15년 칠월 14일.

95) 『仁祖實錄』 15년 십이월 5일.

96) 『淸太宗實錄』 숭덕 2년 칠월 17일.

97) 허태구 2011, 111쪽.

98) 청군이 멀리 떨어져 있던 강진흔의 함대를 대포로 조준할 만한 시야를 확보하고 있었겠
   느냐는 의문이 들지도 모르겠으나, 당일 청군이 문수산을 점거하고 있었다는 사실을 상
   기하기 바란다. "그 위에 올라가면 강화도의 형세는 훤히 보지 못할 곳이 없다"(『肅宗實
   錄』 38년 십일월 5일)는 말은 숙종 대에 이르러 산성이 축조된 문수산의 군사적 가치를
   잘 요약하고 있다.

99) 李敏求, 『東州先生文集』 권1 書, 「答鄭判書書(世規)」. 원문의 "日過午"를 "해가 정
   오를 지났을 때"로 번역한 이유는 후술 내용 참조.

100) 『仁祖實錄』 15년 정월 22일.

101) 『金議政江都丁丑錄』, 3a쪽, 13a-13b쪽, 19b쪽.

102) 『仁祖實錄』 15년 시월 28일.

103) 『金議政江都丁丑錄』, 20a-20b쪽.

104) 趙翼, 『浦渚集』 권25 雜著, 「丙丁記事」.

105) 申海鎭 편역, 앞의 책, 162면(국역).

106) 사실 봉림대군이 민간인을 급히 끌어모은 오합지졸을 이끌고 청군과 정면 대결을 벌이
    는 위험한 도박을 감행했을 가능성은 극히 희박하다. 더구나 봉림대군이 "용사를 모집"
    한 것은 갑곶 해안에 상륙하는 청군과 싸울 추가 병력을 확보하기 위한 것이었기 때문
    에, 청군이 이미 갑곶을 점령하고 강화부성 남문에 도착한 이상 성 밖으로 나가 무모한

싸움을 벌일 이유도 없었다.

107) 『內國史院滿文檔案譯註 : 崇德二·三年分』, 60-61쪽. 한문 『淸太宗實錄』에는 "(배 위에) 서서 상앗대질을 하며"라는 구절이 없다. 이는 만문 당안에 도말(塗抹) 처리되어 실록으로 옮겨지지 않았기 때문이다.

108) 전쟁이 끝난 직후인 정축년 이월 5일 심양으로 보낸 만주어 서신에서 홍타이지는 청군 의 도해 전후의 상황을 소개한 바 있다(『內國史院滿文檔案譯註 : 崇德二·三年分』, 101쪽 참조). 이 서신에도 ⓐ~ⓔ의 다섯 가지 요소가 모두 등장하나, 그 순서를 달리한 탓에 도르곤의 보고와 다르게 해석될 여지가 있다. 그러나 이 서신의 내용은 시간적으 로 도르곤의 보고에 뒤질 뿐만 아니라 조선 측의 기록과의 부합 정도도 떨어진다. 그래 서 이 글에서는 청 측의 목격담을 도르곤의 최초 전황 보고를 중심으로 분석하기로 한다.

109) 그런데 전쟁이 끝난 뒤의 논공행상 관련 기록에 청군의 배가 도해 과정에서 "조선의 전함과 충돌[衝過朝鮮戰艦]"했다는 언급이 보인다. 강화도에 가장 먼저 상륙한 용맹 함을 인정받아 포상을 받은 설러와 쇼잔이 모두 도해 과정에서 "조선의 전함과 충돌"했 다는 것이다(『淸太宗實錄』 숭덕 2년 칠월 17일). 그러나 "조선의 전함과 충돌" 운운 은 앞장서서 도해를 감행한 두 사람의 용맹을 강조하기 위한 상투적 수식어구 이상의 의미를 부여하기 어렵다. 이에 대한 자세한 분석은 구범진 2017b, 240-241쪽 참조.

110) 강화부성으로 진격하는 도중에 무장도 하지 않은 일반 백성을 일방적으로 도륙하고서 는 그것을 전투 성과로 포장했을 가능성도 있다. 그러나 『大東野乘』 수록 「逸史記聞」 정축년 정월 22일 조의, "강화(江華) 중군(中軍) 황현남(黃顯男)"이 전날 장신의 명 으로 칡을 캐러갔던 "1,000명을 채우지 못하는 사람들[未滿千人]"을 이끌고 청군과 싸웠다는 이야기는, "강화 중군" 황선신의 이름도 틀리게 적었거니와, 당일 중군 황선신 이 이끈 병력은 분명 민간인이 아니라 정규 군병이었기 때문에 그대로 신뢰할 수 없다.

111) 『淸太宗實錄』 숭덕 2년 칠월 17일 참조. 이때 이후로도 강화도에서 실제 전공을 세운 다른 사람에 대한 포상 관련 기록은 보이지 않는다.

112) 『淸太宗實錄』 숭덕 2년 칠월 26일.

113) 『淸太宗實錄』 숭덕 2년 칠월 26일.

114) 『淸太宗實錄』 숭덕 2년 정월 22일.

115) 예컨대, 한명기 2013, 2권 194쪽의 "1월 22일 새벽, 청군은 바다를 건너기 시작했다."

116) 『內國史院滿文檔案譯註 : 崇德二·三年分』, 61쪽의 "順實" 부분 참조.

117) "해가 뜨자"의 원문 "šun tucime"를 해가 뜬 뒤의 '낮 시간'을 가리키는 것으로 이해할 여지도 없지는 않다. 그 경우 이를 전과(戰果) 과장을 위한 시간적 장치(후술)로 볼

이유도 사라진다. 그러나 만주어에 능통했을 순치 초찬본『청태종실록』의 찬자들이 "묘시"로 번역했다는 사실을 무시하기는 어렵다.

118)『承政院日記』인조 15년 정월 29일.

119) 이민구과 조익의 기록이 충분히 신뢰할 만하다는 것은 구범진 2017b, 244-247쪽의 논의 참조.

120) 구만옥 2014, 357-390쪽 참조. 성해응의 '조석표'는 같은 논문, 370쪽의 <표 4>.

121) 이하 조석과 조류의 추산 결과에 관한 내용은 모두 변도성·김효원·구범진 2017에 근거한 것이다.

122) 단, 역사적으로 염하수로의 지형은 자연뿐만 아니라 인간의 영향으로 장기간에 걸쳐 변화해왔다. 특히 연안의 간척 사업 등으로 수역과 수로 폭의 감소, 해안선의 단순화와 직선화 등이 진행되었다(이선화 2013 참조). 그러나 이민웅 1995a, 13쪽의 <지도 2>를 보면, 효종 대 이후 강화도 연해에 간척지가 광범위하게 조성되었지만 염하수로 갑곶 구간의 경우는 간척지가 만들어지지 않았음을 알 수 있다. 또한 오늘날 염하수로 양안의 강화군 강화읍 갑곶리와 김포시 월곶면 성동리에 남아 있는 갑곶나루 선착장 석축로(石築路)[인천광역시 기념물 제25호]도 갑곶 일대에 지형 변화가 거의 없었음을 방증한다. 염하수로 지형의 역사적 변화를 비롯하여 청군 도해 당시의 상황을 재구성하는 과정에서 고려해야 할 몇 가지 문제에 대한 구체적인 논의는 구범진 2017b, 249-250쪽 참조.

123)『承政院日記』인조 15년 유월 1일.

124)『仁祖實錄』15년 삼월 6일.

125) 변도성·김효원·구범진 2017, 485쪽의 <그림 3> 참조.

126) 정진술 1993, 168-169쪽 참조.

127)『光海君日記(正草本)』11년 칠월 3일.

128)『肅宗實錄』7년 오월 21일.

129) 해군사관학교 이민웅 교수의 자문에 따르면, 조선 시대에 판옥선의 조류를 거스르는 작전 기동은 금기사항이었다고 한다.

130) 비록 전반적으로 신뢰도가 떨어지는 사후 전문이기는 하지만,『大東野乘』「逸史記聞」 정축년 정월 22일 조의, 청군의 홍이포가 대안의 갑진창(甲津倉)까지 날아가 떨어지는 것을 보고는 장신이 가리산(加里山)[갑곶에서 약 2킬로미터 남쪽] 아래에 닻을 내려 함대를 정박시켰다는 서술은 이런 시나리오와 상통한다.

131)『仁祖實錄』15년 사월 12일, 윤사월 29일 참조.

132)『淸太宗實錄』숭덕 2년 칠월 26일.

133) 현존 만문 당안을 보면 이 구절에는 줄이 그어져 있는데, 이는 실록으로 옮기지 말라는 의미로 추정된다. 한문 『청태종실록』에서 유독 이 구절만 보이지 않기 때문이다.

134) 이훈 2017, 807쪽.

135) 羽田亨 1937, 408쪽.

136) 羽田亨 1937, 132쪽.

137) 『承政院日記』 인조 15년 이월 16일.

138) 趙慶男, 『續雜錄』 4, 정축년 정월 22일.

139) 병자호란 당시 갑곶 대안의 나루터가 위치한 문수산 일대는 완전 무방비 상태였다. 숙종 대에 이르러, "병자년(丙子年)에 적(賊)이 문수산에 들어와 배를 준비하여 끌고 왔는데도 우리는 그것을 알아차리지 못했기에 패전에 이르렀다"는 반성(『肅宗實錄』 1년 사월 28일)이 일었고, 이에 근거하여 문수산에 산성을 수축해야 한다는 논의가 일어났다. 반론이 만만치 않았지만, 결국 숙종 20년 구월에 이르러 문수산성 수축 공사가 완료되었다(『肅宗實錄』 20년 구월 13일). 당시 숙종은 문수산을 "적(賊)이 만약 먼저 점거한다면 강화도는 반드시 고수(固守)하기 어렵다"는 인식에서 중단론을 물리치며 공사를 밀어붙였다(『肅宗實錄』 20년 정월 6일).

140) 남급, 『남한일기』, 226쪽(한문 원문).

141) 남급, 『남한일기』, 208-209쪽(국역).

142) 『仁祖實錄』 16년 정월 4일 참조. 위의 주석 139)에 소개한 문수산성의 수축 외에도, 숙종 대에 이르게 되면 내외 성곽의 수축, 연해의 "돈대(墩臺) 열치(列置)", "해안에서 적군을 막기[臨江禦敵]" 위한 "화포(火砲) 및 불랑기(佛浪機)"의 배치 등을 포함한 강화도 수비 강화책이 논의되기 시작했다(『肅宗實錄』 7년 오월 21일 참조). 이는 모두 병자호란 당시의 '교훈'을 반영한 것으로 보인다. <지도 8>에 보이는 강화도 연해의 성곽과 문수산성 등은 이러한 수비 강화책이 실천된 결과의 반영이다. 한편 18세기에 구축된 강화도 수비체제에 대한 자세한 고찰은 이민웅 1995b 참조.

143) 더욱 안타깝게도, 뜻밖의 사태에 대비하여 강화도 해변 여러 곳에 목책을 세워야 한다는 주장은 일찍이 광해군 대에도 제기된 바 있다. 『光海君日記(正草本)』 6년 칠월 11일 참조.

제5장 반전 : 협상으로 전환하여 전쟁을 서둘러 끝내려고 하다

1) 청군은 남한산성 안팎의 연락을 완전히 끊기 위하여 정월 9일 포위망을 한층 더 강화했다 (남급, 『남한일기』, 62쪽). 이날 이후 외부의 장계가 남한산성에 들어온 것은 정월 15일

도착한 심기원(沈器遠)의 장계가 유일했다(남급, 『남한일기』, 70-71쪽).

2) 『淸太宗實錄』 숭덕 2년 정월 10일.

3) 구범진 2017a, 342쪽.

4) 병자년 십이월 20일 나만갑은 남한산성의 식량이 60일분은 족히 되며 아껴서 쓴다면 70일은 버틸 수 있다고 인조에게 보고한 바 있다(『承政院日記』 인조 14년 십이월 20일). 나만갑은 정축년 정월 14일 일인당 지급량을 하루에 군사 3홉, 백관 5홉으로 줄이면 이월 24일까지는 버틸 수 있다고 보았고(나만갑, 『병자록』, 67-68쪽), 정월 19일에도 인조에게 아직 한 달은 버틸 만한 식량이 있다고 말했다(『承政院日記』 인조 15년 정월 19일).

5) 『仁祖實錄』 15년 정월 20일.

6) 『淸入關前與朝鮮往來國書彙編』, 205-206쪽. 단, 『淸入關前與朝鮮往來國書彙編』에서는 출전이 된 청 측 사료의 기록을 그대로 따라, 이 조유의 날짜를 '정월 19일'로 적고 있다. 그러나 이 조유가 조선 측에 전달된 것은 '정월 20일'이었다. 한편, 병자호란 기간 홍타이지가 인조에게 보낸 조유(詔諭), 즉 국서는 여러 자료에 실려 있으며 각각 약간의 자구상 출입이 있다. 그 가운데 국서 원본을 베껴 정리한 『詔勅謄錄』(서울대학교 규장각한국학연구원 소장, 奎12904의2)이 원래의 모습에 가장 가까울 것으로 보인다. 그러나 이 책에서는 편의상 『淸入關前與朝鮮往來國書彙編』으로 전거를 밝힌다.

7) 『仁祖實錄』 15년 정월 21일. 『淸太宗實錄』이나 『內國史院滿文檔案譯註:崇德二·三年分』에서는 이 문서를 정월 20일 조에 기록했으나, 이 국서가 청 측에 전달된 것은 '정월 21일'이었다.

8) 『淸入關前與朝鮮往來國書彙編』, 207-209쪽.

9) 『淸入關前與朝鮮往來國書彙編』, 205쪽.

10) 청 측 기록에서도 이 국서의 '칭신'에 대하여 특별히 언급하고 있다. 예컨대, 『淸太宗實錄』 숭덕 2년 정월 20일.

11) 허태구 2010, 76-77쪽.

12) 『淸入關前與朝鮮往來國書彙編』, 210-212쪽.

13) 허태구 2010, 77-78쪽.

14) 『仁祖實錄』 15년 정월 26일; 『承政院日記』 인조 15년 정월 26일; 남급, 『남한일기』, 98-99쪽.

15) 정축년 삼월 21일, 인조는 다음과 같이 말한 바 있다. "일찍이 (남한)산성에 있을 때 나는, 종묘와 자손이 모두 강화도에 있으니 만약 강화도를 보존한다면 산성이 비록 함락되더라도 종묘사직을 맡길 데가 있다고 생각했다."(『仁祖實錄』 15년 삼월 21일).

16) 『淸入關前與朝鮮往來國書彙編』, 212-213쪽.

17) 『淸入關前與朝鮮往來國書彙編』, 213-215쪽.

18) 『仁祖實錄』 15년 정월 29일; 『淸入關前與朝鮮往來國書彙編』, 215-216쪽.

19) 『仁祖實錄』 15년 정월 30일; 『承政院日記』 인조 15년 정월 30일.

20) 『滿文老檔』 Ⅶ, 1483쪽, 1485-1486쪽.

21) 『滿文老檔』 Ⅶ, 1472-1473쪽

22) 『滿文老檔』 Ⅶ, 1450쪽.

23) 『滿文老檔』 Ⅶ, 1438쪽.

24) 『滿文老檔』 Ⅶ, 1495쪽.

25) 李肯翊, 『燃藜室記述』 권25, 병자년 십이월 16일; 나만갑, 『병자록』, 45쪽.

26) 趙慶男, 『續雜錄』 4, 정축년 정월 15일.

27) 나만갑, 『병자록』, 35쪽.

28) 趙慶男, 『續雜錄』 4, 정축년 정월 15일.

29) 『承政院日記』 인조 15년 이월 22일 참조.

30) 『內國史院滿文檔案譯註 : 崇德二 · 三年分』, 25-26쪽.

31) 『內國史院滿文檔案譯註 : 崇德二 · 三年分』, 38쪽.

32) 『通文館志』 上, 153쪽.

33) 黃一農 2004, 89-91쪽.

34) Wakeman, Jr. 1985, pp.170-194.

35) 『淸太宗實錄』 천총 5년 팔월 7일.

36) 『淸太宗實錄』 천총 5년 칠월 27일; 팔월 6일.

37) 『淸太宗實錄』 천총 5년 팔월 14일, 구월 18일, 시월 7일, 시월 9일 등.

38) 『淸太宗實錄』 천총 5년 시월 14일.

39) 『淸太宗實錄』 천총 5년 시월 28일.

40) 『滿文老檔』 Ⅶ, 1493-1494쪽; 『內國史院滿文檔案譯註 : 崇德二 · 三年分』, 34쪽. 당시 남한산성의 조선군이 식량과 물자 부족에 시달리고 있었던 것은 분명한 사실이다 (허태구 2010, 59-61쪽 참조). 그러나 아래에 서술하듯이 대릉하성의 명군보다는 사정이 훨씬 나았던 것 또한 사실이다.

41) 『承政院日記』 인조 14년 십이월 20일.

42) 나중에 인조는 정축년 이월부터 식량 배급량을 대폭 감축할 예정이었으며, 그 경우에도 겨우 열흘을 더 버틸 수 있었을 따름이라고 회고한 바 있다(『承政院日記』 인조 15년 이월 16일).

43) 예컨대, 남급은 정월 20일의 일기에 성첩을 지키던 군사 9명이 밤사이에 동사했다고

적었고, 정월 28일의 일기에도 얼어 죽은 사람이 속출하여 많게는 100여 명이 이르렀으며 전염병의 기운이 점차로 성하여 사람들이 다 죽을 지경이라고 기록했다(남급,『남한일기』, 81쪽, 106쪽).

44) 전쟁이 끝난 지 대략 보름이 지난 정축년 이월 16일의 어전 대화에서, 강화도에서 청군의 포로가 되었던 한흥일(韓興一)은 적군의 진영에 있을 때 이월 15일경이면 남한산성의 식량이 떨어질 것이라는 이야기를 들었다고 말한 바 있다(『承政院日記』인조 15년 이월 16일). 이는 당시 청군이 이월 15일경에 남한산성의 식량이 바닥나리라고 전망하고 있었음을 드러낸다.

45) 『淸太宗實錄』천총 5년 구월 23일.

46) 『淸太宗實錄』천총 5년 시월 14일.

47) 『淸太宗實錄』천총 5년 십일월 2일; Wakeman Jr. 1985, p.190. 단, 팔월 18일 홍타이지가 심양에 보낸 서신에 따르면, 당시 대릉하성에는 마병(馬兵) 7,000명, 보병(步兵) 7,000명, 공역(工役) 3,000명, 상고(商賈) 2,000명 등 합계 1만9,000명이 있었다고 한다(『淸太宗實錄』천총 5년 팔월 18일). 그러나 이 경우에도 무려 8,000명에 가까운 아사자가 발생한 셈이 된다.

48) 『內國史院滿文檔案譯註 : 崇德二 · 三年分』, 34쪽.

49) 『內國史院滿文檔案譯註 : 崇德二 · 三年分』, 37–38쪽. 아울러『淸太宗實錄』숭덕 2년 정월 16일의 한문 기록도 참조.

50) 한문『淸太宗實錄』은 (C)의 내용을 "또한 말씀하시기를[又諭曰]"다음에 기재하고 있다(『淸太宗實錄』숭덕 2년 정월 16일). 이 때문에 (B)와 (C)는 마치 별개의 서신 내용인 것처럼 읽힌다. 그러나 내국사원(內國史院)의 만문 당안을 보게 되면 사실은 그렇지 않았다는 것을 바로 알 수 있다. 정월 16일 홍타이지가 심양에 보낸 서신은 모두 두 통이었다. 한 통은 황후에게, 다른 한 통은 지르갈랑 등 본국을 지키던 왕 · 버일러에게 보낸 것이었다(전자는『內國史院滿文檔案譯註 : 崇德二 · 三年分』, 26–30쪽, 후자는 30–38쪽). 전자는 당시 시점까지의 전황을 서술한 다음에 위에서 소개한 (B)로 끝을 맺고 있지만, 후자는 (B)까지를 황후에게 보낸 서신과 완전히 동일하게 반복한 다음에 바로 이어서 (C)를 쓰고 있다. 홍타이지는 지르갈랑 등에게 보낸 서신에서 (B)에 바로 이어 (C)의 내용을 지시했던 것이다. 황후에게 보내는 서신에 (C)와 같은 지시사항을 쓸 필요가 없었음은 물론이다. 참고로, 앞에서 인용한 바 있는 (A)는 (C)의 생략 부분에 포함되어 있는 내용이다.

51) 혹 (C)에서 홍타이지가 건조를 지시한 배들이 강화도 공격이 아닌 다른 용도, 가령 병자호란 직후 이루어진 가도 공격 등에 쓰려는 것이 아니었느냐는 의문이 제기될 수 있다.

그러나 이런 의문은 원문의 문맥을 무시하고 오직 나중에 벌어진 상황을 소급하여 서신을 해석하려는 결과론적 접근의 산물일 뿐이다. (C)의 배들이 강화도 공격이 아닌 다른 용도를 위한 것이 될 수 없었음은, 구범진 2016, 45-46쪽의 자세한 분석 참조.

52) 허태구 2011, 110-111쪽 참조. 후술하듯이 청은 정월 17일에 강화도 공격을 조선 측에 예고했으나, 조선 측에서는 결빙을 이유로 믿으려고 하지 않았다.

53) 『東亞日報』 1924년 4월 11일 2면 기사; 1927년 3월 27일 5면 기사; 1928년 3월 23일 5면 기사; 1929년 4월 1일 2면 기사 등 참조.

54) 『內國史院滿文檔案譯註 : 崇德二 · 三年分』, 101쪽; 허태구 2011, 110-111쪽.

55) (C)에 등장하는 조선(造船) 기술자 퉁커션은 마침 조선에 출정해 있었다. 이들 선박의 건조를 지휘한 것은 퉁커션이었다(『淸太宗實錄』 숭덕 2년 칠월 17일).

56) 나만갑, 『병자록』, 94-98쪽, 107쪽; 남급, 『남한일기』, 89-96쪽. 청군은 정월 28일에야 포격을 그쳤다(남급, 『남한일기』, 103쪽). 참고로, 『仁祖實錄』에 따르면 최초의 홍이포 공격은 정월 19일에 있었다고 한다(『仁祖實錄』 15년 정월 19일).

57) 『內國史院滿文檔案譯註 : 崇德二 · 三年分』, 61쪽; 『淸太宗實錄』 숭덕 2년 정월 23일.

58) 허태구 2010, 55-58쪽.

59) 그런데, 홍타이지가 십이월 25일에 접수한 도도 등의 상주를 보면, 무청거(Mucengge)를 홍타이지에게 보낸 뒤로 조선 측과 오고가던 이야기를 중단했다는 내용이 있다(『滿文老檔』 VII, 1493쪽). 도도 등이 파견한 무청거가 봉산을 지나고 있던 홍타이지의 군영에 도착한 것은 십이월 21일의 일이었다(『滿文老檔』 VII, 1492쪽). 서울로부터 420리 거리였던 봉산까지의 이동 시간을 감안하건대, 무청거가 남한산성 부근의 청군 진영을 떠난 것은 십이월 18일 또는 19일이었을 것이다. 따라서 청군이 십이월 20일과 21일의 접촉에서 한 이야기는 진정성이 없었다고 보아야 할 것이다.

60) 허태구 2010, 58쪽.

61) 허태구 2010, 62쪽.

62) 나만갑은 개전 초기의 협상이 마푸타의 속임수였다는 점을 정확히 지적하고 있다. 나만갑, 『병자록』, 30쪽 참조.

63) 『仁祖實錄』 15년 정월 1일.

64) 『淸入關前與朝鮮往來國書彙編』, 197-198쪽.

65) 『淸入關前與朝鮮往來國書彙編』, 199-200쪽.

66) 허태구 2010, 66쪽. 정월 13일 인조의 국서는, 『淸入關前與朝鮮往來國書彙編』, 200-202쪽.

67) 『內國史院滿文檔案譯註 : 崇德二 · 三年分』, 34쪽.

68) 『仁祖實錄』 15년 정월 15일.

69) 조경남에 따르면 이날의 접촉은 해 질 무렵에 이루어졌다(趙慶男, 『續雜錄』 4, 정축년 정월 16일).

70) 사찬 기록들의 사실 부합 여부에 대한 자세한 분석과 검토는, 구범진 2016, 33–36쪽 참조.

71) 『仁祖實錄』 15년 정월 16일.

72) 허태구는 "제일층지설"에 대하여 "지금까지의 강화 조건을 떠올려보면 문맥상 인조의 출성(出城)을 의미하는 것임을 짐작하기 어렵지 않다"고 말했다(허태구 2010, 70쪽). 그러나 이 시점에서 최명길이 인조의 출성을 "먼저 발설"할 일로 생각했다고 볼 수는 없다. 이 문제에 대한 좀더 자세한 검토는, 구범진 2016, 35쪽의 주석 110) 참조.

73) 『仁祖實錄』 15년 정월 16일.

74) 『仁祖實錄』 15년 정월 17일.

75) 『承政院日記』 인조 15년 정월 17일.

76) 『淸入關前與朝鮮往來國書彙編』, 202–204쪽.

77) 『承政院日記』 인조 15년 정월 17일.

78) 남급, 『남한일기』, 74–78쪽.

79) 아래 인용문은 모두 『承政院日記』 인조 15년 정월 18일.

80) 『承政院日記』 인조 15년 정월 18일.

81) 『承政院日記』 인조 15년 정월 17~30일. 이 기간에 쌍방은 정월 22일을 제외하고 매일 접촉했다.

82) 『承政院日記』 인조 15년 정월 19일.

83) 『承政院日記』 인조 15년 정월 20일.

84) 『淸入關前與朝鮮往來國書彙編』, 204쪽.

85) 『承政院日記』 인조 15년 정월 18일.

86) 『淸入關前與朝鮮往來國書彙編』, 204–205쪽.

87) 『仁祖實錄』 15년 정월 18일.

88) 『淸入關前與朝鮮往來國書彙編』, 205쪽.

89) 鈴木開 2017b, 59쪽.

90) 『淸入關前與朝鮮往來國書彙編』, 205–206쪽.

91) 『仁祖實錄』 15년 정월 16일; 나만갑, 『병자록』, 98–99쪽; 남급, 『남한일기』, 97–100쪽 등.

92) 『承政院日記』 인조 15년 정월 17일.

93) 『內國史院滿文檔案譯註 : 崇德二·三年分』, 62-66쪽;『淸太宗實錄』 숭덕 2년 정월 24일.

94) 『內國史院滿文檔案譯註 : 崇德二·三年分』, 64쪽.

95) 허태구는 이 사실에 주목하여 이 조유가 "조선 측에 전달되었는지의 여부는 확인하기 어렵다"고 했다(허태구 2010, 77-78쪽). 그러나 찬입(竄入) 가능성까지 의심하지는 못했다.

96) 민국(民國) 10년(1921) 중국의 국립북평역사박물관(國立北平歷史博物館)은 청의 내각대고(內閣大庫) 당안을 정리하다가 『抄本淸太宗朝與高麗往來詔諭書表』 1책을 발견했고, 민국 22년(1933) 12월에 이르러 『滿淸入關前與高麗交涉史料』라는 제목의 단행본으로 간행했다. 여기에는 숭덕 원년(1636) 오월부터 숭덕 6년(1641) 팔월까지 청과 조선이 주고받은 문서 78통이 포함되어 있다. 그러나 『滿淸入關前與高麗交涉史料』에서는 정월 24일 조유를 발견할 수 없다. 이는 조유의 찬입 추정을 뒷받침하는 강력한 증거이다.

97) 『仁祖實錄』과『承政院日記』를 필두로, 조선 측의 모든 기록은 이 점에서 완전한 일치를 보이고 있다. 반면에 청의 기록을 보면 만문(『內國史院滿文檔案譯註 : 崇德二·三年分』)이든 한문(『淸太宗實錄』)이든 정월 26일 조에는 아무런 기사도 없다. 강화도 함락 사실 통고는 조선의 투항 결정을 이끌어낸 중대한 사건이었음에도, 정월 26일에는 마치 아무 일도 없었던 것처럼 처리하고 있는 것이다. 찬입한 조유 내용과의 모순을 피하기 위한 것으로 보인다.

98) 『仁祖實錄』 15년 정월 25일.

99) 『燃藜室記述』은 당시 청군 진영에 포로로 잡혀 있던 부원수 신경원이 나중에 전한 이야기를 인용하여, 정월 23~24일의 공성전은 청군의 장수들이 많은 사상자가 날 것을 우려하며 공성전 대신에 고사 작전을 쓰는 것이 낫다고 주장하는 상황에서 홍타이지가 어서 빨리 성을 함락시켜 조선의 왕을 생포해오라며 거세게 다그친 결과였음을 전하고 있다 (李肯翊, 『燃藜室記述』 권25, 정축년 정월 24일). 물론 사실로 신뢰할 수 있는 기록은 결코 아니지만, 당시 홍타이지가 전쟁을 빨리 끝내려 들고 있었음을 시사한다는 점에서 흥미를 자아낸다.

100) 『承政院日記』 인조 15년 정월 26일.

101) 『淸入關前與朝鮮往來國書彙編』, 213쪽.

102) 『內國史院滿文檔案譯註 : 崇德二·三年分』, 94-95쪽.

103) 『淸太宗實錄』 숭덕 원년 십일월 19일.

104) 『淸太宗實錄』 천총 원년 삼월 14일.

105) 『清太宗實錄』 숭덕 2년 윤월 17일.

106) 李晚榮, 『崇禎丙子朝天錄』 병자년 십이월 25일.

107) 凌義渠, 「圖奴固在先著制勝尤貴萬全疏」(崇禎 10년 이월 15일), 『奏牘』(續修四庫全書 493) 권4, 67쪽. 또한 김육(金堉)에 따르면, 금주 방면의 명군이 이월 20일경 출병했으나 장령들이 너무나 겁을 먹은 나머지 우왕좌왕하다가 청군과 마주치지도 못하고 삼월 10일경 복귀한 일이 있었다고 한다(金堉, 『朝京日錄』 정축년 윤(閏)사월 18일).

108) 병자호란 시기 홍타이지가 심양으로부터 온 사람을 처음 만난 것은 심양으로 귀환 중이던 이월 12일이었다(『內國史院滿文檔案譯註 : 崇德二·三年分』, 114쪽). 그 사람은 술더이(Suldei)로, 정월 16일의 서신을 갖고 로오사 등과 함께 귀국했다가 돌아온 자였다.

제6장 마마 : 홍타이지가 조선의 천연두에 쫓기다

1) 맥닐 1992, 227-249쪽.

2) Behbehani 1983, pp.456-458.

3) Behbehani 1983, pp.455-456; Atkinson 2005, p.281.

4) Chang 1995; Chang 2002; 張喜鳳 1996; 杜家驥 2004 등 참조.

5) 『內國史院檔 : 天聰八年』, 255쪽; 『清太宗實錄』 천총 8년 윤(閏)팔월 7일. 단, 『內國史院檔 : 天聰八年』에서 해당 기사의 날짜는 윤팔월 6일이다. 두 기록의 날짜에 하루 차이가 난 까닭은 알 수 없다.

6) 魏源, 『聖武記』, 156쪽.

7) Hummel 1943, pp.9-11.

8) 杜家驥 2004, 136쪽, 138쪽.

9) Atkinson 2005, p.293.

10) Chang 1995; Chang 2002; 張喜鳳 1996; 杜家驥 2004 등 참조.

11) 신동원은 한국어의 '마마'라는 어휘도 만주어의 영향을 받아 정착한 것으로 추정한다. 신동원 2013, 172쪽, 175-176쪽.

12) Chang 2002, pp.178-179. 1613년 해서여진(海西女眞)의 여허(Yehe)에서 약 300호의 사람들이 마마로 몰살당했다는 기록이 남아 있는데, 이것이 청의 입관 전 만주 지역에서 대규모 마마 감염 사실을 전하는 최초의 기록이라고 한다.

13) 『清太宗實錄』 천총 5년 유월 19일.

14) 『清太宗實錄』 숭덕 4년 삼월 9일, 유월 2일. 또한 입관 이후의 일이지만, 순치 6년

15월에는 도도와 아지거의 부인들이 천연두로 사망했다(杜家驥 2004, 153쪽 참조).

15) Chang 2002, pp.180-181.

16) 순치제의 피두에 대해서는 杜家驥 2004, 135-136쪽 참조.

17) 『淸太宗實錄』 천총 5년 유월 19일. 발라마의 부친 다이샨도 생신이었기 때문에 아들의 장례에 불참했다.

18) 『滿文老檔』 Ⅴ, 874-875쪽, 877쪽.

19) 『舊滿洲檔 : 天聰九年』, 80쪽.

20) 『滿文老檔』 Ⅳ, 470-471쪽.

21) 『內國史院檔 : 天聰七年』, 64쪽.

22) 『內國史院檔 : 天聰八年』, 66쪽, 69쪽.

23) 『內國史院檔 : 天聰八年』, 92-93쪽. 홍타이지는 사월 10일에 이르러서야 상가희를 만났다(『內國史院檔 : 天聰八年』, 117쪽).

24) 『內國史院滿文檔案譯註 : 崇德二·三年分』, 164쪽; 『심양장계』, 130쪽.

25) 『심양장계』, 149쪽.

26) 『심양장계』, 159쪽.

27) 『內國史院滿文檔案譯註 : 崇德二·三年分』, 422쪽.

28) 『淸太宗實錄』 숭덕 7년 시월 25일.

29) 『심양장계』, 813쪽.

30) 윤(閏)십일월 10일 청은 소현세자에게 "마마가 크게 번지니, 관소와 질관(質館) 중에 아직 마마를 앓지 않은 사람은 남녀노소를 막론하고, 모두 조사해 들판과 농소(農所)로 내보내라"는 지시를 전하고 있다(『심양장계』, 830쪽).

31) 杜家驥 2004, 135쪽.

32) 『淸太宗實錄』은 숭덕 8년 원단(元旦)의 하례가 열리지 않은 이유를 홍타이지의 건강 문제("聖躬違和")로 밝히고 있다(『淸太宗實錄』 숭덕 8년 정월 1일). 그러나 『심양장계』에는, "황제께서 사냥 갔다 돌아오신 후 절대로 밖에 나가시지 않으니, 어떤 이는 '병이 있다'고 하고, 어떤 이는 '마마를 꺼려서다'라고 하는데, 아직 정확히는 모르겠습니다'라는 기록이 보인다(『심양장계』, 853쪽).

33) 『內國史院滿文檔案譯註 : 崇德二·三年分』, 581-585쪽, 599-603쪽.

34) 『淸太宗實錄』 숭덕 4년 오월 19일. 『淸太宗實錄』의 이 기사는 숭덕 4년(1639) 오월 도도에 대한 문죄(問罪)에 관한 것이다. 이때 도도의 일곱 가지 죄명 가운데 첫 번째는, 홍타이지가 피두 중임에도 불구하고 도르곤의 출정을 환송하러 나갔는데도 도도는 생신이라 피두를 해야 한다고 하면서 자신의 친형인 도르곤을 환송하러 나오지 않았다는

것이었다.

35) 『淸太宗實錄』천총 7년 윤월 18일; 『內國史院檔 : 天聰七年』, 93-95쪽.

36) 杜家驥 2004, 137쪽.

37) 『淸太宗實錄』숭덕 4년 삼월 9일, 윤월 2일.

38) 『淸太宗實錄』숭덕 6년 칠월 23일.

39) 『淸太宗實錄』순치 원년 사월 1일.

40) 천연두는 기원전 2세기에서 기원후 4세기에 걸치는 시기에 중국에 전파되었으며, 그 뒤로 한반도를 거쳐 6-7세기 무렵에는 일본에까지 들어갔던 것으로 보인다. 따라서 양 대 호란이 발발할 무렵의 한반도에는 이미 1,000년에 이르는 천연두 유행의 역사가 있었다고 할 수 있다. 신동원 2013, 166쪽 참조.

41) 조영준·차명수 2012, 9-13쪽. 조선에서 천연두를 포함한 '두진(痘疹)'의 유행 실태에 관해서는 김호 1996, 133-183쪽 참조.

42) 『滿文老檔』Ⅳ, 34쪽.

43) 『滿文老檔』Ⅳ, 34쪽.

44) 『滿文老檔』Ⅳ, 34-35쪽.

45) 『滿文老檔』Ⅳ, 8쪽.

46) 『滿文老檔』Ⅳ, 8-9쪽.

47) 『滿文老檔』Ⅳ, 9쪽.

48) 『滿文老檔』Ⅳ, 10쪽.

49) 『滿文老檔』Ⅳ, 34-58쪽. 단, 삼월 18일 평양에서의 맹서는 아민이 일방적으로 강요한 것이었다. 이에 조선 조정은 그 효력을 인정할 수 없으며 향후 삼월 3일의 맹서만을 준수할 것이라는 의사를 분명히 밝힌 문서를 보냈다(『仁祖實錄』5년 삼월 23일). 이 문서의 원본은 『明淸檔案存眞選輯初集』, 70쪽 참조.

50) 『滿文老檔』Ⅳ, 57-58쪽. 『舊滿洲檔』, 2645쪽. 단, 전자에는 후자에 없는 "만주 군대의"라는 말이 "생신 버일러" 앞에 삽입되어 있다.

51) 『滿文老檔』Ⅳ, 59쪽.

52) 『滿文老檔』Ⅳ, 39-41쪽.

53) 『滿文老檔』Ⅳ, 9쪽; 『淸太宗實錄』천총 원년 삼월 14일.

54) Chang 2002, pp.185-186.

55) 단지 Chang 2002, pp.186-188에서 후술하는 보호토와 탄타이 등에 대한 처벌 사실을 간단히 언급했을 따름이다.

56) 『承政院日記』인조 14년 십일월 21일.

57) 남급, 『남한일기』, 18쪽.

58) 洪翼漢, 「花浦西征錄」, 1b쪽.

59) 『滿文老檔』 VII, 1466-1469쪽 ; 『淸太宗實錄』 숭덕 원년 십일월 25일.

60) 『滿文老檔』 VII, 1476쪽; 『淸太宗實錄』 숭덕 원년 십일월 29일.

61) 『청태종실록』이 은폐한 정묘호란 때의 마마 이야기, 그중에서도 특히 (가)와 (나)가
   만주어 당안에 '생존'할 수 있었던 것은 조선에 출정한 후금군이 심양의 홍타이지에게
   전쟁터의 상황을 문서로 보고할 수밖에 없었다는 사정이 있었기 때문이다. 그러나 병자
   호란 때에는 홍타이지 자신이 직접 출정하여 서울에 와 있었기 때문에 전쟁터의 상황을
   문서화하여 보고할 필요 자체가 없었다. 병자호란 당시의 청군이 마마를 만났다고 하더
   라도, 그에 대한 보고가 애초부터 문서화되지 않았을 것이라는 말이다. 한편, 위에서
   인용한 정묘호란 때의 마마 이야기 중 (다)는 전쟁이 끝난 뒤의 상황이었기 때문에 만주
   어 당안에 사실대로 기록된 듯하다. 내국사원 당안도 병자호란이 끝난 뒤인 정축년 이월
   의 기사에서는 조선 땅에서의 "마마 소식"을 사실대로 적고 있다. 그러나 『청태종실록』
   에서는 (다)의 경우와 마찬가지로 내국사원 당안 정축년 이월 기사의 "마마 소식" 역시
   삭제해버렸다(후술).

62) 『內國史院滿文檔案譯註 : 崇德二·三年分』, 115쪽.

63) 예컨대 정축년 이월 10일 안주에서 조선 관원 100여 명이 마중을 나와 하영(下營) 장소
   까지 따라오자, 홍타이지는 그들을 "멀리에 앉게 하고" 술을 내려 마시게 했다(『內國史
   院滿文檔案譯註 : 崇德二·三年分』, 112쪽).

64) 『仁祖實錄』 15년 이월 8일; 『심양장계』, 67-68쪽.

65) 『심양장계』, 74쪽. 향화인(向化人), 즉 귀화 여진인으로 과천에 살던 김늑남은 병자호
   란 때 포로로 잡혀 심양으로 끌려가고 있었는데, 청군이 그가 마마에 걸려 걸을 수 없게
   되자 그를 의주에 버려두고 강을 건넜다고 한다(『심양장계』, 734쪽). 김늑남의 사례로
   부터 추정하건대, 홍타이지는 당시 소현세자와 함께 심양에 끌려온 사람들 가운데 돌고
   있던 마마를 경계하여 소현세자 일행과의 만남을 연기했던 것으로 보인다.

66) 『淸太宗實錄』 숭덕 2년 윤월 27일.

67) 『內國史院滿文檔案譯註 : 崇德二·三年分』, 95쪽. 또한 이월 15일에는 팔기 구사의
   지휘관 아산과 여천을 쇼토의 가도 공격에 합류시키는 명령을 내렸는데, 이 명령에는
   쇼토와 삼순왕 외에 우전 초하를 이끌던 석정주의 이름도 참전 명단에 포함되어 있다(같
   은 책, 121-122쪽).

68) 『內國史院檔 : 天聰八年』, 382쪽; 『舊滿洲檔 : 天聰九年』, 35쪽.

69) 한편, 홍타이지가 서울을 떠나던 날 쇼토에게 한인이었던 공유덕·경중명·상가희와 더불

어 가도를 치는 임무를 맡겼던 것 역시 쇼토가 숙신이라는 점을 고려한 것으로 추정된다. 왜냐하면, 홍타이지는 정축년 이월 15일 팔기만주 각 구사의 지휘관 8명 중에서 특히 아산과 여천을 골라 가도 작전에 합류할 것을 명령했고(『內國史院滿文檔案譯註 : 崇德二·三年分』, 121-122쪽), 삼월 8일에는 병자호란 기간 본국에 머물러 있던 아지거를 추가로 작전에 투입시켰는데(『淸太宗實錄』 숭덕 2년 삼월 8일), 아산과 여천, 그리고 아지거는 모두 사료상 숙신이라는 사실이 명시되어 있는 사람들이기 때문이다(『內國史院檔 : 天聰八年』, 382쪽; 『舊滿洲檔 : 天聰九年』, 35쪽).

70) 『內國史院滿文檔案譯註 : 崇德二·三年分』, 61쪽.

71) 『淸太宗實錄』 숭덕 2년 오월 30일.

72) 『承政院日記』 인조 15년 정월 28일.

73) 『內國史院滿文檔案譯註 : 崇德二·三年分』, 119-120쪽 참조.

74) 『淸太宗實錄』 숭덕 2년 칠월 5일.

75) 청군이 정월 16일과 17일의 단 하루 사이에 전쟁 전략을 신속히 수정한 점에 대하여 한마디 덧붙여 두고자 한다. 마마의 발발은 물론 우발사태라고 해야 할 것이다. 그러나 그들이 전혀 예상하지 못한 사태는 아니었을 것이다. 왜냐하면 청군은 이미 정묘호란 때 조선의 마마를 인지하고 경험했기 때문이다. 그렇다면, 정월 16일과 17일 간에 일어난 청군의 전략 수정은 일종의 우발작전계획(contingency operation plan)에 따라 이루어졌던 것이라고 보아야 하지 않을까?

76) 『淸入關前與朝鮮往來國書彙編』, 213-216쪽.

77) 『仁祖實錄』 15년 정월 30일; 『淸太宗實錄』 숭덕 2년 정월 30일.

제7장 대미 : 삼전도 의례로 전쟁의 막을 내리다

1) 『仁祖實錄』 인조 1년 칠월 8일.

2) 『滿文老檔』 Ⅶ, 1469쪽, 1471-1472쪽, 1475-1476쪽; 『淸入關前與朝鮮往來國書彙編』, 193-198쪽.

3) 『仁祖實錄』 16년 이월 8일의 삼전도 비문.

4) 이하의 논의는 정축년 정월 30일 삼전도 의례가 병자년 사월 11일 홍타이지의 '황제 즉위식'과 어떤 관계가 있는지에 초점을 맞출 것이다. 선행 연구 가운데 한명기 역시 두 의례의 관련성에 주목한 바 있다(한명기 2009, 161-165쪽 참조). 또한 장한식은 홍타이지가 친정을 선택한 사실을 특히 강조하면서 그가 병자호란을 일으킨 목적 및 삼전도 의례의 의미를 해석한 바 있다(장한식 2015, 221-226쪽 참조). 따라서 이하의 논지는 한명기

등의 해석과 대체로 공명한다고 할 수 있다. 그러나 세부 사실에 대한 해석 및 논증 과정에 적지 않은 차이가 있음을 미리 밝혀둔다.

5) 『滿文老檔』 Ⅶ, 1471-1473쪽.

6) 『滿文老檔』 Ⅶ, 1473-1476쪽; 『淸入關前與朝鮮往來國書彙編』, 193-195쪽.

7) 『滿文老檔』 Ⅶ, 1483-1484쪽.

8) 『滿文老檔』 Ⅶ, 1484-1485쪽.

9) 『滿文老檔』 Ⅶ, 1487-1490쪽.

10) 『滿文老檔』 Ⅶ, 1488쪽.

11) 이 문서의 진위를 의심하는 이유로는, 우선 그것이 오직 청 측의 기록에만 등장한다는 사실을 들 수 있다. 조선 측 기록에서는 병자호란 기간 당시 안주를 지키던 유림과 청군 간에 그 어떤 접촉이 있었다는 흔적조차 발견되지 않는다. 보통의 접촉도 아니고 홍타이 지의 문서가 실재했다면 이렇게 아무런 흔적도 남지 않기란 어렵다. 게다가 이 문서는 청 측의 기록에서도 병자년 십이월 16일 조에만 등장할 뿐으로, 그후의 기록에서 문서의 실재를 뒷받침할 만한 증거가 발견되지 않는다. 이밖에도 문서 자체의 형식과 내용에 사후 날조의 혐의를 일으키기에 충분한 문제들이 여럿 있지만, 여기에서는 이 문제를 더 깊이 천착할 필요를 느끼지 않는다.

12) 박민수 2017, 97-100쪽 참조.

13) 『仁祖實錄』 15년 정월 28일.

14) 『仁祖實錄』 15년 정월 30일; 『承政院日記』 인조 15년 정월 30일; 『內國史院滿文檔 案譯註 : 崇德二·三年分』, 84-93쪽; 『淸太宗實錄』 숭덕 2년 정월 30일.

15) 『淸太宗實錄』 숭덕 2년 정월 30일.

16) 『內國史院滿文檔案譯註 : 崇德二·三年分』, 89쪽.

17) 『承政院日記』 인조 15년 정월 30일.

18) 구범진 2012, 203-206쪽 참조.

19) 石橋崇雄 2009, 52-54쪽.

20) 『淸太宗實錄』 숭덕 2년 윤월 27일의 처벌 내역 참조.

21) 제6장에서 1638년 가을 홍타이지가 피두 중이었음에도 불구하고 요토와 도르곤의 출정 식에 참석한 사실을 언급한 바 있다. 시간 순서로 보건대, 극히 예외적이었던 그 사건의 선례는 바로 삼전도 의례였을 것이다.

부록 : 청군의 강화도 작전과 향화호인

1) 정축년 정월 22일, 즉 청군이 강화도를 친 당일 남한산성에 있었기에 이날 청군의 강화도 공격 사실을 알 수 없었던 이명웅(李命雄)은, 한강의 얼음이 풀리면 강화도의 수군 선박을 한강으로 올라오게 해서 그 배들을 타고 남한산성의 포위를 벗어나자는 제안을 내놓은 바 있다. 그때 이명웅은 "우리나라의 전선은 천하무적이기" 때문에 설사 겨우 1척이 올라와 배를 대더라도 일을 성사시킬 수 있다고 말했다. 『承政院日記』 인조 15년 정월 22일 참조. 이명웅의 제안이 얼마나 현실적이었는지와 별개로, 당시 조선 수군의 전선들은 "천하무적"으로 인식되고 있었다.

2) 黃一農 2004, 94쪽, 96쪽.

3) 구범진 2017a, 342-346쪽의 고찰 참조.

4) 청군이 정월 22일을 작전 단행 날짜로 고른 것도 그냥 지나칠 수 없는 대목이다. 오늘날의 과학적 추산에 따르면, 정월 22일은 염하수로의 조석·조류가 정월 20일경의 저점을 지난 뒤였다(변도성·김효원·구범진 2017, 486쪽의 <그림 4> 참조). 그러나 이는 어디까지나 오늘날의 과학 지식 덕분에 가능한 추산이다. 당시 사람들의 경험적 지식에 따르면 22일경의 하현이 조수가 가장 적은 날짜였다. 염하수로에 조수가 적으면 적을수록 조선 수군의 대형 전선들은 기동이 더 어려워진다. 청군은 당시의 지식수준에서 최적의 작전 날짜를 골랐다고 말할 수 있는 것이다. 그런데, 그들의 작전 날짜 선택 또한 단순한 우연은 아니었던 것 같다. 작전에 투입한 배가 실제로는 44척이었음에도 불구하고 홍타이지는 일관되게 80척이었다고 말했다(『內國史院滿文檔案譯註 : 崇德二·三年分』, 101쪽; 『清太宗實錄』 숭덕 2년 칠월 26일). 제4장에서는 이를 그저 배의 숫자를 과장한 것이라고 치부했지만, 홍타이지의 일관성에는 혹 나름의 근거가 있었던 것이 아닐까? 당시 홍타이지는 "팔기에 80척의 작은 배를 만들게" 했는데(『內國史院滿文檔案譯註 : 崇德二·三年分』, 101쪽), 이는 팔기의 각 구사가 10척씩 건조하는 것이 원래의 계획이었음을 시사한다. 그러나 실제 투입한 선박은 44척이었다. 그렇다면, 청군은 애초에 80척을 만들고자 했지만, 작전에 최적이라고 여긴 하현 날짜가 다가오자 그때까지 완성된 44척만으로 서둘러 작전에 돌입한 것이 아닐까?

5) 염하수로의 조석·조류는 청군이 갑곶 대안에 도착한 정월 21일 저녁 이후 바다를 주의 깊게 관찰했다면 어느 정도 파악이 가능하다. 그러나 조석·조류의 군사적 가치를 사전에 인지하지 못했다면 애초에 군사를 강화도 쪽으로 보내지도 않았을 것이다.

6) 『光海君日記(正草本)』 11년 칠월 3일.

7) 『光海君日記(正草本)』 11년 유월 29일.

8) 『光海君日記(正草本)』 10년 칠월 2일.

9) 『承政院日記』 인조 15년 정월 22일.

10) 『光海君日記(正草本)』 1년 사월 10일.

11) 혹 기사(騎射)가 장기인 것으로 널리 알려져 있는 여진인이 "바닷길을 잘 알고 배를 말처럼 부렸다"는 사실을 의아하게 생각할 수 있으나, 사실 여진인은 수렵·농경과 더불어 어로가 주요 생업이었다. 특히 큰 강이 여럿 흐르고 바다에 접해 있는 만주 지역 동부의 흑룡강 수계와 두만강 유역에 살았던 여진인은 어로에 능했다. 고려 시대의 경우 동여진(東女眞)과 고려 간의 교류가 동해의 바닷길을 통해 이루어졌다거나 동해안 지역에 동여진의 해적 활동이 빈번하게 이루어졌다는 것은 잘 알려져 있는 사실이다.

12) 『光海君日記(正草本)』 1년 사월 10일.

13) 『光海君日記(正草本)』 1년 사월 10일.

14) 당시 광해군은 강화도 외에 한 곳의 보장처를 더 마련하는 문제는 서서히 논의하자는 결론을 내렸다(『光海君日記(正草本)』 1년 사월 10일).

15) 『光海君日記(正草本)』 8년 오월 11일 참조.

16) 『光海君日記(正草本)』 10년 유월 6일; 13년 유월 8일; 13년 십이월 27일; 14년 유월 19일; 14년 유월 27일; 14년 칠월 20일 등 참조.

17) 『光海君日記(正草本)』 10년 유월 21일.

18) 『光海君日記(正草本)』 14년 오월 10일.

19) 『光海君日記(中草本)』 10년 유월 7일.

20) 『典客司日記』 제3, 인조 23년 정월 28일.

21) 『典客司日記』 제3, 인조 23년 날짜 미상[내용상 시월 21일 이후]의 '向化人聯名呈訴, 船隻의 收稅侵責 폐단'; 『典客司日記』 제4, 인조 26년 칠월 13일; 『典客司日記』 제4, 인조 27년 십일월 10일.

22) 『典客司日記』 제3, 인조 23년 날짜 미상[내용상 시월 21일 이후]의 '向化人聯名呈訴, 船隻의 收稅侵責 폐단'; 『典客司日記』 제4, 인조 27년 십일월 10일.

23) 『承政院日記』 인조 11년 시월 14일.

24) 『承政院日記』 인조 15년 유월 20일.

25) 『淸太宗實錄』 숭덕 원년 십이월 25일.

26) 『淸太宗實錄』 숭덕 원년 십이월 29일.

27) 『淸太宗實錄』 숭덕 원년 십이월 30일.

28) 『淸太宗實錄』 숭덕 2년 정월 16일.

29) 『淸太宗實錄』 숭덕 2년 유월 22일.

30) 『淸太宗實錄』 숭덕 2년 시월 17일.

31) 이 마푸타는 이 책에서 이미 여러 차례 등장한, 조선에서 '마부대'라고 부른 '마푸타'와 동명이인이다.

32) 『八旗滿洲氏族通譜』 권11, 20a쪽, 20b-21a쪽; 『欽定八旗通志』 권5 旗分志5, 78쪽; 권8 旗分志8, 137쪽.

33) 趙慶男, 『續雜錄』 4, 병자년 십이월 27일.

34) 『承政院日記』 인조 15년 정월 7일.

35) 남급, 『남한일기』, 65쪽(한문 원문).

36) 『舊滿洲檔』 5367쪽. 『滿文老檔』 Ⅶ, 1494쪽의 기록도 이와 똑같다.

37) 여기서 위의 번역에 이의가 제기될지도 모르겠다. "100호에 달하는 와르카(에 대하여), (그들의 우두머리인) 여천과 마푸타가 네 사람을 데리고"를, 과거 『滿文老檔』의 해당 부분을 번역한 일본 학자들은 "100호에 달하는 와르카를 여천과 마푸타 등 네 사람이 데리고"라고 번역한 바 있기 때문이다(『滿文老檔』 Ⅶ, 1494쪽). 그러나 만주어 원문의 "네 사람" 다음에 붙은 조사는 주격이 아닌 목적격 조사 "be"이므로 "네 사람이 데리고"가 아니라 "네 사람을 데리고"로 옮겨야 한다. 또한 원문의 "100호에 달하는 와르카" 다음에는 격조사 없이 쉼표만 찍혀 있는데, 동사 "데리고"의 목적어가 "네 사람"인 이상 "백 호에 달하는 와르카"는 해당 문장의 화제(topic)로 보고 "(에 대하여)"를 추가하여 읽어야 한다. 일본 학자들의 번역에는 문법적인 문제만 있는 것이 아니다. 병자년 십이월 21일경 청군은 남한산성을 포위했을 뿐이지 다른 지역에는 군사를 보내지 못한 상태였다. 즉, 서울과 남한산성을 제외한 지역은 여전히 조선 측의 장악 아래에 있었던 것이다. 이런 때에 여천과 마푸타가 "100호에 달하는 와르카"를 한꺼번에 데리고 청군 진영을 찾아가는 것은 지나친 모험이었을 것이다.

38) 『淸太宗實錄』 숭덕 원년 십이월 25일. 과거 『滿文老檔』의 해당 부분을 번역한 일본의 학자들도 『淸太宗實錄』과 마찬가지로 번역했다(『滿文老檔』 Ⅶ, 1494쪽).

39) 羽田亨 1937, 176쪽.

40) 今西春秋 1967의 <第16圖> 참조.

41) 구범진·이재경 2015, 442-444쪽.

42) 『舊滿洲檔』 5374-5375쪽. 『滿文老檔』 Ⅶ, 1500-1501쪽의 기록도 이와 똑같다.

43) 장정수 2016, 190쪽의 <표 3> 참조.

44) 남급, 『남한일기』, 49쪽.

45) 검단산의 위치상 남급의 기록이 착오였을 가능성은 극히 희박하다. 남급은 십이월 26일의 일기에서 "검단산은 본성[남한산성을 지칭]과 서로 마주 바라보는 곳이다. 성 안에서

구원병이 온 것을 보고 곧바로 대포를 쏘고 횃불을 올려 서로 호응했다"라고 했다(남급,
『남한일기』, 43쪽).

46) 『仁祖實錄』14년 십이월 26일.

47) 趙翼, 『浦渚集』권25 雜著, 「丙丁記事」참조.

48) 『滿文老檔』Ⅶ, 1501쪽; 유승주 2002, 414-416쪽; 장정수 2016, 191쪽 등.

49) 『清太宗實錄』숭덕 2년 칠월 17일.

50) 천총 7년 구월의 만문 당안 기록에 따르면, 바부타이가 후르가(Hūrga)인을 치러갔을
때 퉁커선이 병력 수송용으로 8척의 배를 만들었고, 카카이(Kakai) 등이 바다를 건너
와르카(Warka)인이 사는 아홉 섬을 취할 때에도 4척의 배를 건조한 바 있다고 한다.
또한 정묘년(1627)에는 심양(瀋陽)의 강에서 16척, 동경(東京=遼陽)에서 4척, 우장
(牛莊)에서 16척의 배를 건조한 바 있고, 임신년(1632)에는 10척의 배를 만들었다. 여
순(旅順)을 칠 때에도 배를 건조했다. 『內國史院檔 : 天聰七年』, 148-149쪽 참조.
『清太宗實錄』천총 7년 구월 16일 조에도 같은 내용이 실려 있다.

51) 『內國史院滿文檔案譯註 : 崇德二·三年分』, 37-38쪽.

52) 『清太宗實錄』숭덕 2년 정월 16일.

53) 『內國史院滿文檔案譯註 : 崇德二·三年分』, 94쪽.

54) 『內國史院滿文檔案譯註 : 崇德二·三年分』, 121-122쪽.

55) 가도 작전 준비를 위해 조선에 남아 있던 청군도 이미 조선 측에 자신들이 강화도 갑곶
나루에 남겨두고 온 배 44척의 인도를 요구한 상태였음은 제4장에서 밝힌 대로이다.

56) 『清太宗實錄』숭덕 2년 사월 12일.

57) 『清太宗實錄』숭덕 2년 이월 15일 : "我軍船首須用遮牌. 前攻江華島之船式樣可用,
曾帶來否. 若未帶來, 此等船, 在彼可依式製造, 以攻皮島." 순치 초찬본 『清太宗實錄』
은 해당 문장을 "我兵船頭上, 須用遮牌. 向攻江華島船, 未知帶來否. 若未帶來, 其船
可用, 當依此式製造"로 옮겼다(『內國史院滿文檔案譯註 : 崇德二·三年分』, 122쪽의
"順實" 부분 참조. 건륭 삼수본의 "前攻江華島之船式樣"과 같은 말을 쓰지는 않았지만,
순치 초찬본은 "向攻江華島船"을 가리켜 "이 식양[此式]"이라고 표현한 것이다.

58) 남급, 『남한일기』, 208쪽.

59) 『清太宗實錄』숭덕 2년 칠월 26일 : "朕又令黑龍江海濱諸處備飛船八十隻, 攻江華
島. …… 我軍飛船輕利, 旋轉便捷, 朝鮮莫能敵, 悉皆奔潰."

60) 『明清檔案存眞選輯初集』, 100쪽의「崇德二年七月二十六日與祖大將軍書稿」: "朕
又令黑龍江東北海出玄狐之處的人造飛舡八十隻, 攻江華島." 초고의 이 문장에는
수정 지시가 표기되어 있지 않으므로, 조대수에게 그대로 전달되었을 것이다.

61) 강희(康熙) 중수본(重修本) 『清太宗實錄』에서 (ㄱ-1)의 ㉠에 해당하는 부분을 보면, "朕又令黑龍江東北海出黑狐處人造飛船八十隻, 攻江華島"(『清太宗實錄』(康熙 重修本) 권37, 24a-24b쪽)라고 기록되어 있다. 중앙연구원에 보관되어 있는 초고와 대조해보면, "舡"이 "船"으로, "出玄狐之處的人"이 "出黑狐處人"으로 바뀐 것 외에 나머지는 똑같다. "舡"과 "船"은 같은 글자이고, "玄"이 "黑"이 된 것은 강희 중수본이 강희제의 이름 글자를 피휘(避諱)한 결과일 뿐이다. 이로부터 (ㄱ-1)의 ㉠에 보이는 오류가 건륭 삼수본 편찬 시의 실수에 기인한 것임을 알 수 있다.

62) 『典客司日記』 제4, 인조 27년 십일월 10일.

63) 예컨대, 입관 전 시기 팔기만주의 니루 가운데 그 구성원이 "와르카"와 "동해(東海)" 여진 출신으로 명기된 것만 해도 11개 니루에 달한다(유소맹 2014, 256-268쪽 참조). 또한 후금의 와르카 정복을 다룬 이훈 2018 참조.

64) 『滿文老檔』 Ⅶ, 1450쪽; 구범진 · 이재경 2015, 450쪽.

65) 『清太宗實錄』 숭덕 2년 칠월 17일.

66) 『欽定八旗通志』 권3 旗分志3, 40쪽.

67) 이훈 2018, 100-101쪽 참조.

68) 『만주실록』, 103-113쪽 참조.

69) 사할차의 초피 공납 사실은, 홍타이지 즉위 이후 병자호란 전까지만 보더라도 『滿文老檔』 Ⅳ, 107-108쪽; 『內國史院檔: 天聰七年』, 177-178쪽; 『滿文老檔』 Ⅵ, 991쪽 등에서 확인된다.

70) 『欽定八旗通志』 권136 人物志16 「阿哈尼堪」, 2272쪽.

참고 문헌

* 이 책의 주석에 인용한 문헌만을 정리했다. 사료와 연구논저를 구별하지 않고 모두 가나다순으로 배열했다. 중국과 일본의 인명도 한국어 한자 독음을 따랐다. 단, 영문 자료는 말미에 따로 모았다.

『光海君日記』:『朝鮮王朝實錄』(국사편찬위원회 DB)의 光海君 대 中草本 · 正草本

『舊滿洲檔：天聰九年』: 東洋文庫淸代史硏究室 譯註,『舊滿洲檔：天聰九年』(東京： 東洋文庫, 1972)

『舊滿洲檔』: 國立故宮博物院 編,『舊滿洲檔』(臺北： 國立故宮博物院, 1969)

『金史』(北京： 中華書局, 1975)

『金議政江都丁丑錄』(인조 19년[1641], 서울대학교 규장각한국학연구원 소장, 奎 6977)

『內國史院檔：天聰五年』: 松村潤 等 譯注,『內國史院檔：天聰五年』(東京： 東洋 文庫, 2013)

『內國史院檔：天聰七年』: 東洋文庫淸代史硏究室 譯註,『內國史院檔：天聰七年』 (東京： 東洋文庫, 2003)

『內國史院檔：天聰八年』: 東洋文庫淸朝滿州語檔案史料の綜合的硏究チーム 譯 註,『內國史院檔：天聰八年 本文』(東京： 東洋文庫東北アジア硏究班, 2009)

『內國史院滿文檔案譯註：崇德二 · 三年分』: 河內良弘 譯註 · 編著,『內國史院滿文 檔案譯註：中國第一歷史檔案館藏 崇德二 · 三年分』(京都： 松香堂書店, 2010)

『大東野乘』(한국고전종합DB)

『東亞日報』

『滿文老檔』: 滿文老檔研究會 譯註, 『滿文老檔』(東京 : 東洋文庫, 1955~1963)

『만주실록』: 고려대학교 민족문화연구원 만주학센터 만주실록역주회 옮김, 『만주실록
　　역주』(서울 : 소명출판, 2014)

『滿淸入關前與高麗交涉史料』(國立北平歷史博物館 소장 抄本, 1923년 重印)

『明淸檔案存眞選輯初集』(臺北 : 中央研究院歷史語言研究所, 1959)

『明淸史料 丙編』: 國立中央研究院歷史語言研究所 編, 『明淸史料 丙編』(上海 :
　　商務印書館, 1936)

『三朝北盟會編』(文淵閣 四庫全書本)

『肅宗實錄』: 『朝鮮王朝實錄』(국사편찬위원회 DB)의 肅宗 대

『承政院日記』: 『承政院日記』(국사편찬위원회 DB)

『新增東國輿地勝覽』(한국고전종합DB)

『심양장계』: 소현세자 시강원 지음, 정하영 등 역주, 『심양장계 : 심양에서 온 편지』(서
　　울 : 창비, 2008)

『仁祖實錄』: 『朝鮮王朝實錄』(국사편찬위원회 DB)의 仁祖 대

『典客司日記』(국사편찬위원회 한국사데이터베이스 各司謄錄)

『貞武公崔先生實記』(국립중앙도서관 소장, 古2511-82-25-1~2)

『朝鮮時代史草Ⅰ』(국사편찬위원회 한국사데이터베이스 한국사료총서)

『詔勅謄錄』(서울대학교 규장각한국학연구원 소장, 奎12904의2)

『天聰五年八旗値月檔』: 中國第一歷史檔案館, 「天聰五年八旗値月檔(二)」(『歷史
　　檔案』 2001-1)

『淸入關前與朝鮮往來國書彙編』: 張存武·葉泉宏 編, 『淸入關前與朝鮮往來國書
　　彙編, 1619-1643』(臺北 : 國史館, 2000)

『淸初內國史院滿文檔案譯編』: 中國第一歷史檔案館 編, 『淸初內國史院滿文檔
　　案譯編』(北京 : 光明日報社, 1989)

『淸太祖實錄』(국사편찬위원회 DB)

『淸太宗實錄』(康熙 重修本 : 京都大學 人文科學研究所 附屬 漢字情報研究セン

タ一 東方學デジタル圖書館[http://kanji.zinbun.kyoto-u.ac.jp/db-machine/toho/html/
top.html]의 內藤文庫本)

『淸太宗實錄』(乾隆 三修本 : 국사편찬위원회 DB)

『通文館志』(서울 : 서울대학교 규장각한국학연구원, 2006)

『八旗滿洲氏族通譜』(瀋陽 : 遼海出版社, 2002)

『八旗通志(初集)』(長春 : 東北師範大學出版社, 1985)

『皇淸開國方略』(文淵閣 四庫全書本)

『欽定八旗通志』(長春 : 吉林文史出版社, 2002)

谷井陽子 2015 : 谷井陽子, 『八旗制度の硏究』(京都 : 京都大學學術出版會, 2015)

구만옥 2014 : 구만옥, 「성해응(成海應, 1760-1839)의 조석설(潮汐說)」(『한국과학사
학회지』 36-3, 2014)

구범진 2012 : 구범진, 『청나라, 키메라의 제국』(서울 : 민음사, 2012)

구범진 2016 : 구범진, 「병자호란과 천연두」(『민족문화연구』 72, 2016)

구범진 2017a : 구범진, 「병자호란 시기 강화도 함락 당시 조선군의 배치 상황과 청군의
전력」(『동양사학연구』 141, 2017)

구범진 2017b : 구범진, 「병자호란 시기 청군의 강화도 작전 : 목격담과 조석·조류 추산
결과를 중심으로 한 전황의 재구성」(『한국문화』 80, 2017)

구범진·이재경 2015 : 구범진·이재경, 「병자호란 당시 청군의 구성과 규모」(『한국문화』
72, 2015)

丘凡眞·李在璟 2017 : 丘凡眞·李在璟, 「崇德元年(一六三六)の外藩蒙古會盟と丙
子胡亂」(日本 京都 : 『史林』 100, 2017)

今西春秋 1967 : 「Jušen國域考」(『東方學紀要』 2, 1967)

김동진 2013 : 김동진, 「병자호란 전후 우역 발생과 농우 재분배 정책」(『역사와 담론』
65, 2013)

김문기 2008 : 김문기, 「17세기 강남의 기후변동과 명청교체」(부경대학교 박사학위논
문, 2008)

金尙憲, 『淸陰集』(한국고전종합DB)

金堉, 『朝京日錄』(한국고전종합DB)

김호 1996 : 김호, 「조선후기 '두진' 연구 : 『마과회통』을 중심으로」(『한국문화』 17, 1996)

나만갑, 『병자록』 : 羅萬甲, 윤재영 역, 『丙子錄』(서울 : 삼경당, 1985)

南九萬, 『藥泉集』(한국고전종합DB)

남급, 『남한일기』 : 南礏 원저, 申海鎭 역주, 『남한일기』(서울 : 보고사, 2012)

楠木賢道 2009 : 楠木賢道, 『淸初対モンゴル政策史の研究』(東京 : 汲古書院, 2009)

凌義渠, 『奏牘』(續修四庫全書 493)

談遷, 『國榷』(張宗祥 校點, 北京 : 中華書局, 1958)

杜家驥 2004 : 杜家驥, 「淸初天花對行政的影響及淸王朝的相應措施」(『求是學刊』
    31-6, 2004)

鈴木開 2015 : 鈴木開, 「朝鮮・後金間使者往來について(1631-1633)」(『駿台史學』
    159, 2015)

鈴木開 2017a : 鈴木開, 「丙子の亂直前の朝淸交涉について(1634-1636)」(『駿台史
    學』 159, 2017)

鈴木開 2017b : 鈴木開, 「丙子の亂と朝淸關係の成立」(『朝鮮史硏究會論文集』 55,
    2017)

劉小萌 2008 : 劉小萌, 『淸代北京旗人社會』(北京 : 中國社會科學出版社, 2008)

李景奭, 『白軒先生集』(한국고전종합DB)

李晩榮, 『崇禎丙子朝天錄』(燕行錄叢刊增補版 DB)

李敏求, 『東州先生文集』(한국고전종합DB)

맥닐 1992 : William H. McNeill, 허정 옮김, 『전염병과 인류의 역사』(서울 : 한울, 1992)

박민수 2017 : 박민수, 「청의 입관과 기인의 북경 이주 연구」(서울대학교 박사학위논문,
    2017)

朴泰輔, 『定齋集』(한국고전종합DB)

朴泰淳, 『東溪集』(한국고전종합DB)

배우성 2010 : 배우성, 「서울에 온 청의 칙사 馬夫大와 삼전도비」(『서울학연구』 38,
    2010)

변도성・김효원・구범진 2017 : 변도성・김효원・구범진, 「병자호란 시기 강화도 함락 당일
    염하수로의 조석과 조류 추산」(『한국과학사학회지』 39-3, 2017)

三田村泰助 1962 : 三田村泰助, 「初期滿洲八旗の成立過程について : 明代建州 女眞の軍制」(『淸水博士追悼記念明代史論叢』, 東京 : 大安, 1962)

石橋崇雄 2009 : 이시바시 다카오, 홍성구 역, 『대청제국 1616~1799』(서울 : 휴머니스 트, 2009)

細谷良夫 1994 : 細谷良夫, 「烏眞超哈(八旗漢軍)の固山(旗)」(『松村潤先生古稀 記念淸代史論叢』, 東京 : 汲古書院, 1994)

손승철 2006 : 손승철, 『조선통신사, 일본과 통하다 : 우정과 배신의 오백 년 역사』(서울 : 동아시아, 2006)

承志 2009 : 承志, 『ダイチン·グルンとその時代』(名古屋 : 名古屋大學出版會, 2009)

신동원 2013 : 신동원, 『호환 마마 천연두 : 병의 일상 개념사』, 서울 : 돌베개, 2013, 166면

신해진 2012 : 申海鎭 편역, 『17세기 호란과 강화도』(서울 : 역락, 2012)

安雙成 1988 : 安雙成 編譯, 「淸初編審八旗男丁滿文檔案選譯」(『歷史檔案』 1988-4)

오수창 2005 : 오수창, 「청과의 외교 실상과 병자호란」(『한국사 시민강좌』 36, 2005)

오수창 2006 : 오수창, 「오해 속 병자호란, 시대적 한계 앞의 인조」(『내일을 여는 역사』 26, 2006)

오수창 2017 : 오수창, 「병자호란에 대한 기억의 왜곡과 그 현재적 의미」(『역사와 현실』 104, 2017)

우경섭 2009 : 우경섭, 「17세기 전반 滿洲로 歸附한 조선인들 : 『八旗滿洲氏族通譜』 를 중심으로」(『조선시대사학보』 48, 2009)

羽田亨 1937 : 羽田亨 編, 『滿和辭典』(京都 : 京都帝國大學滿蒙調査會, 1937)

魏源, 『聖武記』(韓錫鐸·孫文良 點校, 北京 : 中華書局, 1984)

유소맹 2013 : 유소맹 저, 이훈·이선애·김선민 옮김, 『여진 부락에서 만주 국가로』(서울 : 푸른역사, 2013)

유승주 2002 : 유승주, 「병자호란의 전황과 금화전투 일고」(『사총』 55, 2002)

유재성 1986 : 柳在城, 『丙子胡亂史』(國防部戰史編纂委員會, 1986)

육군군사연구소 2012 : 육군군사연구소, 『한국군사사 제7권』(서울 : 경인문화사, 2012)

李肯翊, 『燃藜室記述』(한국고전종합DB)

이민웅 1995a : 이민웅, 「18세기 강화도 수비체제의 강화」(서울대학교 석사학위논문,

    1995)

이민웅 1995b : 이민웅, 「18세기 강화도 수비체제의 강화」(『한국사론』 34, 1995)

이선애 2014 : 이선애, 「청 초기 외번(tulergi golo) 형성과정과 이번원」(고려대학교 박
    사학위논문, 2014)

이선화 2013 : 이선화, 「염하수로의 해안지형 및 경관 변화」(한국교원대학교 석사학위
    논문, 2013)

李植, 『澤堂集』(한국고전종합DB)

이종호 2014 : 이종호, 「병자호란의 개전 원인과 조·청의 군사전략 비교연구」(『군사』
    90, 2014)

이훈 2017 : 이훈 편저, 『滿韓辭典』(서울 : 고려대학교 민족문화연구원, 2017)

이훈 2018 : 이훈, 「1635년 후금의 와르카 공략」(『동양사학연구』 142, 2018)

장정수 2016 : 장정수, 「병자호란시 조선 근왕군의 남한산성 집결 시도와 활동」(『한국
    사연구』 173, 2016)

장정수 2017 : 장정수, 「병자호란 이전 조선의 對後金(淸) 방어전략의 수립 과정과 그
    실상」(『조선시대사학보』 81, 2017)

張晉藩·郭成康 1988 : 張晉藩·郭成康, 『淸入關前國家法律制度史』(瀋陽 : 遼寧人
    民出版社, 1988)

장한식 2015 : 장한식, 『오랑캐 홍타이지 천하를 얻다』(서울 : 산수야, 2015)

張喜鳳 1996 : 張喜鳳, 「淸初的避痘與查痘制度」(『漢學研究』 14-1, 1996)

정진술 1993 : 정진술, 「한산도해전 연구」(『壬亂水軍活動研究叢書』, 海軍軍史研究室,
    1993)

趙慶男, 『續雜錄』(한국고전종합DB)

조영준·차명수 2012 : 조영준·차명수, 「조선 중·후기의 신장 추세, 1547-1882」(『경제
    사학』 53, 2012)

趙翼, 『浦渚集』(한국고전종합DB)

조일수 2017 : 조일수, 「인조의 대중국 외교에 대한 비판적 고찰」(『역사비평』 121,
    2017)

주돈식 2007 : 주돈식, 『조선인 60만 노예가 되다 : 청나라에 잡혀간 조선 백성의 수난사』

(서울 : 학고재, 2007)

崔鳴吉, 『遲川集』(한국고전종합DB)

한명기 2009 : 한명기, 『정묘 · 병자호란과 동아시아』(서울 : 푸른역사, 2009)

한명기 2013 : 한명기, 『(역사평설) 병자호란』(서울 : 푸른역사, 2013)

한명기 2017 : 한명기, 「명청교체 시기 한중관계의 추이」(『동양사학연구』 140, 2017)

許穆, 『記言』(한국고전종합DB)

허태구 2010 : 허태구, 「병자호란 講和 협상의 추이와 조선의 대응」(『조선시대사학보』
    52, 2010)

허태구 2011 : 허태구, 「丙子胡亂 江華島 함락의 책임자 처벌」(『진단학보』 113,
    2011)

허태구 2012 : 허태구, 「인조대 대후금(대청) 방어책의 추진과 한계 : 守城 전술을 중심
    으로」(『조선시대사학보』 61, 2012)

허태구 2013 : 허태구, 「최명길의 주화론과 대명의리」(『한국사연구』 162, 2013)

허태구 2015 : 허태구, 「병자호란 이해의 새로운 시각과 전망 : 호란기 척화론의 성격과
    그에 대한 맥락적 이해」(『규장각』 47, 2015)

洪翼漢, 「花浦西征錄」(『花浦集』, 고려대학교 해외한국학자료센터)

黃一農 2004 : 黃一農, 「紅夷大炮與皇太極創立的八旗漢軍」(『歷史研究』 2004-4)

Atkinson 2005 : William Atkinson, et al. eds., *Epidemiology and Prevention of Vaccine-
    Preventable Diseases* (Washington D.C. : Public Health Foundation, 2005, 9th ed.)

Behbehani 1983 : Abbas M. Behbehani, "The Smallpox Story : Life and Death of an Old
    Disease" (*Microbiological Review*, Vol. 47, No. 4, 1983)

Chang 1995 : Chang, C. F. (張嘉鳳), "Strategies of Dealing with Smallpox in the Early
    Qing Imperial Family," in Hashimoto Keizo, Catherine Jami, and Lowell Skar, eds.,
    East Asian Science : Tradition and Beyond (Osaka : Kansai University Press, 1995)

Chang 2002 : Chang, C. F. (張嘉鳳), "Disease and Its Impact on Politics, Diplomacy,
    and the Military : the Case of Smallpox and the Manchus (1613-1795)" (*Journal
    of the History of Medicine and Allied Science*, Vol. 57, 2002)

Elliott 2016 : Elliott, Mark C., Cameron Campbell, and James Lee, "A Demographic Estimate of the Population of the Qing Eight Banners" (*Études Chinoises : Bulletin de l'Association Française D'études Chinoises*, Vol. 35, no. 1, 2016)

Hummel 1943 : Arthur W. Hummel, ed., *Eminent Chinese of the Ch'ing Period (1644 – 1912)* (Washington D.C. : US Government Printing Office, 1943)

Roth Li 2008 : Roth Li, Gertraude, "State Building Before 1644," in *The Cambridge History of China* Vol. 9, Part One (Cambridge : Cambridge University Press, 2008)

Wakeman Jr. 1985 : Frederic Wakeman Jr., *The Great Enterprise : The Manchu Reconstruction of Imperial Order in Seventeenth-Century China*, Vol. 1 (Berkeley : University of California Press, 1985)

찾아보기

* 이 책의 주(339-385쪽) 부분과 출현 빈도가 매우 높은 어휘들(병자호란, 인조, 홍타이지, 조선, 조선군, 후금, 후금군, 청, 청군, 명, 명군, 서울, 심양, 남한산성, 강화도 등)은 색인에서 제외했다.
* 색인 어휘 가운데 조선인과 한인(漢人)의 이름, 문헌의 제목, 동음이의어에 한하여 한자를 병기했다. 나머지 어휘에 대해서는 한자나 로마자 표기를 생략했다.